一个村庄的红色档案

德珩村1941—1949

宗绪盛 编著

中共党史出版社

图书在版编目(CIP)数据

一个村庄的红色档案:德珩村:1941～1949/宗绪盛编著.—北京:中共党史出版社,2016.5

ISBN 978-7-5098-3375-9

Ⅰ.①一… Ⅱ.①宗… Ⅲ.①中国共产党—地方组织—党史—山西省—1941～1949 Ⅳ.①D235.25

中国版本图书馆CIP数据核字(2015)第286017号

出版发行:中共党史出版社
责任编辑:王　兵
复　　审:李亚平
终　　审:汪晓军
责任校对:龚秀华
责任印制:谷智宇
责任监制:贺冬英
社　　址:北京市海淀区芙蓉里南街6号院1号楼
邮　　编:100080
网　　址:www.dscbs.com
经　　销:新华书店
印　　刷:北京盛通印刷股份有限公司
开　　本:170mm×240mm　1/16
字　　数:345千字
印　　张:25
印　　数:1—5065册
版　　次:2016年5月第1版
印　　次:2016年5月第1次印刷

ISBN 978-7-5098-3375-9
定　　价:56.00元

序

感动与震撼：不能忘却的红色小山村

△徐中煜

“上党”哺育成长、痴迷历史研究的我，经常听宗绪盛先生提起位于太行深山中的德珩村，也经常听他讲起618份“纸片子”中尘封已久的那些并非惊天动地，但却有血有肉存在过的人和事。出于一份浓浓的乡情和一份沉甸甸的责任，有幸成为一窥文稿全貌的首批读者。当仔细品读蕴藏其间的鲜活和真实时，被深深地感动，深深地震撼了！

感动与震撼来自于“大背景”下的“小故事”。书中披露的这批珍贵资料，时在1941年至1949年，那时的中国，正经历着从全民抗战到“打倒蒋介石，建立新中国”的大变局。这种巨变的深度、广度，在中国历史几千年长河中绝无仅有，在人类历史发展长河中也实属罕见。其间反映的各种政治力量交锋、各种利益关系调整，无一不是这种大变局的时代产物。

对于德珩村这样一个仅有着二百来户人家的小山村，在平顺县的历史典籍中也很少提及，更别说要进入擅长宏大叙事的正史的视野。这是因为：普通人中发生的生活琐事，很难与改天换地的大事件联系起来。然而，正是本书中保存下来的“纸片子”，将那个年代德珩村、平顺县发生的许多不起眼的小故事永远地留存起来、汇集起来，其中折射出的农业生产、土地分配、人心向背等问题，从古至今一直都在左右着中国历史的发展进程。

感动与震撼来自于高度的历史自觉。本书绝不仅仅是一般意义上的史料汇编，而是具有相当功力的历史研究著作，其中不乏思想深邃、分析透彻的观点，也不乏高度的概括总结，如从杂乱无章的琐事中总结出当时红色山村主要参与的12项革命工作，包括发展经济、搞好生产，全民动员、支援前线，完善机构、巩固政权，文化普及、搞好学校教育，拥军优属、“劳军慰民”，土地改革、“耕者有其田”，加强宣传、提高觉悟，卫生防疫、促进健康，发展体育、增强体质，施行民主、进行选举，健全法制、加强民政司法工作以及评先奖优、激发革命热情等。可以说，这些资料是领袖经典著作、党史国史教材的最好案例和佐证，值得永远珍惜和铭记。

感动与震撼来自于有意识地为“‘革命洪流’中一点一滴的汇集者”留名作史。通过作者逐页的翻阅统计、查找核实，187名有名有姓“德珩村人”得以“重生”，其中包括：40名县府县委领导及工作人员，56名第四区区署领导及工作人员，48名德珩村村长及其他村民，27名德珩村以外其他“村”的人员，17名“有问题”的人。其中，最值得历史铭记的包括：豫北参战的英雄张胜利和张保生；被推选为模范互助组长的尚林炎、模范家庭户主张计生；能造手榴弹的技术工人赵俊福；豫北参战担任事务长的许树生等6人以及教员陈杰、小学义务教员陈银心和县长推荐小学教员赵建邦等。可以说，他们以及那些没有特别的英雄壮举的普通村民，正是值得我们永远敬仰的英雄。

感动与震撼来自于资政育人。书中叙述的是过去的历史，但从中总结出的经验教训却值得今人和后人深思。比如，关于工作方法的记述与思考。从这些文献中看出，当时乡村治理的主要方法是开会、发文和运动，尤其是各种各样大大小小的运动，更是部署工作的法宝，有秋收秋耕运动、土地改革运动、卫生清洁运动、互助合作社运动、返乡战士归队运动等，可以说，“任何一项工作都是一场运动”。应当讲，在战争年代，开展运动不失为一项能够迅速组织群众、有效部署工作的方法，但是，联想到建国以后相当长的时间内仍然沿用“运动”思维和“运动”模式来发展经济、治理国家并付出了沉重的代价，却值得深入研究总结。又比如，关于工作作风的记述与思考。仔细分析147份会议通知后，除一份通知规定了公家“管饭”外，本书发现，到县区开的各种会议，都明确要求自带给养菜金、开会的烧柴和被褥碗筷。类似的记述还有很多。这些史实，对于密切党群干群关系，自觉厉行节约、反对浪费仍有着重要的现实意义。

此外，感动与震撼还来自于叙事上的“原汁原味”。本书在讴歌根据地人民平凡而伟大的贡献之余，并没有为亲者讳，回避问题，还给出了实事求是的分析和评价。

为普通群众留名，为无名山村留史，为党史国史充实微观和细节，在最大程度上还原真相真实——正是这部著作最大的价值所在。

是为序。

（作者系北京大学地理学博士后、法学博士）

目 录

日常篇　德珩村的往事 / 85

引 言

共和国大厦的根基

一、小小“纸片”，历史鸿篇

这是一个名不见经传的小山村，它叫“德珩村”。至今就是当地也没有多少人知道有这么个小村子，因为这是它70多年前的名字。这是山西省长治（上党）地区所属平顺县太行山深处的一个普普通通的小山村。它实在很普通，70多年过去了，还是不多的几十户人家；它也实在不普通，早在20世纪40年代的第一年，甚至更早一些，它就已成为斯诺所写《红星照耀下的中国》中描写的那类敌后抗战的“红色小山村”。德珩村很小，没产生在全国有影响的英雄和领导人，名气也远不及同时期的一些“红色小山村”。在平顺县政府、县委党史研究室、政协文史委编辑出版的《平顺县县志》《中共平顺县历史大事编年》《平顺近现代史迹》以及《烽火岁月》这些记述平顺光辉历史的书籍中，德珩村被提及的事和人也是很少的。但本书所要说到的618份的红色“纸片子”，却最真实地证明了：和所有的老区人民一样，德珩村为抗日战争的胜利，为新民主主义革命的胜利，也作出了自己的贡献。

从1941年至1949年间，这个中共领导下的村级“红色政权”收到了618份来自区、县政府、党委及其所属各有关部门发出的命令、紧急命令、训令、指示、通知、通报、通令等。这些早已发黄、字迹模糊，但仍十分“结实”的“纸片子”，内容涉及太行根据地所属平顺县政府及其下属的第四区公署（区公所，原为平北第三区公署）的党建、政治、经济、军事、文化、教育、司法、民政、妇女、体育、卫生、安全、外交等方方面面的工作，还包括德珩村及其村民在其中的各项活动。它是中共领导下的敌后抗日根据地最基层民主政权的一个缩影，是千百万普通农民为实现民族解放和追求美好生活所迈出的最坚实的“脚印”，展现了抗日战争及解放战争中所爆发出来的人民的力量及一种必然的历史发展趋势。它为研究中共1941年至1949年间的宏观历史，提供了系统、珍贵、微观的，也是很有价值的第一手史料，是研究这一时期党史的一套较为系统完整的“微观红色文献”。这样的东西，今天在中国不知道还保存有多少，但每一份所蕴涵的历史价值却是不言而喻的。

当然，在这里根本见不到文学作品中所描写的那些高大全的英雄人物，也见不到教科书里所记载的那些重大历史事件的惊心动魄，更见不到英烈们抛头颅、洒热血的丰功伟绩。它所记录的就是德珩村的村民们完成区、县政府所下达的各项指示、命令、通知中布置的所有任务。

这一切都算不上轰轰烈烈，所说所做大都是有关搞好生产，防旱抗涝；交售公粮，义运粮草；缝制军鞋，纺线织布；出工出夫，造枪造弹；站岗放哨，抓捕敌特；随军南下，支前担架；拥军优属，扶困济贫；评先评优，奖励英模等琐碎平常的大事小情。而“纸片子”中所记载的那些村干部参加各种会议，要自带被褥、粮食、菜金、碗筷和柴火以及讨要所欠粮食、柴火的通知等，都是历史的细节，是中国农民的平凡贡献，而正是这些不起眼的大情小事，犹如千千万万微小的“沙粒”，构筑了共和国大厦的根基。

关于党的历史的鸿篇巨著、文献史料，至为权威珍贵；然德珩村的“只

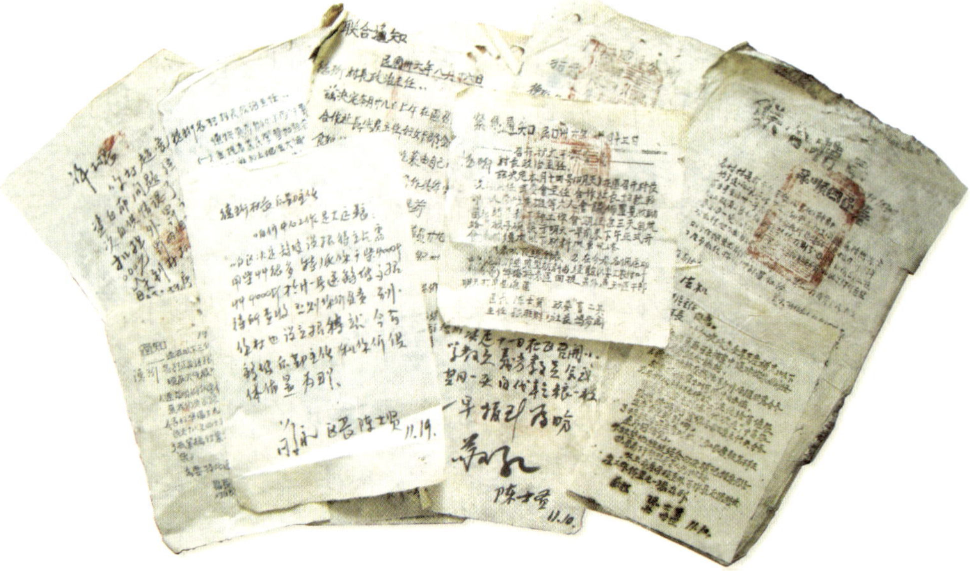

○ 部分德珩村的“纸片子”。

言片纸”所具有的生动、鲜活、形象和真实，同样是党和人民宝贵的财富。

笔者有幸在前些年收藏了德珩村的这618份“纸片子”。为了探寻这些“纸片子”的来龙去脉，笔者在2010年10月走访了德珩村。回来之后，笔者在618份“纸片子”中选择了四份，撰写了《小小纸片历史鸿篇，千秋伟业百姓成就——红色小山村的红色“纸片子”》一文，在《北京青年报》上发表。在文章的开头，笔者曾写了下面这样一段话：“这四张巴掌大的破旧‘纸片子’，是中国共产党领导下的晋东南太行山区根据地的一个小村庄，在抗日战争和解放战争中所收到的县里、区里等上级政府和部门的通知、指示、命令，等等。从它略微有点潮湿发霉的气味中，你能感受到那逝去的年代；从它发黄发旧的颜色中，你能感受到那一个个活生生的男女老少；从它所说的件件事情中，你能感受到历史是平头百姓创造的、书写的、完成的。后人永远不能忘记他们。”

一位江苏张家港市的青年读者专门打来电话，告诉我他的父亲曾经也是一位“老村长”，也曾经拥有这样的一些“纸片子”，只不过都散失掉了，看了文章感到很亲切，很希望藏者能把这些“纸片子”整理出来，让人们真实地感受那个年代“红色文献”的魅力，感受那些鲜为人知的“陈年旧事”，感受人民群众在民族解放和共和国创立中所作出的贡献。

二、巍巍太行，德珩村庄

德珩村地处山西省长治（原上党）市平顺县的阳高乡境内，现在很多当地人也不知道它的“存在”，也并不了解这个村名的来龙去脉。

当笔者2010年10月前往平顺县探访这个“红色小山村”时，没有人知道平顺县里有个德珩村。几番向县党史办、地方志办公室、档案局和乡政府及有关老同志了解询问后，才得知在该县的阳高乡只有一个和“德珩村”一字之差的“德和村”。直至到了阳高乡，走进德和村，经时任村支书赵进岗、村长赵增民和村里老人的介绍，才知道这里正是要找的原来的“德珩村”的一部分。

德珩村是在1940年1月13日平顺县抗日民主政府成立时，由原来的空中村、西坡村和珩堂村3个很小的村合并而成的村子，其村公所设在了珩堂村；后来在土改运动中重新被一分为三，恢复原有的3个村。20世纪80年代，珩堂村又被改成了今天的德和村。所以现在的人们，已经很少有人知道70多年前的德珩村了。这也是为什么这618份“纸片子”最初开始的时间是在1941年，因为那时德珩村才刚刚“成立”。

1941年时的德珩村，隶属于平顺县政府下辖的第四区公署（第四区公所），当时户籍人口具体有多少，没能查到相关的记载，只是听今天村里老人们的介绍，说当年的德珩村是一个大约只有百多户人家，几百人组成的联合村。

在618份“纸片子”中，有一份1947年上半年德珩村所填写的《人口户土地调查表》，从其记载可以知道德珩村当时的大概：1947年的德珩村，计有户数223户；人口合计897人，其中，男人516人，女人381人；土地亩数1558.26亩；出外人口统计：参军人数25人，政民干部6人，教员2人，经管工人2人，其他出外1人。

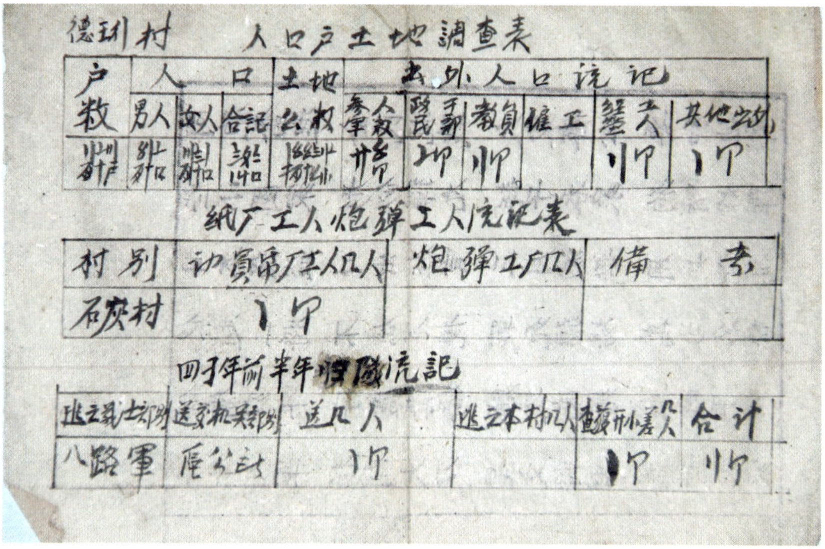

德珩村 人口户土地调查表

户数	人口			土地	出外人口统記					
	男人	女人	合記	亩数	参军人数	政民干部	教員	雇工	经管工人	其他出外
[illegible]	[illegible]	[illegible]	[illegible]	[illegible]	[illegible]	[illegible]	[illegible]		[illegible]	[illegible]

纸厂工人炮弹工人统計表

村别	动员纸厂工人几人	炮弹工厂几人	備考
石灰村	[illegible]		

四十年前半年[illegible]统記

逃亡战士部别	送交机关部别	送几人	逃亡本村几人	查获开小差几人	合计
八路軍	區公所	[illegible]		[illegible]	[illegible]

○ 1947年上半年德珩村《人口户土地调查表》。

当笔者2013年10月再访“德珩村”时，所见到的德和村，计有百十户，除去外出打工的只有留守老人和留守儿童不过一百多人；从村东头走到西头，也不过几分钟，是一个名副其实的小山村。西坡村和空中村相差不多，每天出没村口的也大多是老人和孩子以及坚守在村里的村干部。

但就是这样的一个普通的小山村，从其10年间所收到的618份“纸片子”的字里行间里，可以清楚地知道它为抗日战争和解放战争所作出的贡献，它所经历的血与火战争的洗礼和新民主主义革命下的新生活、新气象。每一篇品读起来，都会生出种种的感叹。

现今平顺县有一句广告词：“没到过平顺县，就是没到过太行山。”平顺是山西长治市下属13个县市中的一个县。“长治”曾称“上党”，后改称长治市，熟悉中共党史的人，都知道1945年10月的上党战役即发生在长治地区。长治市地处山西省东南部，现辖10个县、2个区、1个县级市，即长治县、长子县、屯留县、壶关县、黎城县、平顺县、襄垣县、武乡县、沁县、沁源县、城区、郊区、潞城市。

平顺县位于长治市的东部，是一个地处晋、冀、豫三省交界、太行山南端上党盆地边缘地带，与河北涉县、河南林州毗邻的山区小县。现有12个乡镇（五镇七乡），262个行政村，1300个自然村，17万人口，总面积1550平方公里。境内群山起伏，沟壑纵横，海拔最高1876米，最低380米，平均海拔1100米。全县国土面积227.75万亩，其中耕地19.38万亩，仅占总面积的8.5%；荒山荒坡197万亩，占86.8%。全县人均1.2亩耕地，12亩荒山。境内有浊漳河、虹霓河、十字河、井底河4条河流，其中浊漳河流经北部4乡1镇，流程48公里，举世闻名的红旗渠在该县石城镇“引漳入林”。

平顺山势险恶，自古为兵家必争之地。它“山连山，沟连沟，山是石头山，沟是乱石沟”，山梁交错，沟壑纵横。太行山在平顺县有92公里，为黄土高原与华北平原交接带的组成部分。凭借其特殊的地理环境，复杂的地形地

○ 村庄新貌。

貌，抗日战争时期，平顺成为华北地区最重要的敌后抗日根据地晋冀豫根据地的组成部分。

晋冀鲁豫边区是中国共产党领导的敌后抗日根据地之一。1937年10月，八路军一二九师开始在山西太行和太岳山区创建根据地。1938年4月，扩建为晋冀豫根据地。1941年1月和冀鲁豫及鲁西根据地合并为晋冀鲁豫边区，控制地区包括山西东南、河南北部、山东西部、河北南部和西南部及江苏部分地区，人口2500余万。根据地建立抗日民主政府，组织军民大生产运动，实行减租减息政策。多次粉碎日军进攻，自1937年冬至1944年春共作战3万余次，歼日、伪军19万余人。在解放战争期间，边区不断发展壮大，1948年5月晋冀鲁豫边区与晋察冀边区合并组成华北联合行政委员会，同年8月改称华北人民政府。

这是笔者所藏民国时期的《中国敌后战场抗日民主根据地分区详图》中的第二幅《晋冀鲁豫边区地图》，如图所示，平顺尚属晋冀鲁豫边区的太行区根据地。

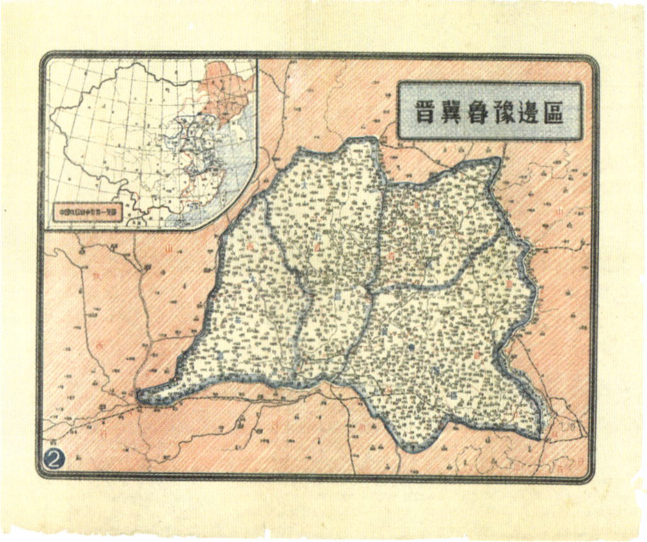

《晋冀鲁豫边区地图》。

太行根据地是晋冀鲁豫边区中具有重要战略地位的一个根据地。它位于正太路以南，平汉路以西，白晋路以东，黄河以北，处于晋冀鲁豫边区的中心，东面与冀南、冀鲁豫两根据地为邻，西面与太岳根据地、晋绥边区相接，南面隔河与中原区相望，北面同晋察冀边区毗连，是华中、山东根据地同延安联络的重要通道，因太行山脉纵贯其南北，人们习惯地称它为太行区。

自1937年11月中旬八路军一二九师创建晋冀豫抗日根据地，到1940年中共北方局和八路军总部决定将晋冀豫根据地分为两部分，路东为太行根据地，成立太行军区，一二九师机关兼军区机关时，直到抗战胜利，平顺县就一直属于太行区的辖区，是八路军的重要根据地和活动场所。

据中共平顺县委党史研究室所编《中国共产党平顺县历史大事编年》（以下简称《大事编年》）记载，为巩固平顺县抗日根据地，1940年1月13日，中共平顺县委遵照太南地委指示，于城关召开群众大会，宣告成立平顺县抗日民主政府，取代原国民党的旧政权，共产党人魏建首任平顺县抗日民主政府县长；县政府设有秘书、行政、民教、财政、粮食、武装6科；下辖3个区的建制。同年3月，为适应战时需要，平顺县委、县政府决定将原有的3个行政区划为7个，分别建立了区公所；同时撤销了37个编村，新划分93个行政村。此时3村合并而成的德珩村由原属第三区划为第四区，区公所驻地为北耽车，区长为王培东。自此平顺县政权作为中共领导下的人民民主政权正式建立。而在同年6月，平顺县又分为了平北、平南两县，同时分建了两县中共县委和县抗日民主政府。1942年3月20日恢复平顺县治，并于6月正式组建了中共平顺县委员会及政、军、群组织机构，杨稚葳为县委书记、康洛为副书记，魏建为县长，机关驻城关。

朱德、刘伯承、邓小平、徐海东、黄克诚、何长工、李雪峰等党和军队领导人都曾在平顺工作生活过。1940年4月23日，朱德总司令赴壶关大井与国民党议定国共防区时，就曾途经平顺受到各界的迎送。八路军总指挥部后勤部、八路军总医院、兵工厂、太行军区被服厂、一二九师医院、太行行署、太南区党政军机关等，都曾长期驻扎平顺。1940年5月至1943年3月，八路军一二九师新一旅驻防平顺长达3年之久；八路军三十二团自1940年12月参加著名的百团大战后进驻平顺，直至1945年上党战役后撤离平顺，前后驻守近5年时间。由此，平顺县被称为“八路军始终的根据地”，为抗日战争作出了特殊的贡献。

解放战争时期，平顺县作为可靠的老根据地，出兵、出力、出钱、出物，全力以赴参加了上党、豫北、豫西、临汾、太原等战役；曾先后两度遴选优秀干部渡黄河、跨长江开辟新区，为解放全中国和新解放区的政权建设、经济建设作出了巨大贡献和牺牲。后有1561人载入《英名录》，其中德珩村有5名。

概况篇

618份“麻头纸”，书就“红色文书”

一、618份“红色文书”

自1941年8月6日起至1949年1月近8年间，德珩村收到的上级发来的“纸片子”计有618份。其中1941年至1945年8月属抗战时期的数量不多，只有36份。1945年9月至1949年1月属解放战争时期的数量较多，计有570余份。其中，最多的是1947年，计有160份；其次是1946年和1948年各有149份和137份。最少的是1941年和1949年各只有2份。尚有80余份属年代不清的。

在德珩村全部618份“纸片子”中，特别是在取得抗日战争胜利之后，在中国向何处去的历史时期的500余份“纸片子”，生动记录下新中国诞生过程中一些鲜为人知的故事，构成了这一时期中国人民争取民族解放，夺取新民主主义革命胜利完整画卷的一幅“小图”，成为“微观党史”研究难得的史料。

平顺特产“麻头纸”

这些“纸片子”的纸张，都是平顺县当地生产的一种称为“麻头纸”的草纸，也就是用“麻”的“头”造出的一种比较粗糙的纸，老百姓无论糊窗户、记账、写字都用这种纸。至今虽已70多年，仍很结实耐用，有着十分突出的根据地红色文献纸张的特点。

“巴掌大”的文书

由于纸张的匮乏，这些文书绝大多数都只有巴掌大小，纵横大约只有几厘米或十几厘米，小的只有扑克牌般大小。

一份1941年11月2日“平北行堂村公所”毛笔书写的关于“交到平北第三区署收军鞋八双”所出具的收条，就只有名片般大小，且使用的还是裁剪书籍的背面。而有些县长、区长亲笔书写的很重要的文件，也就是写在一些古旧书的空白处或是其他用过纸张的背面而已。

为了节约纸张，所有“纸片子”上的字，绝大多数印的都比较小且紧密，字迹刻印的也并不怎么工整，加之油印的不清晰以及繁体、简体、繁简体夹杂其中，很多读起来都非常费力，有些文字的辨别十分困难，其中错别字、“土话方言”也不少，只有多加揣摩才能辨出。有的模糊得实在难以辨认，如在1947年5月11日平顺县第四区公署区长陈士贤、副区长王宏章在发给德珩村村长、副村长的指示上，发文者甚至特别在旁边注上“没印清楚，详细研究”的提醒话语。

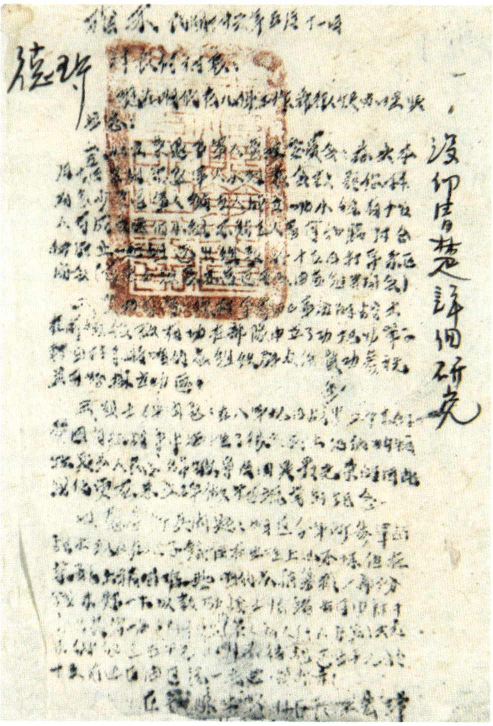

○ 1947年5月11日的指示。

这些文书大多只有一页纸，也有一些两三页的，但最多的只有4页。文

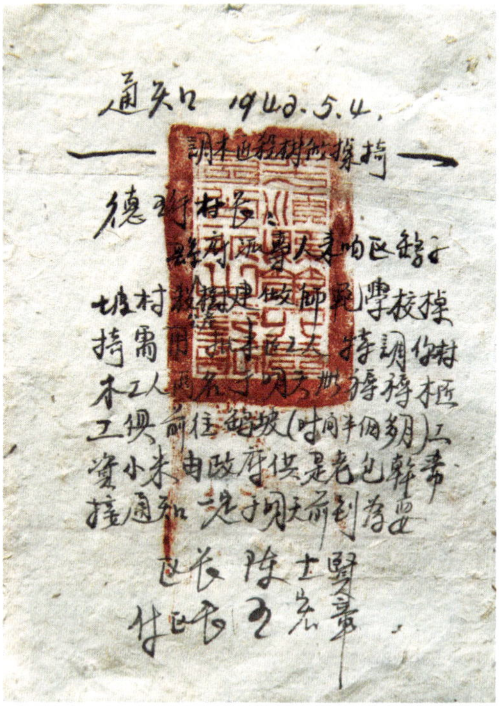
通知 1942.5.4.

调木匠杀树做桌椅

○ 1942年5月4日调木匠杀树做桌椅的通知。

字大多不是很长，少的不过几十个字，多的几百字；除多数为油印的外，也有毛笔、钢笔手写的。但其语言通俗、简练，直截了当、明白清楚，没有空话套话。

“关防”色彩浓重

所有这些文书最大的特点就是正式和严肃，官方色彩极其浓重。除极个别的几份外，其余的不论是油印的还是手写的，都钤有发文单位和个人的“官防”及“名章”，如“平顺县政府”、“平顺县第四区公所之印”、“平顺县第三区指挥部”等正式的红色“官防”，以及正式的领导签名及钤有的名章。在多达十几种不同类型的文书中，无论是命令还是通知等各类文件，均带有发文的种类、事由、日期、编号、收发件人、领导职务等，而对于所下发的紧急命令、通知等类的文书，都要在其文字下面加上着重符号。

十万火急的“鸡毛信”

这份在文书的右上角卷粘有一根鸡毛的紧急命令，是人们所熟知的“鸡毛信”，它标示了一些重要文件的等级及送达时间的紧迫。这是618份“纸片子”中仅有的2封“鸡毛信”中的一封。它是1948年3月31日上午四区指挥部指挥（区长）徐永祥、副指挥（副区长）房加伏、政委白汝林联合签发给德珩等各村关于调参战民兵担架的紧急命令而带有“鸡毛”的信件。它要求各村参战民兵在收到紧急命令的次日一早，就要自带担架及粮食、菜金到指定地点集合，赶往前线。具体内容如下：

刚接县指挥部紧急命令，调咱村民兵自卫队参战（年龄廿岁以上，三十五岁以下，身体强壮），时间两个月余，咱区决定四月一号（即明天一早）到实会村集中，下午齐集中五区北甘泉寺。特决定调你村如下：

（一）担架两付（每付五人），伙夫0人，事务长0人，通讯员带枪0人，顶（钉）鞋匠0人，管理员0人，负责干部1人，姓名：指导员赵秋喜去。（二）自带两天粮食、菜金、干粮，各带单衣碗筷等，每人带新鞋一双至两双（穿的不在内），二人夥带被子一条，每付担架五人，每人带扁担、绳各一条。（三）队员条件：身体强壮；成分好；军令（龄）合格；地富、政治面貌不清不要，伙夫、事务长同样；伙夫、事务长一定带上做饭用具、水桶等。

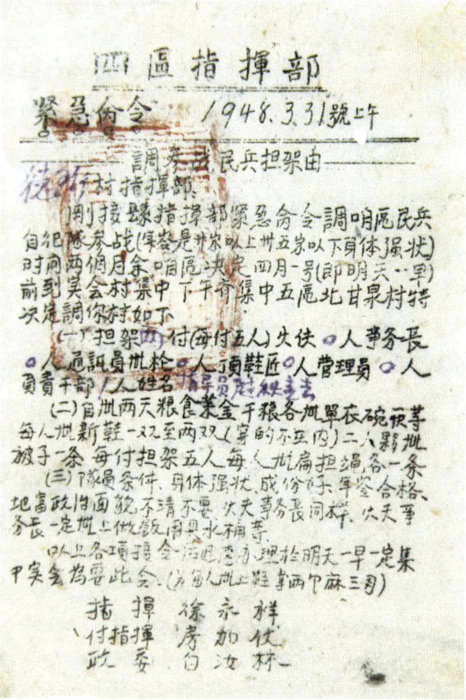

○ 1948年3月31日调参战民兵担架的紧急命令。

以上各项接令后，迅速办理，于明天一早一定集中实会为要，此令。（另每人带上鞋掌两个、麻三两）

在20世纪60年代曾有过一部风靡一时的电影《鸡毛信》，其中的主人公海娃和那封“鸡毛信”给几代人留下了不可磨灭的印象。在今天能够一睹当年有关根据地民兵支前参战的“鸡毛信”实物，好似亲身感受到那民兵支前轰轰烈烈的场面和汇成的革命洪流；也不能不感谢为后代保留下来这样珍贵革命文物的德珩村村长们。

文书种类高达24类

在德珩村所收到的区县政府和各部门发来的“纸片子”中，文书的种类、等级、发文机关、签发首长等，呈现出在特定的战争形势下，中共领导下的根据地、解放区所开展的各项工作和所设置的各种机构以及县区村三级组织领导成员的发展变化，足以一探“农村包围城市”的新民主主义革命道路及中国农民在其中所起巨大作用的究竟。

根据当时形势的发展和任务的轻重缓急及要求，德珩村收到“来文”的种类多种多样，大都带有战时色彩。粗略统计，在618份“纸片子”中，大致包括以下各项：通知、紧急通知、联合通知、紧急联合通知；命令、紧急命令、联合命令、通缉令；指示、指示信、紧急指示、联合指示、补充指示；通令、指令、密令；通报、联合通报；紧急号召；经济情报；传票；介绍信；调查表，共计23项。

现在的人们，恐怕很难想象那个年代的根据地，一个规模不大的小山村，能够接收到这么多由县长、区长签发落款或亲自书写的“高等级”的文件。这是中国革命中特有的文物，它展现和记录了中共所领导的人民民主革命实践，深深地扎根于农村和农民之中，也记录下老区千百万的乡亲们，为建立新中国所作出的贡献。

命令指示样样“紧急”

在上述二十几种文书中，除一般性的通知、指示外，由政府及其领导人发布的带有指挥、强制和紧急性质的命令、指示和通知等四类来件，在618份“纸片子”中就有154份。这还不包括相当部分的通令、指令、密令、联合命令、联合指示、紧急号召等。

这类命令和通知，在时限上的要求都十分紧迫。大多是当天收到次日完成，甚至当天收到立即执行，所提要求极为严格，措辞相对严厉。根据地各个村庄的构成如同军队，每个村民如同战士一样，一切行动听指挥，做到令行禁止；一切任务刻不容缓，务必按规定时间完成。

1947年3月17日，由平顺县政府县长贾孝敏签发给德珩村村长关于“调你村运输队23人即日集中到区待命”的紧急命令，就充分体现了这一点。

这同样是一份带有鸡毛的难得存世的鸡毛信。它比上述1948年3月31日那封“鸡毛信”整整早了一年，是1947年3月17日上午8时签发的。按照紧急命令的要求，从命令到村长手里，到准备物资、集合队伍，再到出发到区公所驻地集中，整个过程前后只有四个小时的时间，可见事情的紧急，也可见支前运输队的战斗力。

在所有这类涉及作战支前、“义运公粮”、抢收抢种、防病防灾等重要事项的大量文书中，区县政府、指挥部一切任务的布置，都是以紧急的等级和规格下达给德珩村的，其时间的紧迫，令人很难想象村里人当时是否能够做到，甚至难以想象即使是贴了鸡毛的紧急命令，是否能在几小时内由区公所按时送达到村长们的手里。而在当时道路交通、通信极不发达的战争环境下，所有钤有“关防”的“发文”都能穿山越岭，按时发送到各个村庄村长的手里，这不能不让人感叹根据地“通信”系统的完备与严密，以及交通员的“快递”能力。

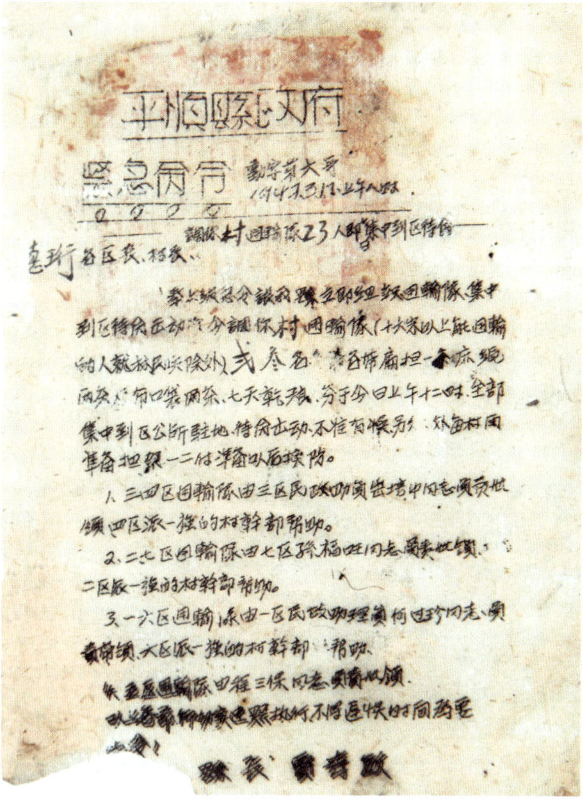
平顺县政府

紧急命令 [illegible]
1947年3月17日上午八时

调你村运输队23人即集中到区待命

德珩各区长、村长：

奉上级紧急命令，我县立即组织运输队集中到区待命出动，今调你村运输队（十八岁以上能运输的人，村民兵除外）式叁名，每名带扁担一条、麻绳两条、布口袋两条、七天干粮，务于今日上午十二时全部集中到区公所驻地，待命出动，不准有误为要。另每村准备担架一二付，准备以后接防。

1、三四区运输队由三区民政助理员[illegible]同志负责带领，四区派一强的村干部帮助。

2、二七区运输队由七区[illegible]同志负责带领，二区派一强的村干部帮助。

3、一六区运输队由一区民政助理员[illegible]同志负责带领，六区派一强的村干部帮助。

4、五区运输队由[illegible]同志负责带领。

以上各项仰即遵照执行，不得违误时间为要！

此令！

县长 [illegible]

○ 1947年3月17日调运输队的紧急命令。

由此可见，当时根据地基层组织及其运行的效率，以及农民对中共领导下的解放战争的普遍拥护与参与，最终汇成了淹没蒋家王朝的人民战争的汪洋大海，铸成了历史发展的必然，从而也为“水可载舟亦可覆舟”、“得人心者得天下”的古训作了最好的诠释。

区县长以个人名义写给村干部的指示和信

在德珩村所收到的文书中，还有一些是区县长等领导以个人名义直接发给村干部的信件，包括通知、指示、慰问信，等等。这些信件，或是布置工

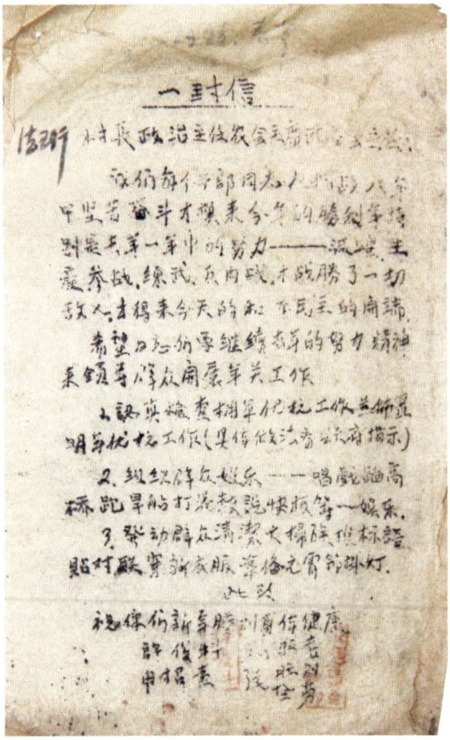
一封信

德珩村长政治主任农会主席武委会主任:

我们每个干部同志在抗战八年中艰苦奋斗才换来今天的胜利年特别是去年一年中的努力——灭蝗、生产、参战、练武、反内战,才战胜了一切敌人,才得来今天的和平民主的开端。

希望同志们要继续去年的努力精神来领导群众开展年关工作

1.认真检查拥军优抗工作并布置明年优抗工作(具体做法看县府指示)

2.组织群众娱乐——唱戏、踏高桥、跑旱船、打花鼓、说快板等娱乐。

3.发动群众清洁大扫除、换标语、贴对联、穿新衣服、准备元宵节挂灯。

此致

祝你们新年胜利身体健康

许俊科 张旺喜

申招喜 张旺则 张拴劳

○ 写给各村的一封信。

作，或是交代某个事项，或是表示慰问，或是几项兼而有之。

这是德珩村几位主要村干部在抗战胜利后的第一个春节前夕，收到的由区长许俊科、政委申招喜、副区长张旺喜、武委会主任张旺则和农会主席张拴劳等五位区领导联合写给各村的一封信。全文如下：

德珩村长、政治主任、农会主席、武委会主任：

我们每个干部同志在抗战八年中艰苦奋斗才换来今天的胜利年，特别是去年一年中的努力——灭蝗、生产、参战、练武、反内战，才战胜了一切敌人，才得来今天的和平、民主的开端。

希望同志们要继续去年的努力精神，来领导群众开展年关工作。1.认真检查拥军优抗工作并布置明年优抗工作（具体做法看县府指示）。2.组织群众娱乐——唱戏、踏高桥（跷）、跑旱船、打花鼓、说快板等等娱乐。3.发动群众清洁大扫除、换标语、贴对联、穿新衣服，准备元宵节挂灯。

此致，祝你们新年胜利，身体健康。

许俊科、申招喜、张旺喜、

张旺则、张拴劳

写在这样粗糙的纸张上，话语这样直截了当的慰问信，在今天恐怕是不会见到了。从中也见到了抗战胜利的那一年，德珩村和全区的人们所经历的喜悦，以及渴望和平、民主能够得以实现的期盼。

村际之间的来往文书

在德珩村的“纸片子”中，还有少量村际之间有关工作问题文书信件的来往，同样披露出根据地的种种“花絮”。在德珩村收到的仅有的六份相关文书中，就涉及有关该村六畜税收中的牛羊税改由南耽车村合作社代收的通知；关于该村张某某与他的妻子解除婚约、女方所在村写给德珩村许村长有关双方退还彩礼的信；关于黎城东黄顺村村长王火炽写给德珩村村长有关其村民王宇奇之女因病死解除与该村村民金童婚约的信函；关于林县（今河南林州）卢家拐村村长、政治主任、抗勤主任写给德珩村长、政治主任有关该村村民芦生在德珩村“支差”待遇的信函等有关税收、婚姻、支差等事项。

这是某村（未落款）村长□世忠和民事主任刘兴达写给德珩村村长和民事主任的信函，全文如下：“村长、民事主任：你们的工作忙吗？现有几件问题即告你们。1.有你村户人近日在贾淦把抗属方钦家的椿树杀了；2.我村群众讨论，黑叶现把还早，决定是个人把个人，可是有你村人在店山一带把黑叶把了；3.你村的羊工张立则把田苗放了（恐是把田苗喂羊了），这三件问题都对生产有观（关），希见信后即速来信告知怎办、怎处利（理）为要。敬礼！村长□世忠　民事主任刘兴达。”

至于德珩村村长收信后，对这些问

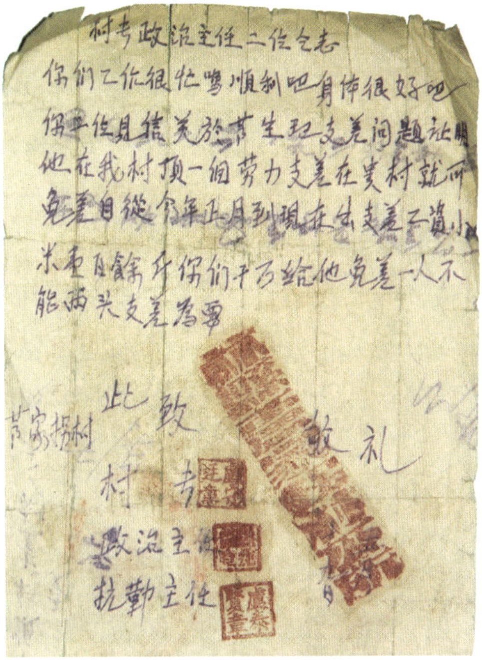
村长政治主任二位同志

此致

敬礼

村长

政治主任

抗勤主任

○ 林县（今河南林州）卢家拐村村长、政治主任、抗勤主任写给德珩村村长、政治主任有关该村村民芦生在德珩村“支差”待遇的信函。

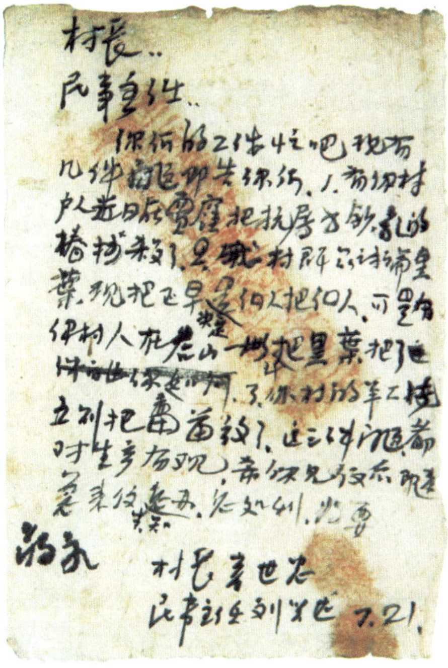
村长：

民事主任：

敬礼

村长□世忠

民事主任刘兴达 7.21.

○某村村长写给德珩村村长和民事主任的信函。

题是否及时作了处理，无据可考，但可见根据地村际之间民事纠纷的事项及公函往来的情况。

虽然这些只是村际之间来往的函件，但其“公家”的色彩十分浓厚。虽只是书写在巴掌大“麻头纸”上的便条，语言并不十分通顺，错别字也不少，但每封亦都钤有该村村公所的“关防”和村干部的名章、签名或指印，以示为官方之间正式的往来。

区长直接写给村长的命令

在德珩村收到的618份文书中，有许多并不是按级由县到区再到村逐级印发，相当一些是县同时下发到区村的。而有时因事情紧急，或只涉及一个村，区长就直接写给了村长。

这是德珩村收到的1945年9月4日区长郝钦直接写给德珩村村长的《关于速调你村工人赵俊福同志的紧急命令》，此时正是抗战胜利在望之时。命令以“战字”号出现，告知德珩村村长“奉县指挥部命令，为了供给前线军火，日夜制造手留（榴）弹，特决定调你村赵俊福同志马上自带被褥到县报到，此人或在前方参战或在亲戚家，马上派专人把此人叫回来，迅速赴县为要，此令（希接令后马上通知他）。”

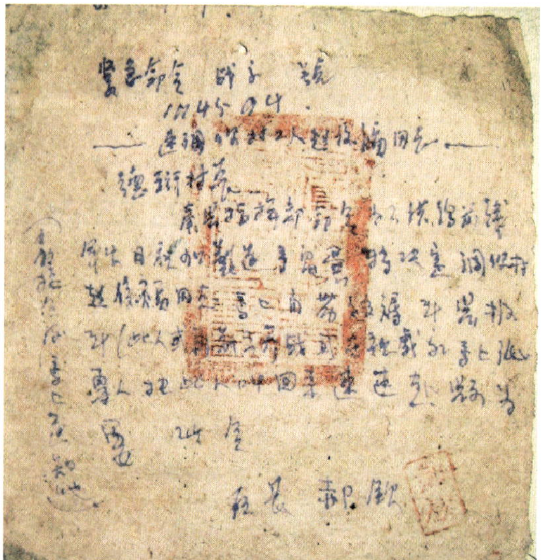

○ 1945年9月4日《关于速调你村工人赵俊福同志的紧急命令》。

这种区长直接亲笔写给村长的命令、指示在德珩村所收文书中还是不少的，大部分在1947年，且多与支援前线抽调人员参战、抢运军粮、抢修道路有关，折射出当年德珩村支前的相关情景。

一些没有“文号”的文书

在德珩村收到的文书中，也有许多是没有“文号”的，特别是在1947年和1948年这两年，这种情况更多一些，且大部分是由区公所下发的。但这些文书，依然是比较正规的，其绝大多数都标有事由和签发领导的职务、姓名及其县政府、区公所的“关防”大印，一些还盖有领导的名章。

二、县区村机构与官员，文书件件一览无遗

（一）健全的县区村三级政权

从德珩村收到的600多份署名落款文书看，多数来自于平顺县县政府和德珩村所在的第四区公署（区公所）及各部门的主要领导，从中可一览平顺县县区两级政府机构及领导的构成。

县区政府是这样组成的

在德珩村所收到“纸片子”上署名的平顺县级政府各类机构、组织和社会团体主要有：县政府、中共平顺县委（县委会）、县指挥部、县武委会、县公安局、县工商局、县宣传委、县联社、县卫生委员会、县治安委员会、县农会、县妇联（妇救会）、县文教委员会，等等。

除了这些常设的机构、部门外，有时也会因为一些重要活动或某项建设成立一些由区县主要领导和一个部门人员参加的临时组织机构。

1946年10月下旬，平顺县为召开全县第三次劳模大会，决定临时成立平顺县第三届劳模大会筹备委员会。同年10月8日，德珩村收到了“劳模大会

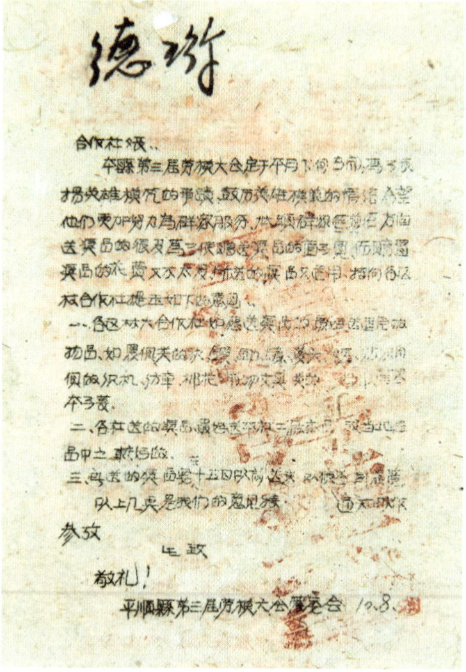

德珩

合作社級：

以上几点是我们的意见

敬礼！

平顺县第三届劳模大会筹委会 10.8.

○ 1946年10月8日劳模大会筹备通知。

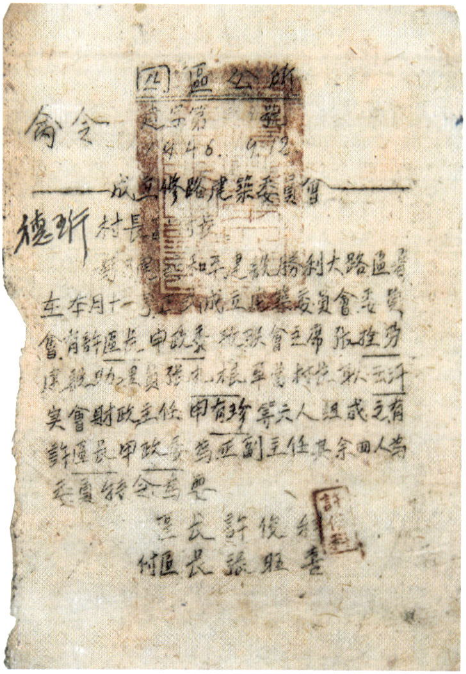

命令

四区公所

1946. 9.12

成立修路建筑委员会

德珩村长

许区长 申政委

区长 许俊科

副区长 张旺喜

○ 1946年9月12日《关于成立修路建筑委员会的命令》。

筹委会”就此专门向各村下发的有关大会筹备事项的通知。

区公署（所）一级政府，同样因为某些临时性的重要工作也会成立某个临时组织。

1946年9月，德珩村村长、副村长收到由区长许俊科、副区长张旺喜于9月12日联合签发的四区公所《关于成立修路建筑委员会的命令》。命令宣布“为了建设和平胜利大路，区署在本月十一号正式成立建筑委员会，委员会有（由）许区长、申政委、救联会主席张拴劳、建设助理员张扎根、车当村长耿云汗、实惠财政主任申有珍等六人组成之，有许区长、申政委为正副主任，其余四人为委员。特令为要。”

从德珩村所收到的区县两级政府部门所发文书的分类编号，也可看出其政府部门的组成情况。在德珩村所收到的各类带“字”编号的文书中计有政字、武字、建字、财字、民字、粮字、干字、法字、公字、教字、勤字、联字（社字）、合字、硝字、秘字等十几种文号，其中比较多的是建字、财字、民字、教字、粮字、法字等，由此可见根据地主要的工作内容及这些部门在全局工作中的地位。

从这些带“字”的文书中，可以看出区县两级政府机构主要是由政府、建设、财政、民政、教育、后勤、武装、粮食、公安、司法、干部、合作联社（合作社）等科室组成。

抗战胜利不久，德珩村收到1945年12月9日由县长张通、副县长赵企贤联合签发的平顺县政府《关于副县长及各科科长任命的通令》。

通令告知各区长、村长：“奉专署民干字三十号命令，内开：委赵企贤同志为平顺县副县长；王廷泉同志为秘书；李锦春同志为民政科科长；王佐东同志为财税科科长，张福田同志为副科长；李□浩同志为教育科科长；晋子俊同志为建设科科长；张汉卿同志为承审处承审，张汉杰同志为帮审，已于本月八日就任视事，仰即知照。”

从中可见根据地县级政府基本设置。相对县政府、区政府的副职及各“股”的设置，与其相对应，只不过是级别的降低和编制的略微减少。

但在不同的时期，如抗战胜利前后及解放战争中后期，其部门机构的设置，如领导职数、科室配置、人员的多少，也是不断随着形势任务的变化而变化着的。

1948年6月，德珩村收到了由县长赵军于6月18日签发的平顺县政府“平民字第十二号”《关于县府机关编制的通知》。内容如下：

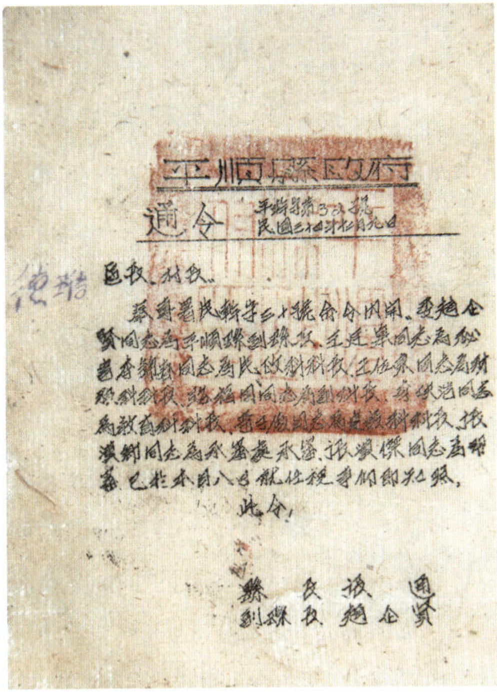
平顺县政府
通令
此令！
县长 张通
副县长 赵企贤

○ 1945年12月9日《关于副县长及各科科长任命的通令》。

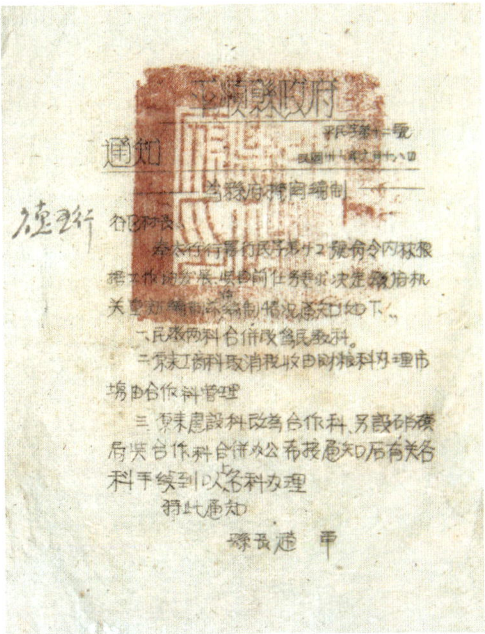
平顺县政府
通知
特此通知

○ 1948年6月18日《关于县府机关编制的通知》。

各区村长：

奉太行行署命令行民字第42号命令，内称根据工作的发展与目前任务要求，决定政府机构重新编制，兹将编制情况通知如下：一、民、教两科合并改为民教科。二、原来工商科取消，税收由财粮科办理，市场由合作科管理。三、原来建设科改为合作科，另设硝磺局与合作科合并办公。希接通知后，有关各科手续到以上各科办理。特此通知。

由此可见，政府科室的设置与调整，完全是根据军事斗争形势与工作任务的发展而决定的。为满足军火生产的需要，便适时地取消了工商科，而成立了“硝磺局”，以加强和落实这一工作。

1948年11月，在县政府机构调整不久后，德珩村收到了就“代购硝灰”事，由县长赵军签发的平顺县政府“硝字第六号”《关于给各区硝坊代购硝灰的命令》。“硝”是生产炸药的主要原料之一，是军火生产不可缺少的重要物资。《命令》指出：“为大量发展硝业，充实支前力量，增加群众财富收入，现即战争不断胜利，军火原料需要大量的不断供给，咱县今年分配产硝

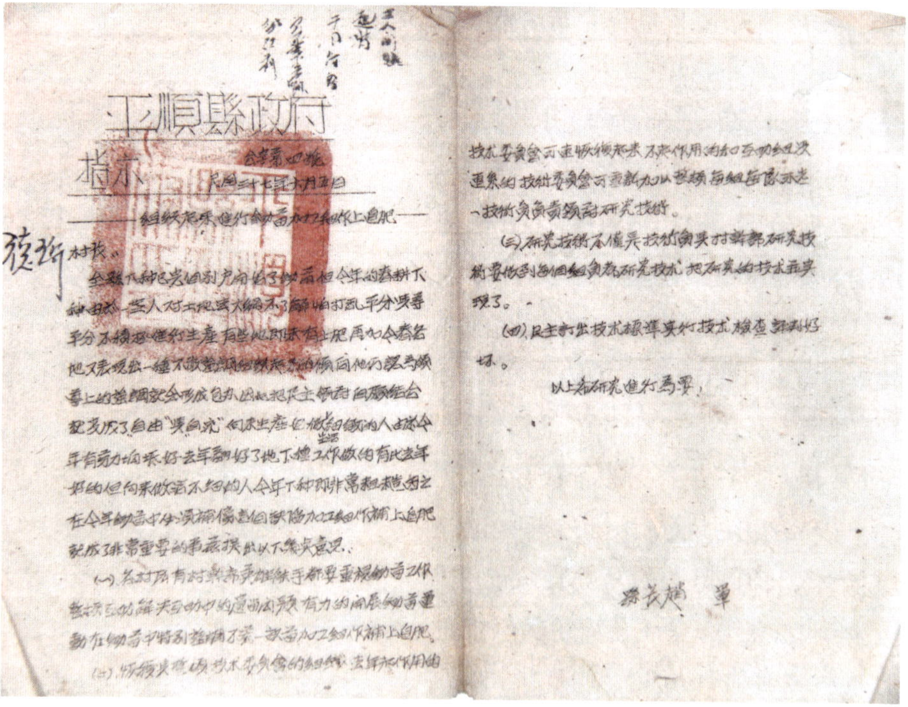
平順縣政府
指示

○ 1948年11月16日《关于给各区硝坊代购硝灰的命令》。

任务颇大，急需大力发展才能胜利完成这一任务。”由此决定德珩村给阳高硝坊代购硝灰860石，并明确了在原地买灰每大斗100元，其他地方按不同距离远近分别给予不同的脚价。

由此看出，“硝业”在解放战争中后期已成为根据地支前和增加群众收入，最终取得战争胜利的重要的经济活动之一，政府机构自然也就有了专门负责硝业管理的职能部门。

在这些“纸片子”中，有一些联合下发的文书，多是由一些部门共同承办的事项，其文号就有了民教字、建财字、干建字、财勤字、民卫字，等等。1946年2月22日，由县长张通、副县长赵企贤联合签发的平顺县政府“财教会字第一号”《关于颁发三十五年度各级学校供给制度的命令》，就是由财政、教育两个部门共同下发的。从中可知1946年平顺县各级学校及知识分子，在享受供给制条件下的生活费、医疗费、烤火费、公杂费等各项开支的标准待遇及其生活水平。

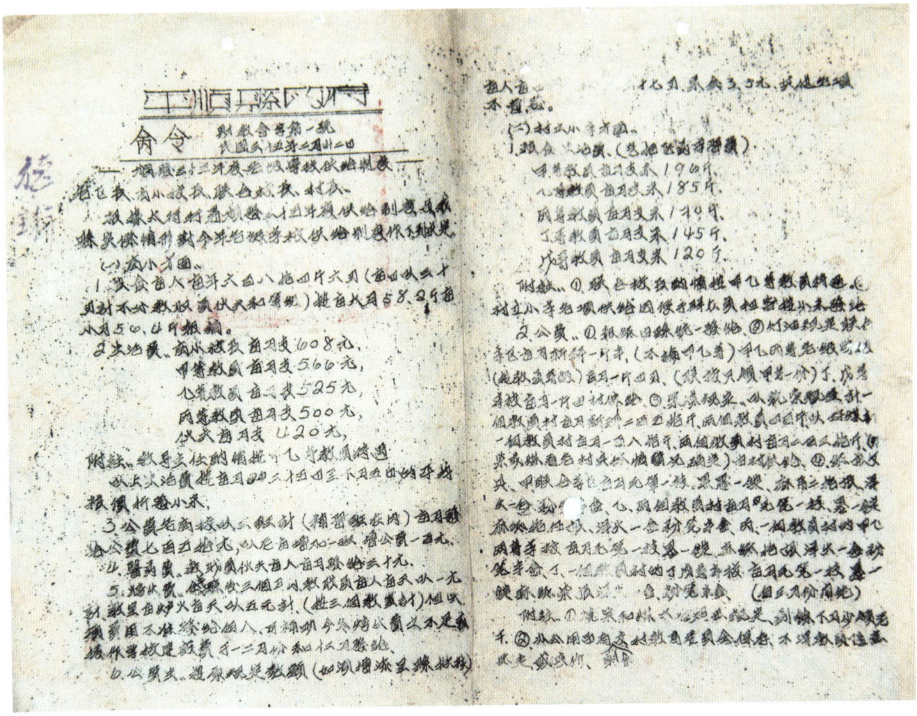

○ 1946年2月22日《关于颁发三十五年度各级学校供给制度的命令》。

文书中出现的县长和政委们

在德珩村所收到的文书中，涉及的与其机构、部门相对应的县级主要领导有：县长、副县长、指挥（总指挥）、副指挥、政委以及武委会等有关部门和农会主席、妇联主席（主任）等社会团体的领导，其中一些重要组织或部门的主要职务，如负责全县军事行动的县指挥部的总指挥、副指挥，均由县长和副县长兼任。区、村指挥部参照县里的做法设置。

在1944年至1948年5年间，德珩村先后收到了6位县长签发的各类命令、指示、通知、通令等共155份（包括与1位副县长和2位政委联合签发的）。

按德珩村所收到的每一位县长签发的第一份文书所记载的时间统计，这6位县长大约任职的先后及时间依次是：代县长江浩（1944年8月17日起）；孙竹庭（1945年6月23日起）；张通（1945年11月27日起）；任映仑（1946年4月20日起，当月28日县议会48名代表投票以47票当选为县长）；贾孝敏（1947年1月7日—12月26日，之后的1948年2月期间任映仑曾在职，以县长和县指挥名义签发"指示"两份）；赵军（1948年3月2日—1948年12月31日，因贾孝敏调任长治县任县长而接任）。

在上述所载6位县长中，第一位县长是代县长江浩，最后一位县长是赵军；其中任职时间最长的为贾孝敏，一年零两个月；最短的为孙竹庭，只有5个多月。签发文书最多的县长是任映仑和贾孝敏，各有40份，最少的是代县长江浩，能见到的文书只有3份；在文书中见到县议会民选通令的，以及上级任命和调令的有任映仑、贾孝敏和赵军3人。

在与6位县长共同签发过的文件中所记载的政委、副县长有：孙竹庭任上的政委康洛；张通任上的政委康洛、副县长赵企贤；任映仑任上的政委张平、副县长赵企贤；贾孝敏任上的政委张平等少数几人。据1946年6月23日平顺县长任映仑所签通令记载，根据行署命令，平顺县政府自此取消了副县长和各科副科长一职。但在所属各区依然配备有副区长一职。

同样按照上述的记载，自1945年8月抗战胜利之后，到1948年年底，平顺县先后更换了5位县长。这期间5位县长的产生，既有1946年通过县参议会投票选举的民选县长任映仑；也有1945年、1947年和1948年，由太行行署正式任命的县长张通、贾孝敏和赵军。但不论何种形式产生的县长，都有县政府及县长发出的正式通令或命令，以告知全县人民。

贾孝敏接替任映仑任平顺县县长时，于1947年1月7日签发给全县各区长、村长，各高小、初小（学校），各工厂一份平顺县政府“民字第二号”通令。

通令告知各区长和各村长及各高小、初小（学校）、各工厂，根据太行行署民字233号命令，“兹决定调该县长任映仑任长治县长，遗缺由贾孝敏同志担任，希接令后迅速交接到任视”。现通令各位，新县长“自即日起接任视事，仰各所属一体通知为要”。可见根据地“县太爷”的更换与上任视事同样都要“昭告天下”的。

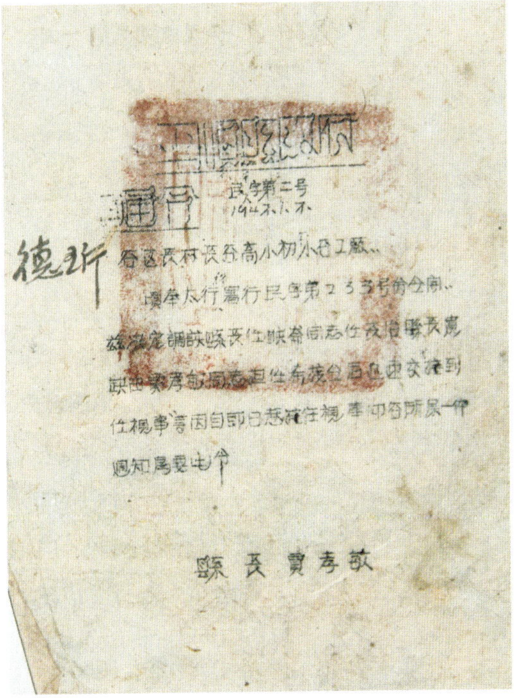

○ 1947年1月7日平顺县政府“民字第二号”通令。

不仅机构在变化，干部也在不断进行调整，在上述1945年至1948年平顺县区两级就先后调整五位县长和五位区长。县、区政府实行精简，减少领导职数的情况也有发生。即使是县长一级领导干部的调整也是经常有的。

内战全面爆发前，在适应和平建设新形势需要的环境下，德珩村收到了由县长任映仑于1946

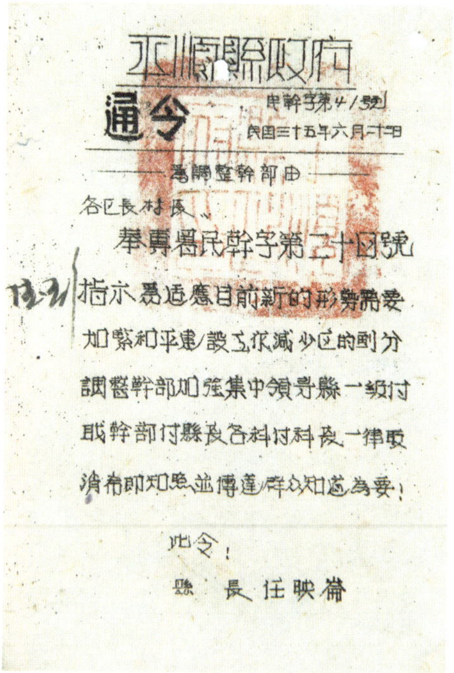

平順縣政府
通令
民幹字第41號
民国三十五年六月二十二日
——為調整幹部由——
各区長村長：
奉專署民幹字第二十四號指示：為適應目前新的形勢需要加緊和平建設工作，減少区的劃分，調整幹部，加強集中領導，縣一級付職幹部付縣長、各科付科長一律取消，希即知照並傳達群众知道為要！
此令！
縣長 任映崙

○ 1946年6月22日《关于为调整干部的通令》。

年6月22日签发的“平顺县政府民干字第41号”《关于为调整干部的通令》。通令告知各区长、村长：“奉专属民干字第二十四号指示，为适应目前新的形势需要，加紧和平建设工作，减少区的划分，调整干部，加强集中领导，县一级副职干部副县长、各科副科长一律取消，希即知照并传达群众知道为要！”

由此可以看出，县级干部的调整精减，是根据太行根据地专署的指示来进行的。根据形势的发展，这种机构与人员的调整是经常进行的。

区村机构视上而定，随上而变

即使在区、村两级，机构的设置、干部的编制，通常也是根据形势需要和县区的指示或命令来进行调整的。一般来说，上面有什么机构，下面就有什么机构或专职人员，只不过机构的名称、编制多少与上面不一样而已。

1947年5月22日，由县长贾孝敏、县工商局长马金斗签发了平顺县政府、工商局《关于加强区村工商机构并速配备干部的命令》。

命令指出：“奉专署行民财工商会字命令，为了适应更好的结合大生产运动，发展工商，繁荣市场，向翻身的农民群众服务，解决当前财政困难，支援前线胜利和大量培养行政干部，以便迎接民主高潮的到来，和区村实行一元领导，加强区村组织机构并发挥其力量，保证完成此繁重任务”，由此“特决定每区增设区工商干部一人，可以参加区里中心工作会议及有关重要会议，配合中心工作（但其工作重点仍为城镇工商业管理）。各村均增设工商主任一人，为村政委员会之一，负责推动工商业之发展，组织群众担挑贸易，及小型合作社、互助社等，并负责调整农村关系，扶持农村手工业发展”。《通令》要求：“除区工商干事由县统一配备外，各村工商主任即迅速配备并将配备情形报县。”

根据县政府的通令，区政府立即配备了区工商干事，几天后德珩村村长就又收到了区长陈士贤、工商干事成□□于1947年5月28日签发的《关于配备工商主任的命令》。命令指出“奉县府工商管理局命令，各区署增设工商干事一人，各村配备选工商主任一人，希接令后迅速选起配备好，于月底卅号前将姓名、年龄、职业、成份、文化程度、家庭状况，列表报区为要。”

由此可见，当时根据地区村配备工商干部的重要性以及区村工商干部的职责和所负责事项，一窥根据地工商工作的概貌。

供给制与减负

在根据地，凡“公家人”，包括县区村各组织、各团体干部以及教员等，都会享受一定条件下不同标准的供给，这种供给的相当部分，来自“纳税人”的主体——农民。战争时期，根据

德珩
命令 民国三十六年五月二十二日
——加强区村工商机构并速配备干部——
各区长、村长：
[illegible]
……除区工商干事由县统一配备外各村工商主任即迅速配备并将配备情形报县为此令！

○ 1947年5月22日《关于加强区村工商机构并速配备干部的命令》。

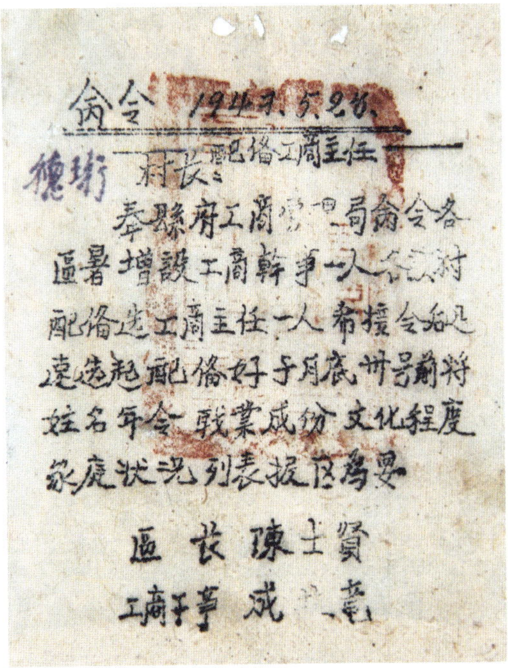
命令 1947.5.28
——配备工商主任——
德珩 村长：
奉县府工商管理局命令各区署增设工商干事一人各村配备选工商主任一人希接令后迅速选起配备好于月底卅号前将姓名年龄职业成份文化程度家庭状况列表报区为要
区长 陈士贤
工商干事 成□□

○1947年5月28日《关于配备工商主任的命令》。

地的机构设置，编制增减，时刻要受到任务及经济发展的制约。根据地各种工作的开展，需要大量的公务人员，同时又要尽力减少农民的负担，以获得民众拥护与支持，这也是根据地需要不断解决的矛盾和问题。

在德珩村所收到的“纸片子”中，不时可以见到有关政府、组织、机构的变化，特别是有关对农民实行减负的有关指示、命令和通知，甚至一些有关支前工作实行有偿劳作的文书，也略有一二。由此，可见老区人民所作出的贡献与牺牲。

指示并非都是县长下达的

在区县政府各部门所下发的文书中，也都按其下达工作任务的不同，分为命令、指示、通令、通知等，签发人一般为区县长、副区县长，也有相当数量是由分管区县领导或部门领导签发的。特别是在以大生产和支前为主要任务的战争年代，像武委会、合作社、农会、妇联等社会团体在发挥其作用时，所下发的大部分文件都是与区县长共同签发的，但也有一些是由他们自己签发的，在德珩村所收到的文书中，这一类占有相当的部分。

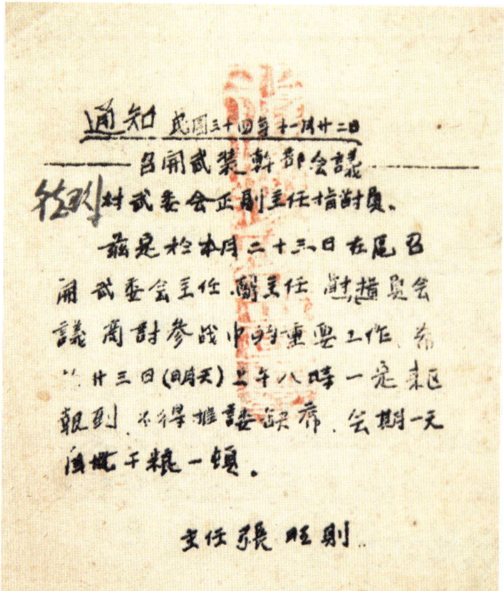
通知 民國三十四年十一月廿二日
——召開武裝幹部會議——
德珩村武委会正副主任指導員、
茲定於本月二十三日在區召開武委会主任、副主任、指導員会議，商討参战中的重要工作，希於廿三日（明天）上午八時一定來區報到，不得推諉缺席，会期一天，自帶干粮一頓。
主任張旺則

○ 1945年11月22日《关于召开武装干部会议的通知》。

德珩村曾收到由区武委会主任张旺则于1945年11月22日发来的《关于召开武装干部会议的通知》。通知“定于本月二十三日在区召开武委会主任、副主任会议，商讨参战中的重要工作”，要求德珩村武委会正副主任、指导员“于二十三日（明天）上午八时一定来区报到，不得推诿缺席，会期一天，自带干粮一顿”。从这些由各部门和社会团体发给德珩村的各类文书中，可一览当时根据地各部门的职责与工作内容，而其中以发展生产，支援前线方面的更多一些。

（二）党的组织和文件难得一见

应当说到的是，在德珩村所收到的“纸片子”中，属于中共区县委部门的“纸片子”很少，只有十来份。

德珩村曾收到由“县委办公室”印发区委书记、区长转区、村通讯组通讯员的《关于大力做好通讯报道工作的通知》（年代不详）。通知针对“我县的通讯报道工作历来是有基础的，但在最近很少在报纸上看不到我县消息”的问题，提出“为了交流经验，推动工作提高与深入运动，急需继续以往的精神，大量组织通讯报道，多写材料”。在其随后提出的“七条报道要点”中，第一“报道要点”就是要报道党的“支部、党员和英雄”怎样结合支前、秋收秋耕秋种等各项繁杂的任务，做到了“有何计划，支部、党员和英雄的领导活动方式与成果”。由此可见，除县区的中共委员会及机构外，“支部建在村上”的相关情景，而在基层农村广泛开展各种以时事政策为主要内容的宣传教育则是党的宣传工作的最重要的内容。在德珩村所收到的文书中，很多都属于时

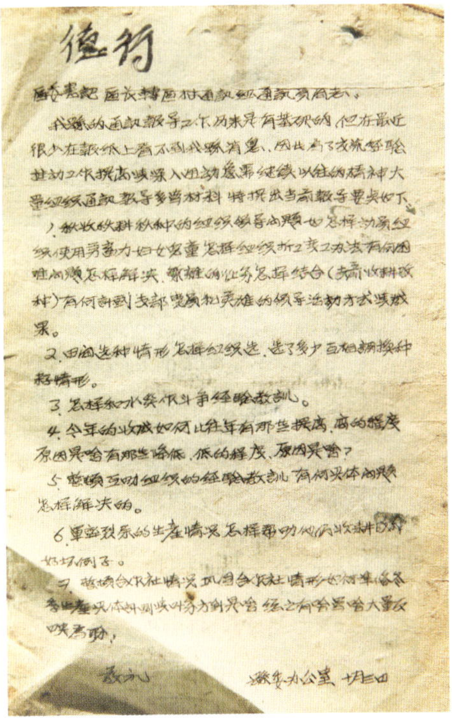
德珩
区委书记 区长转区村通讯组通讯员同志：
我县的通讯报导工作历来是有基础的，但在最近很少在报纸上看不到我县消息、因此为了交流经验推动工作提高与深入运动急需继续以往的精神大量组织通讯报导多写材料，特提出当前报导要点如下：
1. 秋收秋耕秋种中的组织领导问题如怎样动员组织使用劳畜力妇女儿童怎样组织拨工变工办法有何困难问题怎样解决、繁杂的任务怎样结合（支前秋收秋耕秋种）有何计划支部党员和英雄的领导活动方式与成果。
2. 田间选种情形怎样组织选、选了多少互相调换种籽情形。
3. 怎样和水灾作斗争经验教训。
4. 今年的收成如何比往年有那些提高，高的程度原因是啥有那些降低、低的程度、原因是啥？
5. 整顿互助组织的经验教训有何具体问题怎样解决的。
6. 军烈属的生产情况怎样帮助他们收耕的好坏例子。
7. 整顿合作社情况巩固合作社情形 [illegible]
敬礼
县委办公室 [illegible]

○《关于大力做好通讯报道工作的通知》。

事政策教育方面的，只不过这些都是以政府名义下发的；而其中一些由政委、政治主任签发或与县区长联合签发的文书，大多也应属于党组织下发的文件。

平顺县党组织的建立和发展

据《大事编年》所载，1938年1月，中共长治特委派王琳、万青、郑国栋到平顺于县城秘密组建了中共平顺县工作委员会（简称县工委），王琳任书记；2月在池底村刘家底庄发展了平顺县第一个中共党员张文成，4月第一个基层组织池底党支部成立；至5月底，全县党组织发展到8个党支部，108名党员。同年9月上旬，按照冀豫晋省委指示，中共太南特委将中共平顺县工委改建为中共平顺县委（对外称八路军工作团），下辖17个党支部，225名党员。此后党组织得到了迅速发展，至1939年3月，已建立3个区分委、71个支部，党员发展到1300人。“十二月事变”后的1940年2月，平顺县委又重新建立了12个分委机构，其时德珩村等村的党组织分属于阳高分委，时任分委书记为史海法。

但在1938年1月至1947年上半年的近十年间，中共党组织和党员绝大多数处于秘密状态，直至1947年7月解放战争转入战略反攻之后，平顺县党组织才根据太行区党委《关于公开党的通知》的规定普遍加以公开。其时所属七个区分委的名称统一改称为“中共平顺县第×区委员会”；县、区委书记不再称政委，称书记；村支部书记不再称政治主任，称支书。这些称呼自那时起，不止是平顺县、德珩村，全国所有的县区村，一直延续使用到今天。只是普遍公开之后，在1947年至1948年间，德珩村所收到的区县各类“纸片子”中，以区县委党组织名义发来的文件还是一份也没有，各中缘由，不得而知。

文书中实为县委书记的两位政委

据《大事编年》所载，自1938年1月至1949年1月年间，平顺县先后有王琳、岳宗泰、李希曾、门晋儒、陈裴夫、杨稚葳、康洛、王宗琪、张平、陈玉山、李先唐等共计11名县委书记，而在德珩村收到的1941—1949年间618份

“纸片子”中，能够见到的也只有康洛和张平两位政委（县委书记）的痕迹。而康洛则曾先后于1943年10月至1944年1月和1945年11月至1946年4月两次担任平顺县县委书记。

康洛书记签发的命令

德珩村指挥部曾收到一份康洛于1945年10月再次担任平顺县县委书记（政委）后与时任县长孙竹庭于10月24日分别以“太行军区第三军分区平顺县指挥部”政委和总指挥的名义联合签发的《关于各村恢复岗哨的命令》。命令指出：“最近我们作战有很多俘虏，可是有些不了解咱们的宽大政策逃跑了。更值得我们警惕的是，反动分子仍在结合残敌伪军继续向我解放区进攻，企图夺取抗战果实，因此已派有大批特务到我们根据地来。为了不让俘虏和特务活动，从令到之日起，各村恢复岗哨。白天妇女儿童，黑夜自卫队，严格盘查行人。区指挥部必须严格检查各村恢复岗哨情形，不要马虎。此令。”从此见到县委书记（政委）的身影，也可见到根据地妇女、儿童站岗放哨的情景。而康洛与县长联合签发的命令，有三份，且都涉及有关支援前线、调动担架队作战的重要任务。

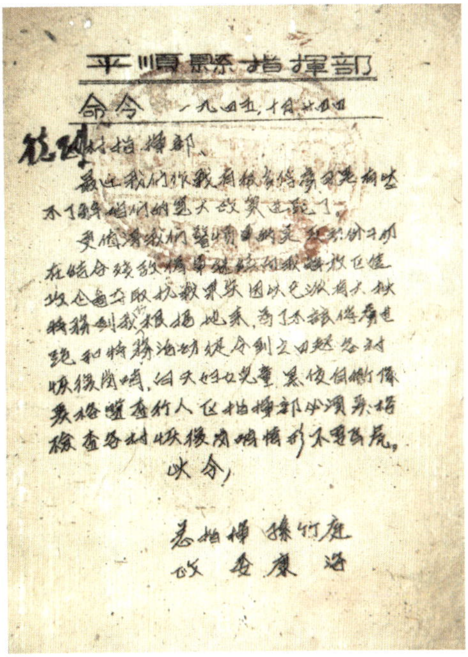
平順縣指揮部

命令 一九四五，十月廿四日

此令！

總指揮 孫竹庭

政委 康洛

○ 1945年10月24日《关于各村恢复岗哨的命令》。

张平书记签发的命令

德珩村收到的张平书记（政委）与县长联合签发的命令，只有两份。

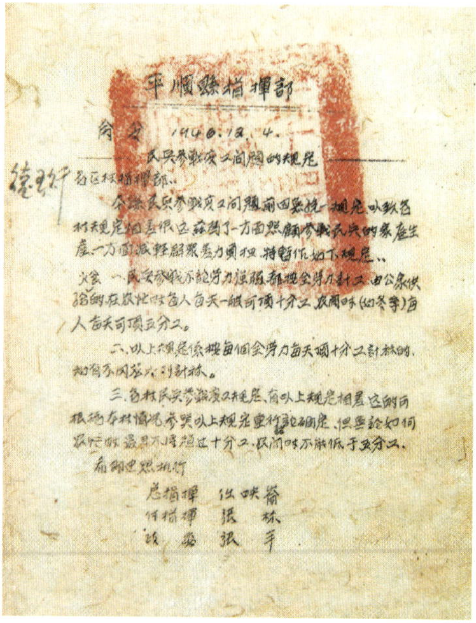
平順縣指揮部
命令 1946.12.4.
民兵參戰變工問題的規定
德珩 各區村指揮部：
总指揮 任映倉
付指揮 張 標
政委 張 平

○ 1946年12月4日《关于民兵参战变工问题的规定的命令》。

其中一份是德珩村指挥部收到的1946年12月4日由平顺县指挥部政委（县委书记）张平和总指挥（县长）任映仓、副指挥（副县长）张标联合签发的各区村指挥部《关于民兵参战变工问题的规定的命令》。《命令》指出：“本县民兵参战变工问题前因无统一规定，以致各村规定相差太远。兹为了一方面照顾参战民兵的家庭生产，一方面减轻群众差力负担，特暂作如下规定：一、民兵参战不论劳力强弱，都按全劳力计工。由公家供给伙食的，在农忙时每人每天一般可顶十分工，农闲时（如冬季）每人每天可顶五分工。二、以上规定系按每个全劳力每天顶十分工计算的，如有不同应以此计算。三、各村民兵参战变工规定，有以上规定相差远的，可根据本村情况，参照以上规定重新讨论确定。但无论如何农忙时最多不得超过十分工，农闲时不能低于五分工。希即遵照执行。”

由此可见，在德珩村收到的文书中，县委书记（政委）的出现，一般都与县指挥部军事行动有关的事项相关。张平的另一份与总指挥（县长）贾孝敏、副指挥（副县长）张标1947年1月10日联合签发的《关于为打败蒋介石、再次开展返乡战士归队运动的命令》，同样是以平顺县指挥部政委名义出现的。而在全部以政府名义下达的文件中，从未见到过“政委”的出现，这种在党领导下的形式上的党政分开，构成

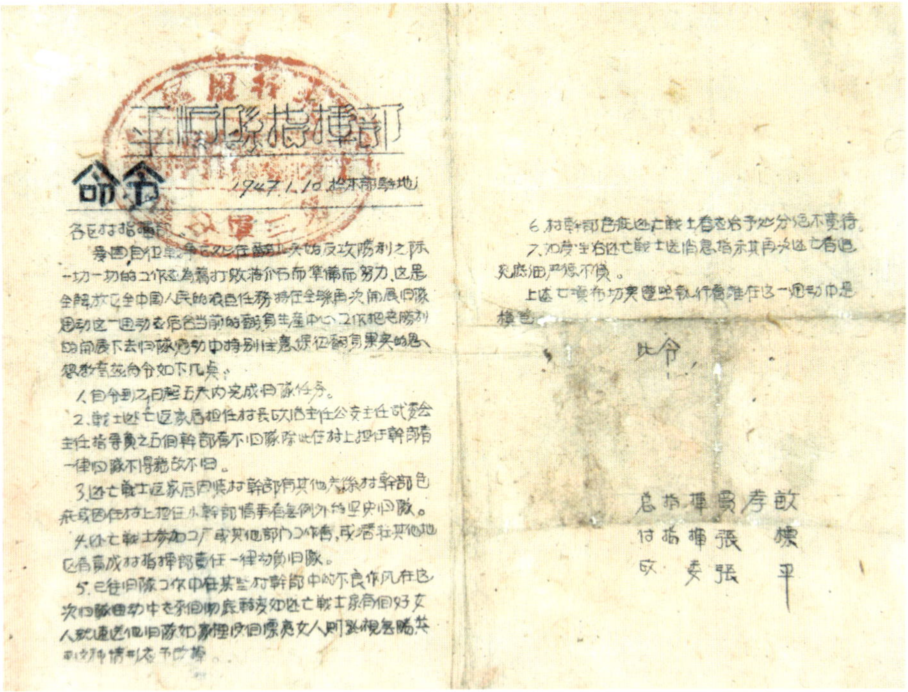

平順歸隊指揮部

命令　1947.1.10 於本部駐地

各區村指揮部：

當前自衛戰爭[illegible]反攻勝利之際，一切一切的工作都為着打敗蔣介石而準備而努力，這是全解放區全中國人民的[illegible]任務。特在全縣再次開展歸隊運動，這一運動要結合當前的翻身生產中心工作把它勝利的開展下去。歸隊運動中特別注意保證翻身果實的思想教育，茲命令如下幾點：

1.自令到之日起五天內完成歸隊任務。

2.戰士逃亡返家后擔任村長、政治主任、公安主任、武委會主任、指導員之五個幹部者不歸隊，除此在村上擔任幹部者一律歸隊，不得藉故不歸。

3.逃亡戰士返家后因係村幹部有其他關係村幹部[illegible]或因任村上擔任小幹部情事者毫[illegible]例外的堅決歸隊。

4.逃亡戰士參加工廠或其他部門工作者，或潛在其他地區者責成村指揮部責任一律動員歸隊。

5.已往歸隊工作中在某些村幹部中的不良作風在這次歸隊運動中[illegible]

6.村幹部包庇逃亡戰士者[illegible]予以分[illegible]不寬待。

7.[illegible]逃亡戰士[illegible]

上述七項希切實堅決執行[illegible]在這一運動中[illegible]

此令

總指揮員 孝[illegible]

付指揮 張[illegible]

政委 張平

○ 1947年1月10日《关于为打败蒋介石、再次开展返乡战士归队运动的命令》。

了根据地一种特有的政权形式。从上述命令中也可见到，根据地民兵参战在变工上所享有的政策优惠。

文书记录下的德珩村所在区的八位区长

区级政府各类机构、组织、社会团体，大都与县里基本相对应，只不过“牌子”小了一些，编制少了一些，即使“牌子”小，人员少，但上级任何一项工作任务的下达，下边都有“腿”，可谓机构健全，组织严密。

在1943年至1948年五年间的“纸片子”中，德珩村先后收到了七位区长、五位副区长和五位政委签发的各类命令、指示、通知、通令。

按德珩村收到的每一位区长签发的第一份文书所记载的时间统计，这七位区长大约任职的时间及先后，依次是：岳培东（1943年11月2日起）；郝钦（1945年5月4日起）；代区长张旺喜（1945年10月7日）；许俊科（1945年11月8日起）；张文杰（1947年2月13日起）；陈士贤（1947年3月7日起）；徐永祥

（1948年1月13日—12月29日）。

在上述所载七位区长中，所见到的第一位区长是岳培东，最后一位区长是徐永祥；其中任职时间最长的为许俊科，一年零九个月，最短的为代区长张旺喜，只有一个月。其中还有一位签名“牛焕章”的区长，因只有一份标明“三月十七日”的通知，而无法确定何年任职。算上这位区长，应是八位区长。

在这些区长中，德珩村收到签发文书最多的区长是许俊科，有127份，其后是徐永祥78份，陈士贤76份；最少的是岳培东，能见到的文书只有1份。这既与他们当时承办任务的多少有关，也与任职时间的长短有关。

德珩村所在区政委中的五位中共区委书记

在与区长共同签发过的文件中记载的区政委、副区长有：代区长张旺喜任上的政委申招喜；许俊科任上的副区长张旺喜、王宏章，政委申招喜；张文杰任上的副区长王宏章，政委曹俊、曹二其；陈士贤任上的副区长王宏章、王科则、王长锁，政委曹二其；徐永祥任上的副区长陈凤贤、王长锁，政委白汝林、刘秋江等人。其中共有政委，即实际上的中共区委书记五人：申招喜、曹俊、曹二其、白汝林和刘秋江。

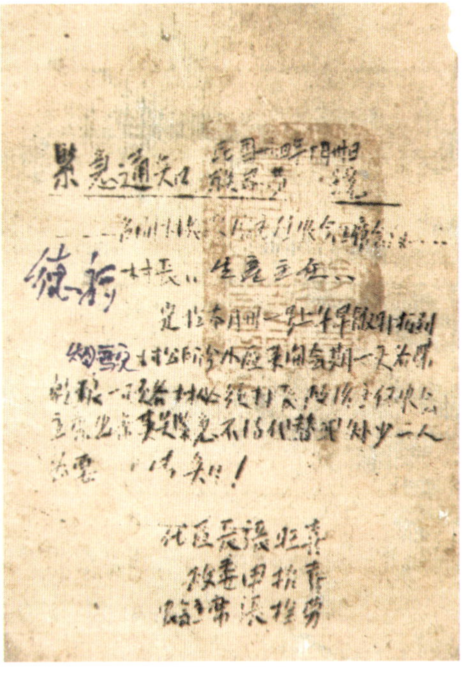
紧急通知

代区长张旺喜
政委申招喜
农会主席张拴劳

○ 1945年10月30日《关于召开村长政治主任会议的紧急通知》。

德珩村曾收到由代区长张旺喜、政委（即区委书记）申招喜和农会主席张拴劳于1945年10月30日联合签发的《关于召开村长政治主任农会主席会议的紧急通知》。通知要求：“定于本月卅一日上午早饭时到烟驼村公所小区来开会，会期一天，各带干粮一顿，各村必须村长、政治主任、农会主席出席，事关紧急，不得代替或缺少一人，为要。此知。”

类似这样没有注明内容的会议通知，在618份“纸片子”中有一定数量，一般都是关于重要和紧急事项的，且带有保密的性质，因而都是党政联合签发的。

同县里一样，在德珩村收到的文书中，区委书记（政委）比县委书记的要多一些，但也是很少的。而无论是县委书记还是区委书记，其与县区长联合签发的文件没有一份是单独谈党的工作的。在618份文书中，其个人单独签发的文书一份也没有，显示出根据地党组织存在与活动的大致情景。

唯一一份区长任命通知

1947年3月7日，平顺县第四区公署新任区长陈士贤、副区长王宏章签发给德珩村正副村长一份《关于调任干部的通知》。通知写道：

> 奉县府命令，决定调咱区长张文杰回府另有任用，遗缺由陈士贤同志接任，已于本月七号正式接办视事，特此通知是荷。

陈士贤成为八位区长中唯一一位见到正式通知的区长。

通知 民国三十六年三月七日

区长 陈士贤

付区长 王宏章

○ 1947年3月7日《关于调任干部的通知》。

县区军事机构的设立

县区指挥部是县区最高的军事行动的指挥机构。抗日战争胜利前后，平顺县隶属于太行军区第三军分区，主要负责该区域军事武装斗争及民兵的支前工作。德珩村以及所有各村作为以支前参战为主要任务之一的后方根据地，所收到县区指挥

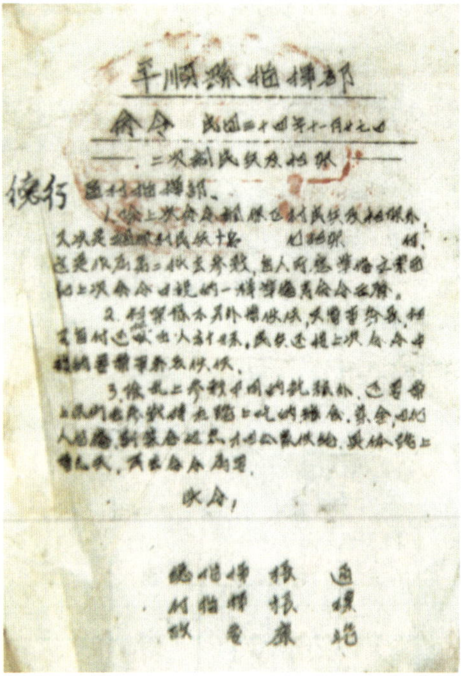

○ 1945年11月27日《关于二次调民兵及担架的命令》。

部的文书占有相当的数量。

1945年11月27日，太行军区第三军分区县指挥部总指挥张通（县长）、副指挥张标、政委康洛联合签发给德珩村及各区村指挥部《关于二次调民兵及担架的命令》，其时正是上党战役进行之时。命令要求德珩村“除上次命令调你村民兵及担架外，又决定调你村民兵十名”。“这是作为第二批去参战，每人所应准备之东西，和上次命令中说的一样准备”；“除上次参战中用的干粮外，还要带上你们去参战时在路上吃的粮食。菜金由个人自备，到集合地点才由公家供给，具体路上带几天，再去命令为要”。由此可知，这是一个由区县长、政委（区县委书记）一把手担任指挥并配有区县副职任副指挥的最高军事机构，在开展军事斗争及支前作战上发挥着其他组织不可替代的作用。因其军政一体化，根据地许多军事支前工作，一般都由区县政府及主要领导以命令的形式下发到各村。

（三）文书上的德珩村村机构

至于县区村三级最基层的村，则主要设有村公所，这是村里最高的行政管理部门。村公所设有村长、副村长。除此之外也设有各种与区县机构相对应的组织，如村委会（村政委员会）、村指挥部、武委会、治安委员会、农会、妇联（妇女部）、民事调解委员会等。此外，尚有合作社、互助组等。基本上是县区有什么，村里就有什么，只不过规模大小和编制多少有所不同，没有专门机构，也有相对应的人员，比如没有公安局，也会有一名公安员。可见根据地从县到区再到村，各级组织机构的系统、严密和健全，从而在根据地形成全覆盖的领导力量，为各项工作的开展提供了最重要的组织领导保障。这种在中国农村和最广大农民中建立的组织，它所具有的严密、深入和广泛性，是历史上从未有过的；它所焕发出来的巨大力量，也是从未有过的。

文书中的各类村干部

从德珩村收到的区县所发各种会议通知中参会人员的职务看，德珩村也配备了为数不少的、担负各类不同职责的村干部。

1948年10月2日，区长徐永祥、分书（中共区委书记）白汝林签发给德珩村《关于召开小区村干会议的紧急通知》，其中所通知的村干部计有：“村长、政主、武主、农主、生产主任、妇主席”等七人。

除此之外，纵观各类会议通知，粗略统计，村干部计有：村长，副村长，政治主任（党支部书记），武委会主任、副主任、指导员，生产主任，教育主任，财政主任，后勤主任，公安主任（公安员），农会主席，妇联主席（主任），民事主任，工商主任，合作社理事（主席、经理），村公所书记（即文书）、小学校长（小学教员），等等。

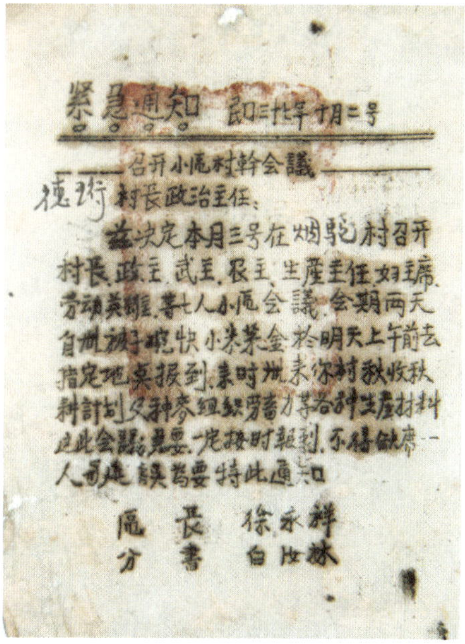
紧急通知 [illegible]年十月二号
——召开小區村幹会議——
德珩 村長政治主任：
兹决定本月三号在烟驼村召开
村長、政主、武主、农主、生產主任、妇主席、
劳动英雄等七人小區会議。会期两天
自带被子碗筷小米菜金，於明天上午前去
指定地点报到，来时带来你村秋收秋
耕計划及种麦组织劳畜力等各种生產材料
[illegible]会議很重要，一定按时報到，不得缺席一
人，[illegible]为要，特此通知
區長 徐永祥
分書 白汝林

1948年10月2日《关于召开小区村干会议的通知》。

参会村干部最多的一份通知

这是1945年12月8日德珩村收到的区里关于召开会议的通知。在德珩村收到的“纸片子”中，这是一份区领导联合签发人数最多，也是通知参会村干部最

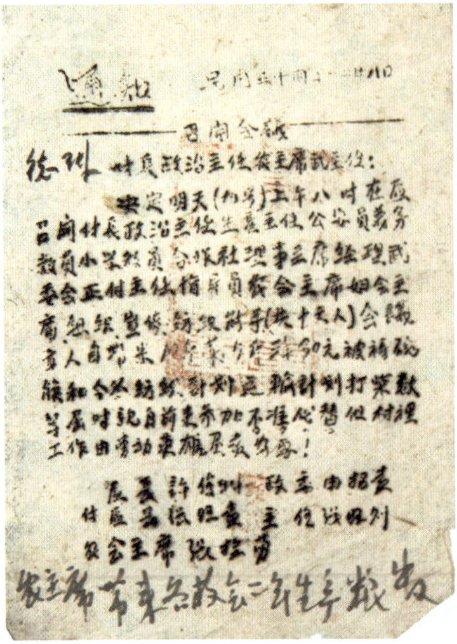

○ 1945年12月8日《关于召开会议的通知》。

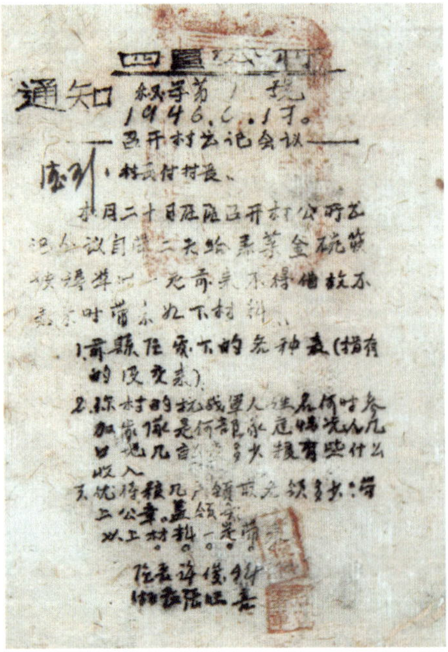

○ 1946年6月17日《关于召开村公所书记会议的通知》。

多的一份通知。计有区长许俊科、政委申招喜、副区长张旺喜、武委会主任张旺则、农会主席张拴牢等五位区领导；被通知参会的村干部等计有：村长，政治主任，生产主任，公安员，义务教员，小学教员，合作社理事、主席、经理，武委会正副主任、指导员，农会主席，妇会主席，组织、宣传、纺织能手共十六人。如此可见1945年至1948年期间，太行根据地村干部的配备与县区机构一脉相承的大致情况以及新民主主义革命下的村级政权建设和村干部队伍组织建设之严密。

村公所的书记。还有一种村干部，叫做村公所书记，也是村干部的重要成员之一。这是德珩村收到的1946年6月17日由区长许俊科、副区长张旺喜联合签发的四区公所“密字第1号”《关于召开村公所书记会议的通知》。通知要求，参会人员开会时要带来和上报“前区县发下的各种表；你村的抗战军人姓、何时参加部队、是何部队，家庭情况、人几口、地几亩、收多少粮、有些什么收入；优待粮几户，各领多少”。由此可知，村公所书记应为负责文书一类事项的工作人员。

三、发文开会开展运动，两种基本工作方法

发文开会，开展运动，是根据地布置开展工作最基本的两种方法；发展生产，支援前线，则是根据地的两大经常性的主要任务。打败日本侵略者和国民党反动派，建立独立民主富强的新中国，是一切工作的出发点和根本目标。德珩村所收到的618份“纸片子”，都生动地展现了这一点。

（一）大事小情均有公文下达

大到支前上战场参战，运送军粮抬担架；小到追捕敌特、站岗放哨，扫雪清理道路，事无巨细，区县均有正式公文下达，且多采取命令的形式。在发文与开会两种形式上，因战争环境下的交通条件及一定时期保密的条件下，县里对村一般以直接发文为主，所发文件数量比召开会议的次数要多很多；而召集村干部直接到县里开会的通知，在德珩村收到的618份文书中也只有6份。区里可说是开会发文并重，开会多，发文也多。

县里下发的各类文件，大到命令民兵参加上党战役，开展减租减息、进行土地改革，公告县议会选举议长、正副县长结果；小到村小学教员冬季烤火补助几斤小米，调用德珩村仓库使用的“草簾子”（即用草编织的用于笘盖粮食等的簾子）都有县长等人正式签发的公文。

1945年5月17日夜，县长孙竹庭签发了《关于快做反攻鞋给新战士做军鞋（征收第二批军鞋及增派军鞋一部）的紧急命令》。

这份紧急命令是直接印发区村的，时值日本宣布投降的第三天。紧急命令首先向德珩村下达了增做军鞋的具体数量，指出：“本年第二批军鞋和为增强反攻力量，扩大我军增派之军鞋，已奉专属命令，分配到县。县根据你

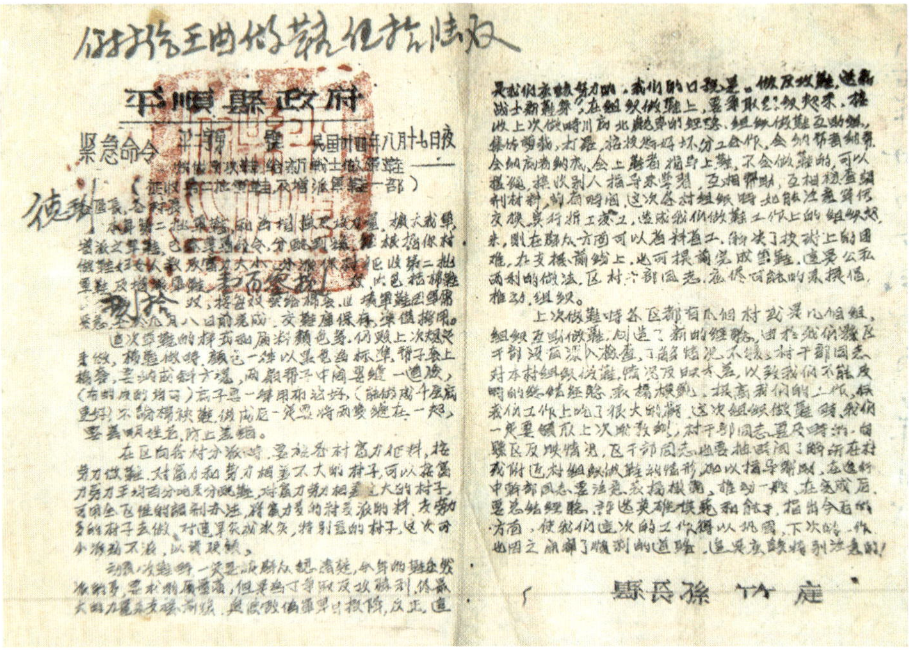

○ 1945年5月17日《关于快做反攻鞋给新战士做军鞋（征收第二批军鞋及增派军鞋一部）的紧急命令》。

村做鞋妇女人数及富力大小，分派你村征收第二批军鞋及增派军鞋一百零八双，内包括棉鞋八十双。因军需紧急，务于九月八日前完成。”命令上方同时毛笔写有“你村给王曲做鞋五十六双”。事关前线作战和军需，从命令下达到完成，只有20天时间，可见事项的紧急。据上面1947年的统计表记载，“三村合并”的德珩村，计有223户人家，897口人，其中，男人516人，女人381人，能做鞋的妇女20天共计要做军鞋164双，可见任务的繁重。

《紧急命令》同时要求：

这次军鞋的样式和质料颜色等，仍照上次规定来做，棉鞋做时，颜色一律以黑色为标准，帮子套上棉套，要纳成斜方块，两扇帮子要缝一道脸（布的皮的均可），底子要一律用布沿好（能做成千层底更好）。不论棉袂鞋，做成后一定要将两只缝在一起，要写明姓名，防止差错。

为保证派做军鞋任务的完成，在对制作军鞋的组织上，县长孙竹庭更是在《紧急命令》中向村长们详加强调：“一定要让群众认清楚，今年的鞋虽然派的多，要求的质量高，但是为了争取反攻胜利，尽最大的力量来支援前线，迫使敌伪军早日投降、反正，这是我们应该努力的。我们的口号是：‘做反攻鞋，送新战士新鞋穿’。”要组织做鞋互助组“按技术好坏，分工合作，会纳帮的纳帮，会纳底者纳底，会上鞋者，指导上鞋，不会做鞋的，可以搓绳，接受别人指导来学习，互相帮助。”要求要讲究政策，“向各村分派任务，要按各村富力征料，按劳力做鞋”。即“按富力劳力平均百分比来分配”，“对遭受了旱涝灾的可少派或不派”。要“公私两利”，“注意等价交换，实行折工变工”。村干部要特别注意及时“加以指导帮助，要注意表扬模范，推动一般，在完成后要总结经验，评选英雄模范和能手，指出今后的方向，使我们这次的工作得以巩固，下次的工作也因之开辟了顺利的道路”。可见组织村民制作军鞋的概貌，也可一见根据地组织工作落实的一般方法。

类似于支援前线民兵参战以及发展生产这样的大事，县里所发文件几乎都是不吝笔墨、以紧急命令形式向村里详加部署的。而在“小事”上，也不吝以命令的方式下达，以促进工作的落实。

这是德珩村村长和村仓库副主任收到的1945年11月12日由县长孙竹庭签发的《关于调用簾子供秋屯使用的命令》，这是600余份文书中事项最小和文字最少的命令之一，正文只有57个字。具体如下：

你村仓库今年不收粮，因此决定你村仓库的簾子，如数调往实会村仓库，供本年秋屯使用。希接令后将簾子交付实

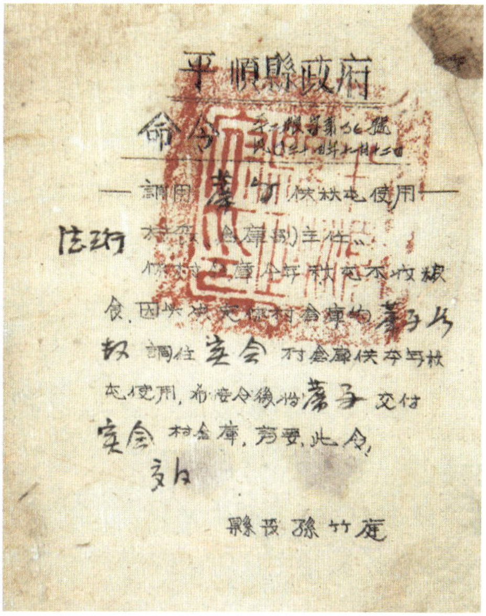
平順縣政府
命令
縣長 孫竹庭

○ 1945年11月12日《关于调用簾子供秋屯使用的命令》。

会村仓库为要，此令。

在1945年9月至1948年12月3年多时间里，德珩村收到570余份区县的各类指示、命令、通知等，这还不包括已经遗失的，这些文书在当时都是十分必要的，留到了今天更是万分的珍贵。

3年间147份区县的会议通知

除了发文之外，召开会议是区县政府特别是区政府向各村布置、检查和督导工作落实最基本的方法。在618份“纸片子”中，区县两级的会议通知占有相当的数量。粗略计算，1945—1948年3年间，区县政府由区县长和有关部门签发到德珩村的关于村干部参加各类会议的通知，不包括一般群众参加的大会，计有147件。其中县级会议通知有6份，区级会议通知有141份。有时一个月村长就接到了多达6份的会议通知，在当时山区交通极不发达的战时情况下，村干部到区县开一次会也是十分不便的，何况还要自带被褥“粮草”。

包罗万象的会议

在区县147份会议通知中，从参会人员上看，德珩村各类干部所参加的会议主要有：村长会议，副村长会议，财政主任会议，合作社理事主席会议，生产主任会议，民事主任会议，后勤主任会议，干部会议，公安主任（公安员）会议，武委会主任、指导员会议，农会主席会议，妇救主席（妇联主任）会议，司法工作会议，优抗工作会议，教育主任会议，学校校长会议，小学教员会议，群英大会，武装干部会议，纺织能手会议，医生和卫生主任会议，区村干部会议，劳动英雄会议，生产委员会议，书记会议，村后勤干部会议，做鞋模范能手会议，指挥部会议、村公所书记会议，时事座谈会，扩大村干部会议，三八妇女节会议，纺织英雄会议，合作社会议，各种英雄能手会议，造表能手会议，纪念七一党的生日群众大会，群众庆祝胜利大会，村长、政治主任等的联席会议，治安委员会会议，庆祝农民翻身大会等计有几十种。

可以说，在根据地有多少种工作就有多少种会议，而且很多会议并非是对一项工作的研究部署，因此参加会议的村干部就多，通常是村长以及副村长和政治主任参加会议为最多。其次是财政主任、武委会主任、生产主任、农会主席、副村长或一人或几人“搭帮”参加的会议为多，所有这些都与根据地以生产、支前为中心任务所开展的各项工作需要是相一致的。

参会人员不能不来，不得顶替

特别需要说到的是，在相当一部分会议通知中，除了明确参会人员、时间地点、会议内容之外，就是严格要求参会人员“届时要亲自前来参加，不准无故不来和代替，”“否则就开不了会了”。有些会议如涉及更重要的事项，通知则明确具体几时参加会议，“不得稍迟”为要。对于一些未能按时参会的现象，则给予坚决的批评纠正。

德圳村村长、政治主任（支部书记）自1946年9月15日收到区公所关于19号召开全区干部会议的联合通知后未按要求于18号下午到区报到，于9月18日再次收到区长许俊科、政委（区委书记）申招喜、农会主席张拴劳和合作社长冯步阁发来的紧急联合通知。通知指出：“区署决定本月十八日报到，区署开村长、政治主任、农会主席、劳动英雄、理事主席会议，但仍然有些村并未有来一人，有的来了几人没有完全来，这对开会通知和按时报到，思想上有点不大适当。希接通知

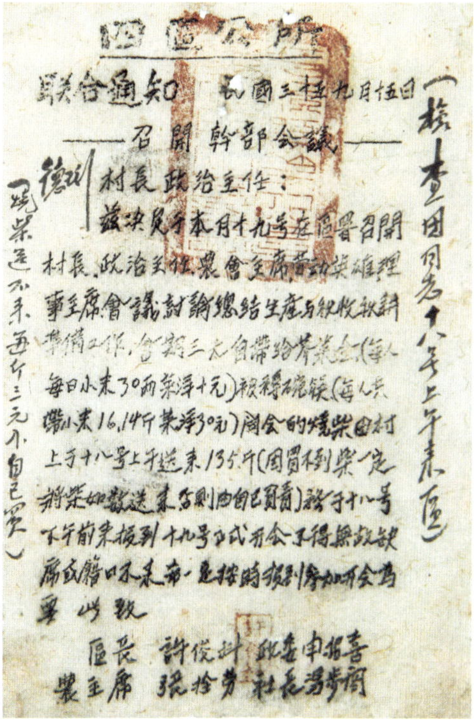
区公所
联合通知 民国三十五年九月拾伍日
——召開幹部会議——
德圳村長政治主任：
兹决定于本月十九号在區署召開
村長、政治主任、農會主席、劳动英雄、理
事主席會議，討論總結生產与秋收秋耕
準備工作，會期三天，自帶給養菜金（每人
每日小米30兩菜淨十元）被褥碗筷（每人共
帶小米16.14斤菜淨30元）開会的燒柴由村
上于十八号上午送來135斤（因買不到柴一定
將柴如數送來，否則由自己負責）務于十八号
下午前來報到，十九号正式開会，不得無故缺
席或藉口不來，希一定按時報到參加開会為
要 此致
區長 許俊科 政委申招喜
農主席 張拴劳 社長馮步阁
（燒柴送不來，每斤三元，不自己買）
（核查因為十八号上午來區）

○ 1946年9月15日《关于召开干部会议的联合通知》。

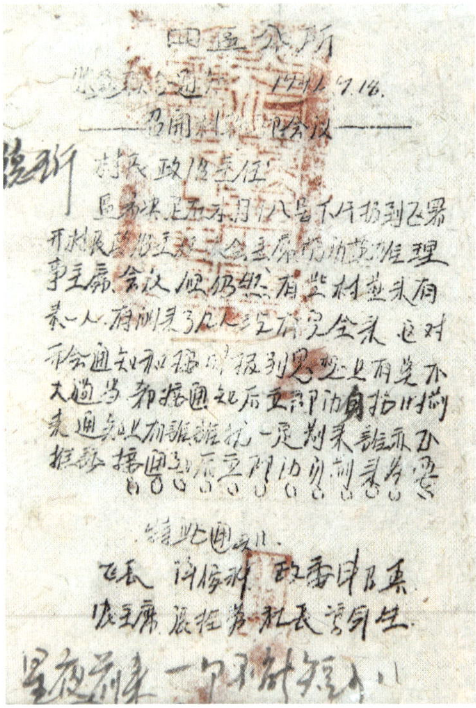

○ 1946年9月18日《关于召开干部会议的紧急联合通知》。

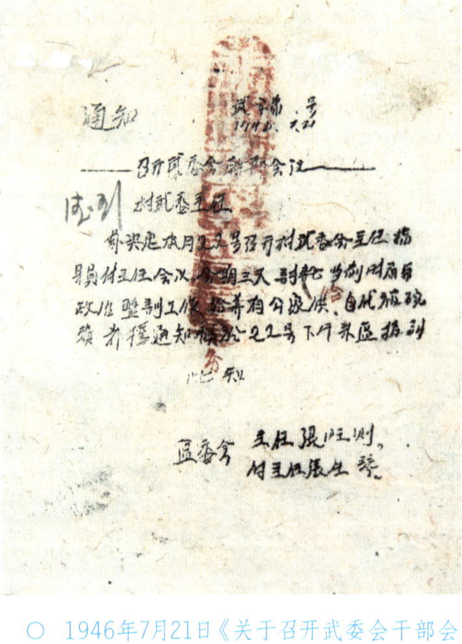

○ 1946年7月21日《关于召开武委会干部会议的通知》。

后立即动身按时前来，通知上有谁谁就一定前来，谁都不得推诿，接通知后立即动身前来为要。”不知是哪位区领导还专门在通知的下面用毛笔写了“星夜前来，一个不能短少”十个字，并在“星夜前来”下画圈加了着重号。

开会要自带被褥“粮草”

更加让今人不知的是，当年根据地的村干部参加区县会议都要自带被褥“粮草”的，区县都是不管饭的。如上面所说的“九月十五日通知”中，就明明白白告知：“会期三天，自带给养菜金（每人每日小米30两，菜洋10元），被褥碗筷（每人共带小米16.14斤，菜洋30元），开会的烧柴由村上于18号上午送来135斤（因区买不到柴一定将柴如数送来，否则由自己负责）。”并在通知一侧特别用毛笔书写补充注明：“烧柴送不来，每斤三元不自己买。”由此，村干部到区县开会要背着被褥，担着粮食，揣着菜金，推着柴火，行进在崇山峻岭的山间小路去开会，并且“不得无故缺席或藉口不来。”这就是当年区县对村干部参会的一般要求。

也有例外，在147份会议通知中有一份“管饭”的会议通知，这就是德珩村武委会主任所收到的1946年7月21日由区武委会主任张旺则、副主任张生琴联合签发的

《关于召开武委会干部会议的通知》，内容如下：“德珩村武委主任：兹决定本月22号召开村武委会主任、副主任、指导员会议，会期三天，讨论当前时局与政治整训工作。给养有（由）公家供给，自带被（褥）碗筷。希接通知务于22（21）号下午来区报到。”这种明确负责吃喝的会议，在各类会议通知中还是独一份。

会议通知之外的461份文书

在618份文书中，除去147份的会议通知以外，尚有区县所印发的各类文书461份。

这些文书的种类、样式前面都说过很多了，特别应该指出的是，为了促进根据地各项事业的发展，每逢有重大工作的开展，作为一县之长的县长都会亲自撰文印发给村干部，以统一他们的思想认识，提高他们的积极性，保证工作的落实。在平顺县《大事编年》中只记载了《新华日报》刊登孙竹庭县长《孙竹庭撰文商讨在互助合作社运动中出现的新问题》一文，其实，在618份“纸片子”所记载六任县长中，每一位都曾就某一项工作亲自撰文向村干部及其根据地人民发出党和政府的声音。

县长孙竹庭、政委（县委书记）康洛曾于1945年10月7日联合所撰《解决参战与生产中的两个问题》一文。

孙、康文章指出：“目前前线战斗与后方生产都进入极度紧张时期，为保证战斗与生产任务的顺利完成，一面使参军者安心参战，一面使后方群众集中全力突击秋收、秋耕种麦，有两个问题必须迅速解决。”一是参战与生产的变工问题；二是节省民力的问题。这两个问题都是在经过八年抗战之后，又将进入国内战争所亟待解决的继续战争与满足民生需求、适当使用民力的大问题。

关于“参战与生产的变工问题”，文章指出：“民兵运输、担架队到前方，他们家里一切生产工作后方必须予以帮助。各地已引起注意，并正在这样做，但将来如何定工尚未统一规定，同时又为了根据地人民的最后解放，不是为个人，因之应当有适当的变工办法。现在有的村实行帮一半工的办

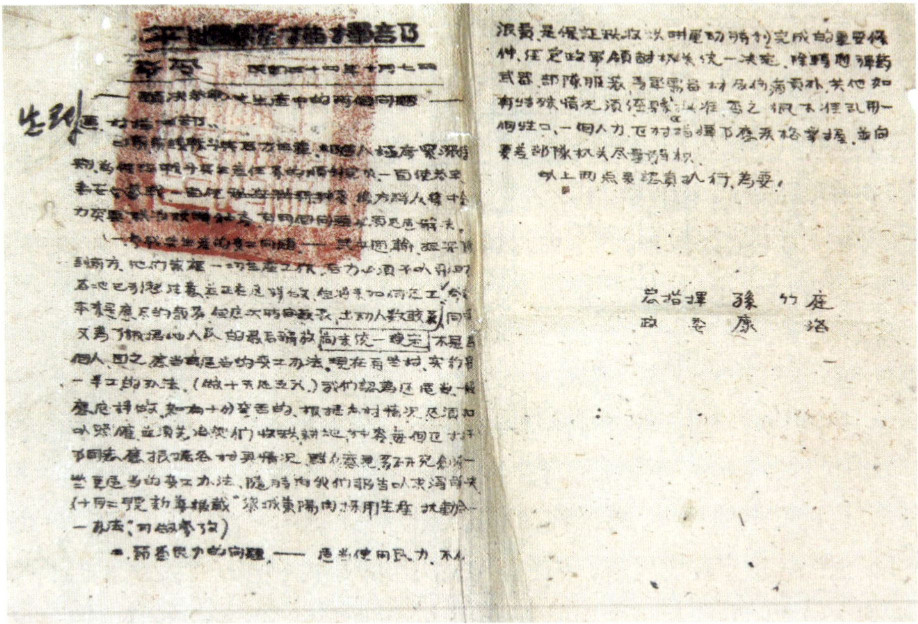

总指挥 孙竹庭
政委 康洛

○ 孙竹庭、康洛所撰《解决参战与生产中的两个问题》一文。

法（做十天还五天），我们认为还适当，一般应这样做。如有十分穷苦的，根据各村情况还须加以照顾，并须先帮他们收秋、耕地、种麦。”文字要求：“每个区村干部应根据各村具体情况、群众意见，多研究创造一些更适当的变工办法，随时向我们报告以求得解决（十月二号新华报载‘黎城东阳关采用生产执（抗）勤合一办法’可做参考）。”

关于“节省民力的问题”，文章指出：“适当使用民力，不使浪费，是保证秋收秋耕运动胜利完成的重要条件，经党政军领导机关统一决定，除转运弹药武器、部队服装等军需器材及伤病员外，其它如有特殊情况，须经县区批准，否之概不准乱用一个牲口、一个人力，区村指挥部应严格掌握，并向要差部队机关尽量解释。”

由此可见，抗战胜利之初根据地“参战与节省民力”问题的一般解决情景。作为县长和县委书记，孙竹庭和康洛可说是具有高度政治敏感性的领导干部，其文章以命令的形式，及时向区村干部提出了认清新形势、明确新任务的继续战争与节省民力两个新的问题，体现出当年共产党县一级领导干部的水平和能力，也再次从一个侧面证明了共产党代替国民党取得天下的必然性。

（二）“运动”是开展工作的“法宝”

除去开会发文，另一个就是开展各项运动。这既是根据地工作的具体内容，也是号召和动员各级干部和群众完成每一项工作的基本形式，它可以更有力地调动人们的热情和积极性，强化组织领导，提高工作效率，因而在根据地得到普遍采用。

说起根据地的运动，稍懂一点中共党史的人们，知道最多的恐怕就是大生产运动和整风运动。在德珩村所收到的“纸片子”中，人们可以看到有全民参与的“大运动”，如为打破经济封锁整个根据地开展的大生产运动；也有“小运动”，如一年一度之中，各村开展的春耕、秋种运动，过年过节进行的卫生大扫除运动，等等。从中也可以了解到根据地在战争以及贫穷落后条件下开展各种运动的工作内容及基本形式，一见根据地某项事业的模样。

这是德珩村收到的1946年3月10日由县长张通、副县长赵企贤联合签发的民字第12号县政府《关于迅速预防春疫和开展一个卫生运动的指示》。

《指示》首先指出开展春季防疫运动的形势和重要性：“平顺在战争影响下，瘟疫和疾病都非常严重，尤其去年冬未下雪，气候反常，空气干燥，疾病和瘟疫随着增加，据医生会议谈，普遍流一种糠痤病，一个村三十五十的生，接着影到今年的大生产运动的开展，我们必须认识预防胜于治疗，为此特引起我们严重注意，并做以下几件具体工作。”

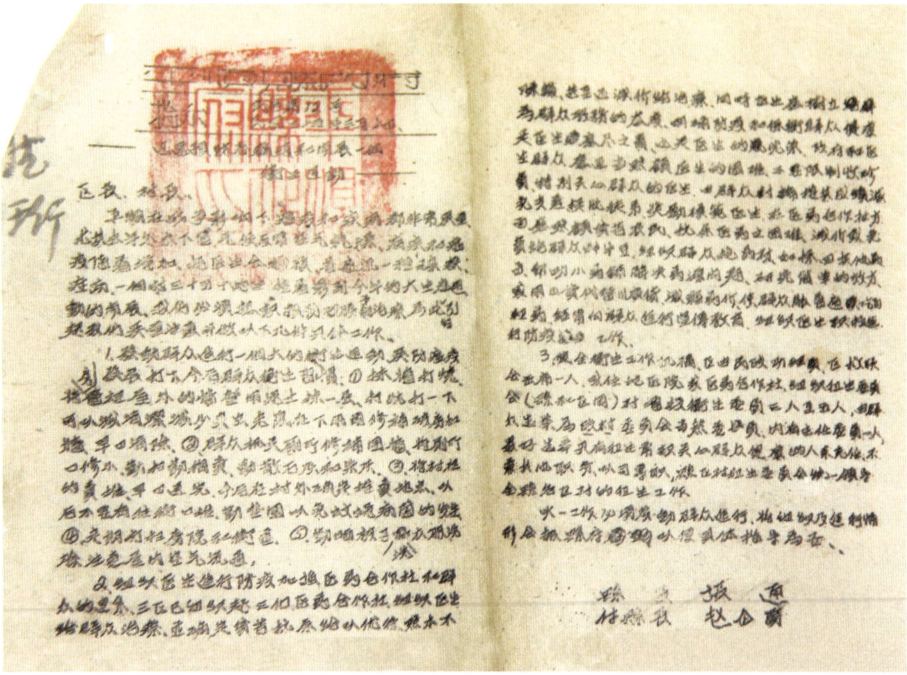

○ 1946年3月10日《关于迅速预防春疫和开展一个卫生运动的指示》。

指示提出要做好以下三件事，一是“发动群众进行一个大的卫生运动，打下今后群众的卫生习惯。”具体是：“①抹墙打烧。将房里屋外的墙壁用泥土抹一层，打（把）炕打一下，可以减（更）清洁，减少臭虫、老鼠；在下雨前修补破房和墙，早日清除。②群众机关厕所修补围墙，将厕所口修小，勤扫、勤掏粪，勤洒石灰和炭灰。③将村里的粪堆早日送完，今后在村外确定堆粪地点，以后不要往街口堆，勤垫圈以免蚊蝇病菌的发生。④定期打扫房院和街道。⑤勤晒被子、洗衣服、洗脸，注意屋内空气流通。”这些卫生习惯在今天相当多的农村，也还是适用和应该提倡的。

二是“组织医生进行防疫，加强医药合作社和群众的联系”。核心就是成立医药合作社，搞好“医患关系”。指示提出：“三区已组织起三个医药合作社，组织医生给群众治疗，并确定贫苦抗属给优待，照本不赚钱，甚至还减价给治疗，同时医生应树立为群众服务的态度，明确防疫和保卫群众健康是医生应尽之责，也是医生的光荣。政府和医生群众应适当照顾医生的困难，不要限制收诊费，特别关心群众的医生，由群众讨论按其成绩减免支差，提带徒弟，奖励模范医生；在医药合作社方面，应照顾贫苦农民、抗属之困难，减价或免费给群众种牛痘；组织群众挖药材，如採回其它药品，帮助小药铺解决药源问题，研究简单的效（药）方，或用山货代替川广货，减轻药价，使群众能普遍吃到□药，经常向群众进行宣传教育，组织医生积极进行防疫工作。”从此可见政府、医生、群众三者在医疗上的相互关系及治疗、收费、药品来源以及优惠抗属、贫苦农民和进行宣传教育等方面的政策办法，在当时贫困和医疗资源匮乏的情况下，作为根据地的小山村能够有组织地做到这一点，也可说是一个不小的奇迹。

三是“健全卫生工作机构”。具体办法是建立县区村三级卫生委员会：“区由民政助理员、区救联会出席一人，或驻地医院或医药合作社，组织卫生委员会（县和区同）；村增设卫生委员三人至五人，由群众选举，为该村委员会当然委员，内有主任委员一人，最好选举具有卫生常识、关心群众健康的人来充任，不兼其他职务，以司专职。县区村卫生委员会统一领导全县各区村的卫生工作。”由此可见三级卫生委员会由专门的机构、专职的人员所构成的概貌。

最后，指示要求：“以上工作必须发动群众进行，将组织及进行情形会（汇）报县府，以便具体指导为要。”

也就在这个指示发出十天之后，德珩村收到1946年3月21日县长张通、副县长赵企贤联合签发的《关于重申前令紧急防医（疫）的紧急命令》，告知：“据五区王区长三月十日来信说，全区有二千九百六十五人生病，其中生糠化症的九百四十九人，只西青北一个村四百三十五人有二百零一生病。”为此“应紧急行动起来，组织医生进行医治（参考三月十日迅速预防春疫和开展一个卫生运动的指示）”。并同时印发了经专属王医生及全县中西医集体研究治疗糠痤病的三项“特效法”。

由此可见这个1947年3月平顺县迅速开展的卫生运动，不仅是一个在春季开展预防瘟疫和养成农民良好卫生习惯的一般运动，而且是一个紧急救治流行病，以及为在平顺县根据地建立起医疗较为完善、领导体制较为健全的一个卫生运动。通过一个个运动来开展和推动一项工作或事业的发展，实现一个工作目标，就是这些指示和紧急命令所告诉人们的。

而对于各项运动的开展，区县不仅仅会发出号召和部署，还会及时进行指导与通报，以保证运动的顺利进行和效果。

这是德珩村收到的由区长许俊科于1946年10月20日对开展秋收秋耕运动亲自撰写的《关于各村秋收秋耕走向紧张高潮的通报》。《通报》对全区秋收秋耕运动开展一个多月以来搞得好的九个村的好做法做了肯定和表扬，并对运动的深入开展提出了意见。通报首先指出："上月十七号各村干部在区召开扩大会议，学习了时事，清醒了头脑，认识了美蒋合留（流）的目的是什么。蒋介石、美帝国主义计划目的将中国变成他们的殖民地，经过学习后，为了保卫胜利果实，换（唤）起爱国自卫战争一切为了自卫，争取提前完成秋收秋耕，号召贯彻深耕细作，争取每亩地翻一次，犁一次。"接着将做得好的9个村做了通报表扬，如实会村为了提前完成秋收秋耕组织

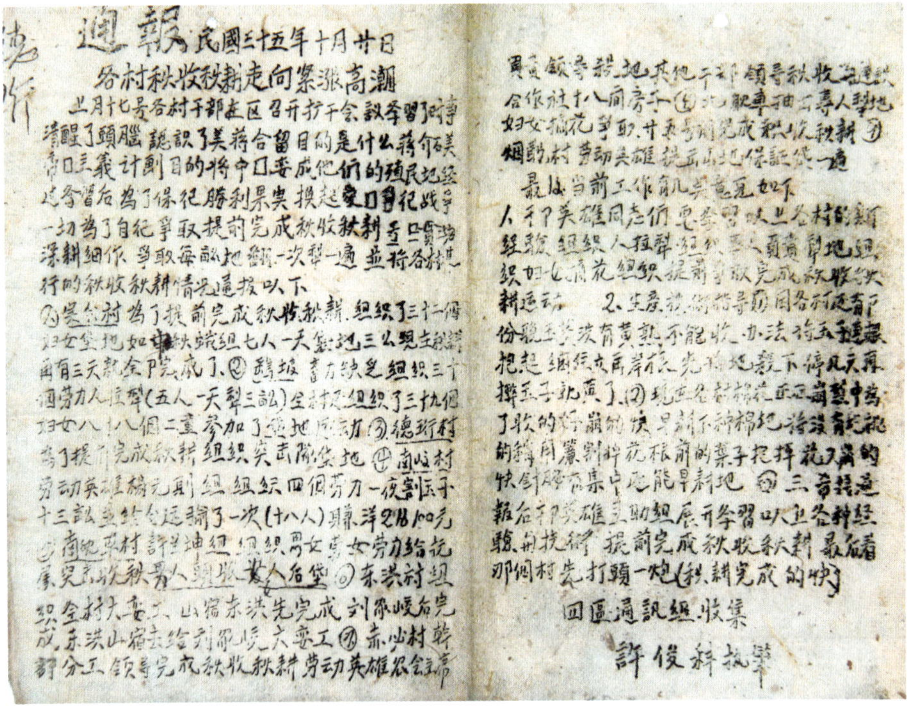
通報 民國三十五年十月廿日

各村秋收秋耕走向緊張高潮

上月十七号各村干部在区召开扩干会议学習了时事

清醒了頭腦 認識了美蒋合留目的是什么蒋介石美

帝国主義计劃目的将中国变成他们的殖民地经

过学習后 為了保衛勝利果实 換起爱国自衛战争

一切為了自衛 争取提前完成秋收秋耕

……

四區通訊組收集

許俊科執筆

○ 1946年10月20日《关于各村秋收秋耕走向紧张高潮的通报》。

32个妇女垡地，秋耕再有3天就完成了；鹞坡村畜力缺乏组织30个劳力人拉犁，组织39个妇女82个儿童参加了垡地运动；南峧村劳动英雄杨元泽互助组组织4个劳力一夜割玉米13亩，并结合运输了一次，赚洋2161元；南耽车村许兰坤组组织男女劳力给抗属突击收秋；东洪村、山宿村在秋收秋耕中组织全村与刘家峧“大变工”；赤必村干部分工领导完成秋收秋耕，劳动英雄、农会主席负责领导杀地，其他干部领导秋收，为合作社建设18间房子。北耽车村抽出专人犁地，妇女摘花，争取25号前完成秋收秋耕；烟驼村劳动英雄提出山地保证垡一遍。通报也表扬了“德珩村为了提前完成秋耕组织突击队垡地”。

通报最后对当前完成秋收秋耕运动提出三点意见：干部英雄要学习以上各村的新经验，组织男人犁地，女人摘花，争取提前完成秋收秋耕运动；加强对晚玉茭、棉花收割的生产技术指导；“展开学习以上各种经验和技术，提前完成秋收秋耕，最后看哪个村先打头一炮（秋耕完成的快）”。通报最后落款：“许俊科执笔”。

这份由“四区通讯组收集”、区长许俊科亲自执笔的通报，文字多有不畅之处，错别字也不少，但依然可见第四区各村在开展秋收秋耕运动一个多月时间以来“走向紧张高涨”的大致情景。而这些情况的搜集，在一周前区长许俊科、政委（区委书记）申招喜就曾联合专门给各村村长印发了通知，作了布置和调查。

下面是许俊科和申招喜直接印发给德珩村村长许海生和政治主任□仁海同志的通知。《通知》要求德珩村速将“秋收秋耕运动是怎么动员起来的，组织规模有多大，用什么办法组织的，有些什么具体经验，请详细总结送来，你村的调查还需加上这几项材料（下面列举主要包括纺织、英雄培养、犁地多少、送展展品等内容），希于明天很快整理出来，派专人星夜送来为荷。”同时一并报以下有关数据：“纺织方面，没有组织起来的纺妇、织妇各多少。布机、纺机各多少，生产成果上纺花织布各多少，卖洋赚花、赚布、赚米各多少？英雄方面，旧英雄垮台的有多少，新培养的英雄有多少？组织人拉犁有多少，犁了几亩，占秋地的多少亩？你村搜集的展览品马上即送来。

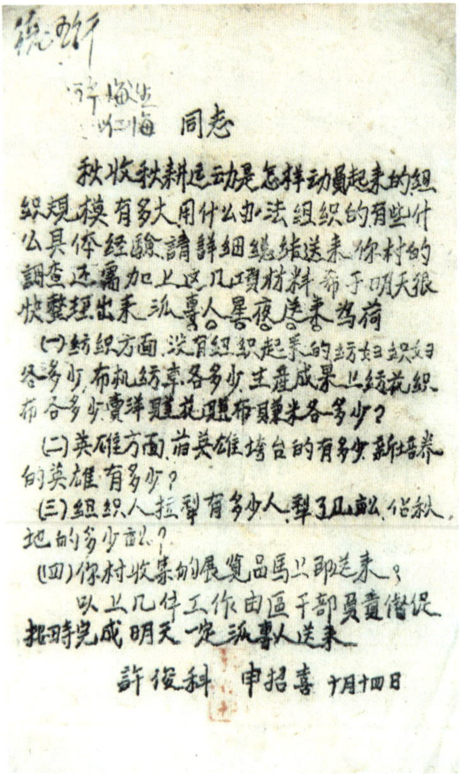
德珩村
许俊生
仁海　同志
秋收秋耕运动是怎样动员起来的组织规模有多大用什么办法组织的有些什么具体经验请详细总结送来你村的调查还需加上这几项材料希于明天很快整理出来派专人星夜送来为荷
(一)纺织方面，没有组织起来的纺妇织妇各多少，布机纺车各多少，生产成果以纺花织布各多少卖洋赚花赚布赚米各多少？
(二)英雄方面，前英雄垮台的有多少，新培养的英雄有多少？
(三)组织人拨犁有多少人，犁了几亩，代秋地的多少亩？
(四)你村收集的展览品马上即送来。
以上几件工作由区干部负责督促按时完成明天一定派专人送来
许俊科　申招喜　十月十四日

○ 许俊科、申招喜给德珩村村长、政治主任的通知。

以上几项工作由区干部负责督促，按时完成，明天一定派专人送来。”这些恐怕就是区长许俊科亲自执笔撰写通报所需要的素材。这种对各项工作数据的统计，在德珩村所收到的文书中也占有相当的数量，并且每次要的都比较急，有些同样是要求“星夜送来”。

由此可见一件工作、一项运动的开展，从头至尾都是有布置、有检查、有指导、有经验总结的。

粗略统计，德珩村收到文书中所提到的大大小小的运动计有：大生产运动（大规模生产运动、春耕夏收运动、春耕耙地运动、上追肥运动、锄苗积肥运动、锄苗夏收运动、秋收秋耕运动、冬季生产运动、商业手工业运动、纺织运动、抗旱备荒运动、采存野菜运动、副业生产运动、生产大检查运动），优抚拥军拥干运动（优抗劳军运动、拥干爱民运动、拥军优抗运动），文化教育运动（冬学运动），卫生防疫运动（卫生运动、大扫除运动、预防瘟疫运动），土改运动（减租减息运动、耕者有其田群众运动、农民翻身运动、查减运动、公产清查减轻人民负担运动），支援前线运动（参军运动、制作军鞋运动、竞赛为民立功运动、后方支援前线运动），节约运动（反对浪费运动、防旱备荒节约运动），植树造林运动，文化娱乐运动，思想教育运动，等等。

如上所述，各项“大运动”中都会衍生一些“小运动”。如在大生产运动中，就有春耕耙地运动、担水栽棉春耕下种运动、上追肥运动、锄苗积肥运动、锄苗夏收运动、秋收秋耕运动，等等。

这是德珩村村长、生产主任收到的由区长许俊科、副区长张旺喜1946

年3月24日联合签发的《关于展开耙地运动的指示》。《指示》要求："为使大生产运动提高产粮，达到原计划标准，必须深耕细作。现正处于雨后之际，正好耙地，希全体干部，互助队长、组长立即讨论，干部要起带头作用，展开耙地运动，在三日之内将你村所有秋地一律耙完，汇报区署。"该指示文字虽不是十分通顺，但其所透露的信息是，它所展开的耙地运动是大生产运动中时间最短的一次"小运动"，前后只有三天时间。总之，这些运动都产生了预期的效果，而在很多的时间里，可以看到上述许多运动也是同时进行着的，因而"开展运动"与"发文开会"成为推进工作最基本的两种形式和方法。

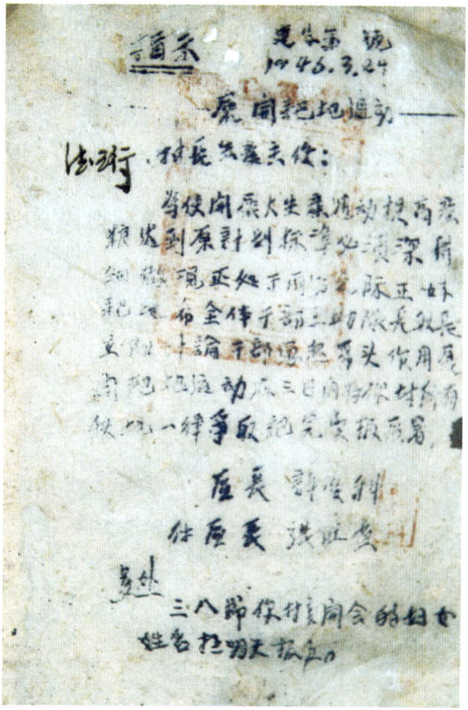
1946.3.24

—展开耙地运动—

区长

付区长

○ 1946年3月24日《关于展开耙地运动的指示》。

四、发展经济支援前线，两大工作一个中心

从以上所说的"开会发文"和"开展运动"两项基本工作形式和方法，可以大致了解到根据地所进行各项事业及工作的基本内容和所要实现的目标。

（一）根据地工作千头万绪，"百样归一"

从德珩村所收各类会议通知和所发各类文书可以清楚地看到，根据地所从事的工作事项纷繁复杂，千头万绪，举不胜举。用现在的语言、按类别归

纳，大致有：一是发展经济，搞好生产；二是全民动员，支援前线；三是完善县区村机构，搞好政权建设；四是加强文化普及，搞好学校教育；五是开展拥军优属，“劳军慰民”；六是推行土地改革，实现“耕者有其田”；七是加强时事宣传教育，提高翻身农民觉悟；八是开展卫生防疫，促进人民健康；九是发展体育运动，提高村民体质；十是施行民主政治，进行县长议长普选；十一是健全法制，加强民政司法工作；十二是开展评先奖优，激发革命热情，等等。凡此种种，所要实现的一个中心目标就是：一切为了打败日本侵略者，实现中华民族的解放；一切为了打败蒋介石，建立一个崭新的中华人民民主共和国。618份“纸片子”所记载的大事小情，可说是根据地各项事业的一部“百科全书”。

这是1946年春季上党战役胜利后不久，平顺县教育科编写的印发各村的《紧急动员起来》的歌词，该歌词比较真实地反映了当时根据地人民“紧急动员起来”，保卫胜利果实，“齐心摧垮反动派”的内战形势及其中心任务。

紧急動員起来
(仿反特務小調)　平順縣教育科印
(一)正當春耕大生產、國民党又来搞内战、
太行周圍大增兵、準備向咱来進攻、
你看多可恨呀!你看多可恨呀!你看多可恨!
(二)抗战出力是人民、果实當然屬于咱
誰敢無故来奪取、一定要来和他幹、
起来和他幹呀!起来和他幹呀!起来和他幹!
(三)咱們組织有力量、[illegible]更是強、
齊心摧垮反動派、和平建設有保障、
紧急動起来呀!紧急動起来呀!紧急動起来、
(四)人民武装搞得好、上党又打大勝仗、
[illegible]
[illegible]
(五)和平路上困难多、時时要来注意着、
赶快整頓互助組、民兵随时地武練、
一点不敢鬆呀!一点不敢鬆呀!一点不敢鬆、
(六)响应上級的号召、紧急動員[illegible]、
展開群众大生產、[illegible]
火速動員起来呀!火速動員起来呀!火速動員起、
—完—

○《紧急动员起来》。

《歌词》共分六段，没有歌谱，注明“仿反特务小调”，想必这是根据地同一类歌曲采用的一种曲调。具体内容如下：

（一）正当春耕大生产，国民党又来搞内战；太行周围大增兵，准备向咱来进攻。你看多可恨呀，你看多可恨呀，你看多可恨！（二）抗战出力是人民，果实必然属于咱；谁敢无故来夺取，一定要来和他干。起来和他干呀，起来和他干呀，起来和他干！（三）咱们组织有

力量，正规兵团更是强；齐心摧垮反动派，和平建设有保障。紧急动起来呀，紧急动起来呀，紧急动起来！（四）人民武装搞得好，上党又打大胜仗；人民产生自满心，太平观念也发生。这个要不得呀，这个要不得呀，这个要不得！（五）和平路上困难多，时时要来注意着；赶快整顿互助组，民兵随时把武练。一点不敢松呀，一点不敢松呀，一点不敢松！（六）响应上级的号召，紧急动员警惕高；展开群众大生产，锄奸保卫要办好。火速动员起呀，火速动员起呀，火速动员起！

《紧急动员起来》的歌词通俗易懂，朗朗上口，形势任务，思想行动，一一道来，清清楚楚，真实地反映出太行根据地在上党战役后所面临的形势和任务。

顺便要说的是，在德珩村收到的618份“纸片子”中还有一份关于教育群众生产生活都要有计划的《农力计划歌》，这首歌是“秧歌调”的。

（二）发展经济建设，实现丰衣足食

这是根据地得以求得生存和发展最基本的条件和要求。抗战时期，八路军、根据地的财政来源除去依靠国民党政府拨给经费和白区党组织筹集的经费之外，最主要的就是依靠根据地的各项经济建设，以实现“丰衣足食”，保证抗战的进行及根据地的不断壮大发展。而在内战全面爆发以后，根据地、解放区的各项经济建设就成为支援前线的最主要的来源和保障，成为缔造新中国的基石所在。

由此，在618份反映这一时期历史的“纸片子”中，最多的就是关于搞好生产和支援前线的有关指示、命令、通知、通报、通令等。

粮棉生产重中之重

根据地发展经济，最主要的就是粮食的生产和棉花的种植及纺织，以解决前线和后方军民的吃饭穿衣问题。在粮食生产上，一年之中从春耕播种、锄苗追肥、夏种秋收、粮食加工到征收缴纳、屯粮入库；从种粮种棉、除害抗病、抗旱防涝、培育新种、组织互助、多种经营到新技术推广的各个环节和时机，德珩村都会及时收到区县政府和有关部门下达的指示、命令和召开会议的通知，以及区县领导亲自撰写的有关文章，等等。

这是德珩村村长收到的1948年6月15日，由县长赵军签发的平顺县政府“合字第四号”《关于组织起来进行锄苗加工细作上追肥的指示》。

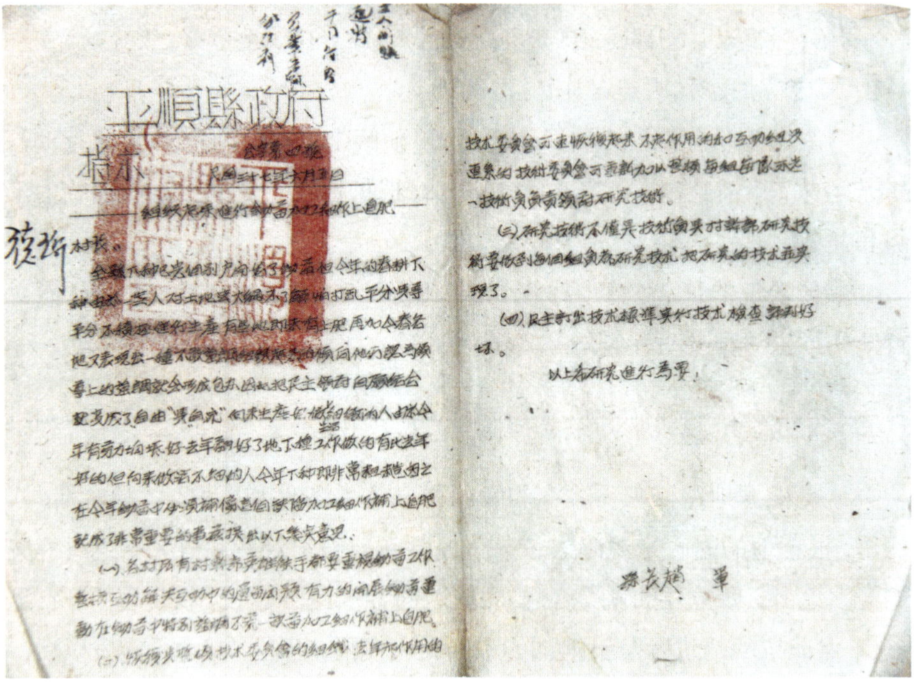
平顺县政府

指示　合字第四号

民国三十七年六月十五日

——组织起来进行锄苗加工细作上追肥——

德珩村长：

……

技术委员会可速恢复起来发挥作用加强与互助组联系的技术委员会可重新加以整顿每组互助组选一技术员负责领导研究技术。

（三）研究技术不仅是技术员与村干部研究技术要做到每个组员都研究技术把研究的技术来实现了。

（四）民主订出技术标准实行技术检查评判好坏。

以上希研究进行为要！

县长赵军

○ 1948年6月15日《关于组织起来进行锄苗加工细作上追肥的指示》。

指示针对“今年的春耕下种由于一些人对《土地法大纲》不了解，怕打乱平分与等平分，不积极进行生产，有些地即未有上肥，再加今春各地又出现一种不敢强调组织起来的倾向”，批评了那种“他们认为领导上的强调就会形成包办，因此把民主领导、自愿结合就变成了‘自由’与‘自流’”的错误认识以及一些人“今年下种非常粗糙”的行为，要求各村所有村干部、英雄能手都要重视锄苗工作，有力开展锄苗运动，不荒一亩苗，加工细作，补上追肥；恢复和整顿技术委员会组织，加强与互助组的联系；民主制定技术标准，实行技术检查，评判好坏。

粮食是军民的“命根”

1947年春季平顺县发生严重旱灾之时，德珩村收到了由县长贾孝敏于6月8日签发的《关于把抗旱备荒当作当前的紧急工作的紧急指示》。紧急指示针对“自春以来未落一场足雨，特别是三、四区（德珩村所在区）现在还未下种，果木已无收成，麦子减收平均六七成，担水栽的棉花已开始旱死，有些户口刻下就无吃喝，灾荒已经形成”的形势，提出两点紧急指示：

一、“一切为着增产粮食、保护粮食、储蓄粮食”，这是因为“粮食是我们的命根，是我们的生命”。在这个方针下，一是“打破群众的麻痹思想”，克服盲目乐观和侥幸等待的思想，“叫群众回想四二、四三年的灾荒，丢妻撇子饿死人的悲惨情况，把群众警醒起来，积极抗旱备荒”。二是“抢种多种早锄救苗。在三四区能担水多栽一棵算一棵，能担水多浇一棵救一棵；在全县开展一个检查下种，把所有的小块荒地和使用的场，能种上一棵就种上一棵，以达到粮食增产。菜蔬在农业技术方面更应多讲究”。三是“运输不准把粮食运出

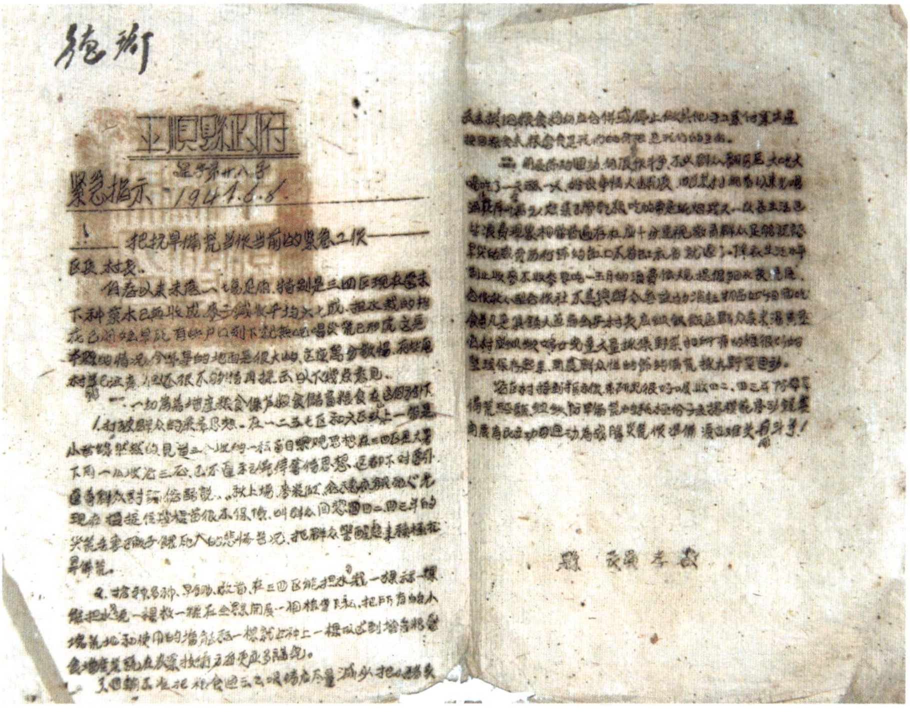
德珩

平顺县政府

紧急指示 1947.6.8

一、把抗旱备荒当作当前的紧急工作

○ 1947年6月8日《关于把抗旱备荒当作当前的紧急工作的紧急指示》。

去；喂猪应尽量减少，把小猪卖出去换回粮食；粉坊应合并或停止，做其他手工业、副业生产，换回粮食来。粮食是我们的命根，是我们的生命”。

二、“开展节约运动，向浪费作斗争。”紧急指示指出：“不少群众翻身后大吃大喝，吃了一天算一天，婚丧事情大铺张。四区某村开春以来光喝酒就花洋卅余万元（边区币）赶集不带干粮，吃的常是纸烟，几天一改善生活，这些浪费现象相当普遍存在，应十分重视。教育群众足够认识旱灾的威胁，力（厉）行节约。‘缸口不省缸底省’就迟了。降底（低）生活水平，制止收麦不收麦要吃一五月的浪费俗规，提倡细水长流。合作社、小型合作社不卖与群众无益的消耗物品，如烟酒吃食等。凡集镇大道商会与村长应组织饭店群众卖米汤、黄蒸。各村应组织妇女儿童大量采集野菜，把所有的糠很好的整理保存起来，开展群众性的节约备荒、采存野菜运动。”

最后，《紧急指示》号召“各区村接到指示后，希研究很好吸收四二、四三年防旱备荒经验，组织防旱备荒的积极分子，表扬模范，发动竞赛，开展为民立功运动，为战胜灾荒做准备，度过难关而斗争”。

由此使人深刻地感知到当时平顺县所遇灾荒的严重和政府采取的各种救灾办法和措施。在德珩村收到的众多有关大生产的“纸片子”中，相当部分是关于粮食生产、粮食征收、粮食屯仓、粮食义运、粮食买卖的各种命令、指示和通令等，使人们更深刻感知到“粮食是根据地的命根子和生命”。

种棉纺织与种粮同属首要

在种棉纺织上，从棉花的栽种、防病、采摘到纺线、织布、改良织机、推广新法，以及制作被服、军鞋、培训纺织人员、评比纺织制鞋模范到召开隆重的劳模大会进行表彰的每一个环节，德珩村都会适时收到区县政府和有关部门下达的指示、命令和召开会议的通知等。而县区政府领导对有关棉花的种植与采摘所作出的近似“技术人员”般的指示，令人叹为观止。

这是德珩村收到的1945年9月23日由县长孙竹庭写给各区、村长、建设助理员和生产主任等人的一份《关于棉花田间选种及摘棉花几点注意的指示》。《指示》首先对怎样搞好“棉花田间选种”提出五点要求：

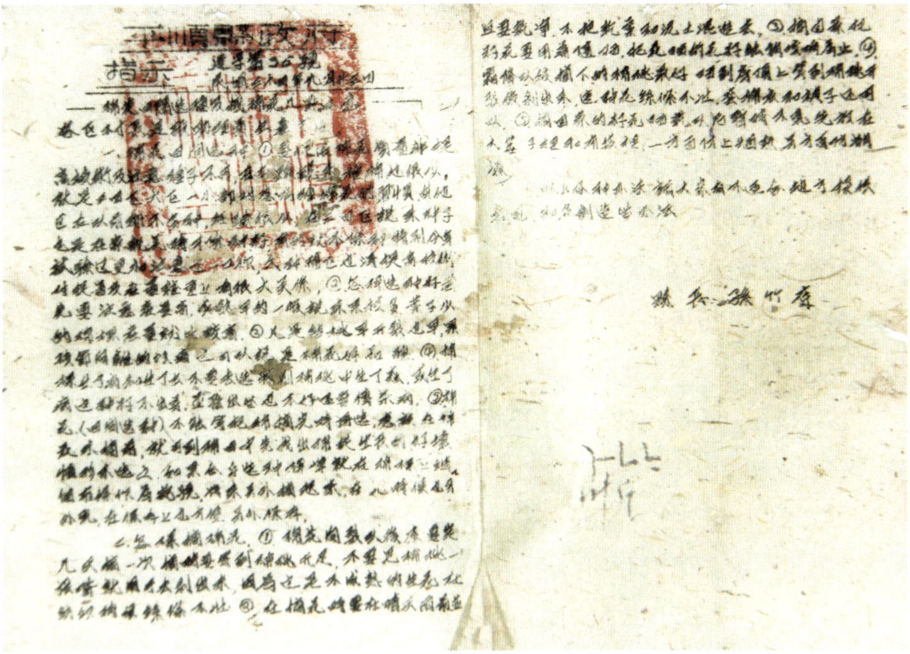

○ 1945年9月23日《关于棉花田间选种及摘棉花几点注意的指示》。

①要提高棉花质量非提高技术及注意种子不可。在本县说来，种棉地很少，就是三四区、六区一小部分村应有种棉花的习惯，其他区在以前都不多种，经验很少。在三四区说来，种子也是在家轧□时才除种籽，有的就不除种，特别今年试验过，要更加注意这一工作。久种棉区也要提高技术，对提高及产量轻重上有很大关系。②怎样选种籽，首先要注意产量高、成熟早的。一般说来果枝多、叶子少的棉棵，产量就比较高。③凡是结桃早、开裂也早果枝节间离的□者，这可以说是棉花好品种。④棉棵生了病和生了虫，不要去选，特别是棉桃中生了虫或生了病，这种种子不出芽，勉强出些也不好，还要传染病。⑤棉花（田间选种）不能等把棉花摘完时再选，应该在棉花未摘前就可到棉田中先找出棉花生长的好坏情景来选之，如果合乎选种标准，就在棉棵上捆个布条作为记号另外摘起来，在轧时候也另外轧，在保存上也方便另外保存。

关于“怎样摘棉花”，《指示》同样提出五条意见：

①棉花开裂以后，要定几天摘一次，摘时要等到棉桃开足，不要见棉

桃一张嘴就用手去剥出来，因为这是不成熟的生花，在纺织时棉丝条不壮。②在摘花时要在晴天，雨前并且要干净，不把干叶和泥土混进去。③摘回家把籽花要用□□晒，把花晒的花籽能够咬响为止。④霜降以后摘下的棉桃最好晒到屋顶上，等到棉桃开裂后剥出来，这种花丝条不壮，套棉衣和被子还可以。⑤摘回来的籽花晒干以后暂时不轧，先放在大篓子里和布袋里，一方面防止烟熏，另方面防潮湿。

最后，孙县长说："以上各种办法请大家有不合适地方提供意见和多创造些办法。"

该《指示》所提出的棉花田间选种与摘棉花的十条，像"技术员"苦口婆心普及农田知识般一样的说教，真实地显示出县政府对这项工作的极端重视以及棉花生产在根据地经济中的显著地位。由此可知在一个历史上种棉很少、十分贫困且多年处于战争环境下的晋东南太行山区的根据地里，要解决万千军民生存作战被服和穿衣的需要，棉花的生产同粮食一样都成为"我们的生命"。而不论是棉花还是粮食的生产，都是根据地第一位的任务。因而类似于这样来自于县区政府今天看来非常具体"技术性"的指示、命令和通报等，在德珩村所收文书中还是不新鲜的。

也就是在这一年7月10日和17日，第四区区长郝钦针对该区各村棉花发生严重"雨旱"（一种棉花的害虫）的灾情，连续发出两道紧急命令，提出严厉的要求。

在7月10日的《关于紧急动员起来毒杀雨旱的紧急命令》中，郝钦在分析了最严重的棉花雨旱形势及落实县府紧急号召五项办法之后，要求村长、生产主任"必须认清今年花苗是今秋丰衣足食的保证，纺织工作的主要条件，是以发展种棉达到丰衣足食、自给自足的基础"。这话可以说把种棉的意义说到了点上。"因此保护花苗是当前的紧急任务，谁不关心这件事，就是没有群众观点，就是官僚主义。如有负责不够，坏了花苗，村长要受处分。""不关心这件事就是官僚主义"，可见问题的严重性。

然而如此重大的事项，在紧急命令下达后，"可惜县政府前发号召与紧急命令被同志们当为废纸，迄今未动，这是多严重的事"。由此郝钦于7月17

王震领导的八路军三五九旅战士造了上千台纺车送给了机关干部，并对古老的纺车进行革新改造，在锭子上套了个加速转轴，增加了转速，降低了劳动强度，提高了产量，由此受到人们的欢迎，并在各根据地得到了推广，因而就有了德珩各村木匠到区上学做“延安大纺车”的故事。只不过最初木匠们并不太积极，虽然之前区联社已通知过了，最后还是由区长、副区长亲自发通知“督催”。而《通知》左侧毛笔书写的：“妇女不准走娘家，如要去一定带上花”的话语（这里的“花”不是妇女头上戴的花，而是棉花），恐怕是针对纺线任务紧张，要求织妇们尽量不要走娘家，非走也要带上“花”，别耽误了纺线所作出的提醒，更见纺织运动的一斑。

检查总结评选英雄模范

为了搞好以粮棉为主的农业生产，在一年当中生产的各个阶段，区县及各村都要进行总结和开展检查及评选劳动英雄的工作，并及时发出通报。

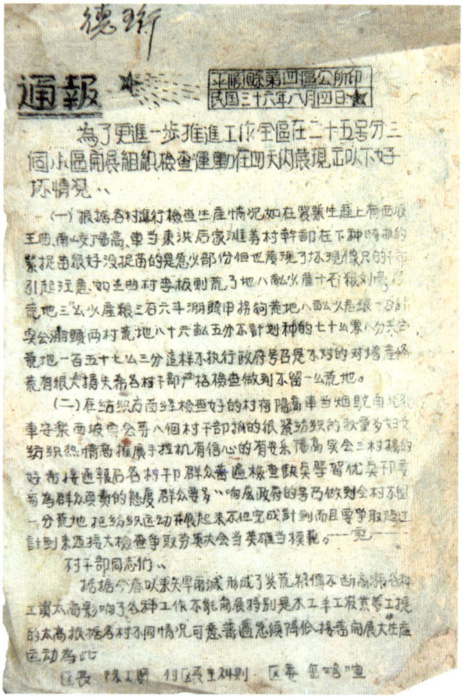
德珩
通報 平順縣第四區公所印 民国三十六年八月四日
為了更進一步推進工作全區在二十五号分三個小區開展組織檢查運動在四天內發現出以下好坏情况、
(一)根据各村進行檢查生產情况如在農業生產上有西坡王曲、南峧、陽高、車当、東洪、后家灘等村幹部在下种時抓的紧捉苗很好没捉苗的是急少部份但也發現了坏現像只的干部引起注意如王曲村李板則荒了地八畝少產十石粮刘亮彦荒地三畝少產粮三石六斗……
(二)在紡織方面經檢查好的村有陽高車当……
村干部同志们、
……
区長 陈士贤 付区長王科則 区委 岳培瑄

○ 1947年8月4日《关于为了进一步推进工作全区在二十五号分三个小区开展组织检查运动发现出以下好坏情况的通报》。

德珩村收到了1947年8月4日由区长陈士贤、副区长王科则、区委（书记）岳培瑄联合签发的《关于为了进一步推进工作全区在二十五号分三个小区开展组织检查运动发现出以下好坏情况的通报》。通报重点讲了在检查中发现各村在粮食生产和纺织工作上的“好坏情况”，分别对有关村进行了点名表扬和批评。

在粮食生产上“西坡、王曲、南峧、阳高、车当、东洪、后家滩等村干部在下种时抓得紧，捉苗很好，没捉苗的是极少部分。但也发现了坏现象，只的（值得）干部引起注意，如王曲村李板则荒了地八亩，少产十石粮；刘亮彦荒地三亩，少产粮三石六斗；溯头申拐狗荒地八亩，少产粮十石。计实惠、溯头两村荒地八十六亩五分，不计划种的七十亩零八分，共和荒地一百五十七亩三分。这样不执行政府号召是不对的，对增产备荒有很大损失，希各村干部严格检查，做到不留一亩荒地”。

《通报》指出：“在纺织方面，经检查好的村有阳高、车当、烟驼、南北耽车、安乐、西坡、实惠等八个村。干部抓的很紧，纺织的数量多，妇女纺织热情高，推广手拉机。有信心的有安乐、阳高、实会三村搞得好。希接通报后，各村干部群众普遍检查缺点，学习优点。干部要与（有）为群众负责的态度，群众要多多响应政府的号召，做到全村不留一分荒地，把纺织运动开展起来，不但完成计划，而且要争取超过计划，来迎接大检查，争取劳英大会当英雄当模范。”

在这里德珩村既没有得到表扬，也没有受到批评。类似于这样点名进行表扬和批评的通报在618份“纸片子”中，数量还是不少的，足见根据地粮棉生产的地位及工作检查与督促的概貌。

粮棉为主多种经营

为了适应生存与战争的需要，根据地在大力发展粮棉生产的情况下，采取农业与手工业、副业、军工等各业，如制药、造币、缸碗窑、煤窑、硝磺生产等结合的办法发展经济，同时采取传统农业种植经验与推广新技术相结合的办法，使农业与其他各业得到较好的统筹发展，成为当时根据地经济建设的一个显著特点。

德珩村在1946年4月22日收到由县长任映仑和副县长赵企贤联合签发的《关于在大生产运动中推广新技术的指示信》。指示信指出：“以农业为主结合手工业、副业的今年大生产运动已继续展开了，本府为了使我们的干部同志们在这大运动中尽可能照顾到有关大生产运动的一切问题，使运动更向前推动一步，达到耕三余一的总方针”，必须注意学习科学知识，推广新技术。为此，指示信要求：“关于生产技术提高是今年生产运动中一个新问题，因为组织起来深耕细作等，不能满足今天群众的

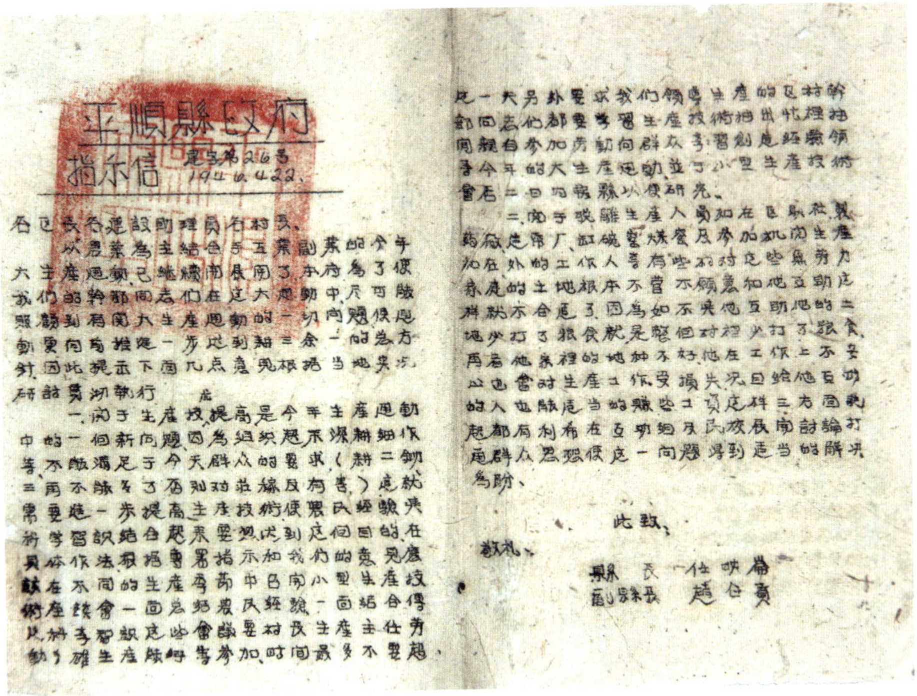
平順縣政府

指示信 建字第26号 1946.4.22.

各区長、各建設助理員、各村長：

以農業為主結合手工業副業的今年大生產運動已継續開展開了。本府為了使我們的幹部同志們在這大運動中尽可能照顧到有関大生產運動的一切問題，使運動更向前推進一步，達到耕三余一的総方針，因此提示下面几点意見，根據当地実際研討貫徹執行：

一、関于生產技術提高是今年生產運動中的一個新問題，因為組織起來深耕細作等，不能満足于今天群众的要求（耕二鋤三，再不能多了，否則对莊稼反有害），這就需要進一步提高生產技術，使農民経験与科学智識結合起來。要想達到這個目的，在具体作法根據專署指示和我們的意見，應在不同的生產季節中召開小型生產技術座談會，一面総結農民経験，一面結合傳達科学智識。這些會議要村長、生產主任、勞動英雄、生產能手等參加，时間最多不要超過一天。另外要求我們領導生產的区村幹部同志們都要学習生產技術，忙里抽閑親自參加勞動，向群众学習，創造経験，領導今年的大生產運動。並于小型生產技術會后二日内報縣，以便研究。

二、関于脱離生產人員如在区队、村農救会、民校、合作社、紙厂、缸碗窑、煤窑及參加机関生產如在外的工作人員，有些村莊些農会对家庭的土地根本不管，不願意和他互助，這樣就不合適了。因為如不與他互助，他的土地少打了粮食，就是整個村裡少打了粮食；再者他家裡的地种不好，他在工作上不安心，也會对生產工作受損失。况且給他互助的人也能適当的賺些工資，這樣三方面都有利。希在互助組及民校展開討論，打通群众思想，使這一問題得到適当的解決為盼。

此致

敬礼！

縣長 任映希
副縣長 趙仓貴

○ 1946年4月22日《关于在大生产运动中推广新技术的指示信》。

要求，这就需要进一步提高生产技术，使农民经验与科学智识结合起来。要想达到这个目的，在具体作法根据专署指示和我们的意见，应该在不同的生产季节中召开小型生产技术座谈会，一面总结农民经验，一面结合传达科学知识。这些会议要村长、生产主任、劳动英雄、生产能手等参加。另外要求我们领导生产的区村干部同志们都要学习生产技术，忙里抽闲亲自参加劳动，向群众学习，创造经验，领导今年的大生产运动。”有关这类学习推广新知识、新技术、新技能的文字，在德珩村收到的“纸片子”中还有很多。

（三）彻底干净消灭蒋匪，支前为第一要务

发展经济，支援前线，犹如车之两轮，鸟之两翼，缺一不可。只有大力发展经济，才能为支援前线，打败蒋介石提供必要的物质条件；只有打胜仗，才能保卫胜利果实，翻身得解放，支援前线就成为根据地的首要任务。

在德珩村收到的618份“纸片子”中，支前文书占有相当的数量。在1944

年至1945年两年间，德珩村收到的97份文书中，直接涉及支援前线的“纸片子”有34份，占了三分之一多；在1946年至1948年3年间德珩村收到的494份文书中，直接涉及支援前线的“纸片子”有167份，也占了三分之一强。两项相加，5年间支援前线的文书共有201份，占了全部618份“纸片子”总数的近三分之一。在这些事关前线的201份文书中，大多数都以命令、紧急命令、紧急通令、指示、紧急指示的形式出现和下达，而且多是连续性的。这些支前文书，使人感受到支前路上民兵民伕的星夜兼程和风餐露宿；感受到那种战场上的炮火硝烟和军民一起的呐喊与拼杀；感受到那种瞬间发生的生生死死的悲壮场面，以及每个村民都具有的那种渴望胜利和早日回家的期盼。而支援前线之所以成为根据地的第一要务，正如德珩村在1948年9月10日县长赵军发给各村村长们《关于中秋节优属的指示》中所说的那样，那是因为“必须开展大生产运动，加大支援前线的力量”，都是为了“早日彻底干净消灭蒋匪”，“以达到共同利益的总目标”。

支前事项多种多样

在这201份支前文书中，涉及的事项大致有：民兵前线参战，担架队前线转运伤员，义运公粮军需物资，民兵、民伕运输队转运弹药武器，制作军鞋、缝制军袜，设立部队过往招待站，设立俘虏收容所，捉拿敌特逃犯、设岗放哨，慰问军干抗军属，修桥修路，参军入伍投身革命，支前南下福建，组织多交公粮打胜仗运动，清查公产支援前线，代部队购粮食、“吃油”，代雇工、雇牲口义运公粮，开展支前时事宣传教育，进行“大反攻胜利宣传”，表彰慰问支前民兵，照顾参战民兵家属，接收复员军人，加工（代购）“手榴弹木把子”，出工支援军工厂“造弹”（手榴弹），调石匠、木匠、伙夫、事务长支援前线，等等。

总之，大到直接上前线参战，小到路边设立一个“喝水站”，再到调个石匠上前线，凡是前线需要的，凡是有利于解放军打胜仗的，凡是有利于最后战争获得胜利的，根据地的人民，无论怎样都要克服各种各样的天灾人祸和困难，在搞好“大生产”的基础上，完成各种各样的支前任务，做到有人的出人，有力的出力，男人、妇女能做什么做什么，使历史上从不起眼的太行深处的小山村，干出了支援新民主主义革命胜利的大事。只有共产党才使这些“山民”做到了这一点，也只有老区的人民才使共产党及其军队实现了这一点。这同样如1948年9月10日县长赵军在发给各村村长们《关于中秋节优属的指示》中所说的那样，“前方开展猛烈杀敌运动，后方开展大生产运动，来结束蒋匪的寿命”。“如果不是群众的努力支援前线，我们的胜利是不能够得到的。”

在诸项支前的工作中，其中有关担架队前线救治伤员，妇女制作军鞋，义运粮食军需和临时紧急任务的“支差”等为最多。

每次参战民兵担架队必不可少

解放战争中各解放区一共有多少担架队，在各次战役中共运送了多少伤病员，不得而知，但在太行根据地进行的战役中，如长治破城战斗、上党战役、豫北战役、南下豫西过黄河开辟新区等，德珩村会都收到区县下达的有关支前的各种任务，而每次紧急调担架队是必不可少的。

七天三道关于调动担架队的命令

自1947年4月4日至10日，德珩村所在四区指挥部总指挥（区长）张文杰、副指挥张旺则和政委（区委书记）曹二琪连续下发给德珩村的三道关于调担架队出动的命令。时值晋冀鲁豫军区司令员刘伯承率10万部队在河南北部地区对国民党军发动的豫北战役，而这也是平顺县调动民兵担架

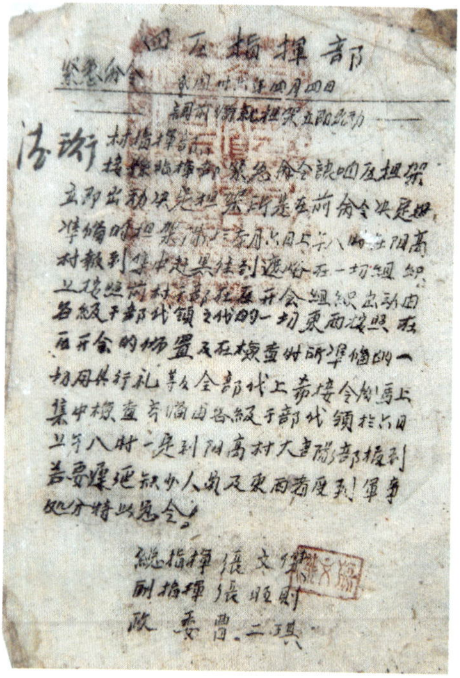
四区指挥部
紧急命令
总指挥 張文杰
副指挥 張旺则
政委 曹二琪

○ 1947年4月4日《关于调前备就担架立即出动的紧急命令》。

队第二次参加豫北战役了。在整个战役前后的两个多月时间里，共有与参战部队兵力相等的这10万民兵、民伕参战，比例为1∶1。德珩村的民兵就是这10万之众中的一分子。

第一道“担架立即出动的紧急命令”。这是德珩村收到的1947年4月4日由区总指挥（区长）张文杰、副指挥张旺则和政委（区委书记）曹二琪联合签发的《关于调前备就担架立即出动的紧急命令》，时值豫北战役进行到第14天。

《紧急命令》主要内容如下：

接县指挥部紧急命令，让咱区担架立即出动。决定担架所是，在前命令决定准备时，担架队于本月六日上午八时在阳高村报到集中，赶黑住到遮峪。在一切组织上，按照前村干部在区开会组织出动；由各级干部代领应代（带）的一切东西，按照在区开会的布置及检查时所准备的一切用具、行李等等，全部代（带）上。希接令后马上集中检查齐备，由各级干部代（带）领于六日上午八时一定到阳高村大队部报到，若要延迟、缺少人员及东西者，受到军事处分。特此急令！

该紧急命令语言文字虽并不通顺，但却是一份右上角上粘有鸡毛、等级极高的“鸡毛信”，是德珩村全部618份“纸片子”中罕见的三份“鸡毛信”之一，可见其担架队支前事项之紧急。

第二道“担架队暂不出动的命令”。谁知事情有了变化，次日德珩村指挥部就又收到了同样由区两位指挥和政委的《关于担架队暂不出动的命令》。命令告知：“昨日接县指挥部命令，称第一阶段战争已胜利完成，战争第二阶段尚未开始，因此令你村担架队暂不出动，仍在村组织生产，已待令出动。特此为令。总指挥张文杰、副指挥张旺则、政委曹二琪。”由此可知，担架队的出动是根据战场发展的需要而进行的。也就在接到这道命令之后的第五天，德珩村就又接到了新的命令。

第三道“调民兵担架出发的紧急命令”。这是1947年4月10日早发来的，还是由上面三位区指挥部领导联合签发的，只不过比前面的紧急命令更“急”，在“紧急命令”四字的下面，专门加了着重号。指出：

> 接县指挥部紧急命令。叫咱区民兵担架出发，于本月十一号大早报到阳高集中；十二号住到林县（今河南林州）姚村；十三日住到东姚集集合（离合涧三十余里）。希接令后，马上立即准备十一号大早报到阳高集齐。所带东西及□务人员的配备一律照前决定带上。另外每人再带鞋掌两个、蔴二两、油二两。每两付担架带□□各一捆。各村集中由正副指挥详细检查，照命令急（及）时准备好，如要按时报不到或短少人员及东西者，由干部受到军事处分，特此急要此令。

正是按照这一命令，德珩村和全县民兵担架队奔赴了豫北战役的前线。对此平顺县《大事编年》作了如下记载：“4月10日，中共平顺县委和政府奉命组织民兵担架队2250人，整编为一个民兵营、三个担架大队，二次赴豫北参战。当日夜宿营林县合涧一带；13日，齐聚林县东姚镇南庄与

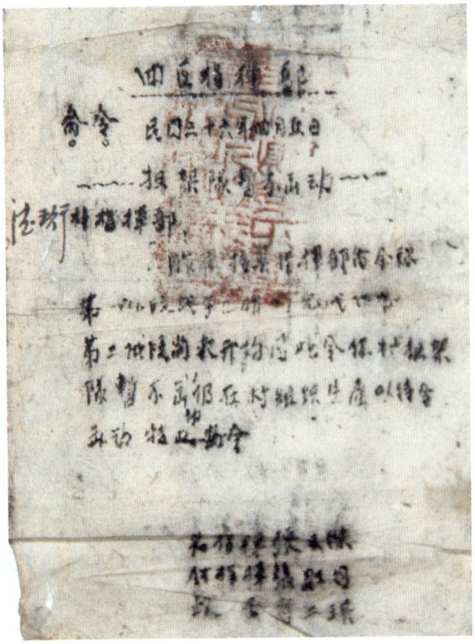
四区指挥部
命令
——担架队暂不出动——

○ 1947年4月5日《关于担架队暂不出动的命令》。

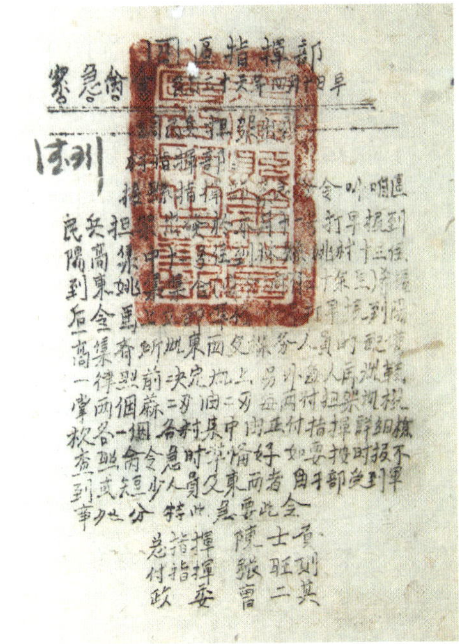
四区指挥部
紧急命令
总指挥 陈士贵
付指挥 张旺则
政委 曹二英

○ 1947年4月10日《关于调民兵担架出发的紧急命令》。

壶关县民兵合编为三分区民兵第一团，接受攻打汤阴县城运输物资任务。于6月14日告捷而归。期间，涌现出模范积极分子313人。其中，模范党员40人，二等英雄29人，三等英雄62人，受到支前指挥部的表彰。”5月12日，在河北涉县范坡村召开的总结大会上，平顺县在第一期参战中，被豫北战役支前指挥部评选为头等英雄参战县。在同年5月15日的《新华日报》上，又专门报道了平顺参战民兵3月至4月间两次调集5000多民兵组成8个担架队赴豫北参战，在不妨碍作战的前提下，抽出专人进行副业生产，如由林县合涧贩上纸烟运到前线贩卖，既解决了部队的吸烟困难，又为民兵参战队赚了钱，弥补每天只有20元（边币）菜金的不足，做到了吃菜、烧柴自给的经验。

从上述三份担架队出动支前的紧急命令和平顺县《大事编年》的有关记载，可见当年老区担架队支援前线的情景。可以想见在当年全国的各个战场上，根据地的民兵担架队活跃在前线的壮观场面。

参战民兵担架队的“脸谱”

豫北战役开战前10天，德珩村收到1947年3月18日下午3时由区总指挥张文杰、副指挥张旺则、政委曹二其联合签发的在担架队已出动又重新回村待命的《关于所调担架民兵暂回村待命出动的通知》。

《通知》指出：

接县指挥部通知，今次咱区所调之担架民兵还不出动，暂回村做好准备，等命令出动。在担架与民兵，特指示以下几点：（一）村干部带领不再担架数内。（二）担架必须结实，必须要有一个草簾子和土色被单子一个。（三）担架人员必须设法穿上目标小的衣服，如土色、灰色等。（四）每一

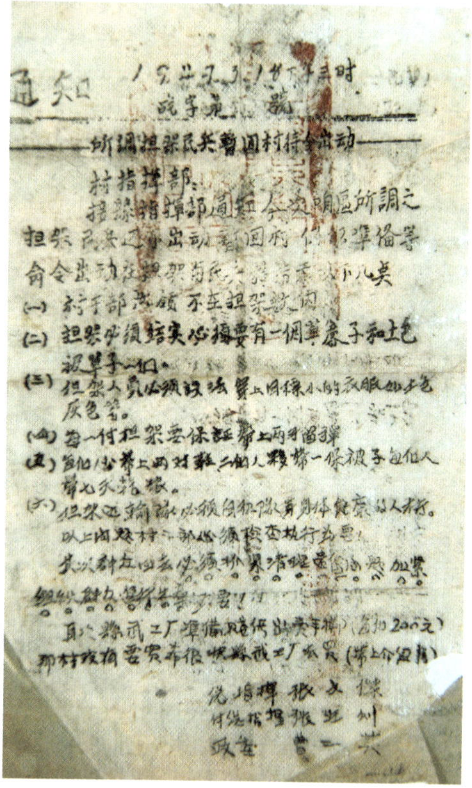
通知
所调担架民兵暂回村待命出动
村指挥部：
总指挥 张文傑
付总指挥 张旺则
政委 曹二其

○ 1947年3月18日《关于所调担架民兵暂回村待命出动的通知》。

付担架要保证带上两个手榴弹。（五）每个人要带上两对鞋，俩人夥带一条被子，每个人带七天干粮。（六）担架运输队必须自卫队身体健康的人才行。以上问题回去必须检查执行为要！其次，群众回去必须抓紧清理遗留的问题，抓紧组织群众进行生产为要！再次，县武工厂准备贱价出卖手榴弹（每个200元），那（哪）村没有要买，希很快到县武工厂去买（带上介绍信）。

（四）“军鞋支前”，妇女功不可没

纺线织布、制作军鞋是根据地妇女的两大强项，被服和军鞋是军队不可缺少的军需，一般情况下根据地的军工被服厂负责被服的制作，而纺线和缝制军鞋就成为根据地妇女责无旁贷的光荣使命。在战火纷飞的年代，八路军、解放军行军打仗，冲锋陷阵，对军鞋的需求量是极大的，其数量难以计数。1948年至1949年间解放军数量将近500万人，这还不包括地方武装，假如一年一人一双单鞋、一双棉鞋，那就是1000万双。所有这些军鞋，绝大多数是靠根据地女人的双手缝制出来的，其支前的功劳与贡献是不逊于民兵担架队的。

第一份“快做反攻鞋的紧急命令”

这是德珩村所收到的由县长孙竹庭于1945年8月17日签发下达的《关于快做反攻鞋，给新战士做军鞋（征收第二批军鞋及增派军鞋一部）的紧急命令》。这份紧急命令给德珩村下达的任务是“征收第二批军鞋及增派军鞋一百零八双，内包括棉鞋八十双”。另“给王曲做鞋五十六双”，共计164双。根据8月17日的命令，必须9月8日前完成，前后只有22天时间。有关这份快做反攻鞋的紧急命令，笔者在前面已做了介绍。据平顺县《大事编年》记载：1945年8月17日，平顺县委、县政府发出紧急命令，要求所属七个区动员一切妇女力量，全县赶做军鞋13896双（内有棉鞋3600双），以实际行动庆祝抗日战争的胜利，最终于9月8日前如期完成了任务。其中德珩村所在的四区分派任务为2294双（棉鞋1500双），是七个区中与一区（2155双、内棉鞋1500

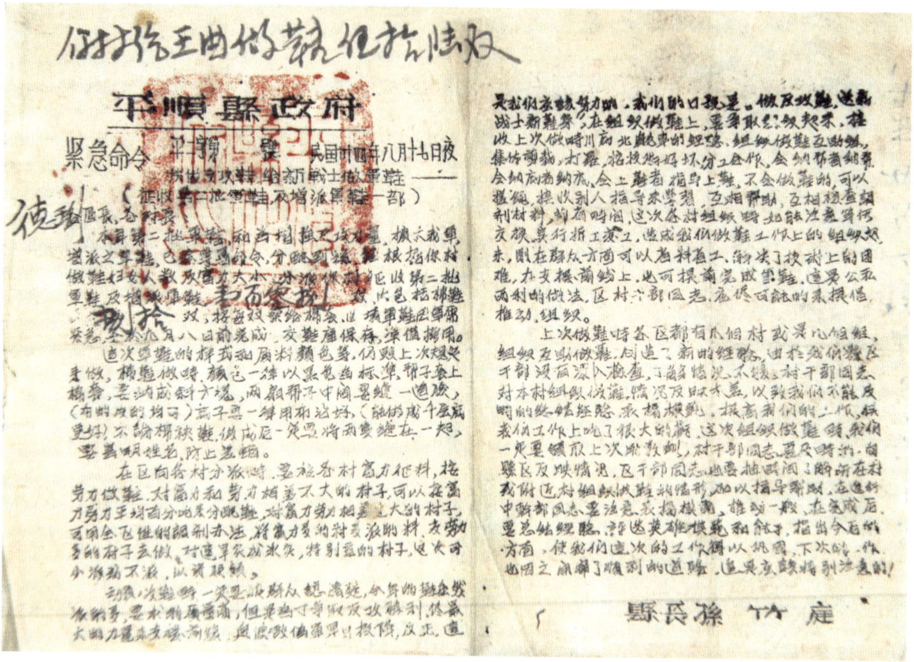

平顺县政府

紧急命令

县长孙竹庭

○ 1945年8月17日《关于快做反攻鞋，给新战士做军鞋（征收第二批军鞋及增派军鞋一部）的紧急命令》。

双）、五区（2784双，内棉鞋600双）赶做军鞋超过2000双的区。

这里所要说的是，从根据地建立的那一年起，制作军鞋就已成为一项经常性的拥军支前的大事。而到了解放战争时期，从年初的工作部署，到半年制鞋任务的调整以及适应战事需要赶做军鞋任务的下达，德玠村都会收到来自县区有关的各类命令、指示、通知等，使有关军鞋制作的场景不时映入人们的眼帘，使“担架队的男人”和“缝制军鞋的女人”构成了一幅支援前线的雄壮与温情的画面，给人留下了深刻印象。

新年伊始派征年度第一期军鞋

这是德玠村收到的1947年1月28日由县长贾孝敏签发给各区长，各村长、郝钦主任和财政主任的《关于派征三十六年度军鞋的命令》。

《命令》首先向德玠村下达了任务，规定了完成的期限：“本年度军鞋已奉专属命令分配到县，全数分两次派征。第一期军鞋料款根据你村统累税分数，分配你村应征鞋料款洋43300元（每双按550元）。根据你村在龄妇女

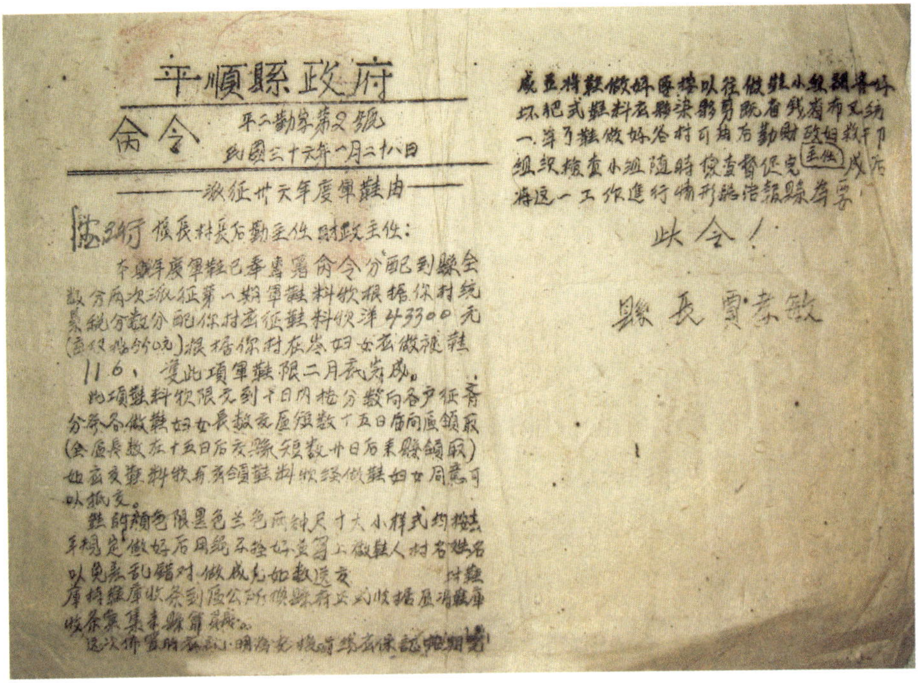
平顺縣政府

命令

此令！

○ 1947年1月28日《关于派征三十六年度军鞋的命令》。

应做袂鞋116双，此项军鞋限二月底完成。”随后对鞋料款的征收及分发明确了办法：“此项鞋料款限文到十日内按分数向各户征齐，分发给各做鞋妇女。长数交区，短数十五日后向区领取。（各区长数在十五日后交县，短数廿日后来县领取）如应交鞋料款与应领鞋料款，做鞋妇女同意可以抵交。”由此可知根据地军鞋制作鞋料款的来源和征收分发办法。

《命令》还明确了所做军鞋的样式和送交的程序：“鞋的颜色限黑色蓝色两种，尺寸大小样式均按去年规定。做好后用绳子拴好，并写上做鞋人村名、姓名，以免差乱错对。做成后如数送交□□村鞋库，持鞋库收条到区公所换县府正式收据。区将鞋库收条汇集来县算账。”

最后，《命令》对军鞋工作的组织领导提出了要求：“这次布置时应说明为支援前线，应保证按期完成并将鞋做好。要按以往做鞋小组调剂好坏把式；鞋料应夥染夥剪，既省钱省布又统一。为了鞋做好，各村可由后勤、财政、妇救主任组成检查小组，随时检查督促。完成后将这一工作进行情形总结报县为要。”这些就是年初县政府向区村下达派征第一期军鞋任务的大致情景。随着政治、军事形势的变化和发展，新的一期派征军鞋任务就会到来。距离这次军鞋任务下达六个月后，德珩村就收到了第二期派征军鞋的命令。

大反攻之时派征年度第二期军鞋

这是德珩村村长和生产、后勤主任所收到的1947年8月6日由县长贾孝敏签发的《关于派征第二期军鞋的命令》，时值解放战争由战略防御转入战略反攻阶段，如命令所说，人民解放军的“大反攻已经开始”，由此包括军鞋在内的一切军需都急速增加了需求。这次命令的要求与第一期命令大致一样。除明确“本年第二期军鞋已由专属分配到县，根据你村财力派征鞋料款洋（边币）一万九千一百元（每双1400元计，每双比半年前增加了900元），现根据你村在龄妇女应做袂鞋115双，限八月二十五号前完成送交指定鞋库”以及军鞋的颜色、样式送交地点和办法之外，增加了新的注意事项，如：要求“鞋的颜色限黑色蓝色两种灰色不收”；“鞋里均用新布，不准夹草口棉”；“做鞋妇女可变工，但一双鞋不准数人夥做，最多不能超过二个人夥做一双，要保证做成两只一样，在上鞋时可选择好手专上”。显然这些都是针对以往制鞋中的问题而言的。命令最后强调：“这次派征鞋时，应说明大反攻已经开始，我们为了支援前线，要求今次比过去任何一次做鞋要做得更好更快。如不合以上规定条件者鞋库概不接收。”显见比以往有了更高的要求。

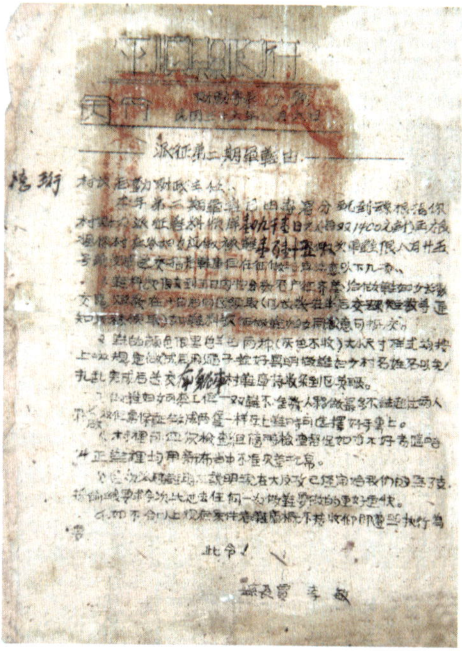

○ 1947年8月6日《关于派征第二期军鞋的命令》。

制鞋事关急要勿得延误

就在县派征第二期军鞋的命令下达两天后，为落实这项工作，德珩村村长收到了1947年8月8日由区长陈士贤、副区长张旺则联合发来的《关于召开后勤主任妇女干部会的紧急通知》。通知如下：“德珩村长：兹决定本月九号明天在区召开后勤主任、妇女干部会（妇女来一人负责），专讨派做军鞋。会期一天，自带干粮一顿（否则吃不开饭），希接通知速告知该同志于明天大早前来，事关急要，勿得延误，一定按时前来为要。”由此可见区落实专属派征军鞋工作的大致情景。

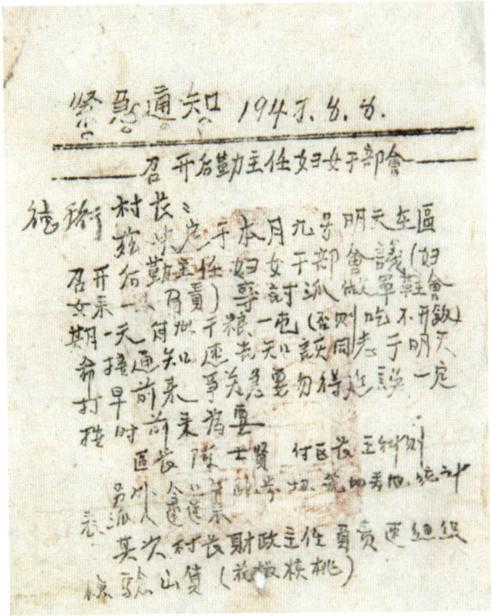
紧急通知 1947.8.8.
——召开后勤主任妇女干部会——
德珩村长：
兹决定于本月九号明天在区召开后勤主任妇女干部会议（妇女来一人负责）专讨派做军鞋。会期一天，自带干粮一顿（否则吃不开饭）希接通知速告知该同志于明天大早前来，事关急要，勿得延误，一定按时前来为要
区长 陈士贤 付区长 王[illegible]则

○ 1947年8月8日《关于召开后勤主任妇女干部会的紧张通知》。

当年县政府向第四区派征军鞋的任务具体落实如何，未见有关材料。但德珩村所在的第四区妇女有着制作军鞋的光荣历史。据平顺县《大事编年》所载，“2月1日，专属派征平顺县军鞋任务2308双。县委和政府经研究将任务分派给四区妇女。并明确规定，每完成一双军鞋，记战勤工5个，要求30天完成。经各级动员，广大妇女爱国热情高涨，决心为解放战争夺取最后胜利，尽心尽力多做贡献。全区上下形成了村村户户赶做军鞋热潮，经昼夜苦战28天，完成了派征军鞋的任务。”

从此可知，德珩村所在的第四区妇女是一支做军鞋的过硬队伍，为制作军鞋作出了突出贡献，被永远地留在了历史的记录中。遗憾的是在德珩村没能见到相关的“纸片子”。

军鞋军袜一起派征赶做

对于根据地的妇女来说，制作军鞋可谓责无旁贷，赶做军袜亦是义不容辞。这是与派征第二期军鞋命令相隔一个月后的1947年9月，德珩村村长收到的两份关于赶做军袜的紧急通知，也是德珩村收到的618份“纸片子”中仅有的关于军袜的两份文书。

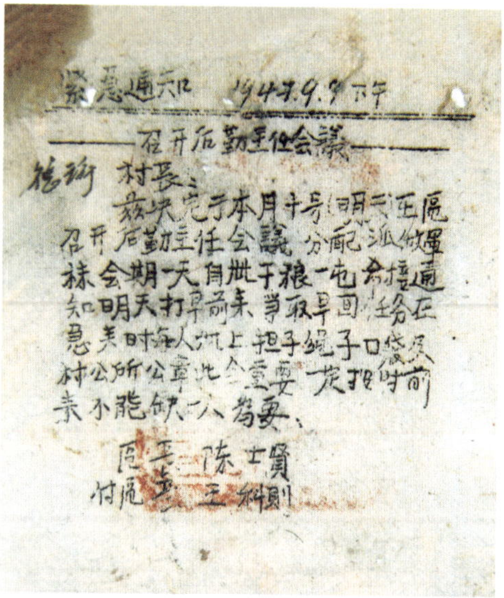
紧急通知 1947.9.9下午
——召开后勤主任会议
德珩 村长：
兹决定于本月十号(明天)在区
召开后勤主任会议 分配派做军
袜 会期一天 自带干粮一屯 希接通
知明天大早前来 争取早回 任务正
急 来时每人带上 担子绳子口袋及
村公所公章 此会重要 一定按时前
来不能缺一人为要
区长 陈士贤
副区长 王科则

○ 1947年9月9日《关于召开后勤主任会议的紧急通知》。

一份是1947年9月9日下午由区长陈士贤、副区长王科则签发的《关于召开后勤主任会议的紧急通知》。告诉村长：

兹决定于本月十号（明天）在区召开后勤主任会议，分配派做军袜。会期一天，自带干粮一屯（顿）。希接通知明天大早前来，争取早回。任务正急，来时每人带上担子、绳子、口袋及村公所公章。此会重要，一定按时前来，不能缺一人为要。

就在区里召开派做军袜会议两天之后，德珩村村长就收到了1947年9月12日上午由区长陈士贤、副区长王科则发来的《关于昼夜赶做军袜的紧急通知》，说：

刚接到县府紧急通知，咱区给部队代缝的袜子，战士等着急穿，希速通知你村妇女星夜赶做，保证在十三号提前完成，送到小区地点，否则有（由）自己往前方送，事关军需，火速赶做，特此通知。

为示任务的紧急，在“紧急通知”和“星夜赶做”等字的下面，区长都加了着重号。

（五）支前运粮的奇迹

行军打仗，粮草先行。“仗打到那里，粮食就运到那里”，胜利就推进到那里。在共产党领导下，高度组织起来的根据地人民，经过土地改革的“翻身”，创造出把千千万万石粮食随时运送到战士嘴边的“支前奇迹”。

支援前线“大出动大运粮”

在德珩村收到的618份文书中，每当夏秋收以及需要时，都可见到县区发来的有关屯粮、运粮的指示、命令和通知等。向前方提供公粮可说是根据地最主要的一项经常性的军需工作。特别是进入1947年下半年以后，有关屯粮、义运公粮（非雇工类运输）的“纸片子”明显增多。1947年9月的一次，四天之中德珩村就收到了区长徐永祥发来的关于运粮的五份通知、命令和指示，其中包括一份区长亲笔书写的指示，从中使人一览当年根据地义运公粮支援前线的情景。

义运公粮是如此进行的

这是德珩村村长收到的1947年4月7日由县长贾孝敏签发给村长和后勤主任的《关于义运公粮交指定地点的命令》，时值晋冀鲁豫军区豫北战役进行之时。

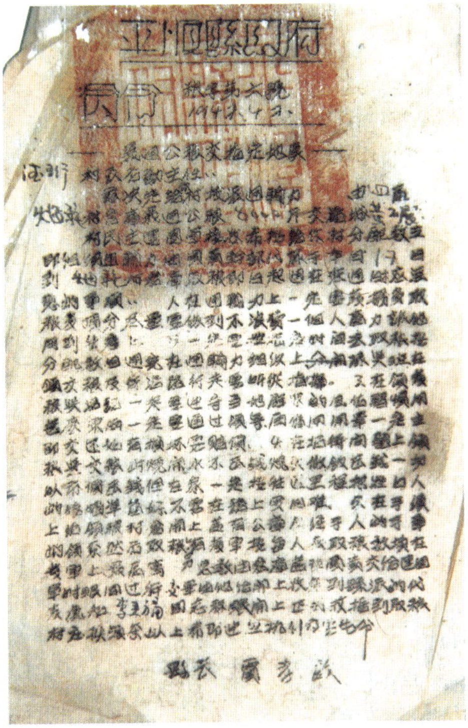

○ 1947年4月7日《关于义运公粮交指定地点的命令》。

《命令》决定：德珩村“由四区烟驼村仓库义运公粮8000斤交潞城（地处山西上党盆地东北角，今属长治市）黄碾村（今为黄碾镇）民主建国军接收。希按给你村分配数，立即组织运输力，由干部代（带）队于本月17日到烟驼村粮库取粮，即日起运。”对于起运中需要注意的问题，命令提出六个注意的事项：

1.在运输力上一定要发扬多取粮、多顶分，尽量做到不浪费一个人畜力，让它用到生产上。2.一定要按指定时间去取粮，按分配数目运完。在运输力组织上，

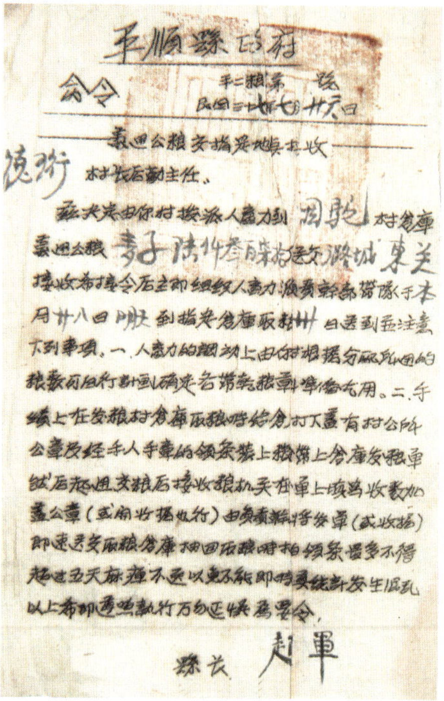

平顺县政府

命令　平二粮字第　号
民国三十七年七月廿六日

义运公粮交指定地点接收

德珩村长暨副主任。

以上希即遵照执行万勿延误为要此令

县长 赵軍

○ 1948年7月26日赵军县长《关于义运公粮交指定地点接收的命令》。

分开队与班，在领交粮及沿路行走要听从指挥。3.在领发粮及沿路一定要遵守当地群众的风俗习惯，用什么东西一定要通过领导再借用，用毕一定立即交还，如有损坏要赔偿。4.在招待问题上，领粮与交粮时烧开水不出钱，烧火做饭出钱。一切以市价出钱。但在家一定按往返里程把牲口、人的吃喝准备好，不要在路上受困难。5.在手续上，给领粮的村仓开上盖有公章及经手人手章的领条，然后取粮另有发单，按每人应领取数添在发单上，最后写总数由仓库管理员负责。交给建国军时眼同过秤，交毕由他给开上收条，到县派的代表处和李来福同志算账，开上正式收据到领粮村长换领条。

以上希即遵照执行为要。

由此可见义运公粮的大致过程，即从下达命令、组织运力到领发粮食，从遵守时间、尊重风俗到接待花钱的“标准”以及运粮手续的交接等各个环节为人们形象地描绘出了义运公粮的组织和进行的大致情景。

四天中区长发出的五份运粮命令

这是1948年9月15日至19日四天时间里德珩村收到的区长徐永祥和副区长陈凤贤发来的有关“大运粮”的4份文书。其中，紧急通知2份，命令1份，指示1份。它真实地记录下太原战役开始前夕，德珩村所经历的一次大运粮中的从预先准备到立即准备，从按期出动到暂不出动参与义运公粮各种文书的过程，一睹当年根据地“大运粮”中的一段“序曲”。而在此之前的7月28日至30日，德珩村已经按照所收到的县长赵军7月26日的命令，完成了“由烟驼村仓库义运公粮6370斤送交潞城东关”的任务。

第一份：预先“急告”的紧急通知。这是德珩村所收到的1948年9月15日区长徐永祥签发的第一份运粮的紧急通知。通知只有巴掌般大小，共有66个字，简单明了：“各村村长：紧（尽）速赶快在三五天内突击动员群众种完麦子收割庄稼，黄一块，收一块。在本月廿号全部牲口出发往沁州运粮，共须半月时间，特此急告。”在此具体急告了运粮的任务、时间、地点、期限，并提醒“按阳历计算日期”，以免出现时间上的差错。

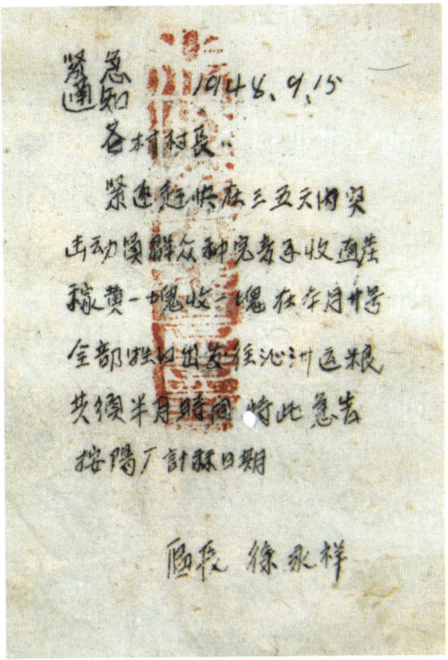
紧急通知 1948.9.15
各村村长：
紧速赶快在三五天内突击动员群众种完麦子收割庄稼黄一块收一块在本月廿号全部牲口出发往沁州运粮共须半月时间特此急告
按阳历计算日期
区长 徐永祥

○ 1948年9月15日的紧急通知。

第二份：“立即准备”的紧急通知。这是德珩村所收到的1948年9月16日夜区长徐永祥签发的第二份《关于抓紧种麦准备大运粮的紧急通知》。相比第一份紧急通知，内容更多，也更加急迫。

通知首先明确：“兹奉县府紧急命令称，在本月二十日要全区牲口大出动运粮，时间往返半个月。”随后提出要“立即准备以下事项”：“一、迅速组织动员群众突击种苗送肥。二、准备运粮盘费（二万至三万元），鞋袜、草料、口袋一切零星用具。三、停止牲口运输，一切捲入种麦，防止偷（趁）机逃逼（避）支差或出外走亲戚。四、准备农业所得税款，比上次数目很大（廿十五日前）。”这些要求比第一份紧急通知所说更加具体，更加明确。由于事项的紧急，这是一份夜间发出的通知，并在“紧急通知”四字下面加了着重号。

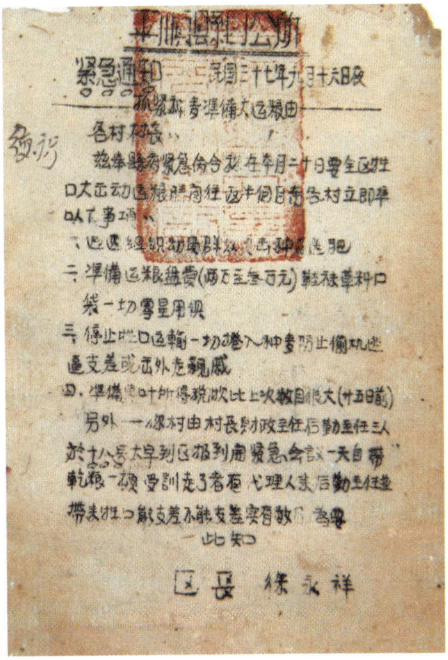
紧急通知 民国三十七年九月十六日夜
抓紧种麦准备大运粮由
各村村长：
兹奉县府紧急命令称在本月二十日要全区牲口大出动运粮时间往返半个月希各村立即准备以下事项：
一、迅速组织动员群众突击种苗送肥
二、准备运粮盘费（两万至叁万元）鞋袜草料口袋一切零星用具
三、停止牲口运输一切捲入种麦防止偷机逃逼支差或出外走亲戚
四、准备农业所得税款比上次数目很大（廿五日前）
此知
区长 徐永祥

○ 1945年9月16日《关于抓紧种麦准备大运粮的紧急通知》。

除此之外，《紧急通知》附带又发出一个关于集训村干部的通知：“你村由村长、财政主任、后勤主任三人于十八号大早到区报到，开紧急会议一天自带干粮一顿集训。走了者有代理人来，后勤主任并带来牲口能支差、不能支差实有数目为要。”显然这是为了保证大运粮的顺利进行，而对村干部所进行的一次集训；而让后勤主任带来“能支差”牲口的实有数目，更是因为牲口的多少、能否“支差”，决定着大运粮的成败。由此德珩村在9月18日村干部集训的当天，就收到了区长徐永祥、副区长陈凤贤联合发来的《关于大运粮由的命令》。

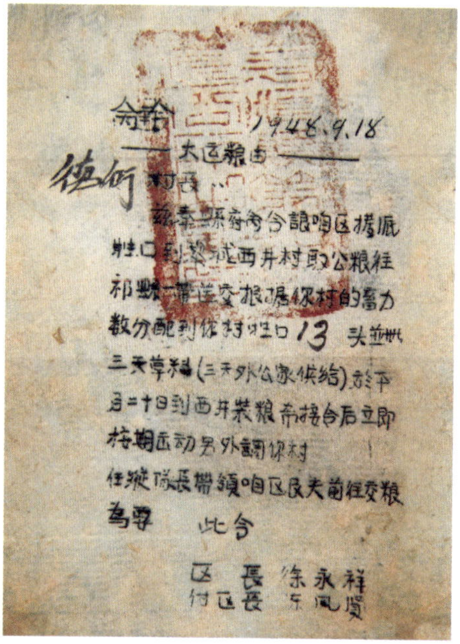
命令 1948.9.18
大运粮由
德珩村长
兹奉县府命令让咱区拨派牲口到黎城西井村取公粮往祁县一带送交根据你村的畜力数分配到你村牲口13头并带三天草料(三天外公家供给)于本月二十日到西井装粮希接令后立即按期出动另外调你村任擬队长带领咱区民夫前往交粮为要 此令
区长 徐永祥
付区长 陈凤贤

○ 1948年9月18日《关于大运粮由的命令》。

第三份：拨派牲口“按期出动”的命令。这是德珩村长收到的1948年9月18日由区长徐永祥、副区长陈凤贤联合签发的第三份命令。命令依然不长，百十来个字，专就运粮拨派牲口的数量、出发时间及到达地点，向德珩村直接下达了任务。具体如下：

德珩村长：

兹奉县府命令，让咱区拨派牲口到黎城西井村取公粮往祁县一带送交。根据你村的畜力数，分配到你村牲口13头，并带三天草料（三天外公家供给），于本月二十日到西井装粮。希接令后立即按期出动。

至此，经过“预先急告”、“立即准备”到“按期出动”，德珩村将要参加大运粮的队伍与其他村一起即将按期“扬鞭”。而就在将要动身头一天的9月19日，德珩村又收到区长的一份指示和一封亲笔信，任务又发生了新的变化。

第四份：运粮“暂不出动”的指示。这是德珩村收到的1948年9月19日由区长徐永祥、副区长陈凤贤联合签发的《关于这次运粮暂时不要出动的指示》。指示告知：“这次运粮因交粮地点有变动，廿号暂不要出动。希接指示后速通知群众，待县府命令来了接了令再起身。希把全村民伕准备好，突击种麦，并把牲畜组织好待令出动，继续准备运粮盘费，特此指示。”由此可知，因其交粮地点的变动，原定20日出动运粮的计划有所改变。

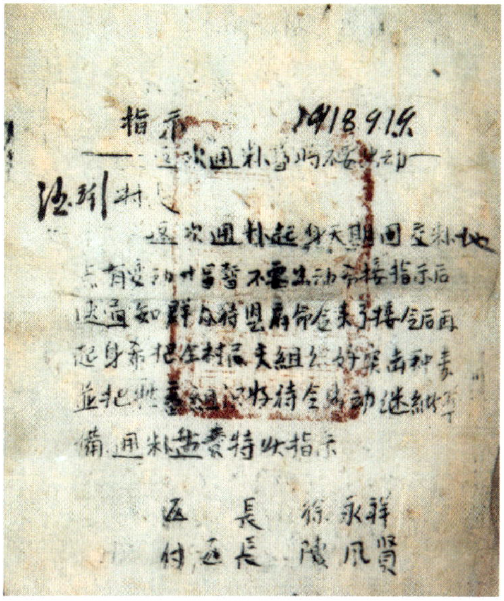
指示　1948.9.19
——这次运粮暂时不要出动——
德珩村：
这次运粮起身天因回交粮地点有变动廿号暂不要出动希接指示后速通知群众待县府命令来了接令后再起身希把全村民夫组织好突击种麦并把牲畜组织好待令出动继续准备运粮盘费特此指示
区长　徐永祥
付区长　陈凤贤

○ 1948年9月19日《关于这次运粮暂时不要出动的指示》。

两个月后，德珩村的运粮队就又走在了大运粮的路上。

第五份：德珩村万斤玉米运往潞城。这是德珩村收到的1948年11月20日由县长赵军签发的《关于全县开始大运粮的命令》（标题为笔者所加）。命令是发给各有关村村长、财粮主任和后勤主任四个人的。

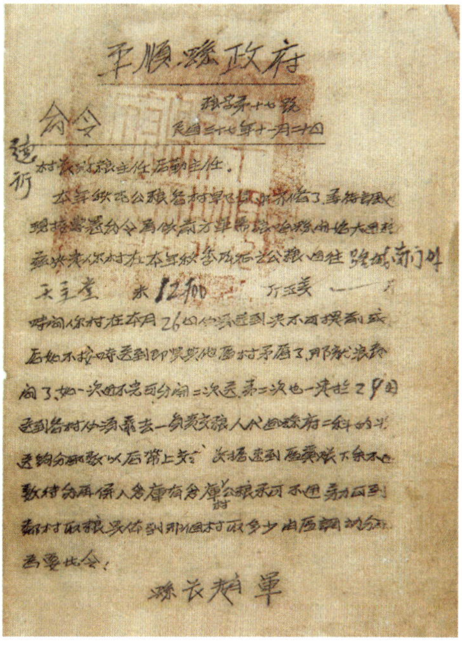
平顺县政府
命令
德珩
村长财粮主任后勤主任：
……
县长赵军

○ 1948年11月20日《关于全县开始大运粮的命令》。

命令首先指出：“本年秋屯公粮各村早已集中齐备了，等待调运。现按专署命令。为供前方军需，让咱县开始大运粮。”据此县政府“决定由你村在本年秋季所征之公粮运往潞城南门外天主堂，米12700斤”。

同以往有关运粮的命令不同，命令首先明确，这次“大运粮”是根据“专署”命令统一部署进行的。其时正是太原战役进行之时，所需粮食是非常巨大的。所以，根据地参与此次大运粮的区、村庄、人员、畜力以及运粮的数量也是相当大的，组织工作十分复杂繁重。因而命令特别强调的就是各村送粮到达指定地点的时间。其中要求德珩村“在本月26日必须运到，绝不可提前或推后。如不按时送到即与其他区村矛盾了，那就浪费时间了。如一次运不完，可分开两次送，第二次也一定于29日前送到”，以免造成矛盾和浪费时间。至此，自9月起的德珩村“大运粮”真正开始了。

这就是支前的故事和人。老区人民的支援前线，远不仅仅只是前方参战、担架支前、缝制军鞋和义运公粮。在618份文书中，支前可说是全方面的，只要是前方需要的，他们都要去奉献。今天，当年德珩村参加过担架支前、义运公粮的男人和缝制军鞋、赶制军袜的女人们，在世的已没有几个人了。2010年笔者第一次走访德珩村时采访过的两位已80多岁，曾在村里当过村长、妇女主任的张凤枝、张松香夫妇，当3年后笔者再去时，张松香老人已经去世了。他（她）们不应该被忘记，也不能被忘记。就像不得不惊叹平顺县“麻头纸”的结实耐用，至今虽显得老旧，但绝不破烂。老区的纸，经久耐用，就像老区的人、老区的事，历久弥新，铭心刻骨，代代相传。

发展经济，支援前线，“打倒蒋介石，解放全中国”，建立新民主主义的新中国，这个目标在抗战后胜利后的中国，只经过短短的四年时间就实现了。而这一切，正是中国共产党审时度势、顺从民意并通过翻身解放的人民来实现的。共和国的大厦由“老区”奠基，由无数个“德珩村”一层一层搭起，这就是德珩村618份“纸片子”告诉人们的。

日常篇

德珩村的往事

一、1941—1944

1941—1944年，正是抗日战争，一个全民族浴血抗战的年代。据笔者手中的资料，这四年中，德珩村所收到的“纸片子”只有20份。其中，1941年有5份，1942年为0份，1943年有2份（其中1份没有年款属推断），1944年有13份。

1941年的5份文书

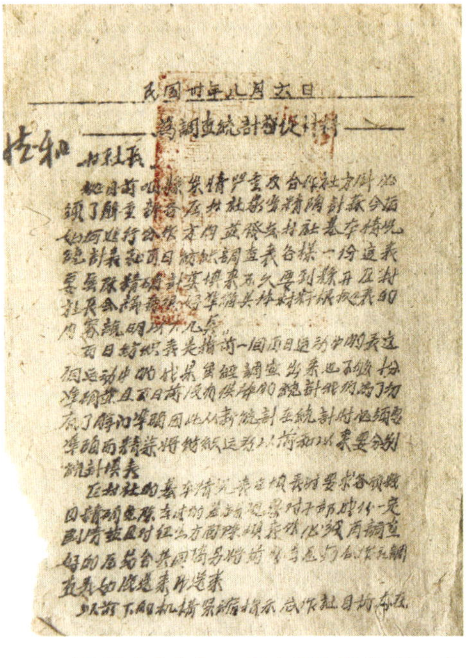
民国卅年八月六日
為調查統計督促材料

○ 1941年8月6日，冯步阁和张福顺签发给德珩村的《关于为调查统计督促材料的通知》。

在618份文书中，属于1941年的共有5份，是全部“纸片子”中时间最早的5份。

这5份纸片子中有四份是德和村合作社收到的区合作社社长冯步阁等人发来的通知，其中两份是关于填写有关统计数字的通知。在1941年8月6日区合作社社长冯步阁和副社长张福顺签发给“德和村”的《关于为调查统计督促材料的通知》中，要求各村在全县灾情严重、合作社方针需要调整的情况下，及时将村合作社的基本情况和开展百日纺织运动取得成果的统计表详细填写后于五日内给区公所送来，以便推动合作社和纺织运动的开展。

另外两份分别是11月和12月县联社

“关于合作社全脱产干部和工人不支差”以及“关于外县来雇纺织工人须经区联社批准”的通知。四份通知从不同的侧面，展现出当年大生产运动及根据地合作社建设在村里开展时的一些情景。

而最后一份，则是当年德和村上交军鞋的凭据。

行唐村上交八双军鞋的凭据

这是1941年11月2日行唐村上交平北第三区署八双军鞋的凭据，是所有文书中唯一一份盖有“村公所印”的“纸片子”。这时的平顺县还分属平北、平南两个县，作为平北第三区的行堂村也还是独立于德珩村的一部分。但在这里除了空中村之外，这时已经看到了德珩村之前原有的德和村和行堂村。

这份文书是618份“纸片子”中最小的一张，只比今天的名片稍微大了一点；它也是字数最少、且用毛笔书写的一份。纸片上用毛笔工整地写下了“今交到平北第三区署收军鞋八双，民国三十年十一月二日”，包括时间在内，总共只有24个字。其钤有的平北县行堂村公所的官印和一枚难以辨认的个人名章，都显示出它作为“政府”印记的正规和效力。

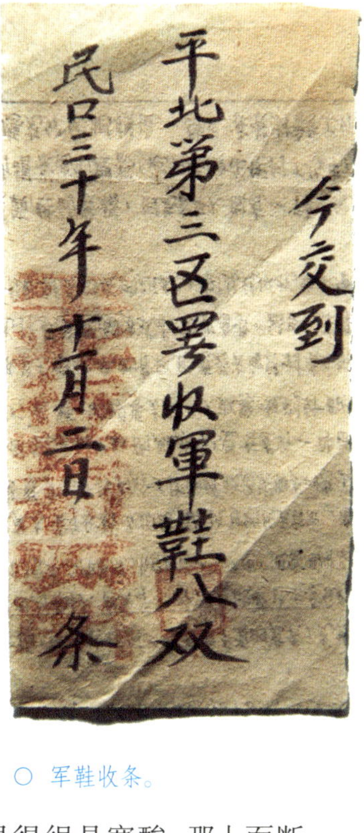
今交到
平北第三区署收軍鞋八双
民国三十年十一月二日
条

○ 军鞋收条。

但就是这样一份“官方”的凭据，不仅使用的纸张很小，而且是书写在1941年5月成立的平顺县青救会油印宣传品的一小块残片的背面，显得很是寒酸。那上面断断续续印有“因为青年人都具有一种深厚的爱民主、爱……，青年工作者应该尊重这些特质……，必须给青年抗日的民主自由……，启发青年干部对于工作的无限忠实与热忱”等字样，由此可以看出当年山西青救会开展宣传教育的蛛丝马迹，更可见其时根据地物资匮乏的程度。而这张被废物利用的“小残片”，今天也成为根据地红色文献中一种契据和青救会宣教材料的珍贵遗存。而类似于这样或书写或油印在“废纸”背面的文书，在德珩村的“纸片子”中还是不少的，使人深切感受到那时办公条件的艰难和无奈。

上交八双军鞋，相对于当年老区人民所缝制的千千万万双的军鞋而言，简直是太微不足道了。不知是否有曾统计过在抗日战争和解放战争中，老区人民制作军鞋的数字到底有多少，但不管这个数字有多么的“天文”，它都是一双一双累积起来的，都是老区的妇女们披星戴月一针一针纳出来、一针一针缝出来的。现今的公私博物馆和民间恐怕已经找不出多少军鞋的收藏了，因为这在过去实在不算个什么。笔者曾请平顺县及其下属乡村领导帮忙，几番寻找也没能找到当年村里妇女为部队缝制的哪怕“一只”军鞋，只能在那些制鞋的“命令”中去寻找它的模样。

1941年是根据地日子最不好过的一年。日军的“大扫荡”，“三光”政策的实行；国民党新一轮的反共高潮以及自然灾害的频发，使得根据地军民不得不一边作战，一边开展大生产运动，实现毛泽东所说的“自己动手、丰衣足食”，吃得上饭、穿得上衣。否则就无法生存，就无法将抗战进行下去。这一年，平顺县和整个根据地都掀起了大生产运动的高潮。那一年全县全年“每人增加了一分地，平均每村增加了600只鸡，平均每人收入6元钱”。行堂村此据记载上交的这八双军鞋，贡献虽然很小，却也“于滴水之中见沧海”。据此，本书将此“一纸凭据”，作为1941年度德珩村唯一的一件“大事”记录在此。

没有留下只言片纸的1942年

在1941年8月至1949年1月间德珩村所收到的618份“纸片子”中，署有1942年款的收文是唯一的空白。无论县区还是德珩村自己，一份带字的东西也没有。事实上它是应该有的，因其时平顺县区村三级中共组织及其民主政府早已建立，开会发文也已自成体系，只是不知什么原因没有留存，或是早已毁掉了，或是暂时还没有发现。

王培东区长签发的会议通知

笔者所收德珩村1943年的两份“纸片子”中，一份是德珩村所收到的王培东区长于1943年10月12日签发的《关于召开财政主任书记会议的通知》。

《通知》油印在一份朱印“存粮收据”残片的背面，只有60余字：“德珩村长：决定明天（十三日）上午八时在区召开财政主任及书记会议，专讨论填合理负担表册等工作。希转知于是日自带一顿干粮亲自来区参加，不准代替为要。”并附言：“请各村来时携带公章领取经费。”由此可知，这是一份关于召开专题讨论填写合理负担表册工作的会议通知。捎带还可以领回区里发放给各村的经费。因为这只是一个区级会议，且也未提及会议有关“减负”的具体内容，县级大事编年没有记载也是正常的。但作为德珩村1943年现存“唯一”的一份“纸片子”，它同样为当年根据地“减轻人民负担”这件“大事”，提供了一份并不完整的见证。

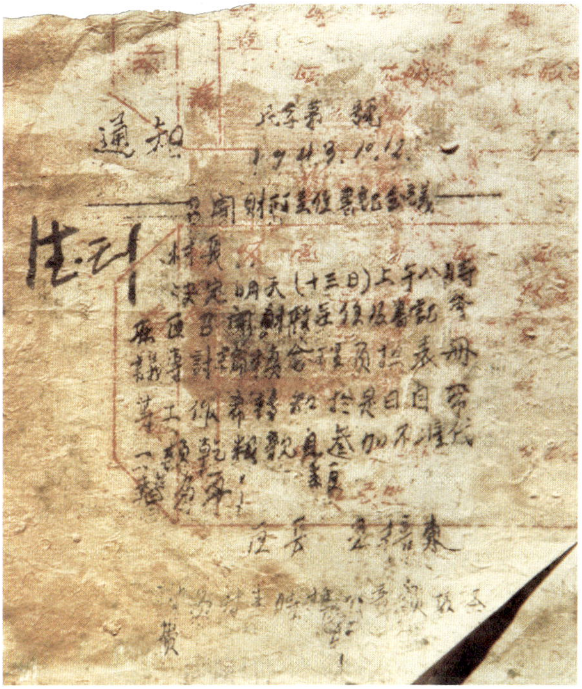
通知
1943.10.12
村長
決定明天（十三日）上午八時

○ 1943年10月12日，王培东签发的《关于召开财政主任书记会议的通知》。

据载，1943年1月，按照中共中央关于精兵简政、“合理负担”的要求和太行专署的部署，平顺县在村政建设中，从减轻人民负担出发，对村政干部待遇进行了改革。“至月底村政干部中全津贴的占享有津贴人数的百分之四十，半津贴的占百分之六十；不领津贴、义务工作的超过领津贴人数的两倍，计每月节米2080斤，一年之内减轻人民负担25020斤小米。”

同年3月，为节省民力，合理解决抗战差务，根据边府会议精神，平顺县政府又制定颁发了《关于抗勤的决定》。如《大事编年》所说，它“具体规定了抗勤差务的范围和种类以及差力的折合与计算标准。此项决定的颁布与实施，使抗勤差务管理更为正规合法化，使人民群众负担公平合理。有效地促进了支前、生产等各项工作”。

从德珩村的“纸片子”上看，根据地各项工作从专署到县区通常都有采取填写表格方法进行统计的惯例。王培东所通知的会议，正是部署与研究如何填写合理负担表册工作的会议。由此算是对上述史实的“挖掘”，以充实1943年德珩村所收到的这份“纸片子”的内涵。

实际上，随着形势的发展变化，特别进入解放战争以后，“合理负担”问题始终是党和政府需要解决的问题。根据地一方面要全面发展生产，大力支援前线；一方面也要适当减轻人民负担，以保持持久的民力和参战的积极性。所以在那几年德珩村所收到的文书中，不时可以看到这方面的命令和指示。

在减轻人民的负担的同时，根据地又大力提倡和开展了农民家庭的“农力计划”和互助组运动，以不断促进经济发展，达到“耕三余一”，实现丰衣足食，以支持抗日战争和解放战争的进行。

《农力计划歌》

这是德珩村收到的一份油印的、没有具体年款的《农力计划歌》。经过查核相关资料和与前后“纸片子”的比较，它应是“合理负担”、“计划生产”同一年的产物，故暂且把它作为德珩村1943年所收到的文书记录在此。

在1943年年初平顺县开展减负改革的同时，为推进大生产运动，根据太行分局“关于春耕运动的指示”，全县又开展了向陕甘宁边区劳动英雄吴满有学习的运动，各区村重新制订生产计划，组织全县广大农民有计划、有目的地走互助生产发家的道路，从而掀起了生产运动高潮。应是在这种背景下，德珩村收到了《农力计划歌》。

《农力计划歌》的歌词，通篇的“大白话”，可谓是一说就懂的“道”，一听就明白的“理”。全歌分五段，仿山西农村最流行的“秧歌调”，歌词虽不十分押韵，但肯定能踩上秧歌的“点”，有着很鲜明的太行根据地歌曲的特色。其歌词如下：“吃不穷来穿不穷，不会打算一世穷；生产订出好计划，你的家业就兴隆。生产是件大事情，乱抓一气干不成；订了计划心有底，按照计划来进行。你家生产有计划，学习人家好办法；互相帮助组织起，耕种庄稼要细法。你家生产有计划，没有一人空闲下；男女老少都动弹，大家生产有办法。有办法来有办法，家家生产订计划；耕种三年余一年，足衣足食不怕啥。”

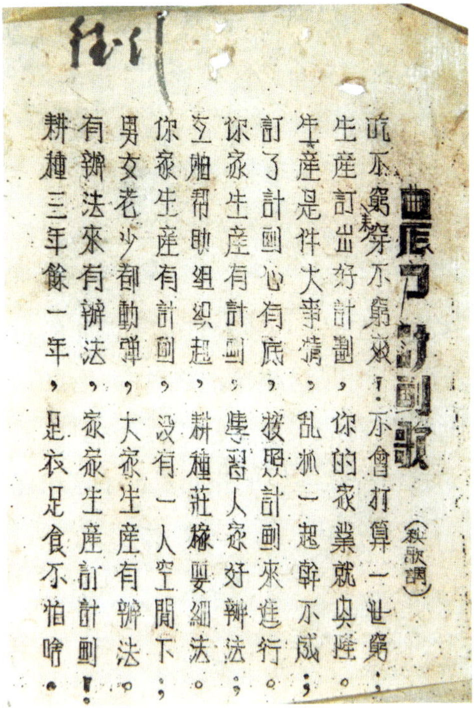
農力計劃歌（秧歌調）

吃不窮穿不窮，不會打算一世窮；
生產訂出好計劃，你的家業就興隆。
生產是件大事情，亂抓一起幹不成；
訂了計劃心有底，按照計劃來進行。
你家生產有計劃，學習人家好辦法；
互相幫助組織起，耕種莊稼要細法。
你家生產有計劃，沒有一人空閒下；
男女老少都動彈，大家生產有辦法。
有辦法來有辦法，家家生產訂計劃！
耕種三年餘一年，足衣足食不怕啥。

○ 《农力计划歌》。

歌词可说是唱出了当年根据地人民开展大生产运动，组织互助组，实行“农力计划”的情景，道出了“生产是件大事情”、“互相帮助组织起”、“按照计划来进行”的经济模式以及农民对“耕种三年余一年”、“足衣足食不怕啥”的期盼。这是农民跟着共产党“打败小日本”、“干革命得胜利”，最终过上吃得饱、穿得暖的“好日子”的最初“追求”。

这首《农力计划歌》歌词的作者是谁不得而知；具体是哪个部门编写的，也没有注明，不像《紧急动员起来》那首歌，特别注明歌词为平顺县教育科所编。笔者查询了有关太行根据地歌曲史料，也未见这首《农力计划歌》的踪影。实际上，它可能就是一首没有任何人“谱曲”的“歌词”，人们按照“秧歌”的曲调随意去唱，只要它起到了应有的宣传效果，其他就都是不重要的了。而今天重要的，在于它为后人留下了一份难得的史料。

1944年的“夏收保卫战”

1944年2月17日至9月29日，德珩村收到的来自县区的通知、指示、经济情报等共计15份。其中来自县里的有3份，分别是代理县长江浩签发的命令、指示和通知各一份。来自区里的有12份，主要是区长郝钦签发的5份及区合作联社下发的有关合作社事项的通知和市场物价的经济情报，等等。

1944年5月20日，区长郝钦签发了《马上进行麦收前几件重要工作的指示》。其时正是遭受春荒之灾最重的德珩村所在四区最难熬之时，再有20天地里的麦子就可以收割了，灾荒将得到缓解，而敌人也早已盯上了这到嘴的“馒头”，一场麦收保卫战将不可避免，这份郝钦签发的指示见证了这场保卫战前夕的准备工作。

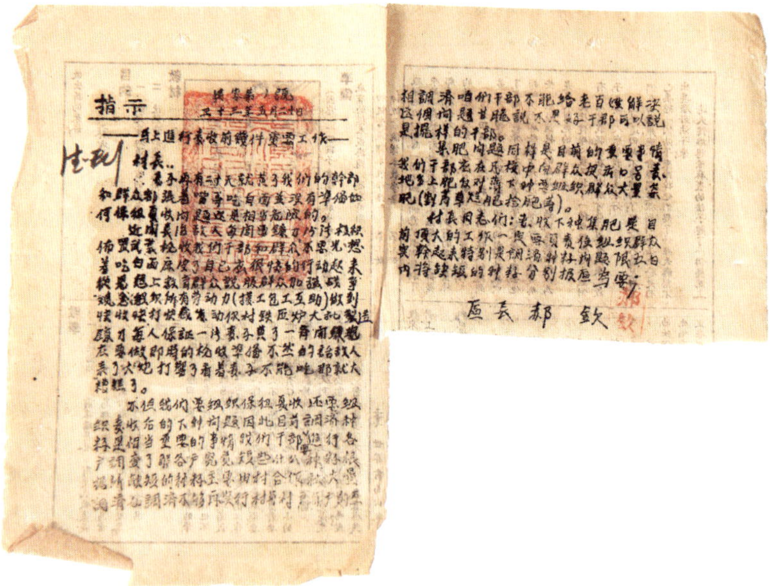
指示
——马上進行麦收前幾件要緊工作——
村長：
麦子再有二十天就黄了我們的幹部和群众都張着嘴等吃白面並沒有準备如何保衛夏收問題这是相当危險的。
……
區長 郝 欽

○ 1944年5月20日，郝钦签发的《马上进行麦收前几件重要工作的指示》。

《指示》首先指出：“麦子再有二十天就黄了，我们的干部和群众都张着嘴等吃白面，并没有准备如何保卫夏收问题，这是相当危险的。”随后告知德珩和各村村长："近闻长治敌人每闾要镰刀15张，积极布置武装抢收。我们干部和群众不要光想着吃白面，麻痹了自己。"进而要求各村："应很快行动起来，从思想上教育群众，说服群众加强战争观念；组织所有劳动力（拨工包工互助）做到快收快打快藏；发动你村铁匠炉大批制造镰刀，每人保证一张，麦子黄了一齐开镰。"强调："现在要做即（及）时的准备，不然的话，敌人来了，大炮打响了，看着麦子不能吃，那就大糟糕了。"《指示》同时还指出："不但我们要组织保卫夏收，还要组织麦收后的下种问题，因此目前调剂种子是相当重要的事情。我们干部要进行各户调查，了解各户究竟短些什么种籽，根据缺短的种籽主要由村合作社大量调剂，如调剂不够，在实行村与村、户与户的互相调剂。咱们干部不能给老百姓解决这个问题，甘（干）脆说不是好干部，可以说是摆样的干部。"《指示》还提出："积肥问题同样是目前的重要事情，我们干部应在民校中向群众提出口号：麦地多上肥，反对薄下种。要组织群众大量集肥（割蒿草、烂肥、拾肥等）。"最后《指示》要求："村长同志们：麦收、下种、集肥是目前顶大的工作，一定要负责任组织群众实干起来，特别是调剂种籽问题限五日内将缺短的种籽分别报区为要。"

这份《指示》是否为郝钦亲笔起草不得而知。虽通篇都是大白话、大实话，仍不失精彩。无论是对面临形势和问题的认识，还是解决思想观念、加强组织领导及其抓紧尽快做好抢收、下种、集肥三件事，全是取得"麦收保卫战"胜利"顶大的工作"，件件说得

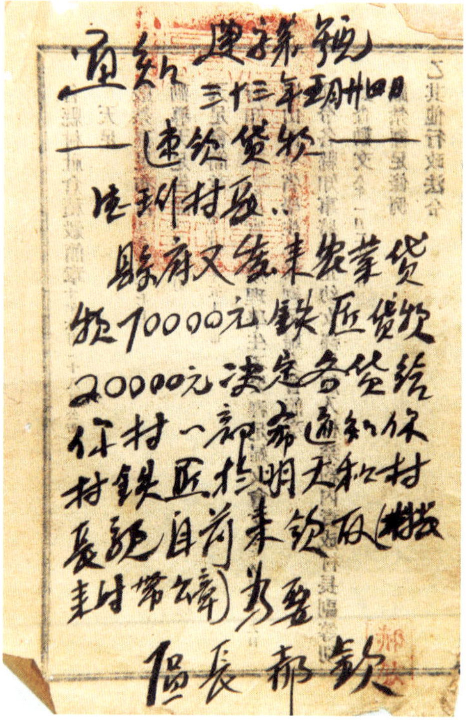
通知
速领贷款
德珩村长：
县府又发来农业贷款70000元铁匠贷款20000元决定各贷给你村一部希通知你村铁匠于明天和村长亲自前来领取（村长来时带公章）为要
区长 郝钦

○ 1944年5月24日，《关于速领贷款的通知》。

明明白白；尤其干部不能给老百姓解决问题，“干脆说不是好干部”，只能算是“摆样的干部”的见解振聋发聩。德珩村是如何落实郝钦这项指示的，没有相关史料记载。但在这生死存亡的时刻，德珩村和各村的人们绝不会“看着麦子不能吃”等着敌人抢走。

就在德珩村收到上述《指示》的第四天，村长又收到了落款“区长郝钦”（并盖名章）于5月24日发来的《关于速领贷款的通知》。《通知》用毛笔书写，内容如下：“德珩村长：县府又发来农业贷款70000元，铁匠贷款20000元，决定各贷给你村一部，希通知你村铁匠于明天和村长亲自前来领取（村长来时带公章）为要。区长：郝钦。”可见这是为保卫麦收在资金及打制镰刀方面专门发放的贷款，并且“铁匠贷款”必须铁匠“亲自前来领取”，以保证贷款发放到本人手里，更见当年机关的工作作风。

“残片”文书背后的故事

德珩村所在四区1944年所面临着的困境，在郝钦所发文书的用纸上得到了充分体现。这时作为一区最高机关的区公所和作为一区之长的郝钦所使用的“公文纸”，在德珩村所收到的12份中有10份使用的都是“废纸”。这些“废纸”远比当地所产的土纸“麻头纸”要差很多，它或是某种老版书的残页，或是某种课本的一页，或是某种宣传品的一块残片。

如郝钦5月20日的《指示》就印在民国早年世界书局出版的《初级常识课本教学法》第三册其中一页半残片的背面；另一份同年8月24日郝钦签发的《关于建立合作社向区公所月报制度的通知》则油印在清末一册石印本

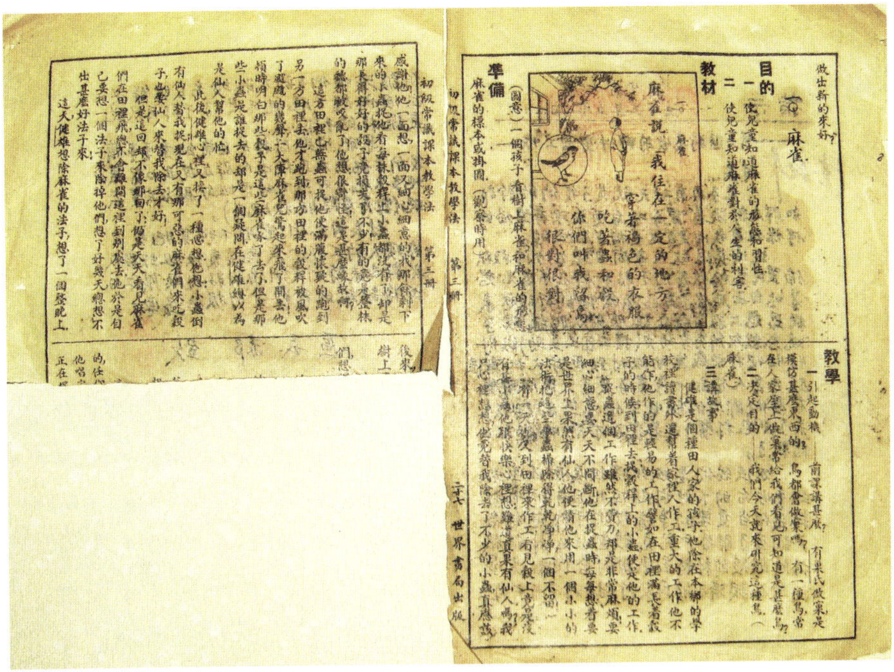
初級常識課本教學法 第三冊

做出新的來好?

麻雀

目的
一 使兒童知道麻雀的形態和習性
二 使兒童知道麻雀對於人生的利害

教材
麻雀說 我住在一定的地方 穿着褐色的衣服 吃着蟲和穀 你們叫我 很對很對

準備
麻雀的標本或掛圖(觀察時用)

教學
一 引起動機

三 講故事

二十七 世界書局出版

○《马上进行麦收前几件重要工作的指示》背面。

柳宗元《柳柳州集》一页残片的背面。这些纸张至今都已破旧不堪，稍加翻动，就会“掉渣”，也远没有“麻头纸”经久耐用。只是钤在上面的区公所大印却还依然透出那难以消逝的红色印记。

这些“残片”上面所印的内容，都不同程度展现出那个年代的一些历史信息。如上述5月24日郝钦《关于速领贷款的通知》，都书写在民国早期山西出版的一本《修正村长副须知》一书第五页的背面，上面刊印了民国早期制定的一些有关“天足”方面的法律法规，如《严禁天足布告》《劝导天足告谕》《严

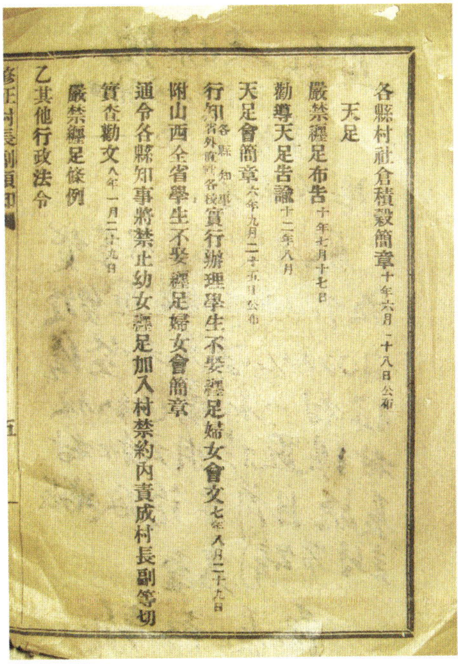
各縣村社倉積穀簡章十年六月一十八日公布
天足
嚴禁纏足布告十年七月十七日
勸導天足告諭十二年八月
天足會簡章六年九月二十五日公布
行知各縣知事省外直轄各校實行辦理學生不娶纏足婦女會文七年八月二十九日
附山西全省學生不娶纏足婦女會簡章
通令各縣知事將禁止幼女纏足加入村禁約內責成村長副等切
實查勸文八年一月二十九日
嚴禁纏足條例
乙其他行政法令
修正村長副須知
五

○《关于速领贷款的通知》背面。

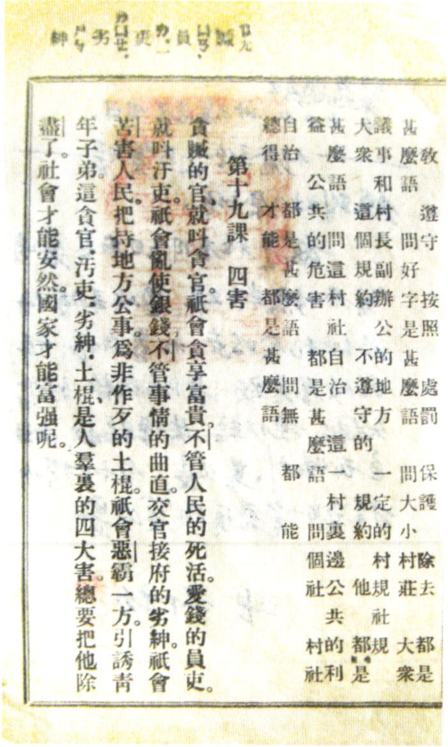
第十九課　四害

貪贓的官，就叫貪官。衹會貪享富貴，不管人民的死活。愛錢的員吏，就叫汙吏。衹會亂使銀錢，不管事情的曲直。交官接府的劣紳。衹會苦害人民，把持地方公事，爲非作歹的土棍。衹會惡霸一方。引誘青年子弟。這貪官、污吏、劣紳、土棍，是人羣裏的四大害。總要把他除盡了。社會才能安然，國家才能富强呢。

○ 《关于村仓主任赴区清算村仓粮食账的紧急通知》背面。

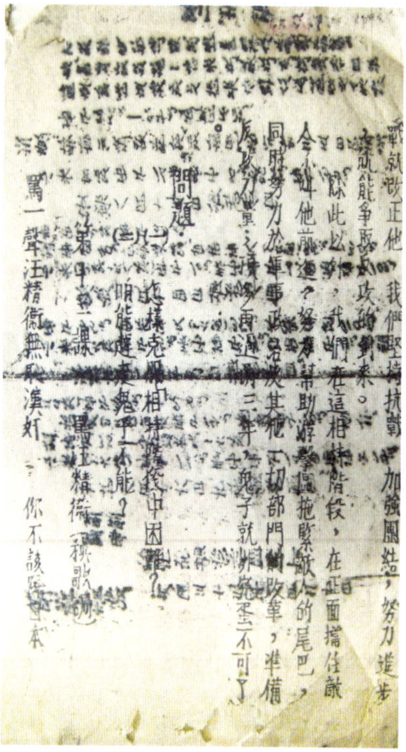

○ 1944年8月20日，“经济情报”背面。

禁缠足条例》《通令各县知事将禁止幼女缠足加入村禁约内责成村长副等切实查劝文》《附山西全省学生不娶缠足妇女会简章》等，可一见民国时期废止女子缠足的相关法规名目。

又如，1944年5月4日郝钦《关于村仓主任赴区清算村仓粮食账的紧急通知》，则用毛笔书写在某种教育课本第十九课一页的背面，上面讲了“贪官、污吏、劣绅、土棍是人群里的四大害，总要把它除尽了，社会才能安然，国家才能富强”的道理，可一见民国时期的“除四害”。

再如，在德珩村所收到的一份1944年8月20日介绍涉县、潞城等地各市场物价的“经济情报”的用纸，则是根据地大约在1942年前后木版印行的抗日宣传课本的一纸残片，上面刊印着第十二课的结尾、问题和第十三课的开头，文字不长，照录如下：“我们坚持抗战，加强团结，努力进步，就能争取反攻的到来。除此之外，我们在这相持阶段，在正面挡住敌人不教他前进，努力帮助游击区拖紧敌人的尾巴，同时努力于军事、政治及其他一切部门的改革，准备反攻力量，顶多再过两三年，鬼子就非完蛋不可了。问题（一）怎样克服相持阶段中困难？（二）咱能赶走鬼子不能？第十三课：骂汪精卫（秧歌调）骂一声汪精卫无耻汉奸，你不该降日本。”

除此之外，在根据地也可见到国民党、阎锡山所编的抗战教材。如德珩村收到的1944年9月22日区合作社社长刘生贤发来的一纸《关于召开合作社理事主席会议的通知》，其背面刊载的就是阎锡山所部编写的《国民抗战自卫团课本》第一册的第一页的目录，上面刊印了“拥护领袖；阎司令长官；保家乡、牲盟会和决死队；五根棍子打死四个鬼子；以华制华；以战养战；占小便宜上大当”等九课的目录。由此一见其时国共双方在当时当地所开展抗战教育内容的点滴，也应是不可多得的文史资料。就是这些“废纸”被郝钦区长们用作了公文用纸，使它们今天成为“双料文献”。

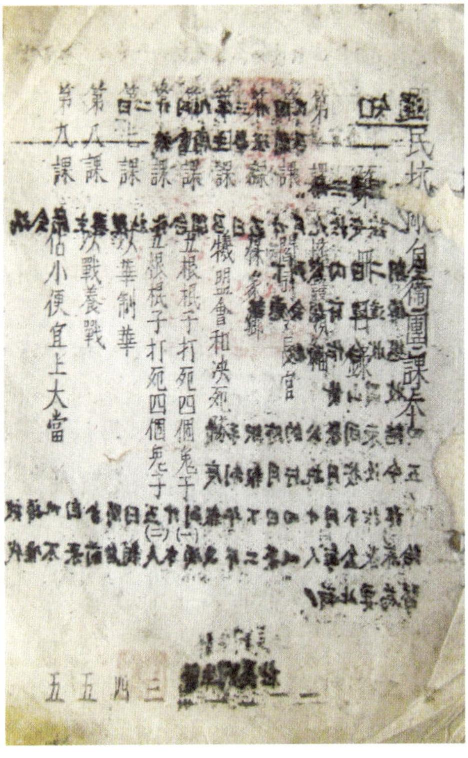
犧盟會和決死隊
五根棍子打死四個鬼子
以華制華
以戰養戰
佔小便宜上大當

○《关于召开合作社理事主席会议的通知》背面。

牲口买卖须经“行政许可”

这是德珩村村长收到的代理县长江浩于1944年8月17日签发的《关于买卖牲口要经过合作社或村公所的命令》。说起根据地的牲口，无论牛马还是驴骡，在发展生产、支援前线中都具有举足轻重的地位，尤其是在春耕夏种、秋收冬储以及战事频发之时义运公粮军需参战，牲口都是不可缺少的“角儿”。犹如我们在前面“大运粮命令”文字中所见到的那样，“畜力”的位置往往排在人的前头。在1944年平顺县春荒严重、敌伪“扫荡”加剧以及秋收繁忙的情况下，牲口的买卖，自然也成为根据地发展生产的重要一环，成为根据地政府不能不管的“大事”，针对当时存在的问题，平顺县制定和下发了这项牲口买卖“行政许可”的命令。

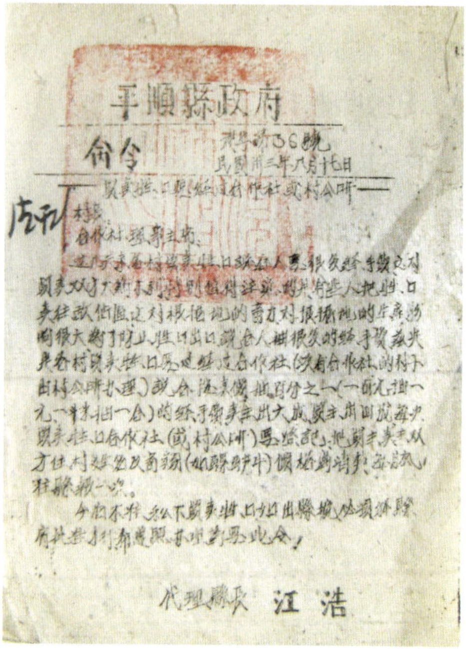
平顺县政府
命令
民国卅三年八月十七日
代理县长 江浩

○ 1944年8月17日，江浩签发的《关于牲口买卖要经过合作社或村公所的命令》。

《命令》是直接下达给各村村长、合作社理事主席的。它首先指出：“这几天来，各村买卖牲口说和人要收很多经手费，这对买卖双方大为不利。特别值得注意的是，有些人把牲口卖往敌占区，这对根据地的畜力，对根据地的生产影响很大。”为此，《命令》要求：“为了防止牲口出口，说和人抽很多的经手费，兹决定各村买卖牲口要经过合作社（没有合作社的村子由村公所办理），说合按卖价抽百分之一（一百元抽一元、一斗米抽一合）的经手费，卖主出六成，买主出四成。每次买卖牲口合作社（或村公所）要登记，把买主、卖主双方住村、姓名及畜类（如骡驴牛）价格写清楚，每月底往县报一次。”

《命令》最后强调："今后不准私下买卖牲口，如出县境，必须经县府批准才行。希遵照办理为要。"由此可以看出平顺县对牲口买卖的严格管理，从所有牲口交易必须经合作社或村公所办理到明确"说和人"的"经手费"和买卖双方的"分担比例"；从买卖交易的"登记"和上报到"私下买卖"的禁止以及买卖的牲口如出境"必须经县府批准才行"的规定，使这件对"根据地的生产影响很大"的"牲口买卖"处在了政府的严格管理之下。

多多种麦子的指示

这是德珩村在收到关于"买卖牲口"的命令五天之后，收到的代理县长江浩1944年8月23日签发的《关于动员老百姓今秋再多多种麦子的指示》。1944年春荒的降临，使数万百姓挨饿，大量灾民饿死，致使当年德珩村所在的四区和全县的秋季种麦显得尤为重要。由此在当年"处暑"的这一天，县政府代县长江浩向全县各区长、建设助理员、村长、生产组长发出这份"今秋再多多种麦子"的指示是毫不奇怪的。而像这样"以粮为纲"关于粮食生产制定下发的文件——从春耕、夏种、秋收到冬储、加工、晾晒、征收、买卖等，在德珩村所收到的来自县区的指示、命令、通知、通

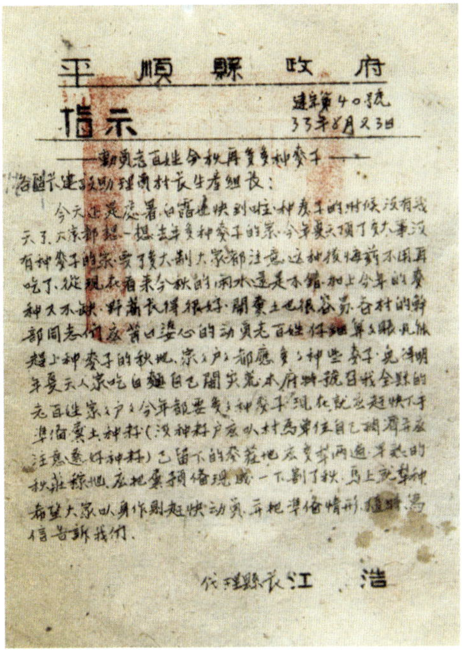
平顺縣政府
指示
建字第40號
33年8月23日
——动员老百姓今秋再多多种麥子——
代理縣長江浩

○ 1944年8月23日，江浩签发的《关于动员老百姓今秋再多多种麦子的指示》。

报、通令、情报中是每每可以见到的，即使不是荒年的正常年份，这类文件也是照发不误的。

《指示》首先结合今年春荒的教训，分析了形势，提出了多多种麦子的任务。指出：“今天正是处暑，白露也快到啦，种麦子的时候没有几天了。大家想一想。去年多种麦子的家，今年顶了多大事；没有种麦子的家，受了多大制。大家都注意，这种后悔药不用再吃了，从现在看来，今秋的雨水还是不错的，加上今年的麦种又不缺，野蒿长得很好，闹粪土也很容易。各村的干部同志们应苦口婆心动员老百姓仔细算算账，凡能赶上种麦子的秋地，家家户户都应多多种些麦子，免得明年夏天人家吃白面，自己闹灾荒。”为此“本府特号召我全县的老百姓，家家户户今年都要多多种麦子，现在就应赶快下手准备粪土、种籽（没有种籽户应以村为单位自己调剂并应注意选好种籽）；已留下的麦茬地应多犁两遍；早熟的秋庄稼地应把粪预备现成，一下割了秋，马上就耕种。希望人家以身作则，赶快动员，并把准备情景随时写信告诉我们”。

通知
民国卅三年九月廿九日
代理县长江浩

○ 1944年9月29日，江浩签发的《关于合作社理事主席座谈会展期的通知》。

无须多言，该《指示》道理浅显深刻，要求具体明确，一句话：为了“不受制”，今秋多多种麦子，“免得明年夏天人家吃白面，自己闹灾荒”。

代县长江浩离任后的一份通知

就在代县长江浩签发多多种麦子指示两天之后的8月25日，平顺县委、县政府又对各区作出了以推行“统一累进税”为中心的秋收工作指示；再之后的9月10日，中共太行四地委、太行四专署调江浩离任，委任孙竹庭为县长。自1943年7月下旬至1944年9月10日，江浩共代理平顺县长一年零两个月。而在其离任将近20天后，德珩村收到了9月29日由代理县长江浩签发的《关于合作社理事主席座谈会展期的通知》。恐怕这时新老县长还未正式交接，江浩依然在履行着代理县长的职责，由此这份《通知》成为笔者所藏江浩代县长的第三份文书，也是所藏德珩村1944年“纸片子”中的最后一份。时间进入1945年，德珩村“纸片子”所记录的往事，也将进入1945年间。

二、1945年1月—1945年8月15日

1945年是抗日战争的最后一年，是中国人民取得抗日战争彻底胜利的一年。这年8月15日，日本宣布无条件投降，9月9日上午，中国战区受降仪式在中国南京中央军校大礼堂举行，举国欢庆。这年也是决定“和平与战争”的一年，国共和平谈判和10月10日“双十协定”的签订没能最终阻止战争的爆发。这一年，德珩村共收到来自县区的各类“纸片子”66份，其中8月15日前的只有16份，之后的有50份，来自县里的有26份，区里的有40份。分别记录了抗战胜利前后德珩村和平顺的一些往事，特别是上党战役民兵支前参战以及战役胜利后村村“捉拿逃兵”的故事。

现将抗战胜利前8个月中，德珩村所收到的16份“纸片子”所记之事分列如下：

派征第二期“统累税款”的密令

1945年7月28日，德珩村收到由县长孙竹庭签发的《关于派征1945年度第二期统累税款的密令》。这是德珩村所收618份文书中唯一的一份“密令”，因事关根据地统一累进税的征收，是关乎根据地政府“钱袋子”的一

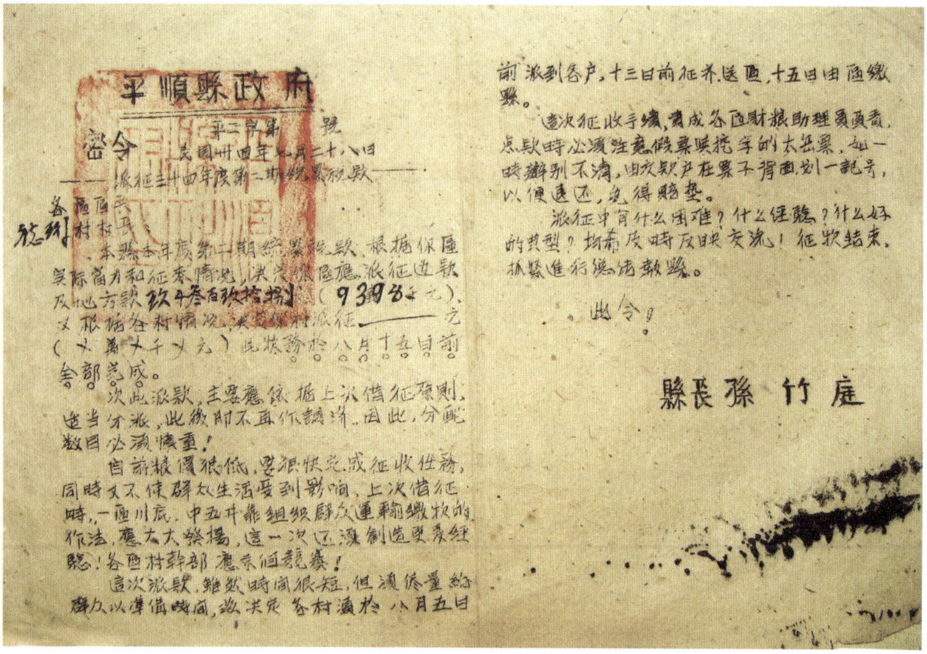

平順縣政府

密令 第二字第 號

民國卅四年七月二十八日

——派征三十四年度第二期統累稅款——

各區區長
德珩村村長

本縣本年度第二期統累稅款，根據你區實際富力和征麥情況，決定你區應派征邊款及地方款玖仟叁佰玖拾捌元（9398元），又根據各村情況，決定你村派征——元（×萬×千×元）此款務於八月十五日前全部完成。

此次派款，主要應依據上次借征原則，適當分派，此後即不再作調劑。因此，分配數目必須慎重！

目前糧價很低，要很快完成征收任務，同時又不使群众生活受到影响。上次借征時，一區川底、中五井靠組织群众運输缴纳的作法，應大大發揚，這一次還須創造更多經驗！各區村幹部應展開競賽！

這次派款，雖然時間很短，但須儘量給群众以準備時間，必須决定各村須於八月五日前派到各户，十三日前征齐送區，十五日由區缴縣。

這次征收手續，責成各區財粮助理員負責，点款時必須注意假票模搜等的太岳票，如一時辨别不清，由交款户在票子背面划一記号，以便退還，免得賠墊。

派征中有什么困难？什么経驗？什么好的典型？均希及時反映交流！征收結束，抓紧進行总结報告。

此令！

縣長 孫竹庭

○ 1945年7月28日，孙竹庭签发的《关于派征1945年度第二期统累税款的密令》。

件大事，尤属十分重要的“秘密”事项，自然以“密令”行之。

密令是发给各区区长和各村村长的，这是发给德珩村的一份。密令首先明确了德珩村所在区本次派征的数量及完成的时间：“本县本年度第二期统累税款，根据你区实际富力和征麦情况，决定你区应派征边款及地方款玖仟叁佰玖拾捌元（9398元），又根据各村情况，决定你村派征——元（×万×千×元），此款务于八月十五日前全部完成。”在这里，密令只填写了向区派征统累税款的数量，并在完成时限下面专门加了以“圆圈”表示的着重号，要求自密令下达之日到缴款到县，前后只有18天的时间。在派征德珩村税款数目一栏里，其数目则是空白，这是因为统累税数目应由区公所向其下达。

密令明确：“此次派款主要依据上次借征的原则，适当分派，此后即不再作调剂，因此分配数目必须慎重。目前粮价很低，要很快完成征收任务，同时又不使群众生活受到影响。上次借征时，一区川底、中五井靠组织群众运输缴款的作法应大大发扬，这一次还须创造更多经验！各区村干部应来个比赛。”由此看出可以在征收统累税中，派征之中还有“借征”和“分派”的原则和办法。

1938年到1942年间，平顺所在的晋冀鲁豫边区对农民主要是按照“合理负担”的原则征税；自1943年到1948年，则实行的是“统一累进税”。所谓“统一累进税”是根据地为适应抗日战争和解放战争的需要实行的一项税收政策，其特点是统一、累进、直接。所谓“统一”，就是统一税种、统一征税机关，即把所有资产收入人应纳的税，如田赋、营业税、印花税、所得税等都统一起来征收，其他的税除人口税和契税外一律停征；把各级政府的征收权完全统一于边区从而健全预决算制度。所谓“累进”，即按财产收入比例不同纳税，如有财产100元的征税1元，200元的则要征税2元以上，以体现“钱多多出、钱少少出”的原则。所谓“直接”即统一累进税是向财产所有人、收入所有人征收的，不向中间人征税。这一政策在抗日战争时期以及解放战争初期，在华北、华中、陕甘宁等地曾经得到广泛的推行。但从这份密令中还可以看到“合理负担”时期那种“借征原则、适当分派”的影子，即新老形式的并存。

《密令》要求：“这次派款虽然时间很短，但须尽量给群众以准备时间，兹决定各村须於八月五日前派到各户，十三日前征齐送区，十五日由区缴县。这次征收手续，责成各区财粮助理员负责，点款时必须注意假票与挖字的太岳票（太岳根据地的一种纸币），如一时辨别不清，由缴款户在票子背面划一记号，以便退还，免得赔垫。”

最后，《密令》要求将“派征中有什么困难？有什么经验？什么好的典型？均希及时反映交流！征款结束，抓紧进行总结报县”。

这份密令在德珩村所收到为数不多有关根据地财政的文书中，是唯一一份具体讲到派征“统一累进税”的“纸片子”，它记载了抗战时期一项重要财政政策在平顺根据地施行的有关情景，留下了一份历史见证。

8月1日，德珩村长又收到了区长郝钦当日夜间签发，连夜发出的《关于召开村长财政主任会议的通知》。《通知》告知德珩村长：“兹定于本月

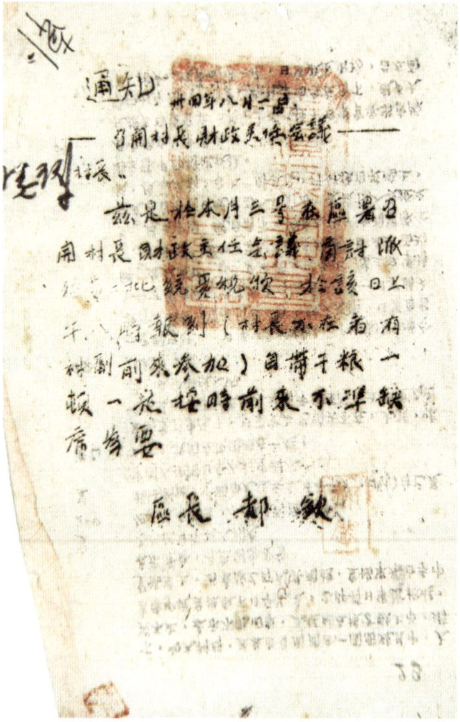

通知 卅四年八月一日

召開村長財政主任會議——

村長：

茲定於本月三号在區署召開村長財政主任會議，商討派第二批統累稅款，於該日上午八時報到（村長不在者有村副前來参加）自带干粮一頓，按時前來不準缺席為要

區長 郝欽

○ 1945年8月1日，郝钦签发的《关于召开村长财政主任会议的通知》。

三号在区署召开财政主任会议，商讨派征第二批统累税款，於该日上午八时报到（村长不在者有［由］村副前来参加）自带干粮一顿，按时前来不准缺席为要。”

这一纸《通知》正是区署落实县府《密令》的要求，而在接到密令之后立即召开的会议，由此可见当时税收工作重要性以及区村落实县府密令迅捷。

值得一说的是，这份区署的通知同样是一份“废纸利用”的通知。上面刊印的是一出不知何名的抗日剧剧本第23页其中一场的片段，读来令人忍俊不禁。其场景照录如下：

“（日本兵把枪放）下，向天祈拜，并在自身周围画一圆圈跪其中，大哭不止，表示不能回家，立起站左后方欲上吊；游击队甲从身后取下日本人来，（游击队）乙即将日军枪捡起。皇协军上，游击队乙即向其开枪，皇协军举白手巾表示降意，并无射击姿势。”这时“皇（协军说）：怎么把日本死人背走？游甲：他还没有咽气，我们抬到医院去。皇（协军）：我们惭愧，中国兄弟还要救日本弟兄，我们是中国人倒替日本人打中国人。游（击队）乙：对，我们应该团结在一起！皇协军、游击队下；日本军官见哨兵不在，大骇，吹哨集合日军，××此地有中国军队，立即整装出发。日军解散入内。日军官入格，一中国汉奸上，日军官要他带路，汉奸恭顺地执行，向台之右后前进，台内鼓声大作日军自台左前方正步出，入台右后方下，第一日军持大牌‘进攻西北’，第二日军持‘扫荡华北’第三日军持‘××××’，第四日军持‘怀柔政策’，各牌之后面均为‘灭亡中国’，绕前台下，鼓声大作。中国军队全副武装自右绕台面入左前角，最后隐入长灯之后，后幕之前。台上一时寂寞，汉奸独自畏缩上，游击队甲即将他捉住。汉（奸）：有中国兵，中国兵。机枪声日军官兵上，将游击队捉住日军官要游击队带路打中国兵，游击队带日军向台左脚下，鼓声大作，枪声、杀声喊成一片，日军败退出场，台左面。”至此“剧终”。

这就是当时游击队打鬼子戏剧中的片段，不知这出抗日剧是否还有记录，是否被收集在某种根据地解放区文艺丛书之中。但不论有否，这一页剧情所透露出的当时抗战文艺创作的“一幕”，也有几丝历史的味道；同时它真实地成为了平顺县第四区署一纸通知的“公文纸”，没有被“浪费”而留到了今天，从而成为一份难得的“双面史料”。

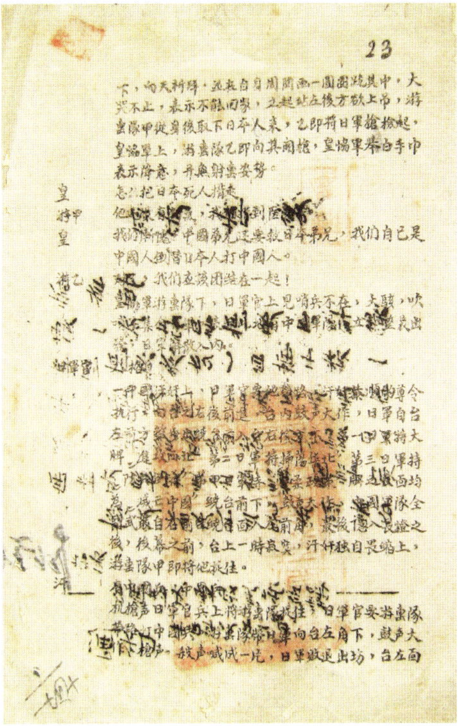
23

下，向天祈祷，並表自身周围画一圈圈跪其中，大哭不止，表示不能回家，乙起站在後方欲上吊，游击隊中從身後取下日本人来，乙即将日軍槍拾起，皇協軍上，游击隊乙即向其開槍，皇協軍拿白手巾表示降意，并無射击姿勢。

中國人倒替日本人打中國人。

我們应該团結在一起！

後，後幕之前，台上一時寂寞，汗奸独自畏缩上，游击隊甲即将他捉住。

鼓声喊成一片，日軍敗退出场，台左面

○《关于召开村长财政主任会议的通知》背面。

群众集股的利顺祥制药厂

1945年6月23日，县长孙竹庭签发了《关于动员群众往制药厂入股的指示》。地处太行山区深处的根据地军民，在多年敌人“围剿”和封锁的战争环境下，原本就极度缺医少药的山区在吃药治病上就更加的困难，因而千方百计发展医药就成为根据地的一件大事，而集资入股办药厂就是其中的一种解决途径和形式。

《指示》首先告知村长、合作社开办制药厂的重

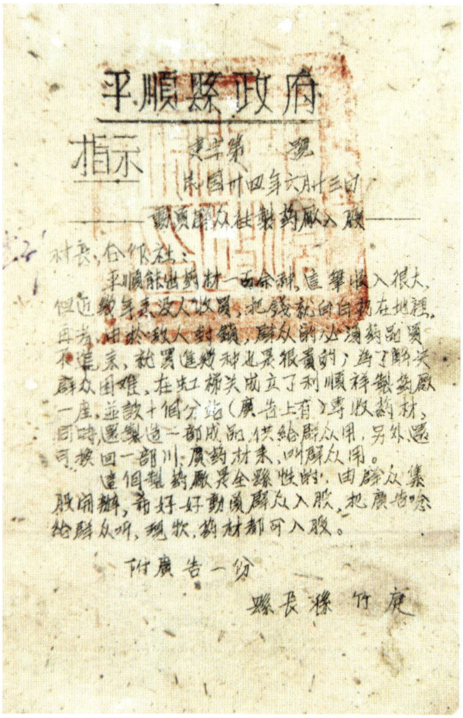
平順縣政府

指示 建字第 號

民國卅四年六月廿三日

——動員群众往製药廠入股——

村長、合作社：

平順能出药材一百余种，這筆收入很大，但近幾年来沒人收買，把錢就白白扔在地裡，再者，由於敵人封鎖，群众的必須药品買不進来，就買進幾种也是很貴的；為了解決群众困難，在虹梯关成立了利順祥製药廠一座，並設十個分站（廣告上有）專收药材，同時還製造一部成品供給群众用，另外還可換回一部川、廣药材来，叫群众用。

這個製药廠是全縣性的，由群众集股開辦，希好好動員群众入股，把廣告唸給群众听，現款、药材都可入股。

附廣告一份

縣長孫竹庭

○ 1945年6月23日，孙竹庭签发的《关于动员群众往制药厂入股的指示》。

要性，指出：“平顺能出药材一百余种，这笔收入很大，但近几年没人收买，把钱就白白扔在地里；再者，由于敌人封锁，群众的必须药品买不进来，就买进几种也是很贵的。为了解决群众困难，在虹梯关成立了利顺祥制药厂一座，并设十个分站（广告上有）专收药材，同时还制造一部成品供给群众用，另外还可换回一部川、广药材来，叫群众用。”在说明“必要性”之后，《指示》明确了开办制药厂的形式和要求：“这个制药厂是全县性的，由群众集股开办，希好好动员群众入股，把广告念给群众听，现款、药材都可入股（附广告一份）。”在这里，可以清楚地看到，平顺县所办药厂是一家县级股份制企业，群众的“现款、药材都可入股”，使人不禁想到，当20世纪80年代中国改革开放之初提出股份制时，很多人还感到陌生，或不知股份制为何物或视其为资本主义的“怪物”，岂不知早在抗战时期，根据地股份制就已开始在德珩村这样偏僻的小山村进行了。遗憾的是，不知指示中所提到的广告是什么样的。在现今的红色收藏市场上，能收到或见到这样一份根据地的“红色广告”都是十分不易的。

在德珩村长、合作社收到县长孙竹庭的指示两周后，德珩村合作社理事主席就收到了区合作社社长刘生贤、经理岳峰高联合签发的《关于迅速把以前通知所收之药材送来本社入股的通知》。原文如下：“理事主席：咱社于六月五日通各社所收之药材一律于本月五日内送来本社入股，过期按广告作价。各村接县府来信，决定咱社为虹梯关利顺祥制药厂分站，收买本地药材，价值照广告。收起时，暂保存在县社，随时收买随时报告数目，愿往本社入股也可矣（以），必须来信说明是往本社入股多少，往总栈入股多少，专此通知。”由此可知，作为县制药厂所属的区分站，为使自己的分站能生存和发展，通知虽没有说不准往县厂入股，但也明确所属各村“愿往本社入股也可以”，而通知的“迅速把以前通知所收之药材送来本社入股”的标题，以及“必须来信说明是往本社入股多少，往总栈入股多少”的要求，更使人感受到分站办好本站工作的强烈愿望以及县制药厂和分站为解决群众医疗困难在“股份”办厂中“争先恐后”的“利益关系”。

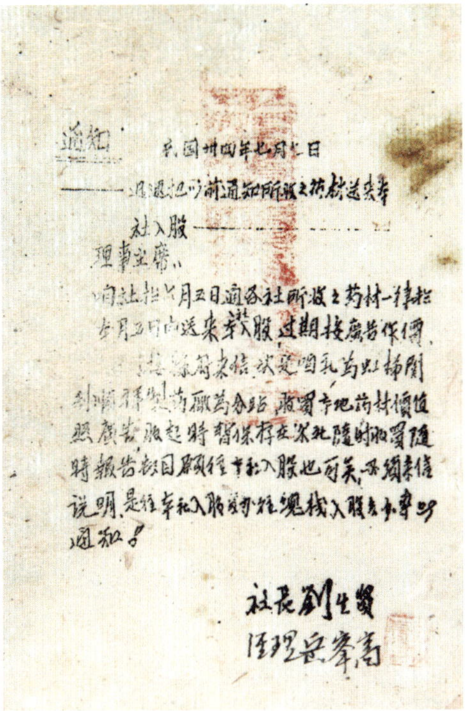
通知

社入股

理事主席：

社長劉生賢
經理岳峰高

○ 《关于迅速把以前通知所收之药材送来本社入股的通知》。

检查翻晒公粮和严禁挪用义仓的命令

1.一份检查翻晒公粮谨防腐蚀的命令。

1945年6月25日，县长孙竹庭下了一道《关于检查翻晒公粮的命令》。这份命令可能是德珩村所有“纸片子”中七位县长所下的有关“最小”一件事情的命令。

命令不长，是同时发给“各区长、各分仓主任、各村长、村仓副主任”等领导干部的，正文只有80余字，具体如下：“现值夏至节内，天气炎热，地下潮湿，埋藏的公粮容易腐坏生虫，应将村仓内所存的公粮，完全检查一次，如有发热行将腐坏之公粮，即照‘平二粮字19号’命令应注意的几点，组织人员翻晒，以防腐坏虫蚀为要，此令。”

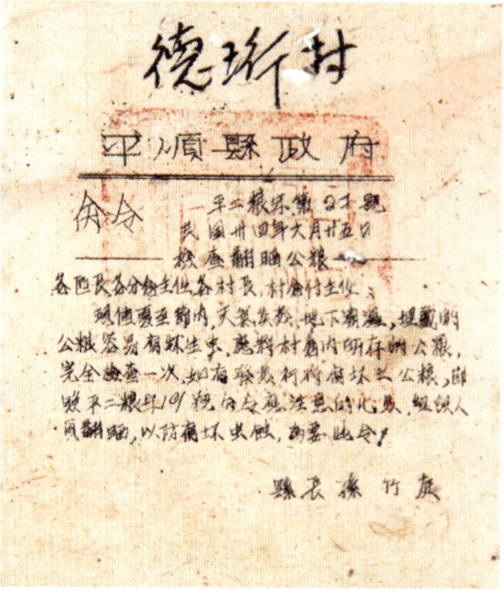
德珩村
平顺县政府
命令　平二粮字第[illegible]号
民国卅四年六月廿五日
检查翻晒公粮
各区长各分仓主任各村长、村仓副主任：
现值夏至节内，天气炎热，地下潮湿，埋藏的公粮容易腐坏生虫，应将村仓内所存的公粮，完全检查一次，如有发热行将腐坏之公粮，即照平二粮字19号命令应注意的几点，组织人员翻晒，以防腐坏虫蚀，为要此令！
县长　孙竹庭

○ 1945年6月25日，孙竹庭所下《关于检查翻晒公粮的命令》。

《命令》针对天气炎热、地下潮湿，埋藏地下公粮容易腐烂的情况，要求各区村仓按照此前县政府所下达的相关命令去“检查翻晒公粮”。其中没有一句有关检查翻晒公粮重要意义的话，也没有一个字说这是一件多么大的事，但它的确是一道命令，是一件区村长、仓库主任都必须执行、必须去做好的事情。

仅仅为了翻晒公粮这样一件很小的事情，就需要一县之长为此专门下一道检查的命令吗？这看起来似乎是一件并非一定要用“命令”下达的小事情。其实不然，在当时粮食就是人的生命，更是根据地军民的“命根子”，没有了粮食，根据地什么事情也别想做成。此外，除了正常的粮食生产、加工、买卖之外，对于根据地来说，时刻面临着饥荒和“围剿”、“扫荡”，为了备战备荒，必须建立起遍布各区的“分仓”和各村“村仓”；不时地还要进行坚壁清野，将公粮埋藏起来，防止敌人的抢掠，所有这些，都是为了根据地军民自身的生存和战争的胜利。因此，在德珩村收到的618份“纸片子”中，涉及粮食的各类文书是数量最多的一项之一。由此看来，为检查翻晒公粮这件“小事”，县长孙竹庭专门发出一道检查翻晒公粮的命令，就不难理解了，也绝非是小题大做了。

2. 一道严格制止挪用义仓的命令。

1945年8月2日，县长孙竹庭签发了《关于严格制止挪用义仓的指示》。这同样是一件与粮食有关的指示，就是要加强各村仓存放公粮的管理，任何人不准私自动用。这道命令，文字也不是很多，只有百十来字，它首先指出：“关于义仓的掌握问题，从六月十五号通令后一般执行了，但仍发现有一些村是未经县许可即私自把义仓向外借出。”由此可知，在此之前县府已就义仓管理发出了通令，但并未得到很好落实，故在此加以强调。

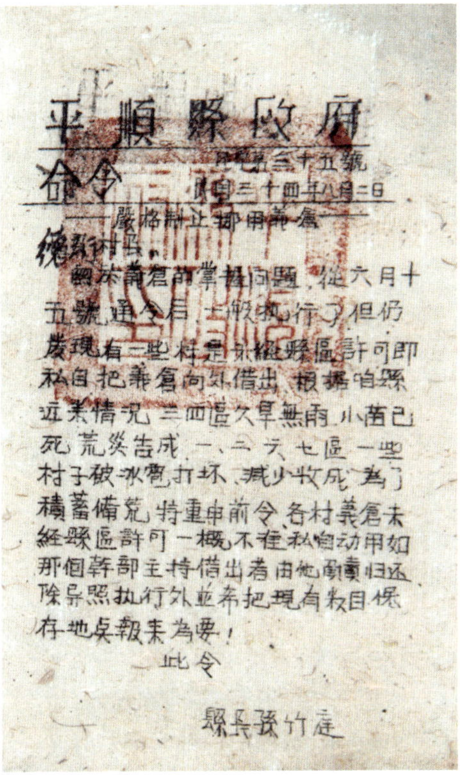

平順縣政府

命令 [illegible]第三十五號

[illegible]三十四年八月二日

——嚴格制止挪用義倉——

[illegible]村長：

關於義倉的掌握問題，從六月十五號通令后一般執行了但仍發現有一些村是未經縣區許可即私自把義倉向外借出，根據咱縣近來情況，三四區久旱無雨，小苗已死，荒災告成，一、二、六、七區一些村子被冰雹打坏，減少收成，為了積蓄備荒，特重申前令，各村義倉未經縣區許可一概不准私自动用，如那個幹部主持借出者由他負責归还。除异照执行外並希把現有数目保存地点報来為要！

此令

縣長孫竹庭

○ 1945年8月2日，孙竹庭签发的《关于严格制止挪用义仓的指示》。

随后，《命令》特别指出：“根据咱县进来情况，三、四区久旱无雨，小苗已死，荒灾告成；一、二、六、七一些村子被冰雹打坏，减少收成。”从此可知，平顺县所属七个区，除五区外，旱灾雹已大面积的发生。为此《命令》要求：“为了积蓄备荒，特重申前令，各村义仓未经县区许可，一概不准私自动用，如哪个干部主持借出者，由他负责归还。除异（依）照执行外，并希把现有数目、保存地点报来为要。”这就是根据地粮食管理的一个小小侧面。

就在同年冬季，德珩村又收到了11月18日由区长许俊科签发的《关于归还义仓粮的指示》，使人再见村义仓粮食管理的一个侧面。

《指示》共有五条，具体如下：“一、义仓粮是群众的备荒粮，我们应保证其数目的完整，为此决定：群众所借的新旧义仓粮，全部于五日内收起（齐）交义粮保委会妥加保存。二、在冬学内要组织群众很好讨论，认识义仓粮是自己的救命粮，应自动全部交清。三、有什粮收什粮，但为了便利保存可以多收谷（杂粮以□粮办法计算）。四、因年景欠收，有些特别贫困户

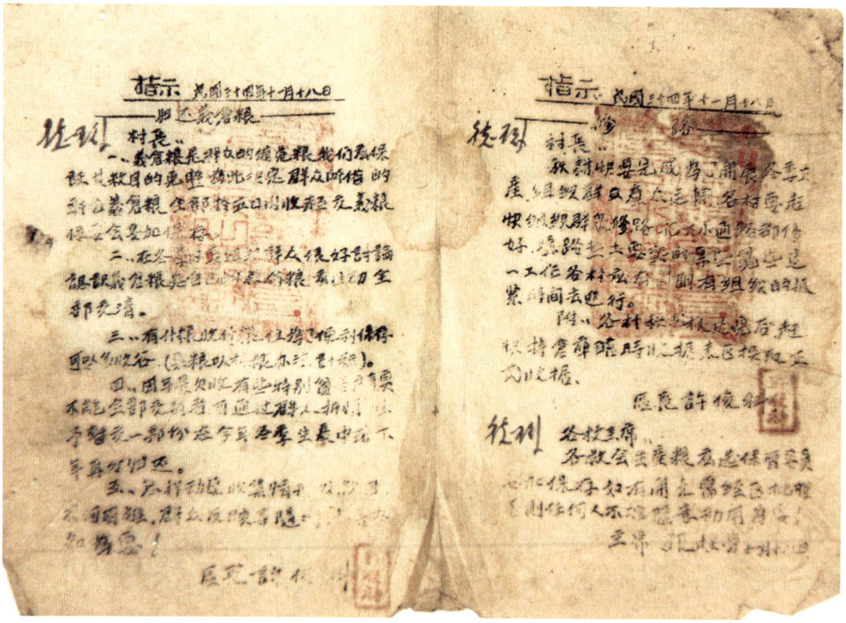
指示 民國三十四年十一月十八日
指示 民國三十四年十一月十八日

○ 1945年11月18日，区长许俊科签发的《关于归还义仓粮的指示》。

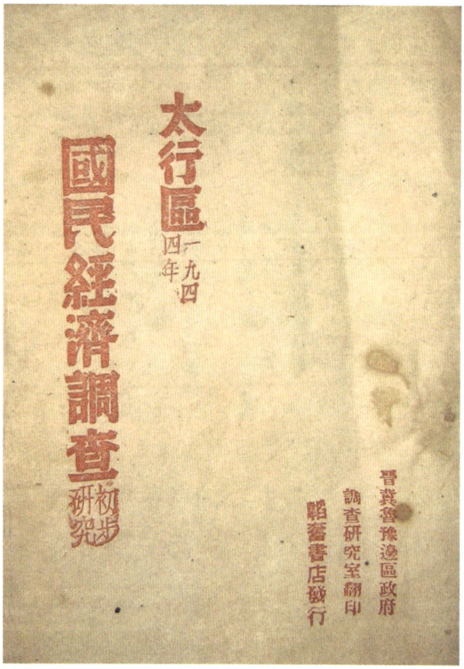

○ 《太行区一九四四年国民经济调查初步研究》。

真实（是）不能全部交清者，可通过群众折口，准予暂交一部分，在今年冬季生产中或下年再行归还。五、怎样动员收集情况及数目，有何困难，群众反映等，随时来信告知为要。”由此可见村义仓粮保管的思想认识、组织办法和追缴欠粮的一般政策办法，更见粮食对根据地军民的“救命粮”意义。

笔者所藏晋冀鲁豫边区政府调查研究室翻印、韬奋书店发行的《太行区一九四四年国民经济调查初步研究》一书，对包括平顺县在内的10个县11个村进行了调查统计：人民在吃、穿、用三项生活消耗上，“以吃的消耗为主”，吃“占全部生产消耗的79.8%”；除一部分“半年糠菜半年粮”的地区外，在米、麦、杂粮、糠菜几种食物中，大部分以“杂粮（其中又以玉茭为主）为主要食品，吃麦子的数量最少”。再据对太谷、平顺、黎城等9个县9个村的统计，“以富农为例，这是生活水平最好的阶层”，“每年每人平均食用麦子仅0.503石，其他阶层更勿论矣”。从此可知根据地对义仓粮食的看重，县区不时发出有关翻晒公粮、严禁挪用义仓、归还义仓粮等等的命令和指示，就不足为怪了。

三、1945年8月—1945年12月

1945年8月至12月，是抗战胜利最初的四个月。这四个月中，既有百年以来中国第一次战胜外敌侵略者的盛大的庆祝日，也有20世纪一场全面内战爆发的前夜。仅在8月份，抗战胜利的到来与内战的爆发的端倪就已初现。8月8日，苏联对日宣战；8月9日，毛泽东发表《对日寇的最后一战》；10日，日本政府向美英苏中发出乞降照会，同日，朱德总司令向解放区所有部队发布进军令；11日，蒋介石命令八路军“就地驻防待命”；13日，朱德致电蒋介石拒绝其11日命令；15日，日本天皇宣布无条件投降，同日，蒋介石电邀毛泽东赴重庆“共讨国是”；16日，阎锡山派其十九军部队侵

占上党解放区；20日，晋察冀八路军向张家口敌人发动进攻，23日解放张家口……

这4个月，德珩村共收到来自县区各类文书89份，其中县府20份，区署69份。与前8个月不同的是，这时所收“纸片子”多与《大事编年》所载大事相关，特别是积极参战，全力支援上党战役；发展互助生产，搞好秋收秋耕冬季生产；积极参与劳模大会筹备；深入开展冬学运动等，都从不同的侧面为《大事编年》提供了难得的素材，而退还未用棺材板、全力动员逃兵归队、抓捕敌特俘虏则是鲜为人知了。这几个月也成为德珩村最为紧张忙碌的一个时期。

（一）上党战役中几件支前工作

从8月16日上党战役后勤指挥部成立，到8月17日县政府发出全县妇女赶制军鞋13896双的紧急命令；从9月上旬2000余民兵参加长治破城战斗，到10月调集全县民兵万余人参加上党战役，德珩村共收到县区指挥部给本村下达的“关于二次调集民兵及担架的命令”“关于派征军鞋的紧急命令”“关于解决参战生产中两个问题的命令”“关于义运公粮拨派民伕的紧急命令”“关于即将军鞋交区的命令”“关于召开武装干部商讨参战中重要工作会议的通知”以及“退还未用棺板”“抓捕敌特俘虏恢复站岗放哨”等文书22份。

区长写给德珩村村长“急运布匹”的亲笔信

11月13日，即上党战役激战之时，区长张旺喜给德珩村村长写了一封亲笔信。信用毛笔书写在一块巴掌大的“麻头纸”上，同样钤有“平顺县县政府第四区区署的官印和区长张旺喜”的名章。信件向德珩村村长下达了“急运布匹”的任务。“德珩村长：兹有柳树园被服所赶制军服需布很紧，前几天因河大，将布存在阳高，现在急需运去，兹定你村给代雇民伕二十名，于十五号到阳高取布二十捆送往柳树园被服所每里每斤发价一分二整，交布领价。给养自备，希照办为荷。此致敬礼！张旺喜十一月十三日。”这是参战之时区长向德珩村单独下达的一项临时急运20捆布匹送往柳树园被服所的支前任务；并且这种形式的支前是有偿的。在全县民兵全部参加上党战役的情境下，被服所赶制军服急需的布料也只能由德珩村“代雇二十名民伕”运往，这种雇用是要付钱的，20捆布运到指定地点，“每里每斤发价一分二整，交布领价”，但“给养自备”、吃喝自理。在根据地，支前并非都是无偿的，在德珩村所的“纸片子”中，一些支前事项很多都是付费的。如用工有“代雇”，油盐也有“代购”，这些政府和军队也是要付钱的。

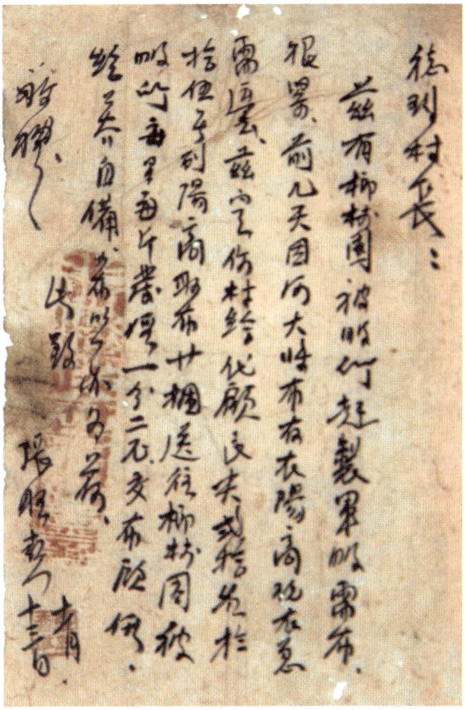
德珩村长：
兹有柳树园被服所赶制军服需布，
很紧，前几天因何大峪布有衣阳商处
需运去，兹定你村给代雇民伕廿名于
指定到阳商取布廿捆送往柳树园被
服所，每里每斤发价一分二整，交布领价，
给养自备，吃喝你自理，
此致
敬礼

○ 区长张旺喜写给德珩村长的亲笔信。

代购油运送途中防止“捣鬼”的提醒——《关于代购油停运的通知》

1945年10月9日，代区长张旺喜签发给德珩和有关村长《关于代购油停运的通知》。《通知》首先告知：“德珩村长：前令你村给黎、潞、平指挥部代购油暂定停送，如已送去者将数目很快报区，已买起未送者暂保存合作社，未买起者暂停买。”随后告知：南耽车、北耽车、烟驼、赤壁、东洪、奥治各村，“前给平顺县指挥部代购油如还没送者，赶快派人送交壶关辛村（距县40里），送油时由各村合作社将油桶封好，已防止路上捣鬼”。由此可见，当时油的代购、保存、运送以及

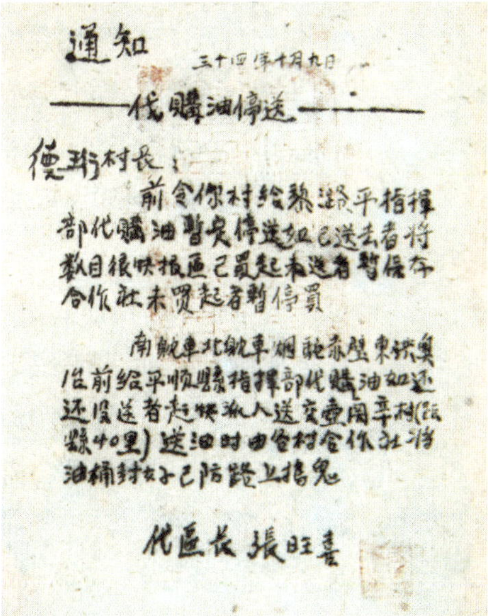
通知 三十四年十月九日
——代購油停送——
德珩村長：
前令你村給黎潞平指揮部代購油暫定停送如已送去者將數目很快報區已買起未送者暫保存合作社未買起者暫停買
南耽車北耽車烟駝赤壁東洪奥治前給平順縣指揮部代購油如還還沒送者赶快派人送交壺關辛村（距縣40里）送油時由各村合作社將油桶封好已防路上搗鬼
代區長 張旺喜

○ 1945年10月9日，代区长张旺喜签发的《关于代购油停运的通知》。

路上可能出现的问题的有关情景。

“无私奉献”与“善用民力”的支前——《关于解决参战与生产中的两个问题的命令》

实行无私奉献与有偿用工相结合，是保证根据地支前工作顺利完成的重要条件。正如上面曾说到的，上党战役期间县总指挥孙竹庭、政委康洛在1945年10月7日《关于解决参战与生产中的两个问题的命令》中所说：为了根据地人民的最后解放，参战本来是应尽的义务。民兵运输、担架队到前方，他们家里一切生产工作后方必须予以帮助，应当有适当的“变工”办法，使参战者安心参战。上党战役，这次时间较长，出动人数较多，要适当使用民力，不使浪费，除转运弹药武器、部队服装等军需器材外，其他特殊情况，非经县区批准概不准乱用一个牲口、一个人力。这些都是根据地取得战争和生产胜利的重要条件。在后面德珩村“纸片子”所记载的根据地的思想教育中还将看到这一重要思想的阐述。

“参战棺板”的后期处理——《关于处理棺板问题的通知》

1945年11月17日，区长许俊科签发了《关于处理棺板问题的通知》。这是一份十分罕见的记载上党战役支前时“参战棺板”后期处理的红色文献，见证了以往史书记载、戏剧表演中很少提到、涉及的支前中事先备下“棺材板”的故事（当年发给烟驼村的通知也与德珩村所收到的通知放在了一起）。

通知文字不长，具体如下：“德珩村长：在长治战役中，各村准备的棺板，现在战役已结束，棺板特作如下处理：原系买群众的可将板仍还给群众；如经过加工的由板主交出工资；如群众不愿要板时，可将板卖了，除付工资外将价交付原主；原系公树拉成板的，村公树仍归村暂存，县公树有板的，所在村暂行保存，停后（听候）指示处理，希即照办为要。”

短短的一段文字，透露出上党战役——这场由刘伯承、邓小平等指挥的、抗战胜利后中共军队与国民党军队所进行的第一场大的军事较量所做的充分准备和取得的辉煌胜利。为了取得这场战役的胜利，战前军队及根据

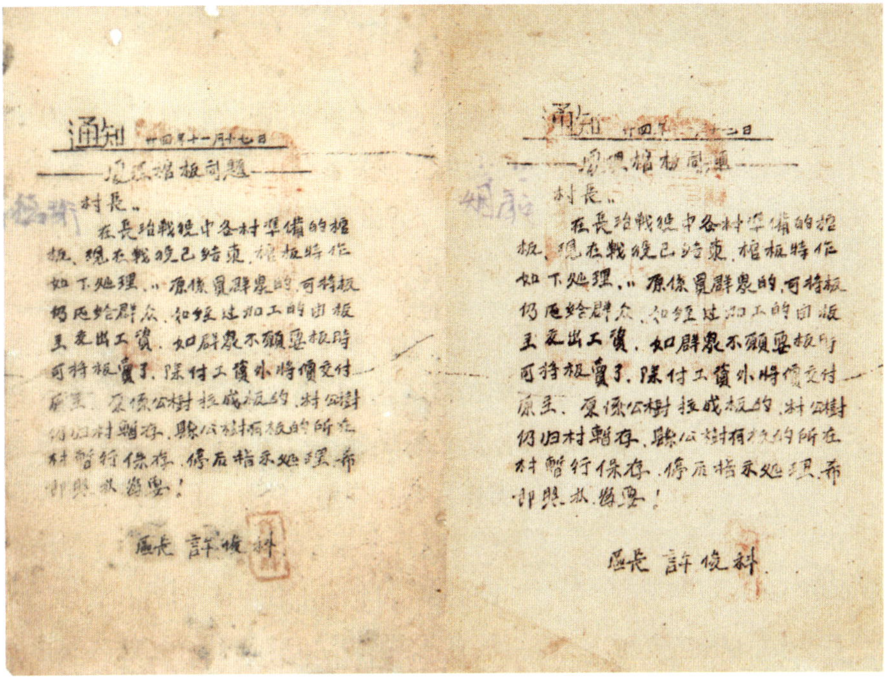

通知 卅四年十一月十七日

——处理棺板问题——

村长：

在长治战役中各村准备的棺板，现在战役已结束，棺板特作如下处理：1．原係買群众的，可将板仍退给群众，如经过加工的由板主支出工资，如群众不愿要板时可将板卖了，除付工资外将价交付原主。2．原係公树拆成板的，村公树仍归村暂存，县公树棺板的所在村暂行保存，停后指示处理，希即照执为要！

区长 许俊科

○ 1945年11月17日，区长许俊科签发的《关于处理棺板问题的通知》。

地都做了最周全的准备。平顺县作为上党战役后勤指挥部的一个分站，备好“棺板”、装殓战死的战士，成为德珩各村支前工作承担的一项重要任务。从区长许俊科的通知中可以感受到，参与筹办棺板的村庄和各村准备的棺板数量都是很不少的。棺板的来源，既有群众的，也有村公树、县公树的；既有私树的，也有公家的；既有买来的，也有属村、县公树不花钱的。

上党战役，自1945年8月27日开始，到10月12日结束，历时47天，共歼灭阎锡山主力13个师计3.5万人，俘十九军军长史泽波以下3.1万人，收复襄垣、屯留、潞城、长子、壶关等5城。八路军仅付出伤亡4000人的代价，因而各村所准备的大量棺板并没有像事先预想的那样全部用上，于是就出现了只能进行后期处理，或归还，或卖掉，或暂存的情景。一纸《通知》，寥寥数语，从几块棺板的善后处理上，记录下了这次战役胜利和支前中一个未入“经传”的故事。

（二）抓捕敌特汉奸和逃跑的俘虏

上党战役后，德珩村收到三份县区指挥部、政府及公安局发来的有关查获逃跑俘虏和通缉敌特汉奸的命令及通报，由此可见战役期间支前工作的另一侧面。

立即恢复各村岗哨缉拿敌特

1945年10月24日由县指挥部总指挥孙竹庭和政委康洛联合发来的平顺县指挥部命令，要求缉拿敌特逃跑俘虏恢复各村岗哨。从下一份县公安局发出的《联合通报》可知，当天发生了俘虏逃跑的事情。因此，命令首先指出，此次“作战有很多俘虏，但有些因不了解八路军优待俘虏的宽大政策逃跑了；同时，为企图夺取抗战果实，反动势力已派有大批特务到根据地来进行破坏”。为此，命令要求：“为了不让俘虏逃跑和特务活动，从令到之日起，各村恢复岗哨，白天妇女儿童，黑夜自卫队，严格盘查行人。区指挥部必须严格检查各村恢复岗哨情景，不要马虎。”

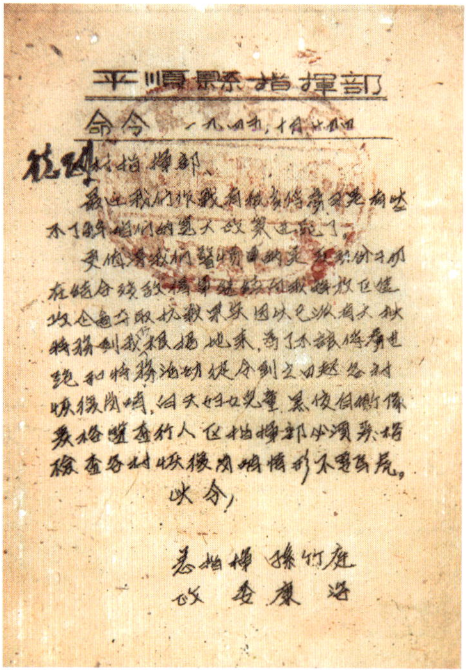

平顺县指挥部

命令　一九四五，十月廿四

此令

总指挥　孙竹庭
政委　康洛

○ 1945年10月24日，县指挥部发出的关于缉拿敌特逃跑俘虏恢复各村岗哨的命令。

奥治村查获俘虏受到通令嘉奖

按照县里的要求，各村恢复了岗哨，严查敌特和逃跑俘虏，并很快收到了效果。1945年12月7日，由县公安局代局长王金、武委会副主任张标发出《联合通报》，通报表扬了德珩村所在四区的奥治村自卫队查获逃跑俘虏的事情。

《联合通报》内容如下：“自从我区成立俘虏收容所后，各地都在恢复过去的岗哨工作，上月二十四日从太北逃跑了四个俘虏，到我县四区之奥治村，当夜被该村自卫队站岗查获，立即送县府并已转往分区。除通令加（嘉）奖以兹（资）表扬外，并希各村民兵自卫队认真效法学习奥治村自卫队的负责精神，使汉奸分子与俘虏一个也漏网不了，维护根据地治安工作。特此通报。”奥治村自卫队认真负责地落实县指挥部上月24日命令，并查获了当日逃跑的4名俘虏，受到县里“通令加奖”，这是理所当然的。但对于潜逃在外又未擒获的敌特汉奸，县区依旧提出警示。

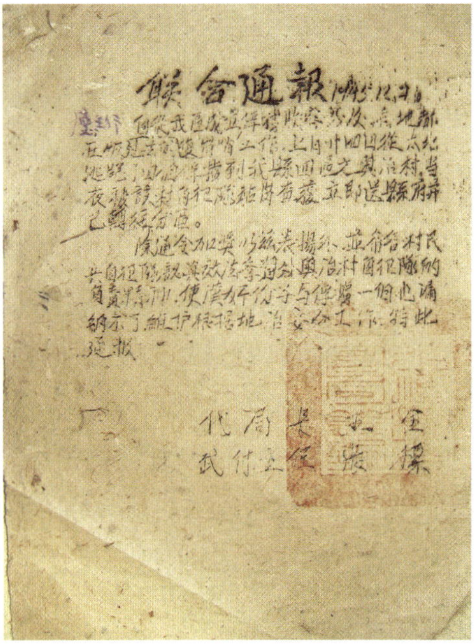

○ 1945年12月7日，平顺县公安局、武委会发出的《联合通报》。

缉拿汉奸不力将受军事处分

1945年12月15日，区长许俊科发给各村长一份指示。指示只有80余字，却透露着严厉的口气：“村长：前着通缉汉奸赵锡田、黄正成，迄今尚未捉获。你村所属自然村戒严盘查情况迅速汇报，如无捉拿并继续擒获，如从你村□管自然村逃跑出去，受到军事严重处分。很快把你村戒严情况告知为要。”这里所说的汉奸赵锡田和黄正成何许人也，详查未果。只是这里的赵锡田与1946年9月被华中野

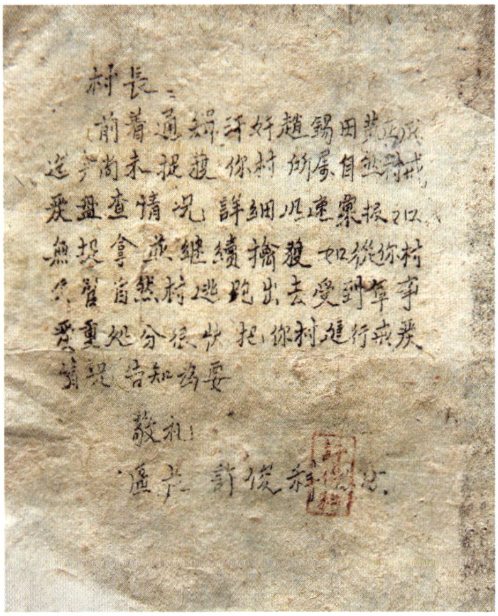

○ 1945年12月15日，区长许俊科所发指示。

战军于定陶战役中俘获的国民党整编第三师中将师长赵锡田同名同姓。而这些都是不重要的，重要的是这一纸指示所透漏出的那种擒获汉奸的急迫以及因失责将要受到的严厉处分，同样是一种支前。

（三）动员逃跑战士归队的前前后后

如前所述，在抗战胜利前两天的8月13日，平顺县依据地委关于扩大军队的指示，经过10天动员全县1323名青年光荣入伍。但《大事编年》所没有记载的是，在上党战役结束不久，“各村逃往（跑）战士甚多”，一时间动员逃跑战士归队，就成为德珩村“目前最主要的一件工作”而展开。在1945年11月7日至12月14日一个多月的时间里，德珩村所收到的区署下达的命令、指示就有6份之多，而这还仅是当年“现存”的几份，可见这件工作的严重性。

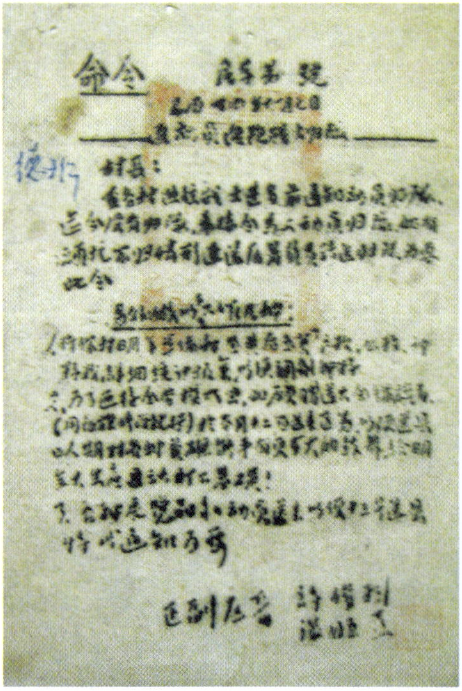
命令

德珩

村长：

正副区长 许俊科 张旺喜

○ 1945年11月7日，正副区长许俊科、张旺喜联合发出的《关于动员逃跑战士归队的命令》。

但在处理逃跑战士归队这一事件过程中，从几份命令、指示中，可以清楚看到前后所发生的“细微而重大”的变化：那种从最初所实行的强制“抓逃兵”、三天完成归队任务，到最终“不抓不赶、停止动员”，允许“安心在家、设法解决”的变化过程。这种动员逃兵归队方式的转变，加之土地改革运动给农民带来的彻底翻身，为最终保证解放军的兵员提供了重要的保证。

迅速动员逃跑战士归队

1945年11月7日，由正副区长许俊科、张旺喜联合签发了《关于动员逃跑战士归队的命令》，有关该事项的文字只有50余字：“查各村逃往（跑）战士甚多，前通知动员归队，迄今没有归队。希接令马上动员归队，如有顽抗不归情形，速送区署负责转送归队为要”。由此可知，动员逃兵归队前不久已经发出过通知，只是执行不力，效果不佳，为此再此发出命令，要求“马上动员归队”。而对于“顽抗不归者”将“速送区署负责转送”。在这里，虽说是“动员”，但对“顽抗不归者”则实行强制送往区署“转送归队”。这的确是一道实实在在的命令。

在同一纸命令上，正副区长许俊科、张旺喜向各村长提出“另外做以下工作几种”的要求：“1.将你村明年准备种‘金皇后玉茭’户数、亩数、种子数详细统计报来，以便调剂种籽。2.为了迎接全（县）劳模大会，如愿赠送大会锦旗者（用红旗修改就行），于本月12日送来区署，以便送县，以期对各种英雄能手有更大的鼓舞，给明年大生产运动打下基础。3.各种展览品□动员送来，以便十三号送县。特此通知为要。”对次年春耕和本月即将召开的劳模大会事项作了布置。

限三天完成逃回战士归队任务

命令下发之后，逃回的战士并没有回去，“村干部亦不管”，在接到县里有关命令后，区长许俊科于1945年11月11日再次向德珩各村长发出了《关于动员逃回战士归队的命令》。具体如下：

“德珩村长：奉县府令开：据悉各村逃回战士数目很大，并携带武器逃回村里，卖枪卖弹，村干部亦不管，这实在惊人，对部队工作不利，对令后的扩军工作亦有极大影响。因此动员归队是我们目前最主要的一件工作，这是为了战争胜利、支援前线具体工作之一，仰接令速进行这一工作。同时分区派专人在县里坐催，你们可认真的检查下，你村究竟逃回几

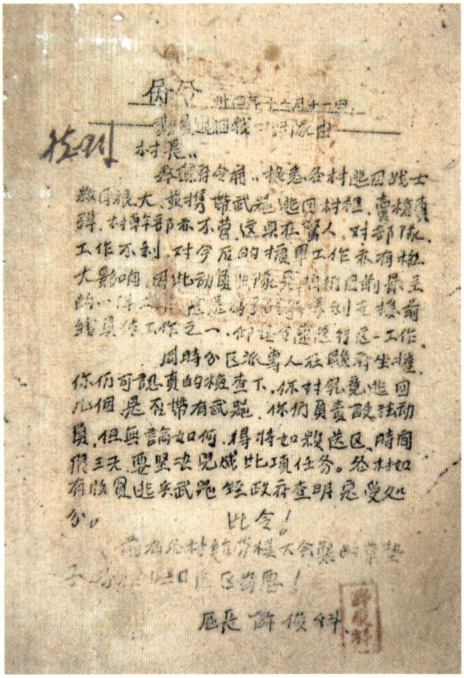

○ 1945年11月11日，区长许俊科签发的《关于动员逃回战士归队的命令》。

个，是否带有武器，你们负责设法动员，但无论如何得将如数送区，时间限三天，要坚决完成此项任务。各村如有收买逃兵武器，经政府查明定受处分。”

这次的命令，远比上次的文字要多，要求也更加严厉。对逃兵不归，“干部亦不管”的现象提出了批评，严肃指出这种情况无论对部队工作还是扩军工作都是不利和有极大影响的。为了战争胜利，为了支援前线，各村要把动员逃回战士归队作为“目前最主要的一件工作”迅速进行。“同时分区派专人在县府坐催”，无论如何要“如数送区，时间限三天，要坚决完成此项任务”。如有收买逃兵武器的还将受到政府的处分。虽然命令如此严厉，区署还召开会议并推迟了归队的时间，但这项最主要的工作依然没有得到完全落实。

再次下令督促，如不归队强制执行

不久，德珩村村长和政治主任（支部书记）及有关村所收到了1945年11月18日由区长许俊科、政委（区委书记）申招喜发来的指示。这份由区党政主要领导联合发来的指示对归队工作再次进行了督促，并提出“如劝不归队，着用强制办法民兵送，一定按期完成”的要求。《指示》主要内容如下：

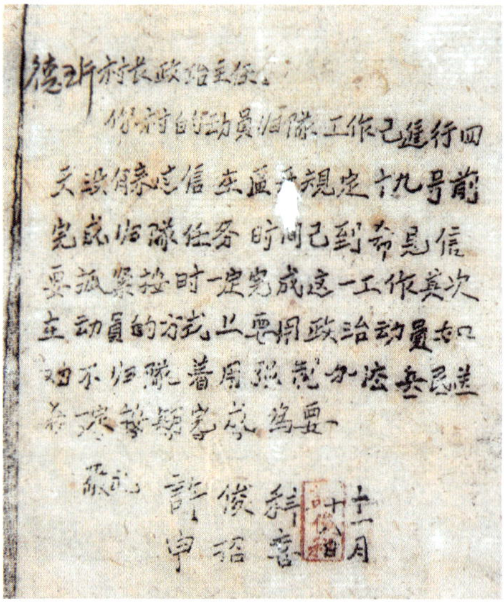
德珩村长政治主任：
你村的动员归队工作已进行四天没有来过信在区开会规定十九号前完成归队任务时间已到希见信要抓紧按时一定完成这一工作其次在动员的方式上如劝不归队着用强制办法民兵送一定按期完成为要
区长 许俊科
申招喜
十一月

○ 1945年11月18日，区长许俊科、区委书记申招喜发出的指示。

“德珩村长、政治主任：你村的动员归队工作已进行四天，没有来过信。在区开（会）规定完成归队任务，时间已到。希见信要抓紧按时一定完成这一工作。其次在动员的方式上，如劝不归队，着用强制办法民兵送，一定按期完成为要。”

这时逃跑战士归队的动员工作，已开始由“劝说”的温和办法向由“民兵送”的“强制”方式转变。然而即使这样“用强并没有放弃动员逃跑战士归队的工作，只是提出了新的解决办法和应注意造册登记及发挥归队模范作用的要求。内容如下：

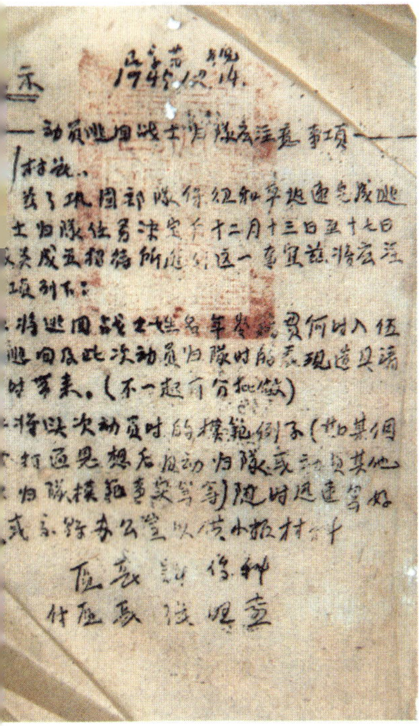

945年12月14日，正副区长许俊科、张旺的《关于动员逃回战士归队应注意事项》。

为了巩固部队，保卫和平，迅速完成逃跑战士归队任务，决定自十二月十三日至十七日在城关成立招待所进行这一事宜，兹将应注意事项列下：一、将逃回战士姓名、年龄、籍贯、何时入伍、何时逃回及此次动员归队的表现造具清册来时带来（不一起可分批做）。二、将头次动员时的模范例子（如某个战士打通思想后自动归队或动员其他战士归队的模范事实等等）随时迅速写好寄来或交县办公室，以供小报材料。

设立专门的“招待所进行这一事宜”，就较好地解决了各村“又抓又赶”“东躲西藏”，“既不统一、又不一致”的混乱现象；在对每一个逃回战士情况详细掌握下，充分发挥对模范归队战士的宣传和带动作用，在“打通思想”后实现“自动归队”，所有这些办法和注意事项，一定会取得与“捆绑”“押送”到县里完全不同的效果。

这是德珩村在1945年收到最后一份有关“动员逃回战士归队”工作的文书。至此，1945年动员逃回战士归队工作也暂告一段落。

在以后的几年中，每一年德珩村都会收到县区有关动员逃跑战士归队工作的命令或指示，这已成为根据地一项经常性的重要工作。对于根据地人民来说，制办法兵民送”，逃回战士还是没有完全按期归队。显然，这种程度的强制办法依然不能解决问题。

不准抓、不准赶，安心在家，停止动员

在此之后仅仅四天，德珩村村长又收到了区长许俊科于1945年11月22日发来的《关于停止送逃兵的指示》。《指示》传达了县政府关于“停止送逃兵”，“等候政府设法统一处理”的指示，提出了新的要求。文字不多，但意义重大，内容如下：

“德珩村长：奉县府指示，近来各村动员逃兵不断送县，这样做既不统一，又不一致，因此重新规定，各村逃跑回家的战士一律停止动员，不准抓，不准赶。要安慰逃跑战士不要东藏西躲，安心在家，以后政府设法统一处理，仰即照办为要。”

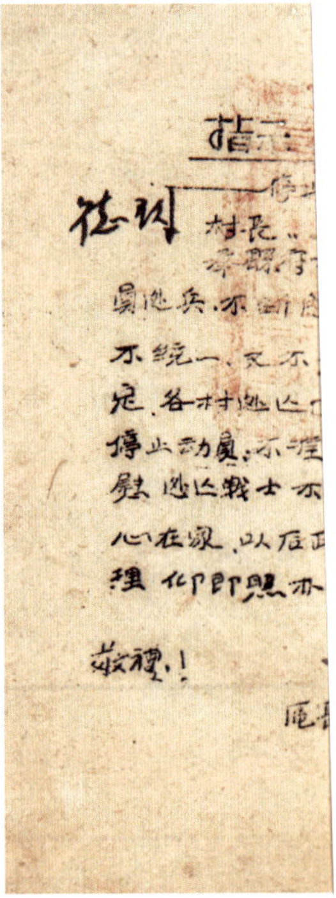

○ 1945年11月22日，区
于停止送逃兵的指示》。

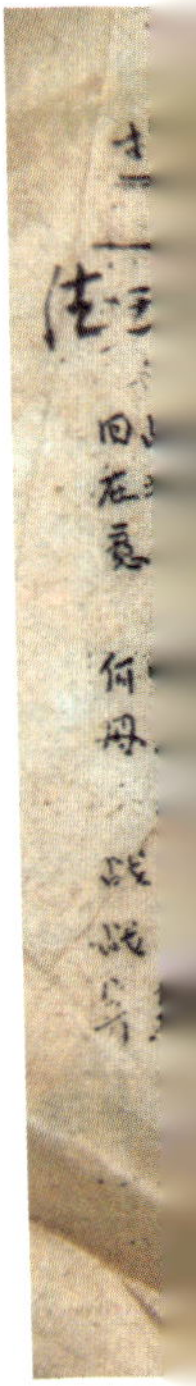

○
喜签发
的指示

与之前相比，从“命令”改为了“指示”；语气也和缓了很多，但新的规定却十分硬实，即“一律停止动员”，或者说是停止一切由民兵强制逃跑战士送县的做法，既“不准抓，不准赶”还要“安慰逃跑战士不要东藏西躲，安心在家”，等待政府设法统一处理，最后，指示很客气地要求各村“仰”即照办。这样的政策显然是大得人心的。

注意发挥模范作用，打通思想自动归队

在指示下达的20多天后，德珩村村长收到了1945年12月14日由区长许俊科、副区长张旺喜签发的《关于动员逃回战士归队应注意事项的指示》。《指示》

军队对于兵员的需求是十分巨大的，在当时持续的战争环境下，不时出现“各村逃跑战士甚多”的现象，绝不单单是人们惧怕军事生活的艰苦和战场上枪林弹雨的危险，更是一种对多年战争取得胜利后和平生活的企盼和能够过上“家中有地又有牛、老婆孩子热炕头”的安居乐业生活的极度期盼。因而那种从“强制限期”归队到“安心在家”，“由政府设法统一处理”的因时而变的做法，无疑是顺从了民心，是八路军能在抗战胜利后迅速发展到120万人的一个重要原因。

（四）第一次县劳模大会的前前后后

据《大事编年》记载，经过25天的筹备，1945年11月21日至12月1日，平顺县在县城召开了抗战胜利后的第一次全县劳模大会，来自全县各方面的英雄劳模和模范干部代表392人参加了会议，县委书记康洛作了题为《关于总结经验确定今后奋斗方向》的报告；部分代表进行经验交流和典型发言；全体代表参观了各种展览馆；民主评出35个模范集体和59名英雄模范个人，李顺达当选为头名状元。

其实，按照德珩村所收到的“纸片子”的记载，大会的准备工作早在9月3日就已经在进行。从11月7日至12月4日，德珩村收到来自县区的有关文书计有10余份，从不同方面记录下了大会从筹备到结束整个过程中的“点点滴滴”，留下了一些正式文件记载中没有的东西，似曾见到当年这类会议的“样式”在今天似有似无的影子。

召开大会须向各村借用物品

1945年11月7日，县长孙竹庭签发了《关于保证劳模大会一切借用物件准时照数完成的命令》。在经过多年战争之后，物质极其匮乏的情况下，要召开全县一级的劳模大会，向区村和群众借用物品，就是一件非常普通的和没有办法的事，且会上所展览的生产成果更是村里才能提供出的。集上下众人之力集中办一件大事，是根据地特有的优势，而这种优势可以说一直延续到了今天。

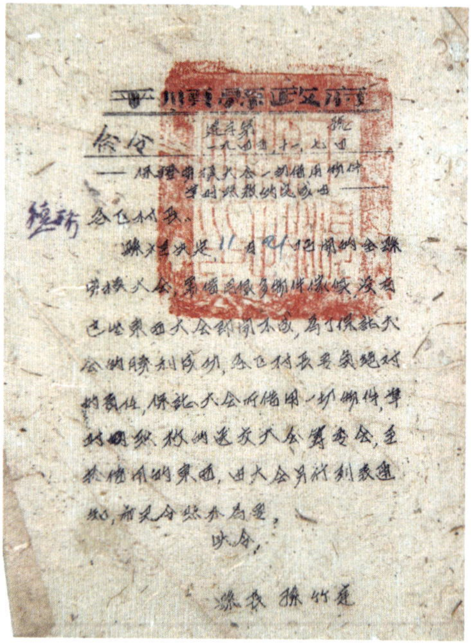
命令　一九四五年十一月七日
——保证劳模大会一切借用物件准时照数完成由——
德珩 各区村长：
县里决定11月21日召开的全县劳模大会，需借很多物件傢俱，没有这些东西大会即开不成，为了保证大会的胜利成功，各区村长要负绝对的责任，保证大会所借用一切物件，准时照数的送交大会筹委会，至于借用的东西，由大会另行列表通知，希见令照办为要，
此令！
县长 孙竹庭

○ 1945年11月7日，县长孙竹庭签发的《关于保证劳模大会一切借用物件准时照数完成的命令》。

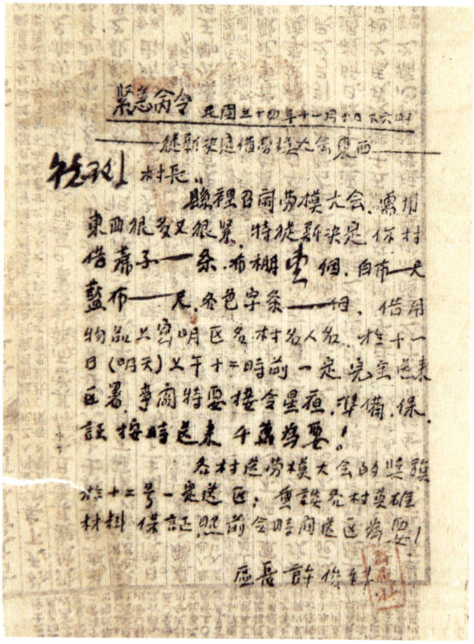
紧急命令　民国三十四年十一月十日下六时
——从新决定借劳模大会东西——
德珩 村长：
县里召开劳模大会，需用东西很多又很紧，特从新决定你村借席子一条，布棚壹个，白布一尺，蓝布一尺，各色纸条一个，借用物品必写明区名村名人名，于十一日（明天）上午十二时前一定完全送来区署，事关特要接令星夜准备，保证按时送来千万为要！
各村送劳模大会的奖旗于十二号一定送区，并该各村英雄材料保证照前令时间送区为要！
区长 许俊科

○ 1945年11月10日，区长许俊科《关于从新决定借劳模大会东西的紧急命令》。

《命令》文字不长，在县长孙竹庭所发命令中是比较短和比较少见的一份。内容如下："（德珩）各区、村长：县里决定11月21日召开的全县劳模大会，需借用很多物件家具，没有这些东西，大会即开不成。为了保证大会的成功，各区、村长要负绝对的责任，保证大会所借用一切物件，准时照数的送交大会筹委会，至于借用的东西，另行列表通知，希见令照办为要，此令。"

在这里，《命令》明确了劳模大会召开的具体时间，强调了所借物件对召开大会的极端重要性："没有这些东西，大会即开不成"。为此，命令要求区村长"要负绝对的责任，保证所借一切物件准时照数送交大会筹委会"，以保证大会的胜利召开。至于所借东西为何物、数量多少则会另行通知。

德珩村要保证按时送所借布棚一个

在收到县长命令的第三天，德珩村村长又收到了区长许俊科于1945年11月10日下午6时发来的《关于从新决定借劳模大会东西的紧急命令》。该命令向各村具体下达了所借物件的名称及数量，并明确了完成的时限。具体如下：

县里召开劳模大会，需用的东西很多又很紧，特从新决定你村借布棚一个，白布一尺，蓝布一尺，各色纸条一个。借用物品上写明区名、村名、人名，于十一日（明天）上午十二时前一定完成送来区署。事关特要，接令星夜准备，保证按时送来，千万为要！

各村送大会的奖旗于十二号一定送区；重谈各村英雄材料，保证照前令时间送区为要！

从中可见，县大会所借物件大多为布置会场所用的布棚、布匹和各色字条等物品；而为借用各村物件，区署以“紧急命令”的形式向各村下达，可见这些物件对劳模大会的重要性；而且要求完成的时间十分紧张。

因县大会“需用东西很多又很紧”，不是一区一村所能独立承受的，所以紧急命令从新向各村所借的物件也就多寡不同。此令向德珩村借用的仅为布棚一个，但这也是一个不小的物件，因此其他诸如席子、各色布、各色字条等就都没有再向德珩村借用。这种开劳模大会向区村借东西的办法，在后来几年平顺县召开同类大会时都会采用过，并随着会议规模的扩大和人数的增加以及展品的增多，县向各区村“借东借西”的命令、指示和通知还会看到更多，所借的物件、赠送的奖旗、送展的展品，如优良品种的粮食、棉花，纺机、布匹、特产、果蔬、工业品等也会更加多种多样。

县长孙竹庭关于收集展品的指示和信

全县劳模大会除需借用物品外，为展示所取得的成果，还需要大量的展品，这些也是需要各村提供的。德珩村收到的县长孙竹庭1945年10月3日和11月4日为收集展品所下的指示和写给各区长及村长的信，可以让人一见展品收集的过程；一睹全县劳模大会上各展品的真颜及根据地大生产运动取得的丰硕成果。

在11月4日写给各区长村长的信中，孙竹庭首先讲述了展品是劳模大会的重要一项。指出：“今年秋收秋耕完了，县上要开劳动英雄模范工作者大会，在这个大会上要展览各种蔬生产的东西。这是这个大会上很重要的一项，关于这项事情，县上给区上下过指示、通知，也写过信，但根据检查结果，如三、四、六区群众认为无什么展览，区上也未重视，因此各村收集的展览品太少了。为了把大会开好，今天再写一封信给大家，好好收集，多多收

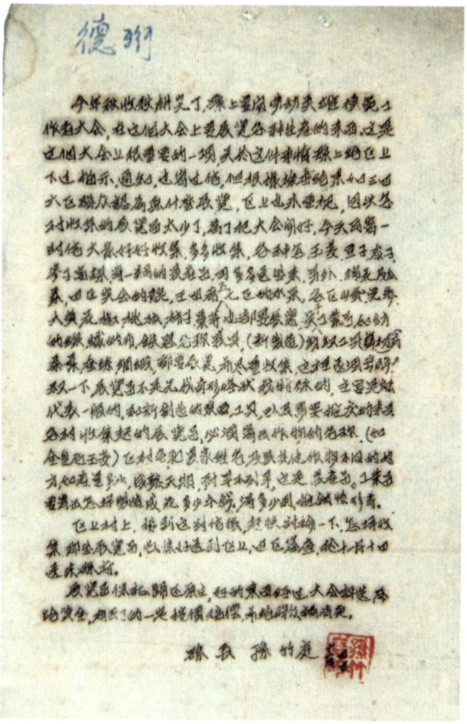

○ 1945年11月4日，县长孙竹庭写给各区长及村长的信。

集。”看来孙竹庭县长写这封信也是“迫不得已”，“群众认为无什么展览，区上也不重视”，只有亲自写信才能更好地推动一下。至于收集哪些展览品，孙竹庭更是列出了20多样大会所需的各种展品：“各种谷，玉茭、豆子、黍子、麦子、高粱等一类的农产品要多多送些来。另外，棉花及瓜菜，四区实惠的靛，王曲的席，五、七区的水果，各区山货、党参、大黄、花椒、核桃、柿子、枣等，也都要展览。关于工业品，如纺的线、织的布、铁器名称农具，（新制造）纺织工具、药材、茶叶、蚕丝、绸缎，都要展览，并尽量收集。这里还需要解释一下，展览品不是光找奇形怪状，找特殊的，主要是能代表一般的和新创造的东西、工具，以及需要推广的东西。”

这里所列展品包括粮棉、果蔬、山货、药材和工业品的诸多方面，十分丰富。其中，孙竹庭提出的关于展品的选择，应“能代表一般的”和“新创造的”以及“需要推广的”认识和做法是非常难能可贵的。

对于展品上的“说明”，信中也提出了要求：“必须写出作物的名称（金皇后玉茭）、区村名和农家姓名及与其他作物不同的地方，如产量多少、成熟天期、耐旱不耐旱，这是农产品。工业品要写出怎样制造成，花了多少本钱，得多少利，推销情形等。”

最后，孙竹庭说：“区上、村上接到这封信后，赶快讨论一下，怎样收集那些展览品，收集好送到区上，由区审查，于十一月十日送来县府。”并特别指出：“展览品保证归还原主，好的东西经过大会评选发给奖金；有丢了的一定按价赔偿，希给群众讲清楚。”

在一个月之前的10月3日，孙竹庭签发了一份《关于收集展览品的补充指示》，对于选送展品的数量早作过细致具体的说明。

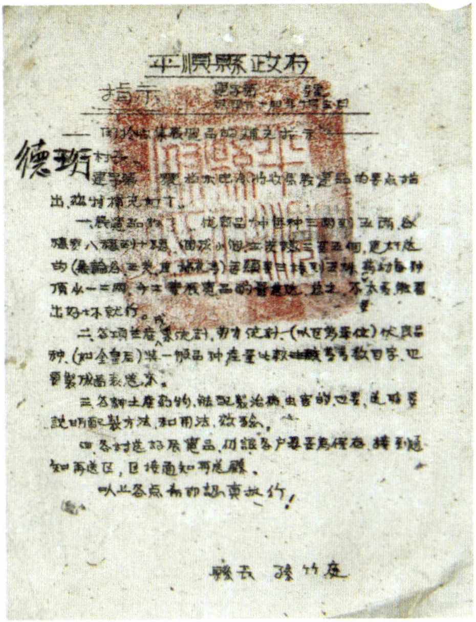

○ 1945年10月3日，县长孙竹庭所发《关于收集展览品的补充指示》。

这份《关于收集展览品的补充指示》共计四条：“一、展览品数量：优育品种每种三两到五两；谷穗要八穗到十穗，捆成小捆；玉茭穗三到五个；连杆送的（无论谷、玉茭、豆、棉花等）每类要三株到五株；药材每种顶少一二两；手工业展览品酌量选送。总之，不要太多，能看出好坏就行。二、各项生产成果统计：劳力统计（以区为单位），优良品种（如金皇后）与一般品种产量比较等等数目字，也要制成图表送来。三、各种土产药物，能配置治病、虫害的也要，送时要说明配置方法和用法、效验。四、各村选好展览品，仍要各户妥为保存，接到通知再送区，区接通知再送县。以上各点，希即认真执行。”

这些指示，想必村长们一看就明白，这里要说的是，作为一县之长的孙竹庭对一个大会的展品所作的指示，能如此之细致，如此之具体实在，如此在细节上不吝笔墨，显见其对这次劳模大会的看重，也见其时根据地文书的特色，更可见孙竹庭一介文人出身、中共党员县长的鲜明个性。

在县劳模大会筹备期间，除借用各种物件、提供展品之外，各区村还要向大会民主推荐各类英雄、模范和先进集体，上报有关先进材料等，这也是大会表彰先进不可缺少的重要内容。

准备选举合作社英雄材料

1945年10月25日，代区长张旺喜签发了《关于准备选举合作社英雄材料的通知》。《通知》对选举合作社英雄之前所需要准备的材料作了具体说明，为届时正式选举提前准备应有的“事迹材料”，以免“临时乱抓”。《通知》内容相对较长，照录如下：

> 兹定十一月十日前选举合作社英雄（具体选举事项与时间另定），为此通知各合作社时（提）前准备如下材料：社务方面——有多少社员股金。一年来赚了多少？赔了多少？分过多少红？怎样提高群众收欠款。业务方面——怎样配合农业生产，包括调剂种籽、农具、肥料、牲畜，组织互助。在这每件工作、每个时期是怎样办的？副业手工业——纺织：有多少织妇，组织起来多少？纺了多少花，织了多少布（包括给自己织，给别人织）？经合作社调剂多少花，哪个纺妇是模范，她有那些成绩。运输怎样组织，有多少运输队，赚了多少钱，那个是模范，有哪些具体事实。以纺织工作为主。以上材料越详细越好，尽（量）把怎样组织领导，经过什么曲折、什么问题，怎样解决、得到成果，怎样通过群众收账等，能够怎做就怎详细的准备好，以免临时乱抓。

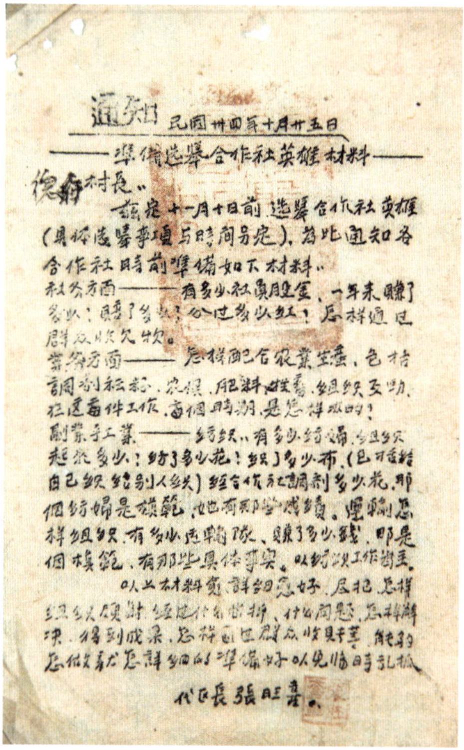
通知　民國卅四年十月廿五日
——準備選舉合作社英雄材料——
總爺村長：
茲定十一月十日前選舉合作社英雄（具体選舉事項与時間另定），為此通知各合作社時前準備如下材料：
社务方面——有多少社員股金、一年来賺了多少？賠了多少？分过多少紅？怎样通过群众收欠款。
業务方面——怎样配合农業生產、包括調剂种籽、农具、肥料、牲畜、組織互助，在这每件工作、每個時期是怎样办的？
副業手工業——紡织：有多少紡婦、組织起来多少？紡了多少花？织了多少布（包括給自己织给别人织）經合作社調剂多少花，那個紡婦是模範，她有那些成績。運輸怎样組织，有多少運輸隊、賺了多少錢，那是個模範，有那些具体事实。以紡织工作為主。
以上材料愈詳细愈好，尽把怎样組织領导，經过什么曲折、什么問題，怎样解决、得到成果，怎样通过群众收账等，能够怎做就怎詳细的準備好以免臨時乱抓。
代区長張旺喜。

○　1945年10月25日，代区长张旺喜签发的《关于准备选举合作社英雄材料的通知》。

该通知所要求准备的选举合作社英雄材料，可说是把合作社方方面面的工作说得清清楚楚；所选举的合作社英雄应具备的条件也基本上一目了然，只要在上述方面做得好，走在了别人的前面，就能够当选合作社英雄。由此更可一见根据地村级合作社工作的大致内容，对合作社有了一个梗概的了解。

民主选举全区合作社英雄

就在发出上述通知后的第十天，德珩村合作社理事主席就收到了1945年11月5日代区长张旺喜发来的《关于选举全区合作英雄的通知》，正式开始了合作英雄的选举。通知说：

> 接联社通知，定于本月七日上午在区署选举全区合作英雄，各村单位社推选出一个英雄前来参加选举（选出参加县选四人）。希接通知自带米票、菜金两天，并把各合作社英雄材料来时带来！

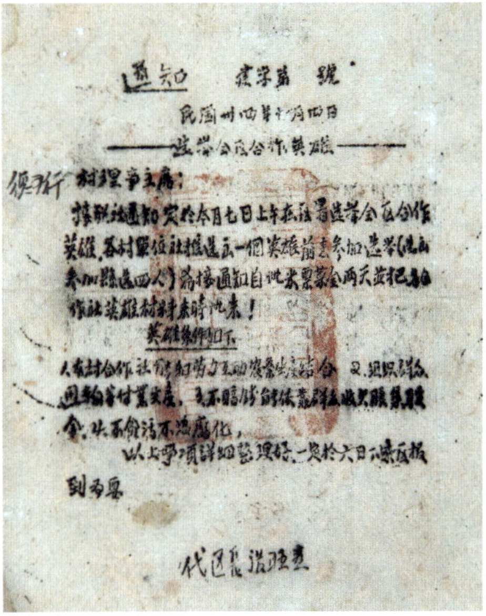
通知　建字第　號
民國卅四年十一月四日
——選舉全區合作英雄——
德珩村理事主席：
接聯社通知定於本月七日上午在區署選舉全區合作英雄，各村單位社推選出一個英雄前來參加選舉（選出參加縣選四人）希接通知自帶米票菜金兩天並把各合作社英雄材料來時帶來！
英雄條件如下
1.本村合作社能和勞力互助農業生產結合 2.組織群眾運輸等副業生產 3.不賠錢能依靠群眾收欠賬集股金 4.不貪污不腐化，
以上事項詳細整理好，一定於六日下午到區報到為要
代區長張旺喜

○ 1945年11月5日，代区长张旺喜发出的《关于选举全区合作英雄的通知》。

在《通知》的末尾，附有英雄条件：

> 1.本村合作社能和劳力互助农业生产结合；2.组织群众运输等副业生产；3.不赔钱，能依靠群众收欠账，集股金；4.不贪污不腐化。以上事项详细整理好，一定于六日下午到区报到为要。

由此可知，要正式成为合作英雄，参加县劳模大会，须符合相关条件，经过村、区、县三级层层选举。

正式召开县劳模大会的通知

1945年11月18日，区长许俊科签发了《关于本月二十一日召开劳模大会的通知》，正式告知劳模大会召开和报到的时间及相关事项。内容如下：

> 本县劳模大会定于二十一日举行，二十日报到。英雄、能手、模范干部仍照原选定人数，于二十日上午（早些）到南耽车村集中，有（由）申二梅同志带领赴县，会期暂定为十二天。去时各带被褥。

《通知》上面另写有“能手模范是指在区当选的人”。

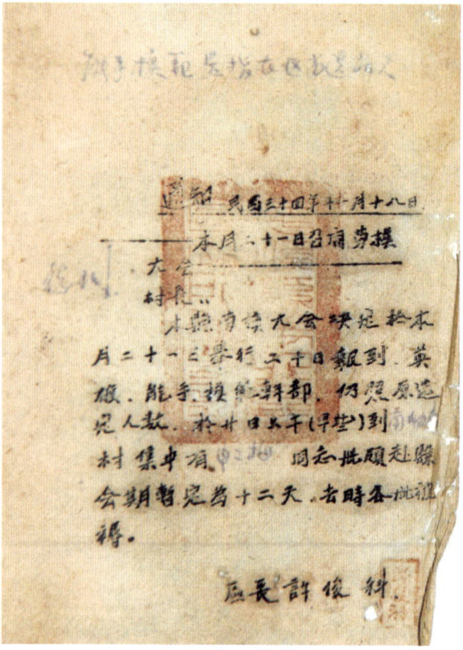

通知　民国三十四年十一月十八日
——本月二十一日召开劳模大会
村长：
本县劳模大会决定于本月二十一日举行，二十日报到。英雄、能手、模范干部，仍照原选定人数，于廿日上午（早饭）到[illegible]村集中，[illegible]同志[illegible]赴县。会期暂定为十二天，去时各带被褥。
区长许俊科

○ 1945年11月18日，区长许俊科签发的《关于本月二十一日召开劳动大会的通知》。

由此可知，大会将以各区组团的形式进行，参加人员主要有英雄、能手和模范干部，提前一天到南耿车村集中，由带队干部统一带领赴区报到参会，会期12天。实际上，按《大事编年》记载共开了11天。与其他会议不同的是，因为召开的是劳模大会，参加者大都是先进模范人物，为示犒劳和奖励，这次会议去时各人只"各带被褥"，不像以往参加会议还要自带"干粮"、"柴草"、"菜金"和被褥等。这在德珩村所收到的会议通知中是很少见的。只是因为缺少这方面的资料，无从知道德珩村及其所在第四区都有几人参加了这次劳模大会。但是我们却知道，就在德珩村村长收到11月18日关于召开劳模大会通知的同一天，还收到了区长许俊科、区委书记申招喜在赴县里开会之际联合发给村长和政治主任（支部书记）的《关于目前工作的指示》。一句话，领导和劳模去开会了，村长们并不能在家闲着，还有三项重要工作，要"马上动手，展开竞赛"胜利完成，取得成绩。

劳模开会，村长在家抓好三项工作。《指示》内容如下：

今天的干部会因大雨阻隔未得开成，我们明天赴县参加劳模大会，因时间关系这次会不开了，今将目前几项重要工作指示如下：一、查各村还有少数棉花和晚田地至今未杀，为了扩大明年生产，各互助组应进行秋耕检查，在未冻前保证全部杀完，不留一分。二、组织群众打柴，几年来因工作或其他关系，柴火准备不足，直接影响生产时间，因此今冬应及早组织群众打柴，准备明年足够的烧燃。三、纺织是今年冬季生产的重心工作。你们应用绝大的精力，把所有的纺妇组织起来，开展大规模的纺织运动；同时抓紧整顿合作社，把合作社搞好，会更有力的保证纺织工作的胜利完成。以上三件工作希你们马上动手，展开竞赛，劳模大会后来总结大家的成绩。

秋耕、备柴、纺织是关系冬季和明年生产（以及支前）的三件大事，一件也不能放松。所以区长和书记在离区开会前十几天就对村领导作出了抓好目前工作的指示，这就是开好劳模大会的同时还不能忘记重要工作，会后区长们还要“来总结大家的成绩”，自然德珩村村长们也就不能在家“闲”着了。

劳模大会后，区里落实的最初“动作”

1945年12月1日，县劳模大会闭幕，再次任平顺县委书记的康洛在会上致闭幕词，提出冬春生产新任务，号召全县人民团结互助，节约渡荒，艰苦奋斗，努力生产。大会结束三天后，德珩村村长收到了区长许俊科12月4日发来的拟召开区扩大村干部会议的通知，将对落实会议精神，搞好今冬明春工作作出安排。《通知》内容如下：

群英大会现已结束，在（再）有三、四日，区上要召开扩大村干部会议，希将你村一年来互助生产经验总结起来，并把今冬到明年三月的纺织、运输、合作社详详细细订出计划，通知开会时将材料带来为荷。

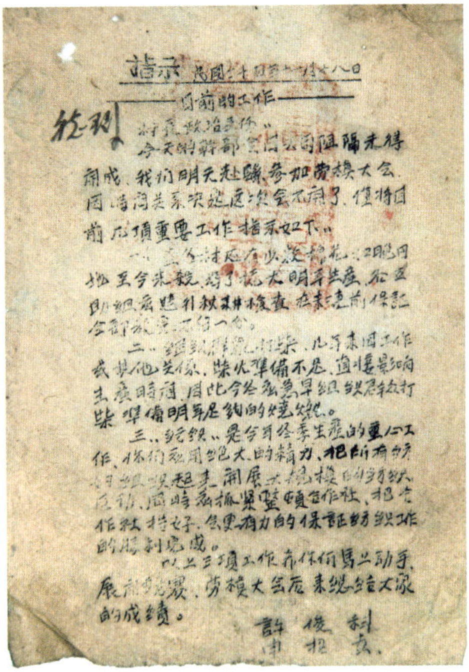
指示 [illegible]十一月十八日
——目前的工作——
[illegible]
今天的幹部会因[illegible]阻隔未得開成，我們明天赴縣參加勞模大会，因時間关係[illegible]這次会不開了，但將目前三項重要工作指示如下：
一、[illegible]
[illegible]明年生產，各互助組[illegible]秋耕檢查，[illegible]保証全部[illegible]。
二、[illegible]打柴，凡年来因工作或其他关係，柴火準備不足，直接影响生產時間，因此今冬要急早組織起来打柴，準備明年足夠的燒火。
三、紡織，是今年冬季生產的重心工作，你們要用絕大的精力，把所有婦女組織起来，開展大規模的紡織運動，同時要抓緊整頓合作社，把合作社搞好，要有力的保証紡織工作的勝利完成。
以上三項工作希你們馬上動手，展開競賽，勞模大会后来總結大家的成績。
許俊科
申招喜

○ 1945年11月18日，区长许俊科、区委书记申招喜发出的《关于目前工作的指示》。

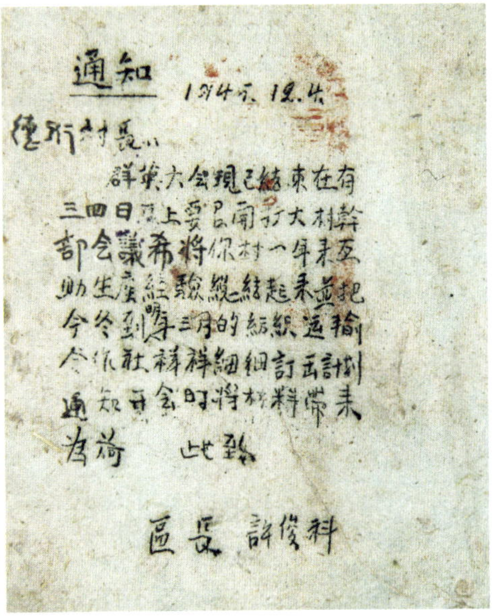
通知 1945.12.4
德珩村長：
群英大会現已結束在有三四日区上要召開扩大村幹部会議希將你村一年来互助生產經驗總結起来並把今冬到明年三月的紡織運輸合作社詳詳細細訂出計劃通知开会时將材料帶来為荷 此致
區長 許俊科

○ 1945年12月4日，区长许俊科所发通知。

从通知中布置德珩村长所准备的材料可知，会议将要研究的是今冬明春的纺织、运输及合作社的有关工作，及落实大会的精神。

在德珩村村长收到区长许俊科预先会议通知的头一天，即12月3日这一天，还收到了许俊科和副区长张旺喜决定德珩和各村送柴到区供会议的通知。《通知》说：

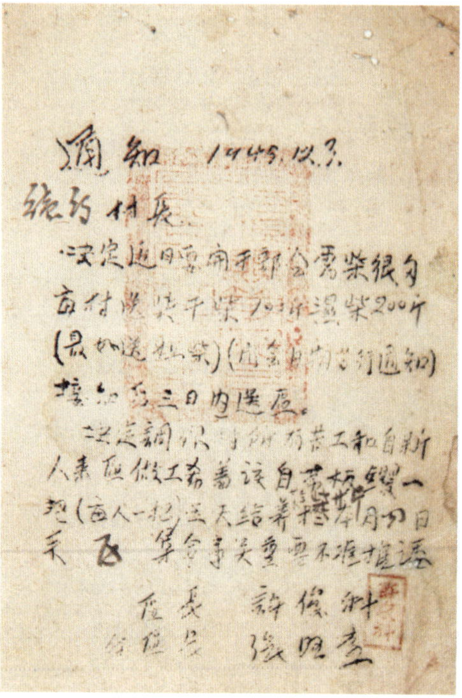

○ 1945年12月3日，区长许俊科和副区长张旺喜发出的送柴通知。

决定近日要开干部会，需柴很多，每村送柴干柴100斤，湿柴200斤（最好送粗柴）（开会日期另行通知），接通知后三日内送区。决定调你村所有苦工和自新人来区做工，希着该自带板镢一把（每人一把）五天给养、菜金、柴二十斤，于本月四日来区集合，事关重要，不准推诿。

这算是劳模大会后区署落实会议精神中的一个“小插曲”。

除此之外，在劳模大会前后及整个冬季，还有一项重要的工作在全县各村开展着，这就是根据地每年都要进行的冬学运动。而这一年的冬学有着不同往年的特色。

（五）1945年的冬学运动

冬学是根据地每年利用冬季这一农闲季节所开展的以文化教育及时事政治教育为主要内容的学习教育活动。通过冬学使广大农民，特别是青少年学到了文化，接受了教育，提高了觉悟，有力地推动了冬季生产和根据地各项工作的开展。德珩村在1945年10月至12月收到的三份“纸片子”，具体记录了抗战胜利后平顺县开展冬学运动的一些片段，使人一见那一年根据地冬学的情景。

1945年的冬学是这样组织的

1945年11月5日，县长孙竹庭签发了关于开展今年冬学运动的命令。这个命令决定了全县冬学正式开学的时间，提出了应做的各项准备工作。共讲了四个方面的问题，具体如下：

> 1.你村义务教员陈眼心同志开会完毕，返村工作，关于今年的冬学运动详情，由该同志传达共商妥善进行。2.决定全县一律于十月十五日正式开学并举行开学典礼。3.冬学准备工作。①在十日前成立冬学委员会，由村长、农会主席、政治主任、武委会主任、指导员、妇救主席（秘书）、民教主任、小学教员、义务教员等九人参加组成（户数少的村子可适当减少），选一主席负责领导。②十五日前将冬学校址设（准）备好，找一适中的大房子（最好不要在老百姓住的院内），把桌凳灯油准备好。③动员好学员，保证不强迫一个。4.教材问题。整个的今年冬学教材在全县劳模大会以后编发。现根据你村实际情况，在冬学内①领导互助组讨论总结一年来组织起来大生产运动中的成绩和经验，使群众进一步认识组织起来的好处。没有组织起来的村子可和组织起来的村子作总结的比较，及为什么组织不起来的原因。②讨论今年冬天你村的冬季生产工作，如纺织、运输、造肥、割柴、运煤、等如何组织，如何进行。此命令由

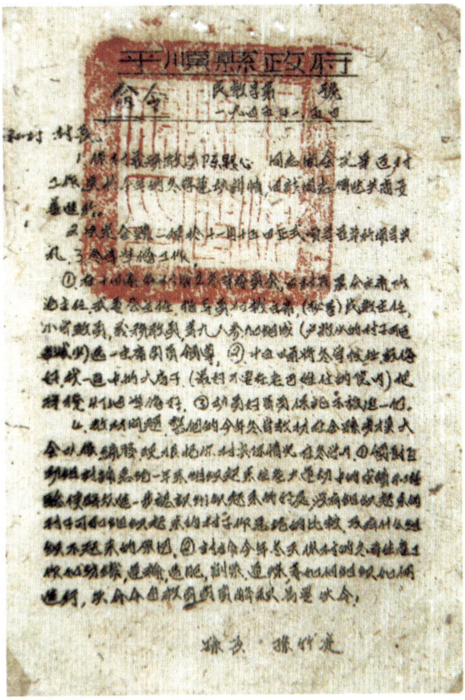
平顺县政府
命令

○ 1945年11月5日，县长孙竹庭签发的关于开展冬学运动的命令。

教员负责解释为要，此令！

这份采取命令形式下达的冬学部署，明确了全县统一开学的时间和各村担任教学的教员或义务教员的委派以及各项需做的准备工作，从中可一见冬学的基本样式。套用今天的语言，整个组织，可谓领导健全，准备充分，重点突出，联系实际紧密。在组织领导上，成立了由村党政和各部门主要领导及教员九人组成的冬学委员会，并有主席一名负责领导。在准备工作上，为各村配备了教员或义务教员，并参加了县里统一组织的培训；并就校址、桌凳灯油等设施用品作出了安排。在教育内容上，统一编发教材；特别强调有针对性地搞好联系实际，如互助组开展互助生产的优劣，如何搞好冬季生产上的各项工作，等等。在教育对象上，要动员好学员积极参加，但又不强迫。

当读了1945年12月18日县长张通签发的《关于目前冬学教育中应注意的几个问题的指示》时，更加感受到冬学在“联系实际、统一思想、提高认识”上的巨大作用。在抗战胜利初期，它为保卫胜利果实，与国民党反动派及美帝国主义进行不懈的斗争，打下了不可缺少的、最初的思想基础。实践证明，在人民群众中广泛开展深入细致的思想教育工作，始终是中国共产党领导下的根据地的一大政治优势，如果说在哪个方面工作出现了问题，那一定首先是教育出了问题。无论是发展生产、支援前线，还是土地改革、实行民主，在德珩村所收到的文书中，都可看到“教育先行”的影子。

冬学中的时事教育是这样进行的

德珩村在冬学正式开学一个多月后，收到了1945年12月18日由新任不久的县长张通和副县长赵企贤联合签发的《关于目前冬学时事教育中应注意的几个问题的指示》。这是德珩村所收指示中文字最长的几份之一，足有一千四五百字之多。它是发给全县各区长、教育助理员、教员、高小校长、联合校长、义务教员的，是一份供教育组织者在进行“如何认识目前时局”时事教育中参考使用的“内部材料”，分为对目前时局认识讨论问题的提起、需要专题讨论和解决的三个问题以及开展教育应注意的方法等三部分。它详细分析了长治战役胜利后人们存在的厌战和麻痹思想以及畏惧敌人强大的情绪，对是否能够战胜有美国支持的国民党反动派缺乏信心等问题，提出了需要讨论和解决的若干问题及办法，最终使根据地人民正确认识敌人和自己，牢固树立起要想获得和平，“只有对敌斗争一条路”，最终一定会战胜国民党反动派，建立属于人民自己的新中国的思想。由此可一见根据地冬学中时事教育的“真容”。

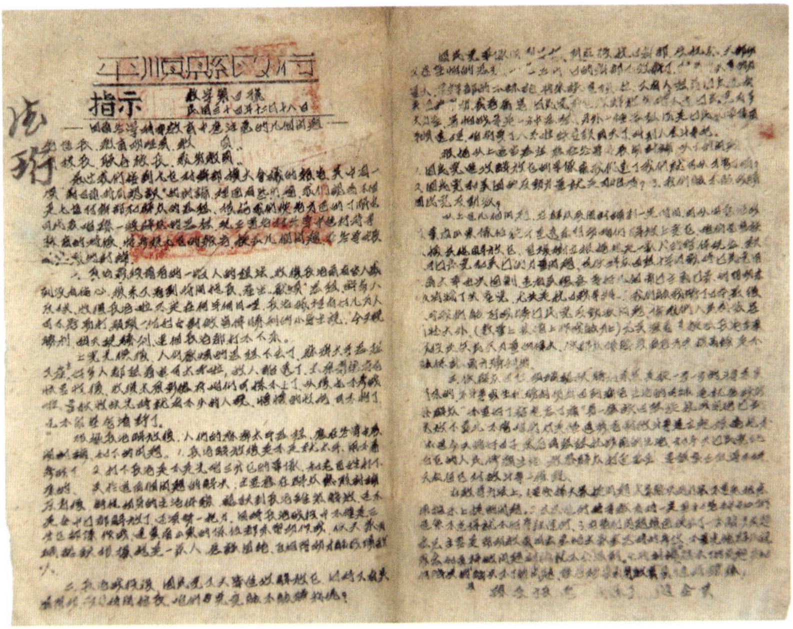
指示

○ 1945年12月18日，县长张通和副县长赵企贤联合签发的《关于目前冬学时事教育中应注意的几个问题的指示》。

《指示》首先对为什么要在冬学的时事教育中开展“对目前时局认识”的讨论作了说明：“最近我们接到七区村干部扩大会议的报告，其中有一项‘对目前时局认识’的讨论，里面有些问题，我们认为不但是七区村干部和群众的思想，根据我们从各方面的了解，也可代表咱县一般群众的思想，现正当各村冬学中进行时事教育的时候，特参照七区的报告，提出几个问题，在冬学教育中展开热烈的讨论。”由此，《指示》提出，要紧紧围绕长治战役胜利后所产生的厌烦麻痹思想、害怕战争、对能否取得胜利缺乏信心的模糊认识，着重讨论和解决好三个问题：

第一，长治解放了还不是全中国都解放了。这是针对人们的厌烦麻痹和太平思想所要讨论的第一个问题应得出的结论。对此，《指示》是这样说的：

“一、长治战役前后一般人的想法：收复长治前有些人感到没有信心，后来又看到时间拖长，产生‘厌烦’思想。许多人反映，收复长治啦，不定在何年何月哩，长治城里有好几万人，可不容易打。一个妇女对宣传胜利的小学生说，‘今天说胜利，明天说胜利，连个长治都打不下来。’

“上党战役后，人们厌烦的思想下去了，麻痹太平思想又产生，好多人都想着，这可太平了，敌人离远了，太原、彰德府也快要收复。收复太原、彰德府咱们可探[摊]不上了，以后也不参战啦。当秋收快完时，就有不少的人说，慢慢的收吧，可不怕了，也不用坚壁清野了。”

就此，指示提出：“根据长治解放后人们的麻痹太平思想，应在冬学中展开讨论如下的问题：1.长治解放后是不是就太平，用不着参战了；2.打下长治是不是光咱三分区的军队和老百姓打下来的。”就如何解决这两个问题，指示说：“关于这两个问题的解决，主要应在群众热烈讨论反省后，拿他自身的生活体验，认识到长治虽然解放，还不是全国都解放了，还须努一把力。同时长治战役中不仅是三分区部队作战，连冀南、山东的队伍都来帮助作战，使大家正确认识根据地是一家人，应该团结、互相帮助，才能战胜敌人。”

第二，面临大举进攻咱们究竟能不能胜利。这是指示针对人们对取得胜利缺乏信心和存在的害怕情绪提出要讨论的第二个问题。指示是这样提出和回答这一问题的：“二、长治战役后，国民党又大举进攻解放区，同时又有美国帮助，战争时间拉长，咱们究竟能不能胜利呢？国民党军队开道安阳，到处杀抗日干部及抗属，大部分又产生怕的思想，□□□门口的干部不敢干了，认为中央军的力量大，当干部的不□□，将来该遭殃了；又有人想着国民党有美国的帮助，武器厉害，国民党一进攻解放区，吃不透国民党有多大力量，害怕战争是一种思想。另外一种思想是国民党军队离平顺远哩，咱们受了八年了啦，该安歇两天了，叫别人去斗争吧。”就如何解决这些问题，指示提出：“根据以上这些思想，应在冬学中展开讨论以下问题：1.国民党进攻解放区的军队离我们远了我们就可以不管了吗？2.国民党和美国的反动力量就是可怕吗？3.我们能不能战胜国民党反动派？”

对于“以上这几个问题”，《指示》提出，“在群众展开讨论到一定时间”再作出回答：“可以用长治战役冀南、山东队伍从千里来帮助咱们解放上党区，咱们也应该支援其它解放区重复树立‘根据地是一家人’的整体观念。其次，对于至于国民党和美国的力量问题，使群众回想十年内战时，国民党用百万大军五次围剿，并有美、德、意等好几个帝国主义国家的帮助，未能消灭了共产党，尤其是抗日战争时期，我们能战胜了日本，最后关于我们能否战胜国民党反动派问题，除我们人民武装空前壮大外（数量上、装备上、作战能力上），尤其应着重提出长治、平汉战役民兵、民夫力量的伟大，使群众了解没有后方的支援前线，是不能保证前方胜利的。”这里，无论问题的提出，还是问题的回答，都从“历史与现实”的结合上阐明国民党不可怕，在前后方的共同奋斗下，一定能战胜国民党。

第三，要想真正和平只有对敌斗争一条路。这是《指示》针对人们不愿斗争、坐待胜利的模糊认识提出要讨论的第三个问题。《指示》是这样阐述这一问题的：“使群众回想，明确认识胜利果实是从一步一步的斗争得来的，不斗争或坐待胜利，仍有可能回到痛苦生活的可能，这就应该启发群众‘不要好了伤疤忘了疼’。第一应该回想抗战开始国民党放下华北不管，咱们是经过艰苦斗争，建立起根据地才能过今天的好日子；然后再想想抗战前的生活和今天国民党统治区的人民惨痛生活，启发群众打通思想，要想真正取得和平，只有自己对敌斗争一条路。”一段简单的话语，说明了一个道理：为了不丢掉来之不易的好日子，要想和平的生活，就要和敌人斗争到底。

这份德珩村为历史留下的有关平顺县全县人民在1945年冬学中开展“对当前时局认识”时事教育讨论的记载，真实地记录下在抗战胜利后中国面临两种前途命运的情况下，根据地小山村的“山民”是如何“拿他切身的生活体验”，在国家大事面前，澄清与克服了那些不正确的想法，最终“打通自己的思想”，坚定不移地和中国共产党走在“对敌斗争一条路上”，为新中国的建立自觉自愿地做出了他们能做出的一切。

特别值得称道的教学方法

《关于目前冬学时事教育中应注意的几个问题的指示》提出了在冬学的时事教育中提倡大家提出问题、大家解决问题的民主式的教育方法。这就是指示在最后所说的：“在教学方法上：1.要发扬大家提问题，大家解决的办法，不要死板来用指示上提的问题。2.其次进行时事教育时，一定要和各种中心工作联系，不这样就不好单独进行。3.在各个问题后面提出了一些解决问题的意见，主要是帮助教员同志总结大家意见时参考，不要先给群众说或念，如这样做问题讨论就不会深刻。4.将讨论与解决的问题是如何解决的，解决不了的问题，联合校长和义务教员随时报县。”这些近70年前根据地开展冬学的方式方法，对今天开展的各种“时事政策教育”仍有所启发和借鉴。

年年冬学年年总结有提高

平顺县开展的冬学运动取得了不错的成绩。据《大事编年》记载，同年12月23日，《新华日报》报道平顺县三区自上月15日开课以来，冬学办的大有改进。各村干部、文教积极分子检讨了去年办冬学的情况，接受了经验教训，从宣传发动、组织编班、教学方法上都做了大的改进，使冬学人数多，热情高，效果好。据10个村的统计，1200余人自愿入学。通过冬学，学到了文化，接受了教育，有效地推动了冬季生产运动。

1946年开春，德珩村收到了3月10日由县长张通、副县长赵企贤签发给各区长、教育助理员、校长、教员们的《关于总结冬学工作的补充办法及四四儿童节工作进行的指示》，对进行冬学总结提出了要求：

“关于总结冬学工作，除按民教字第十九号指示各节办外，兹再作下列补充：1.总结时本着检查自愿入学与贯彻自愿入学的精神，来具体的研究冬学的学习内容、方法与组织形式等问题，根据各种不同地区、不同时间、不同

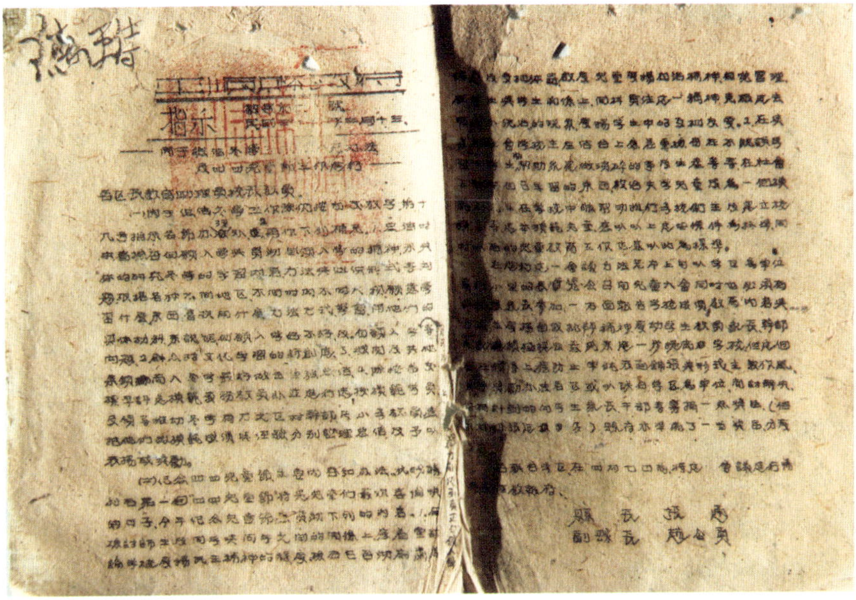

○ 1946年3月10日，县长张通、副县长赵企贤签发的《关于总结冬学工作的补充办法及四四儿童节工作进行的指示》。

人物，愿意学习什么东西，喜欢用什么方式方法学习，用他们的具体材料来说明自愿入学好不好，及自愿入学行得通行不通，以及如何才能达到真正自愿入学等问题。2.群众对文化学习的新创造。3.城关及其他集镇商人冬学最好做出单独总结。4.除按前文标准评选模范义务教员外，并进行选拔模范学员及领导推动冬学有力之区村干部及小学教员，应把他们的模范成绩与经验分别整理总结及予以表扬或奖励。”

由此，我们见到了平顺县1945年冬学运动从决定开学、进行准备，到举行开学典礼、学习文化、进行专题时事教育，再到进行总结的一个完整过程，为今人提供了一个根据地文化思想教育的生动缩影。

上述内容，就是1945年间德珩村“纸片子”所记录的几件“大事”。遗憾的是，在这些文书中，既没有见到有关庆祝抗战胜利的场面和庆祝大会的召开，也没有见到关于重庆谈判这一重大事项的相关文字。这些德珩村的“大事”与那些正史中记载的大事相差甚远，它是过于渺小了，但其小中见大、微观中的“深邃”也是毋容置疑的。

四、1946年1月—1946年12月

在这一年，和平与战争急剧变幻的大戏上演。1月5日中共代表与国民党当局达成停战协定，组成周恩来、张群（后为张治中）、马歇尔军事三人小组，进行有关协调。1月10日至31日政治协商会议在重庆召开。这是国民党统治中国18年后，国共和各党派、社会贤达第一次坐在一起，就抗战胜利后中国的和平建国方案、召开国民大会、实行宪政等有关中国向何处去的问题，通过了五项协议。但时间只过了不到半年，6月26日，以国民党军队大举围攻中原解放区为标志，内战全面爆发。

这一年的平顺，从《大事编年》的记载看，全面内战爆发的“火药味”好像并不是那么“浓烈”。其所记载的大事主要有：

（一）互助合作、土地改革、民主选举

一是生产互助的合作社运动得到了发展。1月25日，《新华日报》刊登了原县长孙竹庭撰写的关于小型合作社在互助合作运动中需要解决的五个问题，并报道了平顺羊井底村开展小型合作运动，80%的农户组织起来，40天赚钱25万元的消息。3月，全县恢复整顿互助，推动生产合作运动；9月召开了历时3天的全县合作社负责人会议；12月10日，《新华日报》再次报道了平顺县合作社组织纺织运输使群众获得红利，全县合作社已发展到115个，社员20047人，股金32200元的消息。

二是贯彻中共中央《五四指示》（1946年5月4日中共中央发出的《关于清算减租及土地问题的指示》），在全县开展了轰轰烈烈的土地改革运动，先后进行了调查摸底、发动群众，进行试点，举办土地改革程序图展览（其

展览中的《怎样划阶级》排图，后陈列在北京中国革命博物馆）；举办200余干部参加的培训班，地主出身的干部自觉献田献物，如县民政科长申纲献好地6亩、好房10间、牛1头、农具多种，区武委会主任岳蕴壁献好田15亩、好房19间、骡子1头，将父辈的剥削归还穷人；12月至次年1月，全县开展翻身运动，实现"耕者有其田"，选举翻身委员会，组织"诉苦"会，开展"大斗争"，全县从地主手中收回土地近2万亩，8.8万余农民获得了土地，实现了"耕者有其田"。

三是为保障八年抗战成果，贯彻政治协商会议决议，选举成立新的民主政府，实行地方自治，保卫民主，巩固和平。4月12日至27日，县、区成立了选举委员会；划分了19个选区；召开县区干部会议；发布选举标语口号；进行选民登记、审查，并张榜公布；经过选举候选人，最终由7.5万名选民民选产生了县第一届参议会的50名参议员，基层民选结束。5月28日至31日，第一届参议会第一次会议召开，49名参议员以无记名投票办法选举产生了平顺县参议会领导机构和组成人员，韩元蛟为议长、晋之俊为副议长；任映仑、赵企贤、王位东、王全、贾孝敏、张汉杰、岳帮香（女）为执行委员。

除此之外，年初普遍开展"两个革命"的思想教育和时事教育，进一步肃清了对蒋介石的幻想，在"坚决跟着共产党走""保卫翻身利益"等口号下，根据地的各个组织、民兵队伍、基层政权、经济建设各方面都得到了巩固和发展。

再就是，这一年的11月15日，太行二专署调县长任映仑回专属工作，任命平顺县武委会副主任贾孝敏为县长。

这些看似没有"硝烟"的事项，实际上为动员老根据地人民进行战争及取得战争的胜利奠定了最坚实的政治、经济和社会基础。正如县委宣传部部长李坚10月10日在机关形势报告会上所作《和平民主在中国的特点》的讲话中所说的："现阶段的紧迫任务是进行全民动员战争和战争准备工作。"10月31日县长任映仑在县级机关干部会上所作的关于"清醒头脑，加强战斗思想准备，一切为打仗而准备"的时事报告，都使人感到全面内战已然爆发的形势和做好各项准备的战略意图和政治远见。

与上面的这些大事相关联，在1946年德珩村收到的168份“纸片子”中（其中县里的有48份，区里的有120份），都或多或少能找到这些大事的“佐证”和“影子”；有些还是这些大事中所没有提及的；有些则是对这些作了必要的补遗和提供了细节。特别是那场直接民选参议员的县第一届参议会议，那种短暂的民选议会政治，使人一见旧政协会议给人们带来的和平与民主政治的新气象；但这一气氛只是昙花一现。几乎大多“纸片子”所记载的故事，都是围绕“一切为了战争，一切为了前线”所发生、所展开的，“参战支前”依然是根据地各项工作不变的主题。

（二）“最早”实践新式民主选举的小山村

下面要说到的这几份有关“民选议员”的“纸片子”，还是给全面内战爆发前平顺县所进行的这场“民主运动”留下了宝贵的见证，因而成为1946年上半年德珩村所收到的“纸片子”中，应该首先记载的一件既“新鲜”又“重大”的事。

1946年4月15日，时距旧政协会议结束两个多月时间，德珩村收到由县长任映仑、副县长赵企贤联合签发的平顺县政府民教字第九号《关于进行春季大生产及民主教育问题的指示》。在此之前的两天，县里成立了选举委员会，对民选县议会作出了部署和安排。

初看《指示》的标题，“生产与民主”，似乎是两个完全不搭界的问题，但却被放在了同一份文件之中；虽然文中谈到了“进行春季大生产”这几个字，但通篇所表达的是如何进行“民主选举教育问题”，所强调特别注意的是不能因为生产，而把民主选举“很简单地完成了事”。可见当时所进行的县参议员和县长的民选，已经成为一件能压倒生产的大事。在中国最基层的农村，让村民享受最广泛、最直接、最自由的民主权利，这种事情也只有在中共领导下的解放区才会发生，而这种民主权利是通过接受民选教育后获得的。

《指示》是直接印发给“各区长、民教助理员、校长、教员、村长”的，它

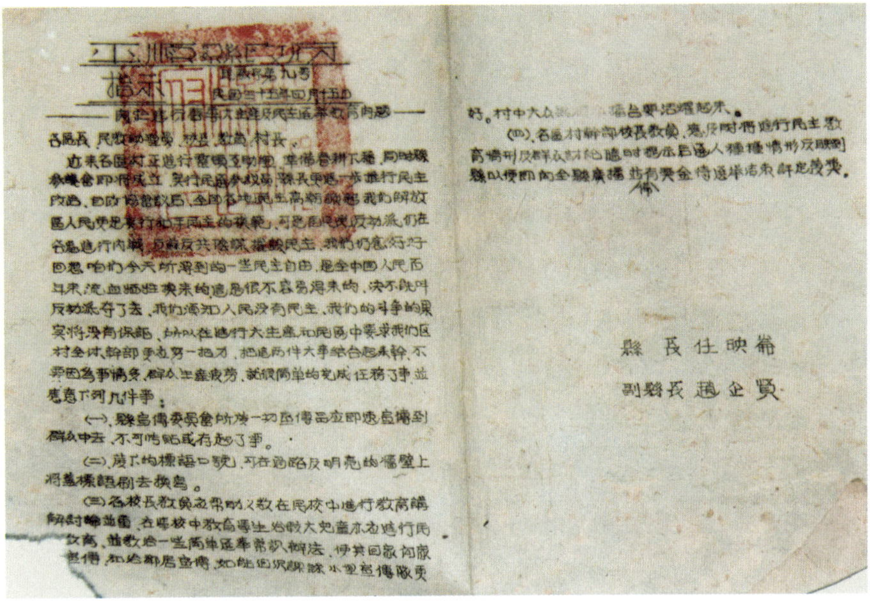

○ 1946年4月15日，县长任映仑、副县长赵企贤联合签发的《关于进行春季大生产及民主教育问题的指示》。

首先向这些教育的组织者们宣传了开展民选及其教育的重要性：“近来各区村正进行整顿互助组，准备春耕下种，同时县参议会即将成立，实行民选参议员、县长，更进一步推行民主政治。自政协会议后，全国各地民主高潮掀起，我们解放区更是实行和平民主的模范，可是国民党反动派仍在各处进行内战，反苏反共，阴谋摧毁民主。我们仍应好好回想咱们今天所得到的一些民主自由，是全中国人民上百年流血牺牲换来的，这是很不容易得来的，决不能叫反动派夺了去。我们须知，人民没有民主，我们的斗争果实将没有保证。所以，在进行大生产和民选中，要求我们区村全体干部更应努一把力，把这两件大事结合起来干，不要因为事情多，群众生产疲劳，就很简单的完成任务了事。”

这里所说的道理明白清楚，在政协会议之后推行民主政治的过程中，解放区人民作为“实行和平民主的模范”，在国民党反动派进行内战，“阴谋摧毁民主”的形势下，要充分认识到咱们今天所得到的一些民主自由，是全中国人民上百年流血牺牲换来的，这是很不容易得来的，“决不能叫反动派夺了去”，须知，“人民没有民主，我们的斗争果实将没有保证”。

由此，县政府要求，在大生产运动中，生产与民选“两件大事结合起来干”，民选的事尤其不能“简单的完成了事”，而且一定要民选教育先行，为此，《指示》提出民选教育要注意做好下列四件事：

> （一）县宣传委员会所发一切宣传品应即速宣传到群众中去，不可粘贴或存起了事。（二）发下的标语口号，可在通路及明亮的墙壁上将旧标语刷去换写。（三）各校长、教员应帮助义教在民校中进行教育，讲解讨论并重；在学校中教育学生，给较大儿童亦应进行民主教育，并结合一些简单选举常识办法，使其回家向家长宣传和给邻居宣传；如能组织小型宣传队更好。村中大众黑板报、广播台要活跃起来。（四）各区村干部、校长、教员应及时将进行民主教育情形及群众讨论、随时提出候选人种种情形反映到县，以便即向全县广播，并备有奖金，待选举结束评定发奖。

这四件事，都是根据地在宣传教育上采用多年并简便易行、行之有效的方法。从印制宣传品到发布标语口号，从发挥文化人的作用到通过儿童把教育做到家里，从组织小型宣传队到利用板报、广播，从掌握教育各种情形到及时向上级报告反映等，都提出了具体的要求。同时对于那些不能充分发挥载体作用的错误做法进行提醒，如不可将宣传品简单张贴和“存起了事”；标语口号要“以新换旧”，并书写在明显的交通要道及明亮的墙壁上，等等。可以说，当时根据地一切可以利用、采取的宣传手段，都被有效地利用起来，直至实行“物质刺激”，“备有奖金待选举结束后评定发奖”。这些办法即使在新中国成立后的很多年，甚至今天的一些农村依然还在使用着。

选编发布的九条选举标语口号

4月16日，据《大事编年》记载，县选举委员会为配合选举的宣传发动，使全县选民真正懂得进行民选的意义，选编发布了九条选举标语口号，计有：（1）民主选举新政府，领导咱们进行生产建设，达到耕三余一，走向丰衣足食。（2）民主选举新政府，保障八年抗战胜利的果实。（3）县议会是全县最高民意机关。能选举能罢免县长和县府各委员；能制定单行法规；决定全县的大政方针。(4) 贯彻政治协商会议的决定，实行省、县地方自治。(5) 巩固和平，保卫民主。(6) 提高警惕性，坚决反对国民党内法西斯派破坏政协决议的阴谋与罪行。(7) 中国共产党是为人民谋幸福。坚决切实执行政协决议与实行整编军人。(8) 全国人民团结起来，粉碎一切反动派的进攻破坏与阴谋。(9) 要求国民政府执行政协决议，实行地方自治。

九条标语，表明了民选县议会的基本原则和态度以及所要达到的目的。值得说道的是，利用标语、口号来表明一种态度、一种政策、一种目标，是中共所领导的根据地搞好宣传教育，推动某种工作发展的一种极为有效的形式，这些标语、口号在某种意义上可以起到千军万马起不到的作用，如1948年4月30日中共中央发布的“五一口号”。而在以后的各项重大工作事项和运动中，都可以见到与之相随的各种各样言简意赅的标语和口号。

补选国大代表的“民选字第四号”通知。这是距平顺县政府《关于进行春季大生产及民主教育问题的指示》刚刚过去五天，德珩村收到的1946年4月20日由县长任映仑、副县长赵企贤联合签发的平顺县政府“民选字第四号”通知。《通知》内容如下：

这次补选国大代表，各县于十五日前后派监票代表将票箱送往专署选举委员会，十六日各县16位代表正式启封开票，十七日总结：王忠卿先生得617035票，占总选票96.4%；霍泛先生得577228票，占总选票90.1%，两位先生当选本第三选区国大代表。宁云程先生得467069票，占总选票73%，当选本区候选国大代表。希全体群众周知为要。

从其发文文号可知，这是专门为民主选举所设立的“民选字”文号，并且这一份已是“第四号”。这份通知似乎与平顺县参议会的民选没有太直接的关系，但确是同一期发生在德珩村所在专署的一件有关补选国大代表的事。

据载，1946年5月，国民政府自重庆还都南京；6月26日，国民党军队大举围攻中原解放区，全面内战爆发；7月3日，国民党国防最高委员会议决定召开国民大会；11月15日，国民大会在南京国民大会堂开幕，制定和通过了《中华民国宪法》，史称“制宪国大”。参与这次国大的政党主要是中国国民党、中国青年党和中国民主社会党。由于国民党拒绝由改组后的联合政府召集会议，中国共产党和民盟拒绝参加，并拒绝承认其制定的《中华民国宪法》。这份通令记录了德珩村所在专署通过民选方式补选国大代表的有关情景，为制宪国大这件影响中国近代史发展进程的重大历史事件，留下了一份不可多得的“纸片子”。

民主斗争尖锐须加强内部团结指示信

在1946年4月20日由县长任映仑和副县长赵企贤签发的“民选字第四号”通知上，还印发了刚刚调任的原县长张通和副县长赵企贤于4月15日写给“各区村长同志们”的一封《为克服自由主义倾向加强内部团结的指示信》，就一件看似很小的村干部与剧团人员发生争吵的事情，告诫村干部在民主斗争日益尖锐的情况下，必须加强内部团结，才能与“三反分子”进行

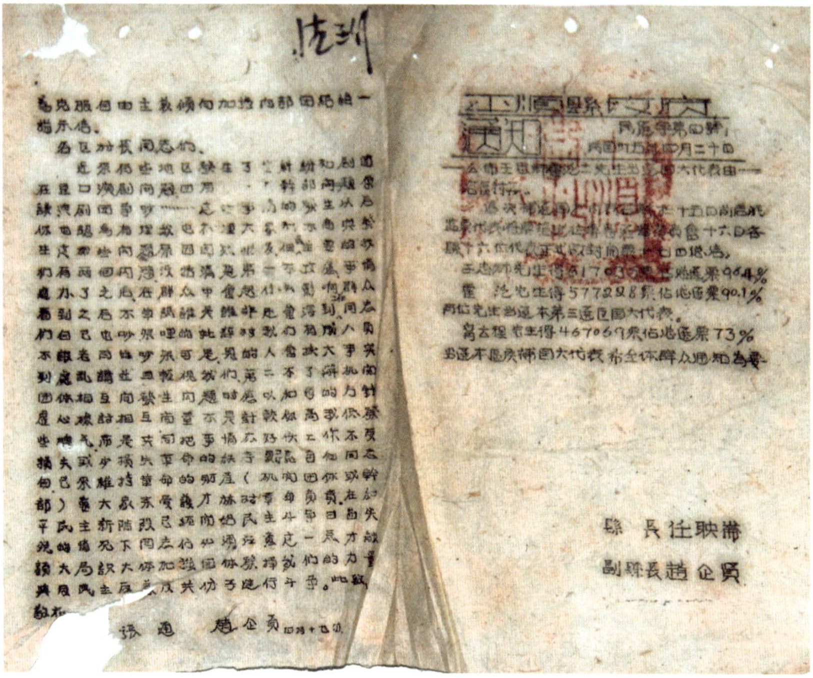

○ 1946年4月15日，原县长张通和副县长赵企贤写给各村长的《为克服自由主义倾向加强内部团结的指示信》。该信与“民选字第四号”通知印在同一张纸上。

斗争。《指示信》首先向村长同志们指出了发生纠纷的原因：

近来有些地区发生了些纠纷，如剧团在豆口演剧问题。四月□□□干部会议与剧团争吵……这些事情的发生以后，你也认为有理，我也认为有理，大家都不高兴。发生这些问题原因固然很多，但最主要的我们有两个问题没搞清楚：第一，不考虑事情办了之后，在群众中会起什么影响，群众看到之后不单说谁是谁非，还会得到‘工作同志们自己也吵架哩’的批评。对我们有成人员不让老百姓吵架，可是见的人会扩大事实，到处乱讲，并且轻视我们。第二，不了解机关团体相互间发生问题时，应以和的方针虚心检讨相互商量，不是计较你高我低发泄脾气，而是共同把事情办好，使工作不受损失或少损失。

针对这些问题，《指示》强调：

革命的秩序靠每个同志自己来维持，革命的财产（机关团体或干部）要大家来爱护，才算对革命负责。在和平民主新阶段已经开始，民主斗争日益尖锐的情况下，同志们必须注意这一点，才能顾大局，识大体，加强团体，发挥我们的力量，与反民主、反苏及反共分子进行斗争。

如此可见，推进民主，开展民选，不会一帆风顺，民主斗争必然日益尖锐，“必须注意这一点”。由此出发，对于即使发生在内部的小纠纷，村干部也要从大局出发，识大体，加强内部团结，才能取得与反民主、反苏、反共分子斗争的胜利。由此看来，这一封与参议员、县长民选好像无关的指示信，似乎有着更深的民主意义。特别是“机关团体和干部”也是“革命的财产”，要靠“大家来爱护”，“才算对革命负责”的思想，对强化村干部团结一致，共同把事情办好，有着更深的教育意义。

最后要说的是，这是618份文书中唯一一份在一张纸上有着张通和任映仑两位县长“名号”的“纸片子”。

区长下达各村上报统计选举材料的通知

1946年4月22日，区长许俊科、副区长张旺喜签发了《关于统计选举材料的通知》。这是所见到的区里所发涉及这次民选的唯一一份“纸片子”，文字不多，字也写的潦草，但也或多或少透露出这次民选上一些信息。《通知》内容如下：

一、全村男人多少口，女人多少口，全村户数多少，男公民多少，女公民多少；十八岁以下非公民男多少？女多少？不合格分子男女各多少？受刑事判决之汉奸、特务及通缉在案，神经病等各多少（写出姓名）。二、怎样宣传动员，和生产结合进行公民教育？公民小组会和公民大会开过几次，发现有哪些思想问题，这些问题怎样解决，还有什么思想问题没得到解决。以上希详细统计出来，二十五号到选区选时将以上材料带来交选区负责人。

这份通知，可说是德珩村所收到的一份很少见的“既无前言，也无后语”的文书，它直截了当写明要求各村上报的有关数字和情况统计，一个是为统计各村有多少具有选举权的公民，从中分析可以看出，在全面统计全村男女总人口、户数，18岁以上男女公民和18岁以下“非公民”男女各有多少的基础上，明确划分出了：凡18岁以上男女公民，才具有选举权并可以参加选举；“受刑事判决之汉奸、特务及通缉在案”以及患有“精神病”人员则不具有选举权利。一见当时民主选举具有选举权“公民”的大致情形。

《通知》还让各村就如何开展民主选举宣传教育动员，如何结合生产进行公民教育，及公民小组会和公民大会，召开情况等详细上报。一见开展宣传教育的内容和组织形式，为这次平顺县的“民选”留下了见证。最后，《通知》透露出德珩村所在区于4月25日进行了选举，并“将以上材料带去交选区负责人”。

民选县长公布“县选结果”通令

经过认真筹备、教育发动、选举候选人和正式选举参议员四个阶段的民选之后，德珩村长终于收到了由民选县长任映仑、副县长赵企贤于1946年5月4日联合签发的平顺县政府“民字第28号”《关于宣布县选结果的通令》，通报了县参议会于4月28日至5月3日开会选举正副议长及正副县长的结果。《通令》具体如下：

接边府（指边区政府）指示，以一千五百公民选一位参议员，平顺该选五十位议员。但这次除各区推选四十七位外，县府聘请两位共四十九位议员。于四月二十八日下午议会开幕，到会议员49位（生病一位不能参加大会），只四十八位，五月三日下午闭幕。兹将县选结果写列如下：

一、正副议长：韩元蛟46票当选为正议长，晋子俊44票当选为副议长；

二、行政各委员：贾孝敏45票，张汉杰45票，任映仑46票，王位东46票，岳帮香47票，赵企贤47票，王全47票，七位当选为行政委员（《大事编年》载为“执行委员”）。其中任映仑又以四十七票当选为县长。现各位已就职视事。

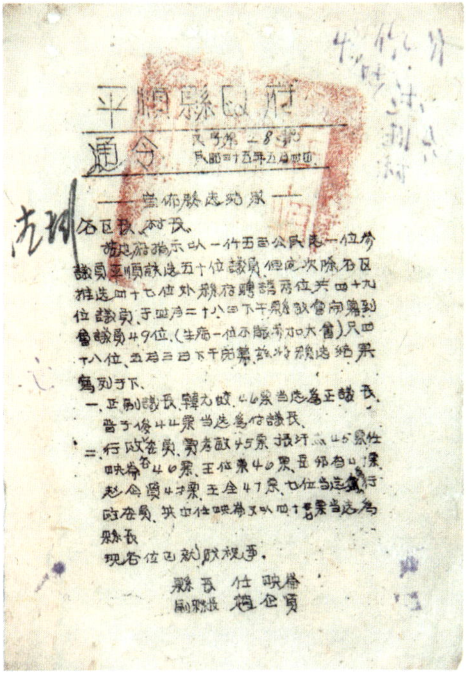
平順縣政府
通令
——宣佈縣選結果——
縣長 任映倉
副縣長 趙企賢

○ 1946年5月4日，县长任映仑、副县长赵企贤联合签发的《关于宣布县选结果的通令》。

至此，平顺县第一届县参议员及正副县长的民选正式结束。在平顺县第一届民选参议员以及“县官”的选举中，没有一人全票当选，即使有几个人只少了一票，意义也是不一般的，足见当时民主在解放区存在与发展的真实程度。

（三）落实整军方案办理复员工作

新任民选县长任映仑上任四天后，于1946年5月9日签发了《关于为妥善进行复员工作的指示》，记录下了内战全面爆发前为执行政协决议，落实整军方案而做的一件“我们吃了亏”的事。

《指示》是直接印发给各区长、村长的，任映仑

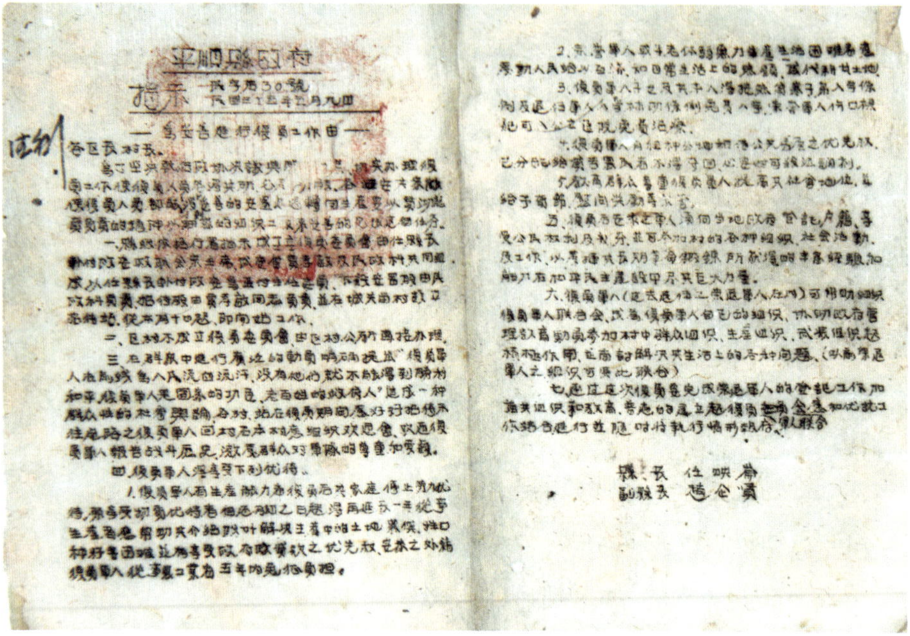

平顺县政府

指示 民字第30號 民国三十五年五月九日

—为妥善进行复员工作由—

各区长村长：

县长 任映仑

副县长

○ 1946年5月9日，县长任映仑签发的《关于为妥善进行复员工作的指示》。

首先向他们下达了“妥善进行复员工作”的任务，指出：“为了坚决执行政协决议与整军方案，切实办理复员工作，使复员人员各得其所，各尽所能，各安其家，使复员人员都能得到妥善的安置，迅速转向生产，要以贯彻认真负责的精神，以细致的组织工作来妥善地来完成这个任务。”

1946年2月25日，经国民政府主席蒋介石和中共中央主席毛泽东批准，张治中、周恩来和马歇尔在重庆举行《关于整编军队及统编中共军队为国军之基本方案》签字仪式。《基本方案》规定于12个月内全国陆军应为108个师，其中中共部队编成18个师；18个月内，政府军编为50个师，中共军队为10个师。国共以此为依据对各自军队进行复员整编。周恩来表示，这将使18年来武装纷争的局面为之改变，将为中国实现和平民主团结统一，将使中国走入近代化的国家，因而“要使它百分之百的实现”。4月28日，中共中央向各中央局、分局下发了《关于复员工作的指示》，明确“复员是我党一个很大的群众工作，必须慎重处理”，复员战士乃为光荣的革命战士，必须“妥为安置”，并具体提出了安置的各项原则办法。正是在这个大背景下，德珩村收到了这份指示。

之后，《指示》就复员工作的组织领导、复员战士享受的优待及安置办法，不吝笔墨地提出了七条办法：

一、县级依据行署指示，成立了复员委员会。由任县长、韩副政委、救联会宋主席、武委会贾孝敏及民政科共同组成。以任县长、韩副政委为正副主任委员，下设安置股，由民政科负责；招待股由贾孝敏负责，并在城关留村设立招待站，从本月十日前，即开始工作。

二、区村不成立复员委员会，由区村公所直接办理。

三、在群众中进行广泛的动员。明确提出“复员军人在前线为人民流血流汗，没有他们就不能得到胜利和平，复员军人是国家的功臣，老百姓的救命人”造成一种群众性的社会舆论。各村站在复员期间应好好招待来往过路之复员军人；回村后本村应组织欢迎会，欢迎复员军人报告战斗历史，激发群众对军队的尊重和爱护。

四、复员军人得享受下列优待：1.复员军人有生产能力者复员后，其家庭停止劳力优待。原享受物质优待者，自还脚之日起得再延长一年；从事生产者，应帮助其介绍职业，解决生产中的土地、农具、牲口、种籽等困难，并有享受政府贷款之优先权；安家之外籍复员军人，从事农工业者五年内免征负担。2.荣誉军人或年老体弱、无力生产生活困难者，应发动人民给予互济和日常生活上的照顾或代耕其土地。3.复员军人子女及其本人得按照贫寒子弟入学条例及退伍军人入学补助条例免费入学。荣誉军人伤口复犯可入公立医院治疗。4.复员军人有租种公地、租借公共房屋之优先权。已分给贫苦农民者，不得夺回，必要时可设法调剂。5.教育群众尊重复员军人，提高其社会地位，并给予贺节慰问奖励等荣誉。

五、复员后安家之军人须向当地政府登记户籍，享受公民权利及义务，并可参加村的各种组织、社会活动及工作，以发挥其长期革命锻炼所获得的丰富经验和能力，在和平民主建设中尽其巨大力量。

六、复员军人（过去退伍之荣退军人在内）可帮助组织复员军人联合会，成立复员军人自己的组织，协助政府管理教育，动员参加村中群众组织、生产组织、武装组织，起积极作用，并商讨解决其生活上的各种问题（以前荣退军人之组织可与此联合)。

七、通过这次复员，要完成荣退军人的登记工作，加强其组织和教育，普遍的建立起复员军人联合会，应和优抚工作结合进行，并随时将执行情形报府。(据《大事编年》载，8月14日至17日，召开了全县复员军人代表大会，选举产生了平顺县复员军人联合会)

这是德珩村所收到的“纸片子”中第一份关于进行复员工作的指示，记录下了抗战胜利后整军复员的有关片断。从《指示》所提出的这些安置办法可以看出中共“要使它百分之百的实现”的一个侧面，无论是这项工作的组织领导还是各项优待政策，如仍享受原有优抚、介绍职业、免征负担、代耕土地、本人及子女免费入学、免费医疗、慰问奖励、参加组织、发挥作用、成立复员军人自己的组织等方面，都贯彻了中共中央相关指示精神。而作为老区，在一些方面甚至比中央的要求更加优待，对复员战士的安置在当时的条件下真可说是做到了妥善。这种对军队复员转业人员特殊的优惠政策一直沿用至今，只不过内容与时俱进了而已。

然而这次的整军复员并未实现它的目的。对于中共军队来说，特别是在精简整编较多较快的晋察冀解放区，很多人当时和以后都认为，这次整军大大“伤了部队的元气”，大批干部战士复员到地方增加了地方工作困难，也造成了部队和地方之间的矛盾，从而影响了士气；大量的复员也增加了部队的和平观念，影响了练兵的积极性，对战争初期也带来了不利的影响。[①]这也正如毛泽东所说“在复员的问题上我们就吃了亏，结果有些部队不充实，民兵也减少了”[②]。历史证明，在两个政治理念完全不同的政党之间，通过“整军”来达成目的是不会实现的，最后只能是一纸空文。

这些在德珩村所收“纸片子”中都没有反映，只不过这种复员工作的指示，在内战全面爆发后就再也没有见过；而征兵入伍的文书，在德珩村所收到的“纸片子”中倒是屡见不鲜。这年下半年，上述这一切和平的东西，都

① 《耿飚回忆录》，解放军出版社 1991 年版，第 421 页。

② 《毛泽东文选》第四卷，人民出版社 1991 年版，第 199 页。

变得毫无踪影，随之而来的是大量的准备战争和支援前线的指示和命令。“民选”和“复员”也就成为1946年德珩村工作的“过去时”，而这几份“纸片子”则记下了这历史的瞬间。

与1946年上半年执行政协会议决议，开展民主运动，妥善进行复员工作截然不同，1946年的下半年，自6月份以国民党军队进攻中原解放区为标志的全面内战爆发后，和平消失了，民主不见了。在德珩村全年所收到的168份文书中，一见全面内战爆发初期的德珩村在全力开展大生产运动的同时，都在忙些什么。限于篇幅，择其“不见硝烟”的几件事情，记录如下：

（四）为准备战争征收夏屯麦子及征做第二期军鞋

1946年6月26日，国民党军队以十万兵力，向以宣化店为中心的中原解放区大举进攻，全面内战爆发。次日，德珩村长就收到了县长任映仑签发的《关于征收本年度夏屯麦子的命令》，向德珩村下达了征收1946年度夏屯麦子的任务。

——征收德珩村夏屯麦子7454斤限8天完成

《命令》首先明确了德珩村应交夏屯麦子的数量、根据及其完成的期限，指出：“奉专署粮字第67号命令，分配本县本年度夏屯麦子任务到县区，应征地方粮经县府根据你村上年分数和评议产量高低、去年秋季到现在的土地变动情形，以及上年秋屯粮分配的轻重等，决定分配你村征收夏屯（边区粮）麦子5867斤，地方粮1587斤，限七月4日交烟驼村仓库收存。”在这里，向德珩村所征收的夏屯麦子，既有给边区的，也有给地方的，两项相加合计7454斤；从令下之日算起限8天完成。

因为这个数量比往年征收的数量要大，并且征收时间又紧，《命令》在下达完征收数量后，特别就此作了解释和说明：“本年夏屯征收，由于上年大反攻时我军回回出击和民兵自卫队参战、伤病员的增多，征存的麦子大部用尽，再加上现时国民党反动派正准备大规模内战，我军不得不准备随时开展

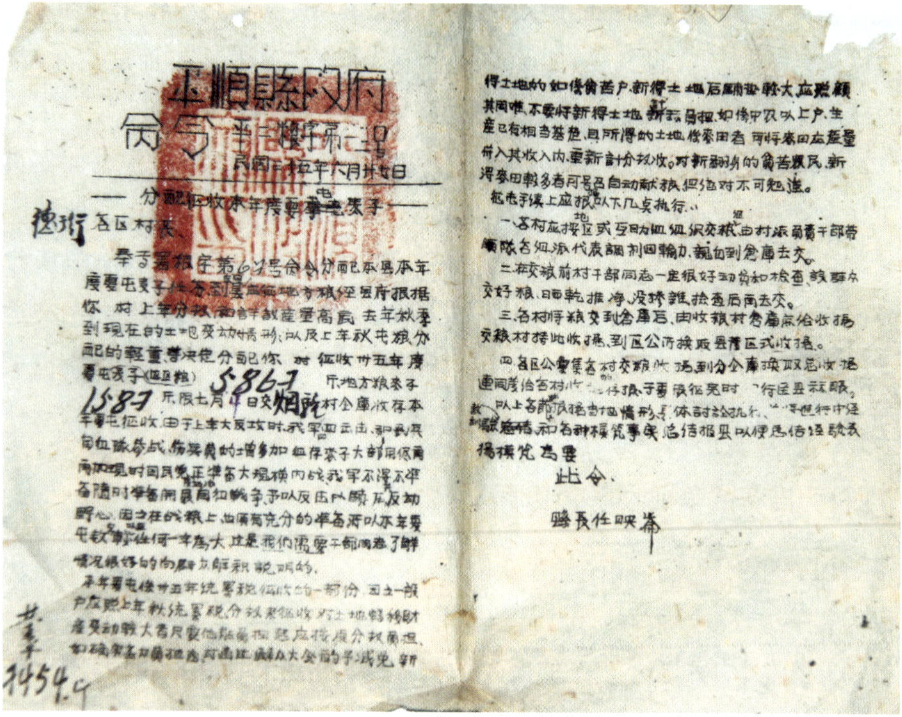
平顺县政府
命令
此令、
县长任映仓

○ 1946年6月27日，县长任映仓签发的《关于征收本年度夏屯麦子的命令》。

自卫战争予以反击，以镇压其反动野心，因之在战粮上也须有充分的准备，所以本年夏屯数字较以往任何一年为大，这是需要我们干部同志要了解的情况，很好的向群众解释说明的。”

在这里，关于“本年夏屯数字较以往任何一年为大”的理由说的非常清楚。除了因“上年大反攻时回回出击”等原因“征存麦子大部用尽”外，更主要的是“现时国民党反动派正准备大规模内战”，我军不得不准备随时开展自卫战争予以反击，“因之在战粮上也须有充分的准备”。对于这个形势和道理，不仅我们的干部同志要了解，也要很好的向群众解释说明。一句话，一切为了自卫战争，一切为了前线。

征收要区分对象讲究政策。粮食是农民的命根子。此次征收夏屯麦子，“较任何一年为大”之时更要讲究政策。为此《命令》针对不同农户的情形提出不同的征收办法："本年夏屯系三十五年统累税征收的一部分，因之一般户应照上年秋统累税分数来征收；对土地转移财产变动较大者，只要他能负担起，应按原分数负担，如确实无力负担者，可通过群众大会酌予减免；新得土地的，如系贫苦户新得土地后铺垫较大，应照顾其困难，不要将新得土地计算负担；如系中农以上户，生产已有相当基础且所得的土地系麦田者，可将麦田应产量并入其收入内重新计分数收；对新翻身的贫苦农民，新得麦田较多者可号召自动献粮，但绝对不可勉强。"

在这里，对于不同人员，分别采取了照原定分数、酌予减免、给予照顾、重新计分，以及自动献粮但绝对不可勉强等不同的办法。这种凡事要心甘情愿，不可勉强的做法，正是在革命利益和个人利益在一起所形成的共同利益的基础上的政策和办法，使广大农民，特别是翻身农民心甘情愿的把麦子交上来，最终保证了解放区的粮食源源不断地运往前线，创造了解放军打到哪粮食就运到哪的支前奇迹。

征屯手续复杂，组织严密。随后《命令》明确了四条征屯手续即："一、各村应按地区或互助组组织交粮组，由村派负责干部带队，各组派代表，调剂运输力，亲自到仓库去交。二、在交前村干部同志一定很好动员和检查，让群众交好粮、晒干推净、没掺杂，检查后再去交。三、各村将粮交到仓库后，由收粮村仓库开给收据，交粮时持此收据到区公所换取县发区式收据。四、各区公所汇集各村交粮收据到分仓库换取总收据，连同发给各村收据的存根于夏粮征完时□行送县算账。"

这些手续和要求，看起来似乎略显复杂，从成立交粮组、干部带队、调剂运力到动员检查；从收粮村收据、区式收据到总收据和收据存根，"名堂"很是不少，但不能不让人感叹在大山深处极为落后的县区村其粮食及各项工作组织的严密，而在当时的中国，只有中国共产党才能做到这一点。

《命令》最后强调："以上各节，须根据当地情形具体讨论执行，并将进行中经验教训和各种模范事实总结报县，以便总结经验，表扬模范为要。"这不是一张"纸片子"和一项工作讲到的。结合实际执行上级的指示，开展有针对性的思想教育，采取以点带面、发挥榜样作用、宣传表扬模范人物、及时交流经验的方法，可以说是德珩村所收到的几乎所有大项工作部署都提到的基本工作方法和要求。这些方法和要求，在今天仍然普遍采用着。

这一年“较以往任何一年为大”的夏屯麦子征收，相对未来三年的粮食征收，就已经不是“为大”的了。随着战争的逐步扩大和深入，在德珩村后来的“纸片子”中有关粮食生产、粮食征收及义运公粮的指示、命令、通知就更加多了起来。这一点，对于没有掌控广大农村的国民党及其军队来说，其胜败或许早已有了定论。

——征做1946年度第二期军鞋

支援前线，对于老区人民来说，最主要的除了粮食，就是军鞋了，人不能赤着脚板走路行军打仗。由此，粮食和军鞋是德珩村所收到的支前文书中涉及最多的两种支前物资。全面内战爆发后，对于靠两条腿走路与美式“十轮卡车”拼速度、抢战机的解放军来说，军鞋的需求量很大，这就使人们在1946年至1948年间德珩村所收到的“纸片子”中，总能不断看到制作、征收军鞋的影子。1946年8月13日，县长任映仑签发的《关于征做本年第二期军鞋的命令》，更加凸显了内战爆发后部队对军鞋需求的急迫性。

《命令》首先向德珩村下达了征做第二期军鞋的任务，指出：“本年度应征军鞋，前经专属全数分配到县，除第一期征收者外，兹将第二期军鞋连同本县政民干部鞋分配征收，仍按上次征收办法，按各村富力分数、土地变动等分配征收鞋料款，按做鞋妇女人数分配做鞋。兹决定分配你村征收鞋料款29957元，做裌鞋30双、棉鞋35双，按每双裌鞋450元，每双棉鞋500元领取鞋料□价。此项鞋料款限文到十日征齐，分发给做鞋妇女，长数交区、短数于十五日后向区领取。此项应交鞋料款与应领鞋料款经做鞋妇女同意，可以抵交。做鞋限一月内完成交鞋库保存。”

由此可知，“除第一期征收者外”，第二期的任务也开始征收，虽然分配德珩村的数量并不是很大，一共只有棉裌鞋65双，但却要求29957元的鞋料款“限文到十日内征齐”，并在一个月内，将鞋做好交库。

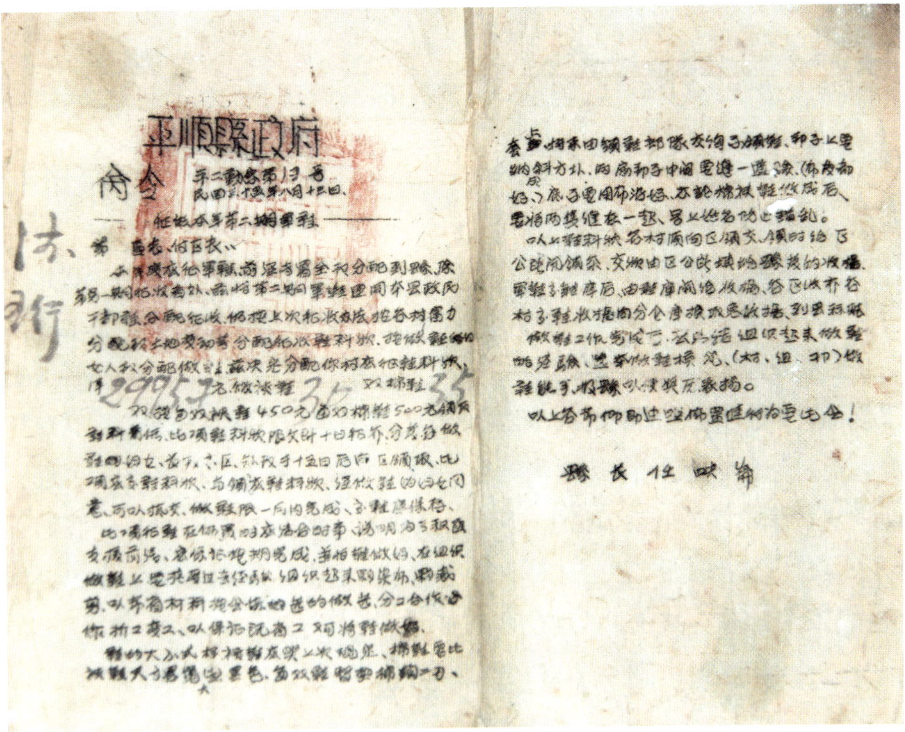
平顺縣政府
命令

征做本年第二期軍鞋

○ 1946年8月13日，县长任映仑签发的《关于征做本年第二期军鞋的命令》。

之所以要求如此急促，《命令》只简单说了一句："此项军鞋在布置时应结合时事，说明为了积极支援前线，应保证按期完成，并把鞋做好。"做到这一点，"在组织做鞋上，要接受过去经验，组织起来夥染布、夥裁剪，以节省材料，按会做甚的做甚，分工合作、折公变工，以保证既省工又可将鞋做好"。这就是全面内战爆发初期，发生在德珩村的征做本年第二期军鞋的往事。

（五）拥军优属，大力开展"劳军运动"

支援前线的另外一个重要方面就是拥军优属，这是保证战士在前线奋勇杀敌，战胜国民党反动派的至关重要的一环，是根据地自抗战以来坚持多年的一个优良传统。在全面内战爆发后，面对优抚工作在解放战争时期的新情况、新问题，根据专属的指示精神，德珩村所在的平顺县为"安稳军心""鼓舞士气"，把优抚作为一项经常性工作，深入开展了以"巩固部队、鼓励战士情绪、多打胜仗，把反动派消灭干净、保卫我们翻身利益”为主题的劳军运动，有力地支援了前线。

彻底检查，很好地推进优抚工作

8月20日，德珩村村长收到了由县长任映仑签发给各区长、民助和村长的《关于彻底检查优抚工作的指示》。一如前令，该指示首先更进一步地强调了进行优抚工作的极端重要性，指出：“目前国民党蒋介石仗其美国帝国主义之帮助，掀起了全面的内战，我边区子弟兵为保卫八年斗争果实、群众翻身利益，英雄（勇）奋斗，流血流汗，求的（得）独立、民主、和平，为了更进一步的巩固子弟兵，更有力地消灭反动派蒋介石，迅速达到国内和平，我们必须很好进行优抚工作。”这时对全面内战的表述较前更加清晰明确，也更加突出了优抚工作在战争中的地位及其作用。

为此，指示提出了四条具体要求：“全县各区村组织强有力的检查组，

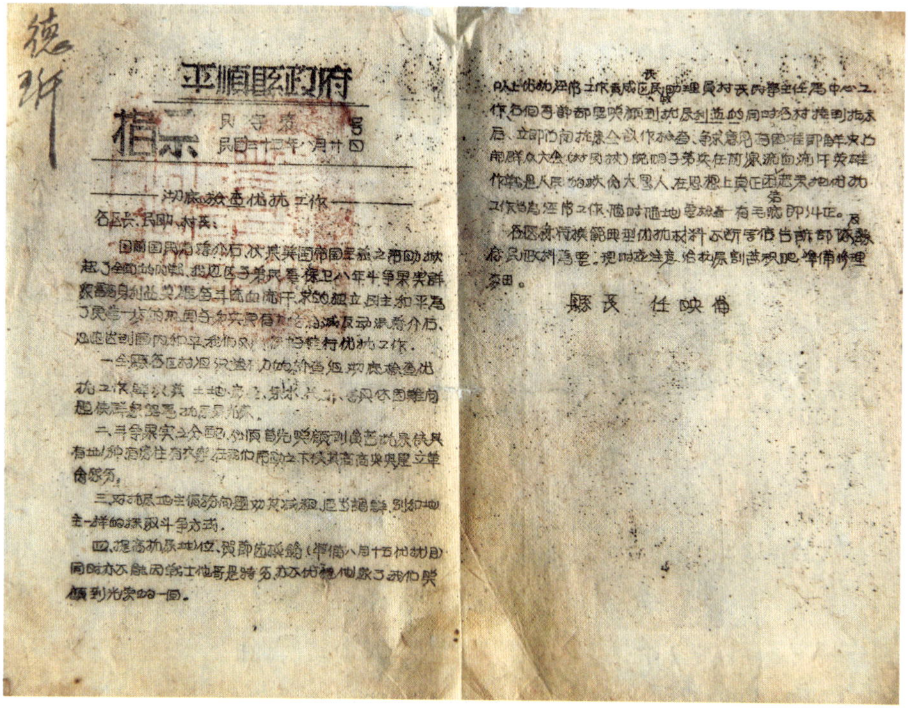
平顺县政府
指示　民字第　号
民国三十五年八月廿日
——彻底检查优抚工作——
各区长、民助、村长：
县长　任映仑

○ 1946年8月20日，县长任映仑签发的《关于彻底检查优抚工作的指示》。

彻底检查优抚工作，解决其土地、房屋、柴水、代耕、农具等困难问题，使群众认为抗属最光荣。二、斗争果实之分配，必须照顾到贫苦抗属，使其有地种、有房住、有衣穿，在我们帮助之下，使其高高兴兴建立革命家务。三、对抗属地主债务问题，劝其减租、适当调节，别和地主一样的采取斗争方式。四、提高抗属地位，贺节、选模范（准备八月十五优抚月），同时亦不能因战士他哥是特务矣不优惠他家了，我们照顾到光荣的一个。”

“四条要求”，在思想上，提出要从解决各种实实在在如土地、房等困难中使群众认识到“抗属最光荣”；在工作“摆位”上，要将经常性的优抚工作提到中心工作的地位；在斗争果实分配上，要优先解决其贫苦抗属的土地、房屋、柴水等具体困难；在对待抗属地主上，有关债务问题，劝其减租，适当调解，别和（其他）地主一样采取斗争方式；在提高抗属地位上，除“贺节选模范”（准备“八月十五优抚月”）外，首先照顾到贫苦抗属，使其“有地种、有房住、有衣穿”；即使“战士他哥是特务”亦不能“不优抚他家”，要“照顾到光荣的一个”。

所有这些优抚的政策和做法，很多都是过去没有过的，给革命战士及其家庭带来了看得见、摸得着的实实在在的利益，无疑会极大焕发战士的斗志，“更有利地消灭反动派蒋介石”。而所有这一切，远远地超过了国民党军队“仗其美帝国主义之帮助”所得到的好处，很多实惠特别是土地问题，更是国民党政府和军队所做不到的，由此决定了人心所向及“我军必胜、敌军必败”的战争发展大势。

最后，《指示》规定：“以上经常工作，责成区长、民政助理员、村长、民事主任为中心工作。各个季节都要照顾到抗属的利益，同时各村接到指示后，立即召开抗属会议作检查、征求意见，有困难即解决，召开群众大会（村民校）说明子弟兵在前线流血流汗英雄作战是人民的救命大恩人，在思想上真正团结起来，把优抗工作当为经常工作，随时随地要检查，一有毛病即纠正。各区村将模范典型材料不断写信告诉部队及县府民政科为要。现时应注意给抗属割蒿积肥，准备修理麦田。”

在这里，《指示》除明确责成优抚工作应成为区长、民政助理员和村长、民事主任的中心工作并经常地抓下去之外，要注意上报模范典型材料，运用榜样的力量推动优抚工作的开展。

劳动英雄郭根壮优抗受到表扬

在该《指示》下发十天之后，德珩村就又收到了1946年9月4日由县长任映仑签发的《关于北岸劳动英雄郭根壮优抗受到表扬的通令》。表扬通令同样是发给区长、村长和民事主任的，文字不长，照录如下：

> 经这次归队中发现，以往优抚存在着很多缺点，战士回家探亲望友，看见家庭招待不好，战士回家有了藉口，不到前方去，使的（得）部队不好巩固，前方工作受到影响。五区北岸劳动英雄郭根壮对抗属很关心，郭曹发在归队时，郭根壮领导妇女给拆洗被子、衣服；郭曹发父年老体弱，身有疾病，动员妇女给他做饭，劳动英雄自动担水，不隔两天我要看他一次，不看不放心。抗属宋秦付庄稼比他在还长得好。这种精神对抗属关心，值得表扬。

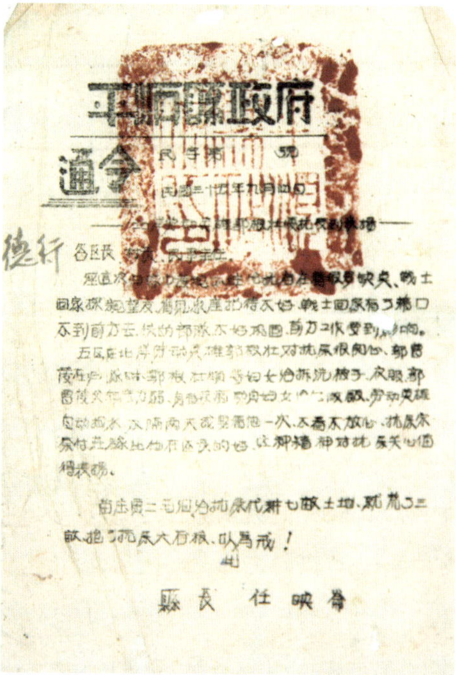
政府
通令 民字第 號
民國三十五年九月四日
縣長 任映倉

○ 1946年9月4日，县长任映仑签发的《关于北岸劳动英雄郭根壮优抗受到表扬的通令》。

在这里，县长亲自下通令表扬了劳动英雄郭根壮优抚的主要先进事迹，以典型带动整个工作的开展。同时，对一些做的不好反面典型也提出批评。在《通令》的结尾，对“苗庄贾二毛组给抗属代耕七亩土地，就荒了三亩，绝了抗属六石粮”的作为提出了“以此为戒”的批评。由此也可见

"表扬先进、批评后进"这一根据地最常见、最见效的运用典型推动工作开展基本方法的案例。

以消灭干净反动派为主题开展劳军运动

随着内战形势的日益变化和战场的扩大以及流血牺牲的增加，优抚工作也越加繁重。为此，根据专属指示，在中秋节期间平顺县又开展了全县的"劳军运动"。1946年9月9日，县长任映仑签发给各区长、村长《关于开展劳军运动的指示信》，对开展"劳军运动"做出了部署，提出了要求。在德珩村所收到的618份"纸片子"中，关于拥军优属的文书数量是不少的，但在中秋节期间开展"劳军运动"的也只有这一份。

《指示信》首先指出了开展劳军运动所面临的战争形势和意义："蒋介石卖国贼在美帝国主义援助之下，发动内战，破坏和平、民主，夺取我胜利果实。我前线部队艰苦奋斗、牺牲流血，保卫我们的果实与和平。兹奉专署指示，为了巩固部队，鼓励战士情绪，多打胜仗，把反动派消灭干净，保卫我们翻身利益，在中秋节，除前优抚指示外，特决定开展劳军运动，这次劳军应与翻身利益结合起来，深入群众开展思想教育。"

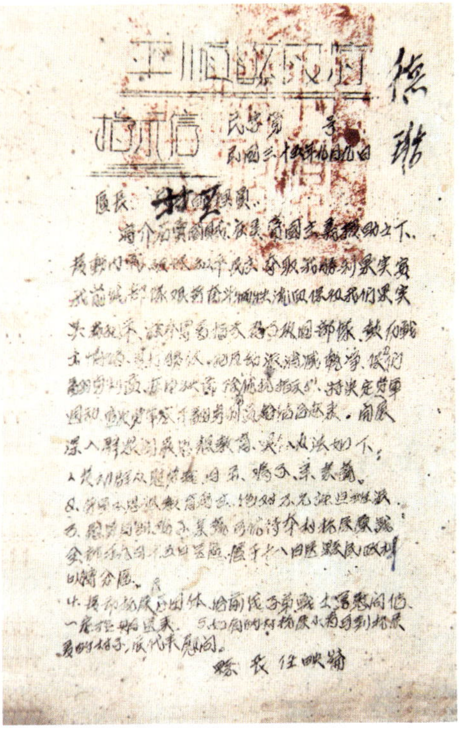
平顺县政府

指示信

县长 任映仑

○ 1946年9月9日，县长任映仑签发的《关于开展劳军运动的指示信》。

在这里可以看出，《指示信》的文字不是很长，但作出了一个非常重要的决定，即在中秋节期间，全县要广泛开展劳军运动，要坚持深入群众，开展思想教育，把劳军与土改后农民翻身所获得利益有机地结合起来，借以推动优抚工作的深入，实现"鼓励战士情绪，多打胜仗，把反动派消灭干净"的目标。

随后，《指示信》就慰劳人民军队的

"慰问品"提出了五个方面的具体内容和实施办法："1.发动群众慰劳钱、月饼、鸡子、羊、菜蔬。2.劳军以思想教育为主，绝对不允强迫摊派。3.慰问月饼、鸡子、菜蔬可优待本村抗属；钱全部于九月十五日送区，于十八日送县，民政科以转分区。4.发动抗属及各团体给前线子弟、战士写慰问信，一定按期送来。5.如有的村抗属少者，可到抗属多的村子，派代表慰问。"

在这里，指示信明确的慰问品主要有：钱和月饼、鸡蛋、菜蔬等物品，这些东西在根据地来说，都是稀罕物。尤其是钱，更是金贵，每一个铜板都是稀缺的，所以《指示信》规定物品"可优待本村抗属"外，钱则一律上交到县，经县府转至军分区。特别应当说到的是，在捐赠钱和物品时，有一条重要的原则，即"以思想教育为主，绝对不允强迫摊派"，而正是有了这一条，人们才能在与翻身利益结合起来的基础上，自愿自觉地出钱出物去劳军；而也正有了思想教育为主这一条，才能使农民把自身利益与革命利益结合起来，去慰问自己的子弟和战士。而所有这些，正是蒋介石的国民党军队所不具备的。

号召小学教员代写慰劳信，再掀劳军热潮

或许是由于战士家属识字的不多，为让战士真正体会到土改所得到的利益及区村干部对其家庭的关心，在当年底，德珩村就又收到了12月17日由县长任映仑签发的《关于号召各村小学教员配合区村干部给抗战军人家属代写慰劳信的指示》，就大量写信慰问前方战士，再掀劳军热潮提出了新的要求。而此后写"慰问（劳）信"，也就成为根据地、解放区拥军优属的一种重要形式。

同上面的劳军运动捐赠钱物不同，这里劳军的慰劳信则更多的是给战士送去比月饼、鸡蛋、菜蔬更多、更好的信息。

《指示》是发给区长、高小联合校长、村长、教员的，首先对内战全面爆发半年来的形势及其战士对土改后家庭的关心进行了简明扼要的分析，提出了由教员代写慰劳信的要求及慰劳信所具有的极大效力。指出：

半年来我边区进行爱国自卫战争，连战连捷，士气昂扬，后方支援前

线运动，亦成绩显著，殊堪欣慰。据前方反映，战士需要了解他们家庭情况，群众大生产翻身运动以来，他们常常惦记他们家庭是否得到土地，出征以后村里是否照顾了他的家庭，区村干部给他们一封慰劳信，报告他一下家庭情况，对安稳军心，鼓舞士气，效力颇大。

由此看出，县政府指示的发出，来源于高于专署、县区署的行署，它具有更大更强的针对性、广泛性和权威性，在德珩村的“纸片子”中，这同样是比较少见的。小小的一封慰劳信，各种家庭好信息的传递，“对安稳军心，鼓舞士气，效力颇大”，必须广泛开展才行。

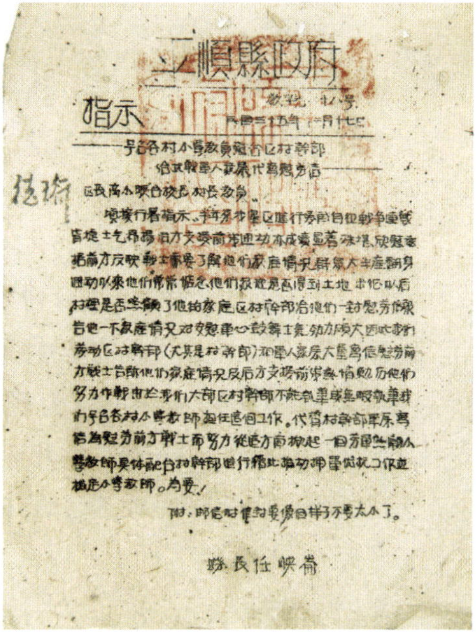
指示

縣長任映崙

○ 1946年12月17日，县长任映仑签发的《关于号召各村小学教员配合区村干部给抗（参）战军人家属写慰劳信的指示》。

因此，《指示》进一步提出：

我们发动区村干部（尤其是村干部）和军人家属大量写信慰劳前方战士，告诉他们家庭情况及后方支援前线的热情，勉励他们努力作战。由于我们大部区村干部不能执笔或无暇执笔，我们号召各村小学教师担任这个工作，代替村干部、军属写信，为慰劳前方战士而努力，从这方面掀起一个劳军热潮，小学教师具体配合村干部进行，藉此推动拥军优属工作，并检定小学教师。

在这里，《指示》要求区村干部和军属要以大量写信的形式来慰劳前方的战士，告诉他们家里的情况及对他们支援的热情，但由于村干部和军属受文化水平的限制，决定采取小学教员代笔的形式。这是一个一举多得的好办法，既帮助了村干部和军属，推动了优抚工作，又“检定”了小学教员，并以此掀起新的劳军热潮，这不能不说是根据地的一个因人而异的创造。

为了让慰劳信显得更加美观，《指示》在最后又专门加了一条“附：邮信时信封要像个样子，不要太小了。”使人感受到县政府在慰劳信上所下的心思。

从上面的记载，可以看到在全面内战爆发半年间，根据地根据新的形势发展，开展拥军优抚的新情形，提供了解放战争最初进行拥军优属工作的一个片段，这个片段可以说为整个解放战争时期的拥军优属工作，打下了一个重要的基础，德珩村的这几份“纸片子”为此提供了局部的微观细节和见证；而宏观上的土地改革运动，则成为对战士及其家庭最大的优抚和对前线最大的支援。

（六）实现“耕者有其田”是最大的优抚和支前

共产党所领导的根据地的土地改革，使千百万无地农民实现了“耕者有其田”的最大梦想，这是中国历史上从未有过的大事件。这种胜利果实的获得，改变了千百万农民的命运，使他们步调一致地站在了共产党的一边，为了国家和人民的民主、和平，更为保卫自己来之不易的利益，使他们义无反顾地勇敢地参军入伍，奋勇杀敌；使他们抬着担架、推着小推车，不惧危险地走上了前线，最终抬走了“三座大山”，推倒了蒋家王朝，建立了自己的新国家。平顺县的《大事编年》对这件开天辟地的大事做了记载，德珩村这一年所收到的两份涉及有关土改翻身运动事项的“纸片子”，则进一步丰富了这一事件的历史细节。

整顿公产、减轻农民负担，巩固战争物质基础

这是德珩村村长收到的1946年12月1日由县长任映仑签发的《关于结合整理村财政进行整理公产以减轻群众负担的指示》。据《大事编年》记载，这时11月至次年1月间，平顺全县普遍开展了轰轰烈烈的以“查田、割尾巴、填窟窿”为主要内容的农民翻身运动。在县府召开的县、区、村三级干部会议上，采取以会代训的方法训练了200余名土改运动领导骨干；学习土改政

策，自报将在群众运动中贱买的斗争果实如数退出；地主出身的干部自觉献田献房献物，实现了“耕者有其田”。正是在这种形势下，“为减轻群众负担，巩固爱国自卫战争的物质基础”，在翻身运动开展的同时，进行了一场结合整顿财政、以“厘清公私财产”为主要内容的公产整理，以及相当部分归属于公产的土地、房屋被分配给农民，从而使部分公产也成为当年土改运动中分配的物品，同时也以此构成了土改后根据地最初的“公产的公有制”和“私产的私有制”的“样式”。

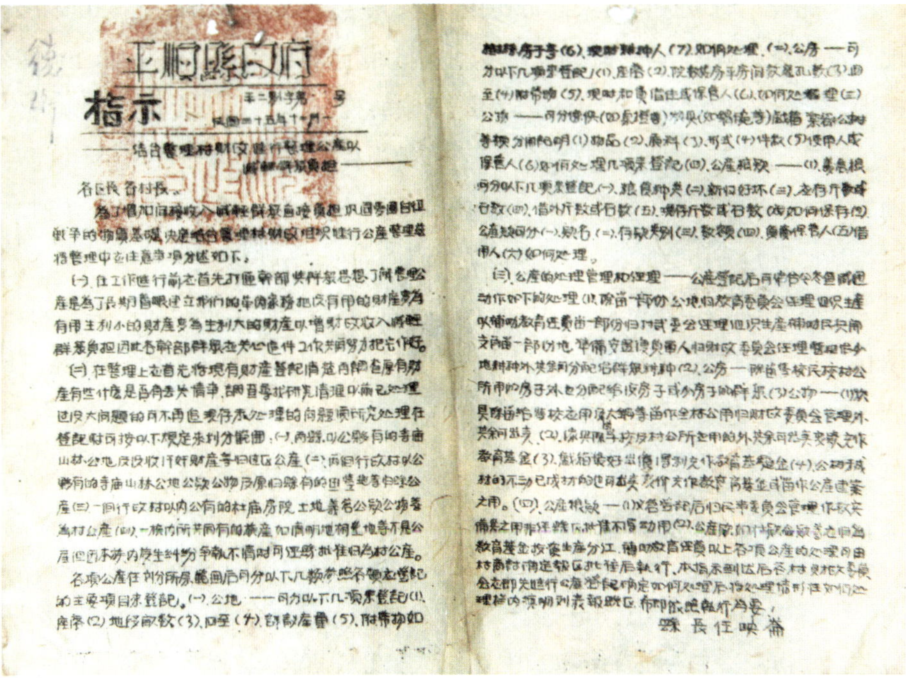
平顺縣政府

指示

各区長各村長：

縣長任映倫

○ 1946年12月1日，县长任映仑签发的《关于结合整理村财政进行整理公产以减轻群众负担的指示》。

该《指示》是同时发给各区长和各村长的，文字相对较长，约有1200余字，共讲了整理公产的三个问题，即公产的划分，公产的登记和公产的管理。

1.建立革命家务须明确公产划分范围。《指示》首先明确了整理公产的目的及公产的划分范围，指出：“为了增加间接收入，减轻群众直接负担，巩固爱国自卫战争的物质基础，决定结合整理村财政组织进行公产整理，兹将整理中应注意事项分述如下：

“（一）在工作进行前应首先打通干部与群众思想，了解整理公产是为了长期着眼建立我们的革命家务，把没有用的财产变为有用，生利小的财产变为生利大的财产，以增财政收入，减轻群众负担。因此各干部群众应关心这项工作，共同努力把它作好。（二）在整理上应首先将现有财产登记清楚，再调查原有财产有些什么，是否有丢失情事，调查、寻找、研究、清理以前已处理过的，没有大问题的可不再追；现存未处理的问题，须研究处理。

“在登记时可按以下来划分范围：（一）两县以公夥有的寺庙、山林、公地及没收汉奸财产等归边区公产。（二）两个行政村以公夥有的寺庙、山林、公地、公款、公物及原归县有的学田地等归县公产。（三）一个行政村以内公有的社庙、房院、土地、义仓、公款、公物等为村公产。（四）一族内所共同有的族产，如清明地、祠堂地等不是公屋，但因本族内发生纠纷，争执不清时，可经县批准归为村公产。”

在这里，《指示》除强调“首先打通干部群众的思想”外，对两县之间、两村之间、一村之内、一族之内夥有的财产，如寺庙、山林、公地、房院、社庙、土地、义仓、族产、祠堂、“清明地”、公款、公物以及被没收的汉奸财产等不同形式下的财产归属，都做出了明确规定。或归边区公产，或归县府公产，或归村公产；对那些因发生纠纷、争执不清的族产，也可经县批准归为村公产。由此可见土改中公产整理在种类及归属划分范围的基本政策。

2.各项公产须详细登记造册。随后，《指示》明确了四大类公产的登记办法：“各项公产在划分所属范围后，可分以下几类，参照各类应登记的主要项目来登记：（一）公地——可分以下几项来登记：（1）坐落；（2）地段亩数；（3）四至；（4）评议产量；（5）附带物如树株、房子等；（6）现时耕种人；（7）如何处理。（二）公房——可分以下几项来登记：（1）坐落；（2）院数、楼房、平房间数、窑孔数；（3）四至；（4）附带物；（5）现时和贷借住或保管人；（6）如何处理。（三）公物——可分家具（桌凳等）、炊具（如锅碗等）、戏箱、乐署公树等类分开记明：（1）物品；（2）质料；（3）形式；（4）件数；（5）使用人或保管人；（6）如何处理几项来登记。（四）公产粮款——（1）

义仓粮可分以下几项来登记：(一) 粮食种类；(二) 新旧好坏；(三) 应存斤数或石数；(四) 借外斤数或石数；(五) 现存斤数或石数；(六) 如何保存。(2) 公产款可分：(一) 款名；(二) 存款类别；(三) 数额；(四) 负责保管人；(五) 借用人；(六) 如何处理。”

在这里，所提四大类公产登记项目，大大小小计有20多项，从中可知公产的具体类别和项目及其登记的大致办法，也可知村公产在整理公产中所属的大致家底。

3.公产处理管理最得实惠的是教育。最后，《指示》提出了“公产的处理管理和经理”的办法，明确：“公产登记后，可结合今冬查检运动，作如下的处理：(1) 除留一部分公地归教育委员会经理组织生产，以辅助教育经费；留一部分归村武委会经理组织生产，辅助民兵开支；再留一部分地准备安置复员军人，归财政委员会经理，暂租给少地耕种外；其余可分配给群众耕种。(2) 公房——除留学校、民校、村公所用的房子外，也分配给没房子或少房子的群众。(3) 公物——①炊具除留给学校应用及大锅留作全村公用，归财政委员会管理外，其余可出卖。②家具除留学校及村公所应用的外，其余可出卖变款充作教育基金。③戏箱出价得利充作教育基金。④公树未成材的不动，已成材的也可出卖变价充作教育基金，或留作公产建筑之用。”关于“公产粮款——①义仓登记后归民事委员会管理，作救灾备灾之用，非经县区批准不得动用。②公产款，如社款、会款等应归为教育基金，投资生产分红，辅助教育经费。”

从上可以看到：在经过公产的划分及登记造册之后，《指示》进一步明确了不同公产的具体管理部门及其使用和经理（经营）权。其中涉及的管理部门主要有村公所、村教育委员会、村武委会、村财政委员会、村民事委员会、学校等。在上述四大类公产的处理和经理中，享有各项公产处理与经理权利和实惠的部门与人群，既有教委会、学校、武委会、民委会，也有民兵、复员军人、少地和没房少房的群众，而其中最得实惠的是教育。如，在公地上，要留一部分公地归教育委员会经理组织生产，以辅助教育经费；在公房上，也要先留出学校所用的房子；在公物上，如炊具、家具、戏箱、未成材的公树等，除要先留给学校之外，其余可出卖变款的，都要充作教育基金；在公产款上，如社款、会款等也归为教育基金，“投资生产分红，辅助教育经费”，这种教育优先的公产管理和经理的做法，在当时物资匮乏的战争环境下，发生在太行深处根据地的小山村，不能不让今天的人们感到惊讶和敬佩。

一个教育，再加上“一个民兵”、“一个复员军人”和“少地没房少房的农民”，这就是一个经过整理和经理的村公产所面对的一项事业和作为受惠的主体。这件发生在土改中的德珩村四类公产的整理，不仅如指示所说，可以“增加间接收入，减轻群众直接负担，巩固爱国自卫战争的物质基础”，更重要的是实现了“耕者有其田”和公产的公用，获取了群众对共产党及其军队的拥护和支持；也为一种新的财产所有制，做了实践。

最后，《指示》要求：“以上各项公产的处理，可由村商讨确定报区批准后执行。本指示到达后，各村财政委员会应即先进行公产登记，确定如何处理后将处理情形在如何处埋栏内填明列表报县区，希即依照执行为要。”在这里，《指示》明确村各项公产的处理，须在先行登记的基础上，经村商讨确定报区批准后，方准执行，不得随意而为。

耕者有其田运动中须解决的有关问题

以上就是土地改革运动中的一个有关公产划分整理经理的片段，在这个消火封建土地制度的运动中，它涉及方方面面的问题，在德珩村收到的1946年12月7日由县长任映仑签发的《关于在检查耕者有其田翻身运动中必须解决的几个问题的指示》（标题为笔者所加）中，则记录下另外的一些片断。

据平顺县《大事编年》记载，1946年12月1日，全县土改运动在“割尾巴”“填窟窿”声中全面铺开，整个运动分为酝酿、大斗争和分配果实三个阶段，通过深入各村调查“窟窿户”（贫苦欠账户），开展政策时事教育，消除欠账“怕变天”的思想顾虑，密切干群关系；组织群众“诉苦会”“发现问题会”“找尾巴斗争会”、清理和举办“果实（土地、房产、钱物等）

展览”；最终进行果实分配、总结庆祝翻身，组织起来进行生产，实现了“耕者有其田”。在运动开始的第七天，德珩村长收到了上述这份县府直接发给区、村长的《指示》。

《指示》首先指出：“今冬耕者有其田的群众运动正在普遍的展开，逐步深入，在这次割尾巴、填窟窿的检查翻身运动中必须结合运动解决以下几个问题。”随后，《指示》具体提出必须解决的三个问题：

第一，“割尾巴”须结合进行村级政权改造。这是《指示》提出的第一个问题：“1.结合运动进行村级政权的改造。在运动中，村政权（即村政委员会）中干部如正副村长、各主任、委员等大小干部，必须在运动中给以考验。看看哪些干部是真正的为农民翻身积极打算，哪些不是一心一意为农民翻身利益做打算，在这次耕者有其田的群运中，一定会看得很清楚。同时要在群众运动中使群众公认的群众领袖拥进村级政权中，把农民的优势真正树立起来。”

平顺县政府

指示

1946.12.7

县长 任映仑

○ 1946年12月7日，县长任映仑签发的《关于在检查耕者有其田翻身运动中必须解决的几个问题的指示》。

第二，群众公认的选干标准。在这里，《指示》就村级政权建设和村干的选拔与使用，提出两条极为重要的标准和原则：一是村政权中的干部无论正副村长，还是各主任、委员等所有大小干部，都必须是一心一意、“真正的为农民翻身积极打算”的，而不是在诸如土地、房产、物品等巨大物质的诱惑面前，多占土地，多分果实，经不起考验的人；而对于这种在运动中

“不是一心一意为翻身农民利益做打算”的村干部，人们也“一定会看的很清楚”，逃不过群众的眼睛。这就是毛泽东所说的全心全意为人民服务宗旨在村政权干部选拔标准上最主要的体现。二是村干部应是“群众公认的群众领袖”，要把群众拥戴与否作为能否进入村政权的硬性标准，真正把这种群众公认的干部拥进村级政权中，从而在村政权把农民的优势真正树立起来。

这种与土改一起进行的从最基层的村政委员会抓起的村政权建设，既为土改提供了重要组织保障，为进行战争准备了所需的物质、群众基础，也为这场战争胜利打下了坚实的政权基础，为新解放区政权建设提供了经验，从而成为中共夺取全国政权的重要一环。

第三，“堵窟窿”贫苦抗属荣退有地种、有房住。这是《指示》提出的第二个问题。《指示》指出，在“耕者有其田”运动中，要认真解决和保障“贫苦抗属、荣退人员”的利益问题，要“让他们得到有地种、有房住，把他们的窟窿填平，使贫苦抗属、荣退军人有自力更生建立家务的生产能力，藉以减轻人民优抚负担”。

在这里，文字虽然不长，但“有地种、有房住、填窟窿”九个字的政策，可以最大限度地使以“贫苦抗属、贫苦荣退人员”为主体的贫苦人群，在土改中得到看得见、摸得着的实际利益。使他们既有地种，实现“耕者有其田”，又要使他们有房了住，实现“居者有其屋”，使其具有“自力更生建立家务的生产能力，籍以减轻人民优抚负担”。

这样的群众运动，无疑会得到农民最大的拥护和支持，而成为决定国共两党军队战场厮杀胜败的一种强大武器，历史最终证明了这一点。毛泽东曾说过“兵民是胜利之本”，只不过时间长了，“民”的意识缺失了。不少人早已淡忘了那千千万万翻身农民参军入伍和推车拉纤上前线的往事。

“反对缠小脚”，开展反封建的“放足运动”

这是《关于在检查耕者有其田翻身运动中必须解决的几个问题的指示》提出的第三个问题：“放足问题在个别村庄已认真执行，但在某些村子缠足恶习还相当严重，甚至十几岁的年轻小闺女都被迫的缠小脚。在运动中，应教育妇女群众的人格，自觉反对缠小脚的封建恶习，解除妇女痛苦，保护身体健康。这一工作要在广大群众中进行教育，造成一个群众性的自觉放足运动。”

缠足俗称“缠小脚”，其恶习源远流长，在中国有千年历史。自清朝灭亡民国建立，孙中山于就任中华民国临时大总统后的1912年3月13日就发布命令，通饬全国劝禁缠足；1916年北京国民政府内务部又颁《通咨各省劝禁妇女缠足文》；1929年南京国民政府再次发布《禁止妇女缠足条例》，并成立了主管部门，使缠足现象在我国逐渐减少。作为地处广大农村特别是偏远地区的根据地、解放区，从反对封建主义，践行新民主主义革命，解放妇女出发，自其建立那一天起，就积极开展了“放足运动”。早在1938年陕甘宁边区就颁布了《关于禁止妇女缠足条例》，各根据地也制定了有关办法，鼓励妇女参加生产、社会活动，开展“放足运动”收到明显效果，直至新中国成立初期，缠足这一千年恶习才最终被消灭。《指示》中所布置开展的“放足运动”，是借助声势浩大的土改运动，推动“某些村子缠足恶习还相当严重”现象的改变，因而使这项进行多年的运动出现在这份指示之中，记录下根据地反缠足恶习，“解除妇女痛苦，保护身体健康”的“一斑”。

在1946年12月至次年1月的40多天里，平顺县所开展的实现“耕者有其田”运动中，计从地主手中收回土地19019亩、房子13556间、牲口2349头、粮食20000多石，衣服家具50000余件，有88000余农民获得了土地，3346户贫困户上升为中农，农村土地问题基本得到解决，实现了“耕者有其田”。1947年2月3日，平顺县委书记张平在全县县区扩大干部会上作了《彻底实行“耕者有其田”》的总结报告，2月9日，新华社对此作了报道。

（七）县长直接任命德珩村村长的往事

1946年的德珩村，还有一件不得不说的事情，这就是笔者在上面曾经提到过的，由县长张通、副县长赵企贤于1946年3月15日联合签发的《关于加

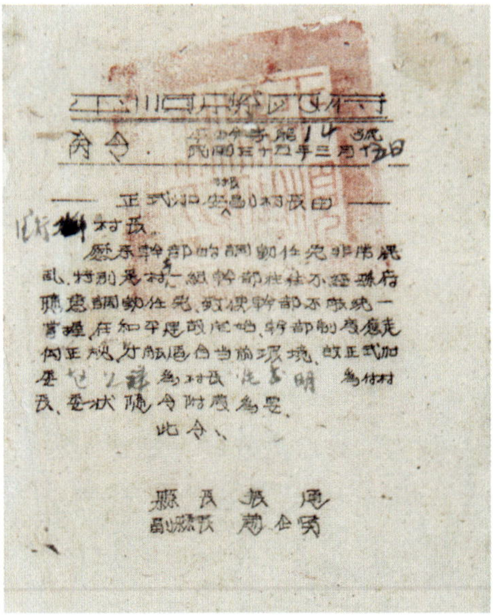

命令 第14號
民國三十五年三月十五日

—— 正式加委村長由 ——

德珩村長：

歷來幹部的調動任免非常混亂，特別是村一級幹部往往不經縣府隨意調動任免，致使幹部不能統一掌握，在和平建設開始，幹部制度應走向正規，才能適合當前環境，故正式加委趙文魁為村長，張書明為副村長，委狀隨令附發為要。

此令。

縣長 張通
副縣長 趙企賢

○ 1946年3月15日，县长张通、副县长赵企贤联合签发的《关于加委赵文魁为德珩村村长、张书明为副村长的命令》。

委赵文魁为德珩村村长、张书明为副村长的命令》。这样一纸由县长直接任命到村长、副村长的“红色命令”，不知道在今天的档案馆、博物馆能见到几份，它记载了1946年“在和平建设开始，干部制度应走向正规，才能适合当前环境”，为解决根据地“历来干部的调动任免非常混乱，特别是村长一级干部往往不经县府、随意调动任免，不能统一掌握”的状况而进行的干部任命的改革；见证了这一特殊短暂的“和平时期”由县长直接委任德珩村村长的历史；留下了当年德珩村村长赵文魁和副村长张书明所享受的一种高规格的“级别待遇”和光荣。这种高规格的待遇和光荣，在全面内战爆发后，就没有哪位村长享受过了，特以此作为1946年由“和平走向战争”的一个记载。

五、1947年1月—1947年12月

“爱国自卫战争正处在翻山头反攻胜利之际”，是德珩村所收到的1947年1月10日由新任平顺县县长贾孝敏在《关于一切一切工作应为打败蒋介石而努力在全县再次开展归队运动的命令》中开头的第一句话。

这一年，解放战争进入了第二个年头。仅仅经过一年时间，解放军就实现了由战略防御向战略反攻的转变，战争走向和敌我双方态势发生了逆转。

1月1日，南京国民政府公布《中华民国宪法》，定于1947年12月25日施行。蒋介石在元旦广播词中宣称，公布宪法"完成了多年来实施宪政的夙愿"。同日毛泽东在《新年致辞》中预言"中国人民争取民族自由的运动将要得到比1946年更重要的胜利"。半年之后的6月30日，刘伯承、邓小平率领晋冀鲁豫野战军主力第一、第二、第三、第六共4个纵队12万人，在鲁西南东阿至濮县横宽300里的路段上，强渡黄河，揭开了人民解放军由战略防御向战略反攻转变的序幕。至当年6月内战爆发一年之际，国民党军损失正规军97.5个旅，78万人；非正规军34万人；共112万人；占领解放区城市335座。人民解放军损失35.8万人，收复城市288座。7月21日，毛泽东在陕北靖边县小河村召开的中共中央扩大会议讨论解放军第二年作战基本任务时首次提出，从1946年7月算起，用5年时间打倒蒋介石集团。10月10日，蒋介石就"双十节"发表《告全国同胞书》要求"民众与政府通力合作"，"完成戡乱建国的使命"。同日，中共中央公布9月13日全国土地会议上通过的《中国土地法大纲》。《大纲》规定：废除封建半封建性剥削的土地制度，实行耕者有其田的土地制度；村中一切地主土地及公地，连同其他一切土地，按乡村全部人口，部分男女老幼，统一平均分配；接受地主除土地外的财产及富农多余财产，分给农民及贫民。在土地法大纲颁布以后的一年中，解放区约有一亿农民获得了土地。也在这一天，中国人民解放军发表宣言，提出"打倒蒋介石、解放全中国"的口号，中国共产党号召全国人民将革命进行到底。

12月25日，毛泽东在陕北召开的中共中央会议所作《目前形势和我们的任务》的报告中提出了在整个打倒蒋介石反动统治集团，建立新民主主义中国时期内，中共在政治、军事、经济各方面的总纲领。这时，自6月至12月31日半年间，解放军共歼敌75.8万余人，解放区共有县城488座，面积239万余平方公里，人口1.68余亿人。

在这"爱国自卫战争正处在翻山头反攻胜利之际"的一年里，德珩村继续"一切一切工作应为打败蒋介石而准备而努力"着，为大力发展生产，全力支援前线而紧张忙碌着。

据平顺县《大事编年》记载，这一年的平顺县，在生产上，进行过土改的翻身农民积极组织起来开展大生产运动，羊井底村杨玉俏所办合作社做到了“耕一余二”被选为太行区小型合作社模范；特别是从2月20日到5月15日，全县掀起空前的“百日纺织运动”高潮，人（纺织妇女）、机（织布机）、车（纺花机）三不停，大干100天，共纺棉花29万斤、织布232万尺，基本解决了全县11万人的穿衣换季问题。在支前上，3月至6月期间，先后两次调集民兵5300余人，分编为8个担架大队、25个中队参加豫北战役，多人受到表彰，评为英雄；9月至12月，再次调集民兵、自卫队员1135人组成参战大队南下豫西，随军渡黄河作战，历时95天，333人被评为杀敌英雄；11月15日至18日，3天即完成扩兵任务，592名青壮年如期入伍；12月27日，根据上级紧急指示再次扩兵，3天内499名新兵入伍，参加到“打到南京去，活捉蒋介石”的队伍之中。也在这一年，县区干部会议制定领导生产立功标准；全县中共党组织普遍公开，县区委书记不再称政委，称书记，村支部书记不再称政治主任，称支书；结合土改中一些干部存在的独断专行、强迫命令，多分多占、严重脱离群众，甚至贪污受贿、腐化堕落的问题，为密切干群关系，更好领导群众完成反封建任务，全县在各村党组织开展了民主整党运动，保证了各项工作的顺利进行，等等。

这一年，德珩村收到的来自县、区的文书计有160份。其中县里的有38份；区里的有122份，涉及方方面面的工作，仍然是围绕着“打倒蒋介石、解放全中国”的目标，按照县区“大力发展生产，全力支援前线”的各项工作部署要求而紧张忙碌着。

（一）新年伊始最为忙碌的大事小情

在这“翻山头之际”新一年的一个月之内，德珩村就收到了来自新任县长贾孝敏的三份通令、两份命令、三份指示（含一份补充指示）和一份通知、共计九份的文书，还不包括区里下发的文书。其中涉及冬季生产、前线军需供应、年关优抚、文化娱乐、学校放假、派征新年度军鞋、开展拥干爱民运动等，一见德珩村新年伊始开始紧张忙碌的大事小情，而其中最先要说到的，则是新任县长贾孝敏自我签发的委任通令，这可说是新年之初发生在平顺县的第一件“大事”。

第一件：新任县长自我签发的委任通令

这是德珩村村长所收到新的一年第一个月的第一份文书，即1947年1月7日由县长贾孝敏签发的平顺县政府“民字第二号”《关于贾孝敏同志任平顺县县长的通令》（标题为笔者所加）。《通令》的文字很短，照录如下：“各区长、村长、各高小、初小、各工厂：顷奉太行行署民字第233号命令，开：‘兹决定调该县长任映仑同志任长治县长，遗缺由贾孝敏同志担任，希接令后迅速交接到任视事’等因，自即日起接任视事，仰各所属一体周知为要，此令。县长贾孝敏。”

至此，由县参议会于1946年5月3日民选的平顺县长任映仑，在任职近6个月后，被调任长治县长；贾孝敏被任命为新的县长，开始了其在平顺县11个月任职中的第一天（同年11月贾孝敏调任它职）。在当时的形势下，民选县长已不可能，任映仑成为当时平顺县唯一民选的县长。而两位县长任职的通令则都是本人签发的，为此特记录在此。只不过按《大事编年》的记载：“1946年11月15日，太行二专署调平顺县县长任映仑回专署工作，任命平顺县武委会副主任贾孝敏为县长”，与“纸片子”的记载有出入，暂且在此记录备查。

这就是发生在1947年初平顺县“归队运动”中的一个细节，为人们提供了一个鲜活的历史画面，它的鲜活，就在于它的真实。

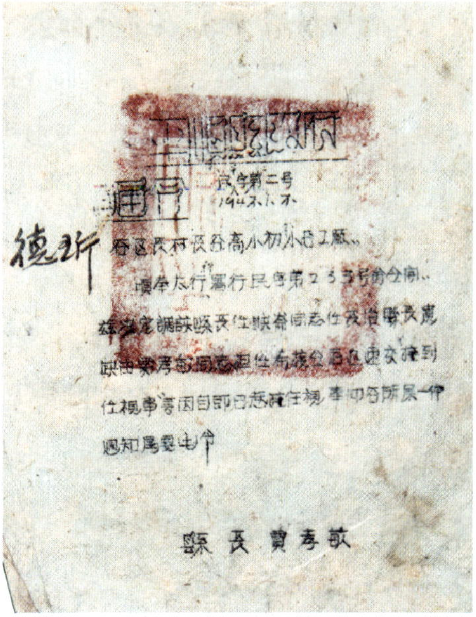
通令　民字第二号
德珩
县长　贾孝敏

○ 1947年1月7日，平顺县政府“民字第二号”《关于贾孝敏同志任平顺县县长的通令》。

第二件：拥军优抚，过一个不同以往的大年

这是德珩村收到1947年第一个月的第

三份文书。即1947年1月11日由县长贾孝敏签发给各区村指挥部的《关于年关开展拥军优属文化娱乐工作的指示》。这是德珩村收到的第一份有关过年工作的指示，也是1947年平顺县政府“民教字第一号”文件，同时还是德珩村收到的618份“纸片子”中文字最长的一份，足足有4页之多、约2000字。它从年关工作的意义，到年关工作的方针；从年关工作的内容，到年关工作的组织领导，一一作出明确指示，一见1947年旧历年关之时，德珩村都在做些什么。笔者查万年历得知，这一年的春节来的比较早，大年初一是阳历的1月22日。

1.今年年关工作有着往年不同的更重要意义。指示首先指出：

一九四七年旧历年关快到，兹将年关工作指示如下：一、年关工作的意义。以往我们进行年关拥军优抚、文化娱乐工作取得很大的成绩，今年有着更重要的意义。首先，是一年来蒋介石在美帝国主义援助下，进行屠杀人民、出卖祖国的全面内战，人民为了求解放和蒋贼作了殊死斗争，取得了很大的胜利。第二，是我们解放区人民进行超过以往任何一年的生产运动取得了胜利，但就我们平顺说，农副业结合的结果增产二十万石，全县达到耕三余一。第三，今冬的群众改天换地火热的翻身运动胜利，给明年开展大生产运动，走向丰衣足食打下基础。第四，现在自卫战争将要翻过山头，朱总司令号召我们要在今年停止反动派的进攻，收复失地。

在这里，指示从同蒋介石国民政府的军事斗争、根据地的生产、土改翻身运动所取得的成绩以及今年所面临的“将要翻过山头”的任务四个方面，通俗易懂地讲述了今年年关工作的形势以及不同于往年的更重要的意义，并指出“根据以上几点，我们今年年关拥军优抚工作的开展至为重要，意义重大”，由此提出了年关拥军优抚工作的方针。

2.年关工作须贯彻“两个结合”的方针。指示明确：

年关工作的方针：1.方针：在“割尾巴、填窟窿”，土地改革基础上进行，结合年关优抚劳军运动深入查检中的思想教育。2.在（再）结合上我们全年贯串（穿）的中心工作是生产。在生产上，现在我们一方面推动组织群众冬季生产，另外应作春耕准备，生产与冬学要密切结合。年关工作是服务

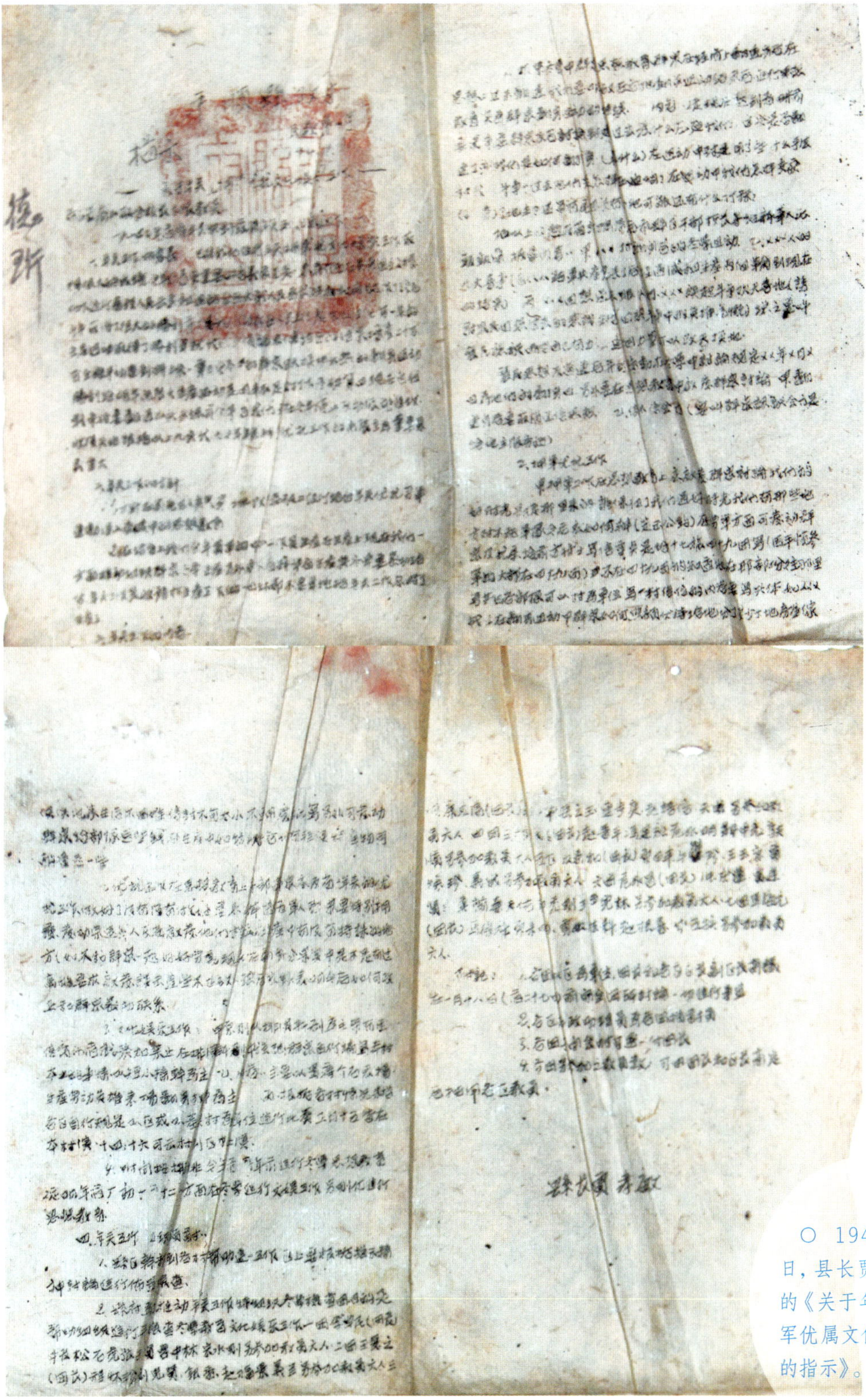
县长贾孝敏

○ 1947年1月11日，县长贾孝敏签发的《关于年关开展拥军优属文化娱乐工作的指示》。

于生产工作的一个环节，不要单纯搞年关工作，忽略了生产。

在这里《指示》提出了两个结合的方针，即把年关工作与土改及拥军优抚工作结合起来，特别是强调了要与作为中心工作的生产工作结合起来，把年关工作作为“服务于生产工作的一个环节”，不要因为过年而忽略了生产，抓好正在进行的冬季生产和应作的春耕准备。这可说是一个非常重要的方针，体现出当年根据地以生产为中心的基本指导方针，由此而奠定进行战争必须的物质基础。从此方针出发，《指示》进一步提出了三项年关工作的内容：

一是教育先行，实现土改经济翻身后的思想翻身。这是年关放在第一项的工作。《指示》要求：要“抓紧冬学中群众思想教育。群众在经济上翻透身后，在思想上还未翻透，我们要明确，在各村翻身运动结束后，进行思想教育实为群众翻身运动的继续。内容：从现在起到春耕前，要□□要群众反省讨论，封建过去为什么压迫我们？这次是否翻透了身？我们是如何翻了身（靠什么）？在运动中封建用了些什么手法和我们斗争？过去他们是怎么压迫咱？在运动中我们怎样□□交（缴）获了地主？还留有尾巴没有？他可能还有什么打算？”

在这里，《指示》提出了一个非常重要的问题，即要把“进行思想教育作为群众翻身运动的继续”，在土改实现“经济上翻透身后”，还要继续解决好“思想上还未翻透”的问题，并提出了需要引导翻身农民在冬学中反省讨论的八个问题。

在把以上问题反省讨论清后，《指示》希望“县区干部、校长等给新华人民报报道”，并提出了三个方面的报道内容：“甲、某某村翻身后的冬学运动。乙、某某某的几大喜事（自从八路军、共产党来了后经过减租生产两个革命到现在的结果）。丙、某某某回想过去，眼下和某某某谈起斗争欢天喜地（诱导农民回想过去的悲残生活，回想斗争中的英雄气概）。总之，要叫农民认识团结自己有力量，这个力量可以改天换地。”

而在这之后，《指示》又提出：在“农民思想反省透后，并可发动在冬学中讨论规定某某年某月某日为他们的‘翻身日’。另外要在思想教育中启发群众讨论：甲、翻透身后要取消迷信思想；乙、信不信会门（要让群众认识会门是给地主服务的）。”

这就是年关工作的第一项内容“抓紧冬学中群众的思想教育”。“教育是行动的先导”，这是一个历史的经验。在一个以农民为主体的根据地和革命队伍中，除了经济上的“翻透身”，就是思想上的“翻透身”，舍此不能形成和焕发出物质与精神双重的巨大革命力量，教育则是实现两者不可缺少的先行者。

二是拥军优抚，把翻身成果作为劳军最大的礼物告诉战士们。这是年关工作第二项内容。拥军优抚是根据地坚持多年的优良传统。在不同的年代，随着形势的变化，无论拥军还是优抚，都有着不同的形式和内容。这一年德珩村的拥军优属，就是启发村民讨论“谁在保卫我们的好时光”？告诉我们的战士：“翻身运动给他家分了多少土地、房屋和家具”。

对此，《指示》是这样提出要求的：“甲、拥军工作在思想教育上，应启发群众讨论，我们的好时光是从哪里来的，是谁保卫了我们过好时光，我们有哪些地方对不起军队，今后应如何办（订出公约）。在劳军方面可发动群众及抗属给前方战士写信，重点是给十七旅四十九团写（因平顺参军的大部在四十九团）。不在四十九团的，知道他在哪部分往哪里写。其它各部队，可以村为单位写一封信。信的内容要写具体，如某某某战士在翻身运动中群众如何照顾优待，给他家分了多少土地、房屋、家具，使他家生活不困难。信封不可太小，不要用废纸写。另外可发动群众给部队送些钱；在生产中如纺织等、各地轻便特产物可酌量送一些。”

在这里，有关开展拥军思想的教育，主要是提出了应启发群众讨论的四个问题，即“我们的好时光是从哪里来的，是谁保卫了我们过好时光，我们有哪些地方对不起军队，今后应如何办”，以提高和激发群众拥军的认识和热情。在劳军的主要形式上，采取写信的方式，告诉战士家中在土改中所获得的照顾优待，“给他家分了多少土地、房屋、家具，使他家生活不困难”，从而激发战士安心部队，奋勇杀敌。特别是在如何写信上，《指示》考虑的十分周到，既要重点写给大多数平顺籍战士所在的部队，也不要忘记在其他部队的战士，只要“知道他在哪部分就往哪里写”；既要注意信里所写的内容，也要注意“信封不可太小，不要用废纸写”，如此注重“细节”，不知给前方战士增添了多少感动。

随后，《指示》又就优抚工作中一些荣退军人存在的过高要求问题，提出了加强教育的要求。指出：“乙、优抚工作在思想教育上，干部、群众应反省一年来的优抚工作做好了没有，没有做好要怎么办，退伍军人群众要特别拥护，发动荣退军人反省，启发他们谈出在生产中有没有特殊的地方，如不和群众一起好好劳动的现象，在翻身分果实中是不是有过高的要求，启发谈出这些不正确思想后，应该表明今后如何改正，和群众密切关系。”

在这里，指示强调了要“反省一年来的优抚工作做好了没有”，对于在荣退军人中存在的“不和群众一起好好劳动”“在翻身分果实中有过高要求”的现象，要通过教育加以解决，以密切在土改中重大利益分配上的荣退军人与群众的关系，这是以往优抚工作所没有过的事情。

三是自编自演，搞好文化娱乐。这是年关工作第三项内容。《指示》对年关的文化娱乐工作提出了三点要求：“甲、原则以排演新戏为主，带有迷信腐化者严加禁止。在排演新剧中，强调群众自行编写本村本土的事情，以短小精干为主。乙、主要以骂蒋介石，表扬生产劳动英雄，表扬翻身故事为主。丙、根据各村情况来搞，各区自行规定以区或以基点村为单位进行比赛，正月十五皆在本村演，十四、十六可出村到区上演。”

在这里，可一见1947年德珩村过大年开展文化娱乐的一斑，更可见解放区文艺工作的方向和特色。在“唱大戏”上，“原则以排演新戏为主”；在排演新剧上，坚持“自行编写”“本村本土”“短小精悍”；在内容上，以表扬劳动英雄和翻身故事为主；在形式上，既有本村的自娱自乐，也有区或村之间的比赛和到区上的“调演”。这些既乡土又革命的文化娱乐项目，作为解放区的特有的文化艺术而载入中国近代文化发展史。

关于三项年关工作的时间安排，《指示》作了这样的规定：“时间安排，今年旧历新年前，进行冬学思想教育；定明年旧历初一至十二，在冬学进行文娱工作；另则仍进行思想教育。”

3. 不同一般切实加强的组织领导。为过好这“翻山头”的第一个年，推动三项工作的落实，县政府下大力，切实加强了对年关工作的组织领导。其主要形式之一就是组织了七个检查团，深入区村帮助组织进行并检查。具体安排及组团情况如下：

1.县区干部到各村帮助这一工作，区上要根据指示精神讨论，进行布置检查。

2.县府为了推动年关工作，特组织冬学检查团。目的是帮助组织进行并检查冬学教育、文化娱乐工作。一团：李卓民（团长）、□长松、石虎、张玉贤、雷中林、宋水泽，另参加教员六人。二团：王爱之（团长）、程怀珍、刘见贤、银香、赵福、景义兰，另参加教员六人。三团：康应清（团长）、郑彩华、岳云玉、连步庭、赵语信、天成，另参加教员六人。四团：王□□（团长）、赵晋平、冯建勋、范永明、靳中元、马夫顺，另教员六人。五团：张春和（团长）、袁田丰、牛维珍、王玉庆、贾焕珍、义成，另参加教员六人。六团：范永昌（团长）、张庆运、贾连贤、龚翰、秦天佑、郭□则、王宪林，另参加教员六人。七团：马海元（团长）、马德祥、原来明、贾法科、赵根喜、申五孩，另参加教员六人。

对于上述各团组成，《指示》还另有四条“附记”：

1.各团以区为单位，团长和各区区长、副区长商议，在一月十八日（旧历二十七日）前开全团会讨论一切进行事宜。2.各区民政助理员为各团指导员。3.各团在开会时可选一副团长。4.各团另参加之教员数，可由团长和区长商定后抽用各区教员。

可见，这的确是一个庞大的检查组织，平顺县所属七个区，平均每区一个检查团，每个检查团人数都有12人之多，团长、副团长、指导员一应配备，除了县里各级领导之外，还专门配有各区抽调的6名文化教员，保证无论是在组织教育上，还是编写剧本、撰写新闻稿件上，都有知识分子在，这的确是一个不同以往的年关。

而这种组织“联合检查团（组）”的形式和办法，在往后一个甲子还要多的年代里，成为新中国年终工作检查督导与评比最基本的形式之一。

从以上各项布置及切实加强的组织领导，人们完全可以相信：1947年年关的三项工作，无论是冬学教育，还是拥军优抚、文化娱乐，在“人民为了求解放和蒋贼作了殊死斗争”和“超过以往任何一年的生产运动”以及“改天换地火热的翻身运动”所取得各项胜利的大好形势下，平顺县、德珩村在强有力的组织领导下，一定会过一个意义重大的新年。

第三件：开展群众参与，自编自排自唱自乐的文化娱乐

按照县府的统一部署，各村立即开始了年关各项工作的开展，尤其过年不可缺少的文化娱乐活动很是受到欢迎，由此产生了“争抢剧团演员”的新问题。于是，德珩村在收到上述“民教字第一号”指示的两天之后，就又收到了1月13日由县长贾孝敏签发的“民教字第二号”《关于年关工作补充指示的通令》。这是1947年第一个月德珩村收到的第四份文书。

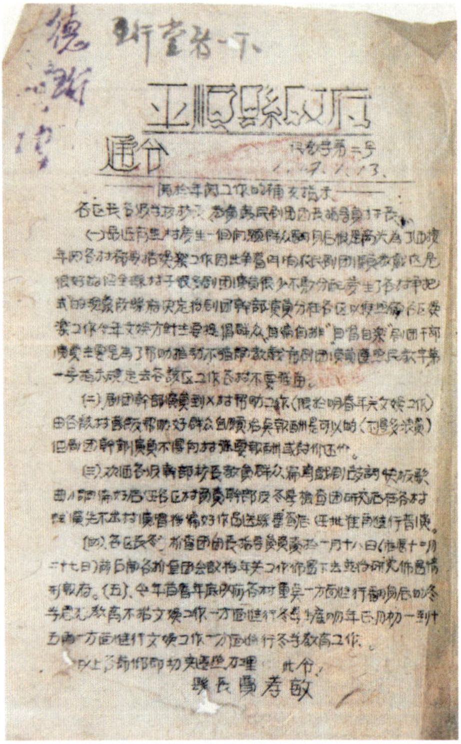

○ 1947年1月13日县长贾孝敏签发的《关于年关工作补充指示的通令》。

通令是发给各区长，各级学校校长、教员，农民剧团团长、指导员，村长的，主要是就年关的文化娱乐工作作出了五条补充指示。

通令首先指出：

（一）最近有些村发生一个问题，群众翻身后很是高兴，为了迎接年关，各村都要搞娱乐工作，因此争着叫咱农民剧团演员教戏，这是很好的。但全县村子很多，剧团演员很少，不敷分配，发生了各村

争把式的现象，故县府决定，将剧团干部、演员分在各区以便照顾各区娱乐工作。今年文娱方针，主要提倡群众“自编自排”“自唱自乐”。剧团干部、演员主要是为了帮助推动，不强调教戏，希剧团演员遵照民教字第一号指示规定去各该区工作，不要强留。

在这里，可以看出人们在翻身之后的那种喜悦，那种迫切希望过个欢欢喜喜的大年的心情，但在剧团演员不敷分配的情况下，县府一方面迅速决定把县农民剧团的干部演员分配到各区去指导；另一方面再次强调了“今年文娱方针主要提倡群众‘自编自演’‘自唱自乐’”的方针，剧团演员去主要是为了推动这一点，而不是教戏，为此，各村不要“强留”，一切在于群众的参与，一切在于排演“新剧”，演员也要遵照执行县里的这一规定。同时《通令》还特别对有关演员到区村指导文娱工作的“接待标准”，作出了明确的规定：“剧团干部演员到某村帮助工作（限于明春年关文娱工作）由各村管饭。帮助好群众自愿给点报酬是可以的（不得多浪费），但剧团干部、演员不得向村强要报酬或讨价还价。”

在这里，村里的接待是只管饭不给钱，对于帮助好的，群众可以自愿给点，但“演员不得向村强要报酬或讨价还价”。这里的规定似乎有那么一点弹性，就这是根据地接待演出的规矩，但这并不包括公家人下乡所吃的派饭，那时是要按不同标准付老乡伙食费的。需要说到的是，平顺县农民剧团正式成立于抗战胜利前夕的1945年7月17日，首任团长贾发科、指导员王志诚、书记申五孩、技术指导赵玉信；演员27人。

为了贯彻“自编自排”“自演自乐”的方针，解决村里缺少剧本的问题，《通令》专门提出了第三点要求。《通令》号召：“欢迎各级干部、校长、教员、群众”齐上阵，来“编写戏剧、快板、歌曲、小调”。由此可见文艺创作的门类。为了保证质量，适于普演，《通令》进一步规定，剧本“编好后经各区村负责干部及冬学检查团研究后在各村试演，先不出村演唱，将编好作品送县审查后，经批准再进行普演”。想必这些作品一定会以“排演新戏为主”，严加禁止带有迷信腐化者；一定会以翻身故事为主，批判国民党发动全面内战的罪行，歌颂人民群众中的生产劳动英雄；一定会以短小精干为主，由群众自行编写本村本土的事情，创作出最具乡土气息的新剧，让老乡们高高兴兴地过上翻身后的第一个美好的春节。

在笔者的《中国人民文艺丛书》中，收录了解放区历年各种优秀和较好的作品，其中就不乏1947年春节期间的很多作品，这不能不说是当年提倡群众“自编自演”“自唱自乐”文娱方针的一个历史成果，德珩村的这些“纸片子”为其做了一个很好的注解。

在最后，《通令》就年关工作再次提出了两条补充指示：一是“各区长、冬学检查团团长、指导员负责于一月十八日（旧历十二月二十七日）前召开各检查团会议，将年关工作布置下去，并将研究布置情形报县府”。二是“今年旧历年底以前各村重点，一方面进行翻身后的冬学思想教育，不搞文娱工作；一方面进行冬季生产，明年正月初一到十五再一方面进行文娱工作，一方面进行冬学教育工作。以上各节仰即切实遵照办理，此令”。在这里，《通令》对节日工作再次作出具体安排，并强调了过年与教育、生产两不误的要求。

第四件：学生放假积极参加冬学年关文娱活动

在1月13日同一天的同一张“麻头纸”上，除了《关于年关工作的补充指示的通令》之外，还印有一份同样由贾孝敏签发的“教字第一号”《关于各级学校放寒假日期决定的通令》。《通令》是发给各区长、各级学校校长、教员、村长、义务教员的，主要是通知高小、初小和冬学各学校，寒假、春节放假的时间及对教员和学生活动的安排。

这是1947年第一个月德珩村收到的第五份文书，具体如下：

本学期将完了，兹将各级学校放假日期规定如下：（一）各高小于一月十七号至二月十六号放假一月，二月十七号开学。假期内应进行工作：1.各校自行布置假期学生作业。2.各校校长、教员、学生研究组织参加各该区村冬学及年关文娱工作，高小校长、教员准备明年元宵节后来县开会研究交流教学经验及高小新方针。（二）各村初级小学（试验小学、各高小初级适用）于一月十七日至二月七日放假三星期，八日开学。假期内应进行工作：1.学校自行布置假期学生作业。2.各教员回家后，负责组织本村儿童参加年关文娱工作，并帮助村上冬学文娱工作。（三）各村冬学于一月二十一日（旧历三十）至二十三日（正月初二）放假三日。

在这里，高小、初小学校和冬学的学生放假的时间和活动，都是不一样的。高小放假一个月，初小放三个星期，参加冬学的人员只放三天年假；无论高、初小的学生一律都有寒假作业；并要在教员的带领下参加村里的年关文娱活动。这里最忙活的要数作为知识分子的高小校长和教员，不仅要组织学生参加该村的文娱工作，还要准备节后的教学经验交流会，更要像《通令》最后“附注”所说的，“参加各区冬学检查团之各高小联合校长、教员、剧团干部，仍照民教字第一号指示进行工作”。这就是德珩村“纸片子”记录下的当年学校校长、教员、学生将要度过1947年年关的有关情形。

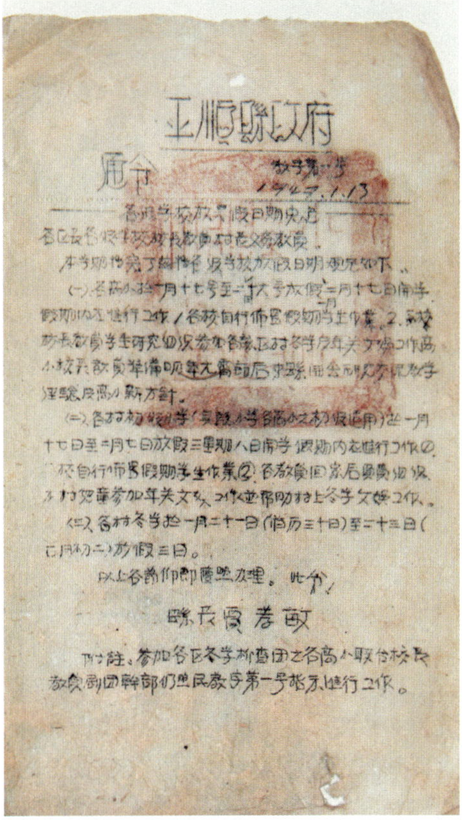

○ 1947年1月13日，县长贾孝敏签发的《关于各级学校放寒假日期决定的通令》。

第五件：急烈开展冬季生产保证前线军需供应

德珩村收到的1947年第一个月第六份文书，是一份与《关于年关开展拥军优抚文化娱乐工作的指示》同一天由县长贾孝敏发来的指示。这就是直接发给各村村长、财政主任和生产主任的《关于急烈开展热火朝天的冬季生产结合翻身运动保证前线军需供应的补充指示》。这份补充指示，显然没有同一天发来的那份布置开展拥军优抚、文娱工作的指示轻松，因为这是一项大年未到，为保证前线军需供应，必须“急烈”开展的征收“比去年高六倍”统累税款的“热火朝天”的运动。

为了保证这次运动的顺利开展和征收任务的完成，《补充指示》像以往一样教育先行，首先讲清它的重要意义，指出：

咱县本年应负担边区统累税款已派到村，这次，群众可能有些抵触，又加上翻身运动在冬季生产上又没有大量开展，群众出款便感到困难。因此咱们应在冬学展开讨论，使群众认为今年的负担重，是为了给自卫战争的反攻胜利打下雄厚的物质基础，争取翻山头，打垮蒋介石。因此，我们不怕负担重。

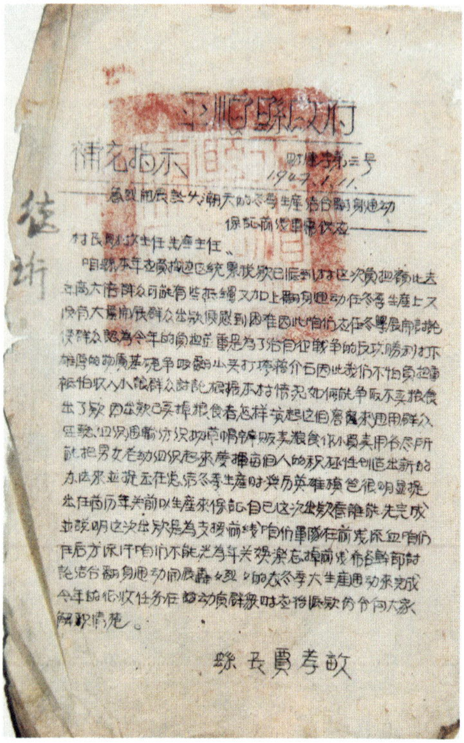
补充指示 财字第三号
1947.1.11.
——急烈开展热火朝天的冬季生产结合翻身运动 保证前线军需供应——
村长、财政主任、生产主任、
咱县本年应负担边区统累税款已派到村，这次负担额比去年高六倍，群众可能有些抵触，又加上翻身运动在冬季生产上又没有大量开展，群众出款便感到困难。因此咱们应在冬学展开讨论，使群众认为今年的负担重，是为了给自卫战争的反攻胜利打下雄厚的物质基础，争取翻山头，打垮蒋介石。因此我们不怕负担重，只怕收入小。让群众讨论，根据本村情况，如何能争取不卖粮食出了款……
县长贾孝敏

○ 1947年1月11日，县长贾孝敏签发的《关于急烈开展热火朝天的冬季生产结合翻身运动保证前线军需供应的补充指示》。

在这里，贾孝敏县长提出了一个统累税款征收“负担额比去年高六倍”的数字，这在连年战争和灾荒不断，再“加上翻身运动在冬季生产上又没有大量开展”的情况下，群众出款感到困难，就一点也不让人感到奇怪了。但这些，对于老区人民，特别是经过土改翻身得解放的人民来说，通过冬学展开讨论，使他们认识到这么做的政治、军事意义，他们就会不怕负担重，这就是老区的人民。

但是“不怕负担重，就怕收入少”，没有钱，不怕也不行。为此，《补充指示》提出，展开讨论时要解决好三个问题：一是要“让群众讨论，根据本村情况，如何能争取不卖粮食出了款？因出款已卖掉粮食者，怎样填起这个窟窿来？运用群众经验，组织运输、纺织、搓草帽辫、贩卖粮食、做小买卖，各尽所能，把男女老少组织起来，发挥每个人的积极性，创造出新的办法来”。

二是要“提出在总结冬季生产时，奖励英雄模范，很明显（确）地提出（要）在旧历年关前以生产来保证自己这次出款，看谁能先完成”。

三是特别要向群众“说明这次出款是为支援前线，咱们军队在前线流血，咱们在后方流汗，咱们不能光为年关娱乐忘掉前线”。最后《补充指示》希望“各干部讨论结合翻身运动开展轰轰烈烈的冬季大生产运动来完成今年的征收任务。在动员群众时，应将派款命令向大家解释清楚”。

总之，就是要在现有条件下，调动大家的积极性，“八仙过海、各显其能”，采取一切能采取的办法，大到组织运输，小到做个小买卖，努力增加收入；要奖励英雄模范，发挥其示范作用；特别是在“前方流血、后方流汗”的年关之际，不能只想“年关娱乐忘掉前线”，必须结合翻身运动开展冬季大生产运动，完成今年这“高于去年六倍”的征收任务。

第六件：平顺县有了自己的农业试验场

这是临近春节德珩村村长所收到的1947年1月19日由县长贾孝敏签发的“平建字第三号”《关于农业试验场正式成立王云龄同志任农业试验场场长的通知》。《通知》是发给各区长、副区长及各村村长的，文字不长，只有一句话：“为了提高与推广本县农业技术等，于本月八日农业试验场在本县城内东关正式成立，并委任王云龄同志为该场场长，凡今后有关提高技术及畜牧造林等各方面的意见及材料

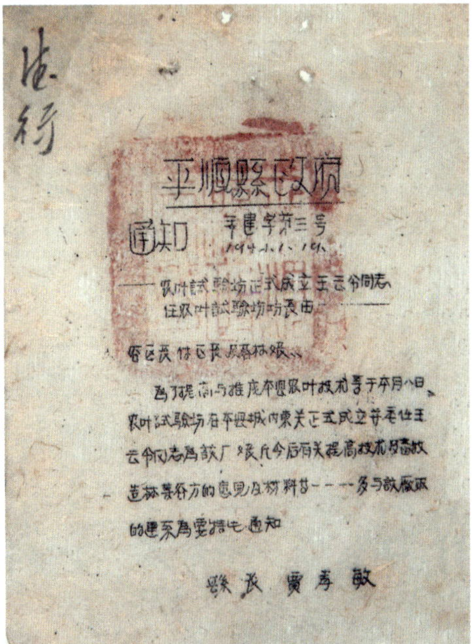

○ 1947年1月19日，县长贾孝敏签发的《关于农业试验场正式成立王云龄同志任农业试验场场长的通知》。

等——多与该场取得联系为要，特此通知。”

这同样是《大事编年》中没有收录的，考虑到一个偏僻山区的贫困小县，能够在战争环境下成立一家专门以提高与推广农业技术和畜牧造林事业的试验场，实属不易和难能可贵，故依据德玠村所收到的这一纸《通知》，以为“大事”，特收录在此。

第七件：派征1947年度第一期军鞋

这是德玠村村长收到的1947年1月28日由县长贾孝敏签发的《关于派征1947年度军鞋的命令》，这时已是旧历的正月初六，是德玠村村长在年初收到的第八份文书。

该派征军鞋的命令与往年的派征命令没有多大的区别，也几乎去掉了所有“穿靴戴帽”式的前言后语，直截了当向德玠村下达了1947年上半年第一期派征军袜鞋116双、应征鞋料款43300元的任务，以及限“二月底

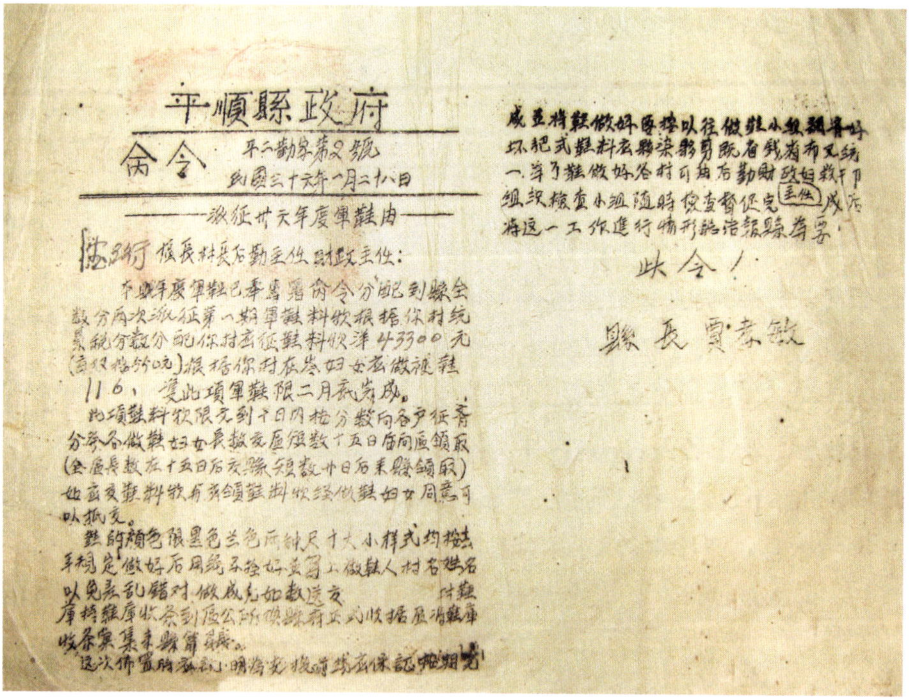

平顺縣政府

命令 平二勤字第[illegible]號 民國三十六年一月二十八日

——派征卅六年度軍鞋由——

德玠村 村長 村長 右勤主任 財政主任：

本縣年度軍鞋已奉專署命令分配到縣全數分兩次派征第一期軍鞋料款根据你村統累稅分數分配你村應征鞋料款洋43300元（每双按[illegible]元）根据你村在卷妇女應做襪鞋116、雙此項軍鞋限二月底完成。

[illegible]

此令！

縣長 賈孝敏

○ 1947年1月28日，县长贾孝敏签发的《关于派征1947年度军鞋的命令》。

完成”的期限，军鞋的颜色、样式以及相关的要求。最后特别强调“这一次布置时应说明为支援前线，应保证按期完成并将鞋做好”。因这是新年伊始、紧张忙碌的年关一月所发生的事情之一，故也简录在此。

第八件：开展尊干爱民运动，庆祝正月十五翻身节

这是德珩村村长收到的1947年1月30日由县长贾孝敏签发的《关于即速开展拥干爱民运动的指示》。这一天是阴历的正月初九，距正月十五元宵节还有六天时间，阳历一月份还有一天就要过去，这也是德珩村在当月收到的最后一份，即第九份县里来的文书，并又迎来了一个新的运动。指示指出：“新年已过，元宵快到，我们全县的广大农民，经过去冬四十多天的查检（减）运动，大家都已翻了身，每口人都得到了二亩多地，进一步地打下了发展生产的基础。我们确定正月十五日为庆祝翻身节，在全县普遍的发动拥干爱民的高潮，更进一步的密切干部和群众的关系，使大家决心把今年的生产搞好。”

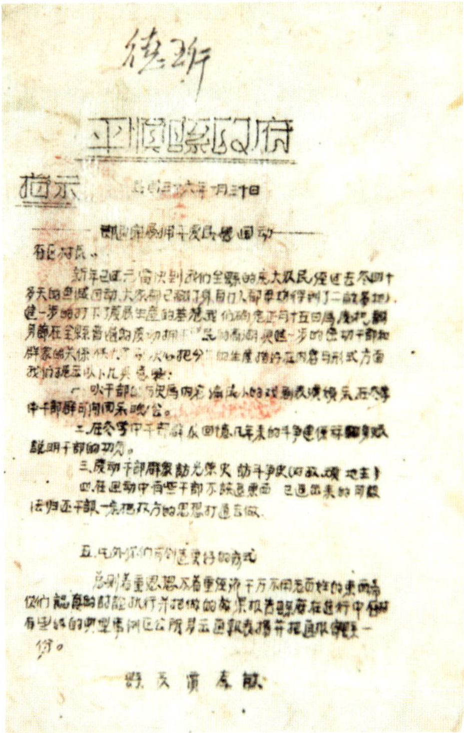

○ 1947年1月30日，县长贾孝敏签发的《关于即速开展拥干爱民运动的指示》。

据《大事编年》记载，当年一月，平顺开展了轰轰烈烈的“查减”运动，对在土改中因封建富农自动献田献物所引起的靠劳动起家新富农思想动荡的情况，认真执行“恶霸地主该斗躲不过，劳动闹富献田也不要”的查减政策，团结了群众，鼓励了劳动致富；同时针对党员干部存在的

脱离群众等不良倾向所引起的群众不满，开展了密切联系群众的教育。正是在这种形势下，县府又利用元宵节之际，决定把正月十五确定为“庆祝翻身节”，并即速在全县开展以“拥干”为主要内容的“爱民运动”，以进一步密切干群关系。为此，《指示》提出了五点指导意见：

一、以干部的历史为内容变成小的戏剧表演、娱乐。在冬学中干部、群众可开同乐晚会。二、在冬学中干部、群众回忆几年来的斗争，联系算翻身账，说明干部的功劳。三、发动干部、群众访光荣史，访斗争史（对敌、顽、地主）。四、在运动中有些干部不该退东西，已退出来的可设法归还干部，一定把双方的思想打通去做。五、此外你们可创造更好的方式。

最后，指示又特别提出：“着重思想，不着重经济，千万不要用老百姓的东西。希你们认真的讨论执行，并把做的效果报告县府。在进行中，各村有些好的典型事例，区公所多出通讯表扬，并把通报寄县一份。”

在这里，无论是以干部的历史编写戏剧，还是联系翻身账说明干部的功劳，无论是“访两史”，还是把干部不该退的东西设法归还，都旨在说明，我们的干部是爱民的，他们在长期的革命斗争中为人民作出的贡献和成绩，是值得和应该获得尊重的，他们的利益也同样应该得到保护，只不过在这方面“一定把双方的思想打通去做”才行。

这种以“拥干”为主的“拥干爱民”运动，相对同时平顺县在党员中所开展的密切联系群众教育所讲授讨论的“群众是‘核桃’还是‘母亲’”；“群众力量大，还是自己力量大”；“只管自己不管群众疾苦对吗”；“自高自大，无群众行不行”；“不劳动就不是一个好党员”；“劳动和不劳动的人谁光荣”等问题，可说是“拥干”与“爱民”都要说到的两个方面，犹如鸟之两翼，缺一不可。但作为矛盾的主要方面，党员干部要始终一心为民谋利益，密切与群众的关系，“不论在什么地方，任何时候，党都不能脱离群众，离开群众则一事无成”，这些都是平顺县委当年1月拟编写的一份《支部教材》通知中所列的课程和所说的话。

还应说到的是，在德珩村618份“纸片子”中，涉及“拥军优属”、“拥政爱民”、“拥军爱民”的文书是相当不少的，但其中所讲大多侧重的是“爱民”和“优属”，这份开展拥干爱民运动的指示，把运动的重点放在“拥干”上，则是见到的唯一一份。

（二）德珩村的1947年

以上就是在1947年初德珩村所收到的文件、所需做的事情。从中可见1947年的确是一个“翻山头的反攻胜利之际”，的确是一个“一切一切的工作应为着打败蒋介石而准备而努力”的年头，上述德珩村一个月所记载的九件事，都是围绕翻过这个“山头”而进行的。在1月份德珩村所收到的九份文书中，先后所见到的运动就有“再次开展归队运动”、“年关优抚劳军运动”、“火热的翻身运动”、“冬学教育运动”、“冬季大生产运动”、“拥干爱民运动”等。以运动的方式开展工作，在这时已成为根据地各项工作进行的最基本形式和不可缺少的载体，甚至只是几天之中开展的一项工作，也以运动的方式加以出现。这九份“纸片子”之外的事情又有哪些呢？我们要了解德珩村的1947年，首先可了解这年初的第一个月。

这一年的平顺县在支援前线上，有着骄人的战绩。3月至6月间，平顺县5300余名民兵曾先后两次参加了著名的豫北战役；9月至12月间1100多名民兵、自卫队员南下豫西，随军渡黄河作战。其间，豫北战役中，被评选为头等英雄的有23人，二等英雄的有32人，三等英雄的有350人；在南下豫西作战中，被评选出的杀敌英雄有333人；平顺县则在豫北战役中被评选为头等英雄参战县。而在3月、11月和12月3次扩兵中，平顺县就有1826名青壮年参军入伍，奔赴前线。

这一年德珩村在全年所收到的160份“纸片子”中，涉及支前、参战的文书有50余份，主要包括担架支前、义运粮食、抢修道路、缝制军鞋、代购吃油、赶制手榴弹把子，等等。

这其中有很多并没有收入《大事编年》，如在前面已经讲过的1947年4月间参加豫北战役期间的“七天三道关于调动担架队的紧急命令”；1月和8

月分别下达的“派征第一和第二期军鞋的命令”；9月为保障前线急需关于“昼夜赶做军袜的紧急通知”以及9月间“四天中区长发出五份大运粮的命令”等支前的事例，并十分罕见地见到了当年“鸡毛信”的模样。而下面要说到的，则是1947年发生在这些事情之外的几件事。

第一件：严厉惩办夺取农民翻身果实者

这是德珩村收到的1947年2月13日由县长贾孝敏签发的《关于严厉惩办夺取农民翻身果实者的指示》（标题为笔者所加）。指示是在春耕已开始，一些农民土改后所得“果实”得而复失，以及军干属所得“果实”不足、仍有“窟窿”需要解决的情况下发出的。

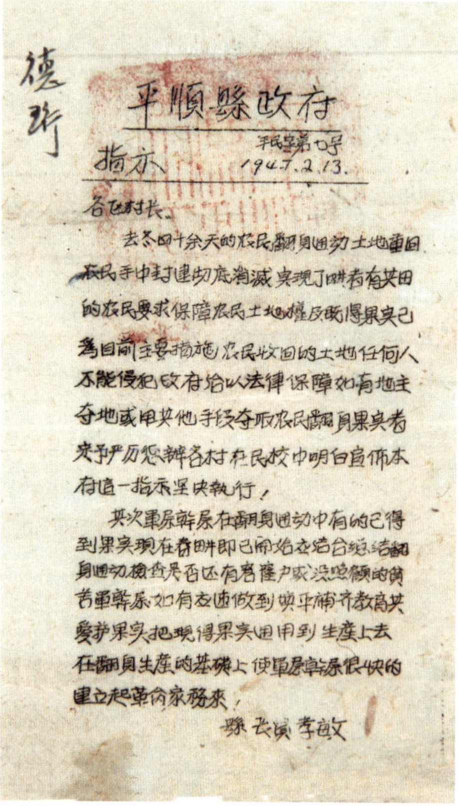
德珩

平順縣政府

指示 平民字第七号 1947.2.13.

各区村长：

去冬四十余天的农民翻身运动土地重回农民手中封建彻底消灭实现了耕者有其田的农民要求保障农民土地權及既得果实已為目前主要措施农民收回的土地任何人不能侵犯政府给以法律保障如有地主夺地或用其他手段夺取农民翻身果实者定予严厉惩辦各村在民校中明白宣佈本府這一指示坚决執行！

其次军属幹属在翻身运动中有的已得到果实现在春耕即已开始应结合总结翻身运动检查是否还有窟窿户或没照顾的贫苦军幹属如有应迅做到填平補齐教育其爱护果实把现得果实运用到生產上去在翻身生產的基礎上使軍屬幹屬很快的建立起革命家務來！

縣長賈孝敏

○ 1947年2月13日，县长贾孝敏签发的《关于严厉惩办夺取农民翻身果实者的指示》。

指示首先以严厉的措辞提出保护农民土改所获土地权的问题，指出：“去冬四十余天的农民翻身运动，实现了耕者有其田的农民要求，保障农民土地权及既得果实，已为目前主要措施。农民收回的土地，任何人不能侵犯，政府给以法律保障。如有地主夺地或用其他手段夺取农民翻身果实者，定予严厉惩办。各村在民校中明白宣布本府这一指示，坚决执行。”

在这里，指示着墨虽然不多，却十分明确地提出三条硬“杠杠”：一是保卫农民土地权及既得果实已为当前主要措施；二是政府给以法律保障，任何人不能侵犯农民收回的土地；三是如有人（地主）夺取翻身农民土地及果实者定予严厉惩办。

三项政策，在民校这一公众场合明白宣布，无疑为翻身农民撑了腰、争了气、长了脸。这无论是对于后方广大的翻身农民、军干属，还是对前方作战的战士，都是一颗大大的“定心丸”，对于调动他们大力搞好春耕，发展生产，支援前线，奋勇杀敌，都会有着极大的鼓舞作用。

除此，指示对土改后还有“窟窿”的及贫苦军干属户提出了解决意见，指出“军属、干属在翻身运动中有的已得到果实，现在春耕即已开始，应结合总结翻身运动，检查是否还有窟窿户或没照顾的贫苦军干属，如有应速做到填平补齐，教育其爱护果实，把现得果实运用到生产上去，在翻身生产的基础上，使军干属很快的建立起革命家务来！”

在这里，指示同样提出了三条：一是为没照顾的贫苦军干属和“窟窿户”所欠“窟窿”填平补齐；二是要给予他们教育，爱护“果实”，把“果实”运用到生产上去，不再让既得“果实”得而复失；三是在生产基础上，使其能很快地“建立起革命家务来”。在农村土改后，翻身农民所得土地及既得“果实”得而复失的情形在一些地方十分严重也十分复杂，上述指示所提出的各项措施，无疑为保障土改成果发挥了积极的作用。德珩村的这份“纸片子”为前述土改运动提供了一个“补充”。

第二件：关于部队干部婚姻休假的规定

这是德珩村村长收到的1947年3月12日由县长贾孝敏签发的《关于部队官兵婚姻休假等规定的通知》（标题为笔者所加），从中可以一见当年太行军区部队“从一九四七年开始对于部队干部婚姻的方针”以及部队人员休假的有关规定。

通知是发给各区、村长的，在干部的婚姻规定中，主要是转发太行军区政治部文件的相关规定，具体如下：“顷接太行行署民字第14号通知略讲：‘接太行军区政治部来函称：一九四七年开始，对于部队干部婚姻的方针，在条件上要求严格。不能自力更生的，特别是妓女、伪属（指汉奸家属）、斗争对象等不予批准；能独立工作或自力更生者（娘家或婆家），连级以上之

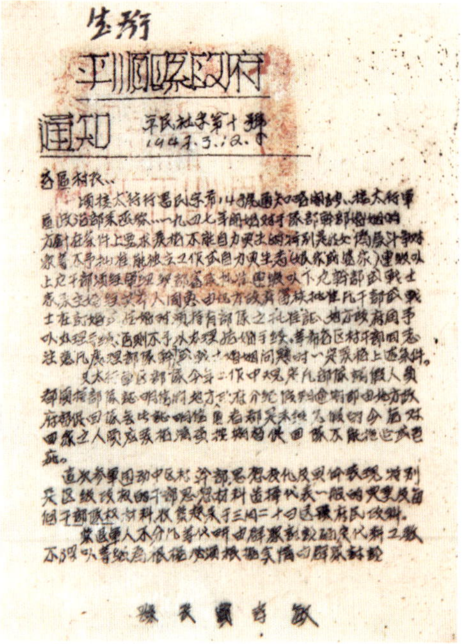
平顺县政府

通知

各区村长：

○ 1947年3月12日，县长贾孝敏签发的《关于部队官兵婚姻休假等规定的通知》。

干部，须经军区组织部审核批准；连级以下之干部或战士家属主婚，经其本人同意，由地方政府审核批准；凡干部或战士在订婚或结婚时，须持有部队批准证，地方政府再予以办理手续，否则不予办理结婚手续等。”

在这里，通知原文转发了太行军区的规定，总的要求就是，自1947年开始，在部队干部、战士配偶选择条件及其婚姻批准的方针上，要贯彻严格的要求。一是在配偶的选择条件上要严格。凡不能自力更生的，不予批准成为部队干部的配偶；凡符合能独立工作或自力更生条件者，连级以上干部必须经军区组织部审核批准，连级以下干部和战士“家属主婚”的，也要经其本人同意，由地方政府审核批准，否则无效。二是凡干部、战士订婚、结婚时，必须持有部队的批准证，地方政府才能给予办理结婚手续，无批准证者，地方政府则一律不予办理结婚手续。

对于太行军区这些规定，通知在照抄照转之后，只说了一句话：“希各区村干部同志注意，凡处理部队干部或战士婚姻问题时一定严格上述条件。”

在战争年代，与地方不同，作为部队的干部和战士，谈恋爱、娶媳妇或嫁人，都不是自己愿意就可以决定的，配偶须符合部队规定的条件，并经部队和根据地地方政府的批准才行。

这一有关军婚的规定，如果自那时算起，到后来起码执行了半个多世纪。其间，虽然具体的条件因年代不同而有所不同，但必须经过组织的批准，是一直没有变的。就是在今天，部队一些特殊的岗位，也还有着相关的规定。军婚始终是一种特殊的婚姻，而在今天，它更多地不是严格的批准，而是依法保护。如我国《婚姻法》第26条所规定的“现役军人的配偶要求离婚，须得军人同意”，就是中国特有的一种对军人婚姻的保护。德珩村全部文书中唯一一份关于军婚的“纸片子”，记下了那时部队干部结婚、找对象的组织要求。

在“一切为了前线”“保军婚就是保胜利”的思想指导下，自1930年3月闽西第一次工农兵代表大会通过《婚姻法》开始，到1949年8月绥远省《关于干部战士之解除婚约及离婚手续一律到被告所在地之县政府办理的通令》为止，苏区、根据地和解放区共颁布了约40部婚姻法律规范性文件。其中，21部包含了保护军人婚姻的条款，6部是保护革命军人婚姻的专门性法律文件。解放后又制定了一系列的有关规定，2001年11月总政治部发布的《军队贯彻实施〈婚姻法〉若干问题的规定》，则对现役军人恋爱、结婚作出了新的特别规定。

部队请假回乡须持证明信按期归队不得拖延，是指示照抄照转太行军区函中的第二项有关部队人员请假回乡的规定，这里没有讲任何的重要意义，只是开门见山地明确了规定：“又太行军区部队今年工作中规定：凡部队请假人员都须持部队证明信，向地方县政府介绍假期，逾期即由地方政府督促回队。无此证明信者都是未经允假的，今后对回家之人应严格清查，按期督促回队，不能拖延或包庇。”

规定的意思十分简单明确，即部队休假人员，一是必须持有部队证明信，凡回乡休假人员，须向县一级政府介绍假期，作为报告，并按时归队；如逾期，即由地方督促回队。二是凡无证明信者，都是未经允许回家人员，应严格清查、督促回队。

显然，这是对部队回家休假人员加强管理的一项重要措施，对于保证部队满员，区分“休假”与“逃兵”都是必须的，特别是随着战争范围的逐渐扩大和所需兵员的增多，这一措施就显得更加重要。同样，革命军人休假向地方政府报告的规定，也执行了很多年，后来就慢慢的淡出了人们的视线。

通知在布置各村按期上报“这次参加运动中”的有关材料之后，最后用一句话讲到了春耕的代耕问题。指出：“荣退军人不分几等，代耕由群众讨论确定，代耕工数不得以等级为根据，必须根据实情由群众讨论。”在这里，虽然只有一句话，却是讲到了战争中根据地始终面临和需要解决的一个大问题，即有关代耕的工作。

代耕，即由村民出工代替烈军干属及荣退军人进行农田耕作的一种优抚形式，这是根据地实行优抚经常遇到的一个问题，是德珩村“纸片子”中经常见到的字眼，给人留下挥之不去的印象。随着大量青壮年的参军入伍，支援前线，各村军烈荣退及其家属数量急剧增多，致使春秋两季生产之时，需要优抚代耕的人家很多，任务繁重，由此如何代耕，采取什么形式，代耕多少，如何计工，折工多少，是一系列十分复杂的利益问题，在不同的形势之下有着不同的方式方法。而在1947年“翻山头”之年，参战支前的大量增多，使这个问题更加突出。《指示》中一句“荣退军人不分几等，代耕由群众讨论确定”，使这一复杂的问题简单化了；也由此从上面“推”向了下面，从而也记录下当年群众代替领导“做主”决定代耕的一个侧影。

第三件：“三不三先”，不同一般的中秋节

中秋节前夕，德珩村在同一天同时收到了1947年9月23日由县长贾孝敏签发的“民字第95号”《关于中秋节拥军优抚的指示》和“民字第96号”《关于解决参战群众家中生产困难的命令》。这两份印在“一纸”上的文书，对如何过好1947年的中秋节并搞好拥军优抚工作，作出了指示，下达了命令。这时距9月29日中秋节还有六天的时间。

《关于中秋节拥军优抚的指示》是发给各区长、民政助理员、各村长的，指示首先向大家简要通报了中秋之际我军所面临的令人鼓舞的大好形势，指出：“我刘邓大军横渡黄河、歼灭蒋军九个半旅后，又在中原豫西连克

二十七城，扩大了解放区。伟大胜利使战争形势起了根本变化，全国性的大举反攻已经开始了，我们在八月十五中秋节前后，应帮助与组织军烈干属进行秋收秋耕，工作成绩庆祝我军胜利。”

在这里，指示在具体布置中秋节拥军优抚工作之前，特别讲到刘邓大军挺进中原所取得的胜利的大好形势。这既是因为它是全国战争形势发生根本转变的标志，也是因为平顺等太行人民的子弟大多参加了这支部队，参战民兵也是随其南下参加了豫西战役的。这种对胜利形势的通报，无疑会激发村民，特别是随军南下参战人员军属的热情和干劲，从而在中秋节期间帮助与组织军烈干属进行秋收秋耕，以推动拥军优抚工作的顺利开展。从中也可一见这种快捷的“形势教育”，在当时交通和通信条件都极不发达的偏僻山区，能使根据地县区村三级干部和广大群众及时了解和掌握全国战争形势的变化和发展，不能不让人佩服中共领导下的宣传教育组织机构所发出的能量和威力。一场战争的最终胜利，不仅取决于军事的胜利，更是各条战线胜利的综合结果，缺了哪一个方面也不行。

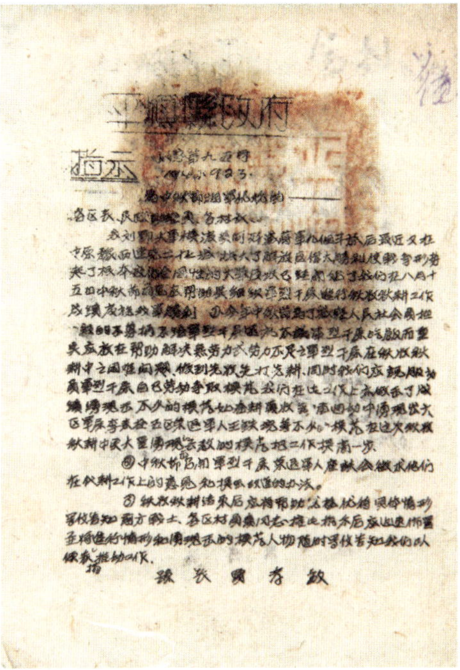
指示

县长 贾孝敏

○ 1947年9月23日由县长贾孝敏签发的《关于中秋节拥军优抚的指示》。

随后，指示提出了三条具体要求：

①今年中秋节，为了减轻人民的社会负担，一般的不募捐，不给军烈干属送礼，不请军烈干属吃

饭，而重点应放在帮助解决无劳动力或劳力不足之军烈干属在秋收秋耕中之困难问题，做到先收、先打、先耕。同时我们应说服动员军烈干属自己劳动，争取模范。我们在此工作上亦做出了成绩，涌现出不少的模范，如春耕夏收锄苗运动中涌现出六区军属李来栓、五区荣退军人王铁坨等不少的模范。在这次秋收秋耕中更大量涌现出无数的模范，把工作提高一步。②中秋节召开军烈干属、荣退军人座谈会，征求他们在代耕工作中的意见和提出改进的办法。③秋收秋耕结束后应将帮助优抚优待具体情景写信告知前方战士。各区村负责同志接此指示后，应迅速布置并将进行情形和涌现出的模范人物，随时写信告知我们，以便表扬推动工作。

在这里，指示明确提出为了减轻人民的社会负担，在全国性的大举反攻已经开始了的时刻，过一个以解决军烈干属秋收秋耕困难的“新式”中秋节，一改以往优抚的“募送吃”，做到“三不”，即“不募捐，不给军烈干属送礼，不请军烈干属吃饭”；把优抚的重点放在帮助军烈干属解决秋收秋耕中的困难上，做到“三先”，即在秋收秋耕中，做到“先收、先打、先耕”。同时把“吃饭”改为征求意见和办法的座谈会；在开展“三先”的时候，动员军烈干属自己劳动，争做生产的模范；并将这一切写信告知前方的战士。所有这些优抚，对于在今年“统累税”征收高于去年的情况下，减轻人民的负担，合理使用民力，更好地支援前线，巩固和发展部队，都会发挥积极的作用。以这种办法作为中秋佳节优抚军烈干属的形式，不能不说是一种群众得真实惠的好形式，一个量力过中秋的好点子。

在中秋之际解决军烈干属秋收秋耕困难的同时，县府并没有忘记其时随军南下参加豫西战役的参战群众。由此在同一天，县长贾孝敏根据专署命令，又签发了《关于解决参战群众家中生产困难的命令》，并同样提出了立即组织群众对参战群众家中的生产困难采取“先收、先打、先耕”的“三先”办法加以解决。为对照与前指示之异同，现将该命令全文照录如下，一见中秋之际县府专为解决随刘邓大军南下参战群众家中生产困难所下的命令：

根据目前形势发展，我军正在准备力量全面大反攻。这次刘邓大军南下，我县各区村有不少群众参战随军南下过河，顷接前方来函反映，这些群众在前方工作积极，情绪高涨，惟对目前家中生产情形，甚为惦念。我们为适当解决这些困难，使参战群众在前方安心工作，根据专署命令，兹决定如下：各区村接令后，应立即组织群众对参战群众家中之生产困难具体帮助。在秋收秋耕工作中，应做到对参战群众先收先打先耕，组织参战家属所有劳力、男女老少都参加秋收秋耕，并将帮助参战群众解决困难之工作，告知前方参战群众，随时告知我们，此令。

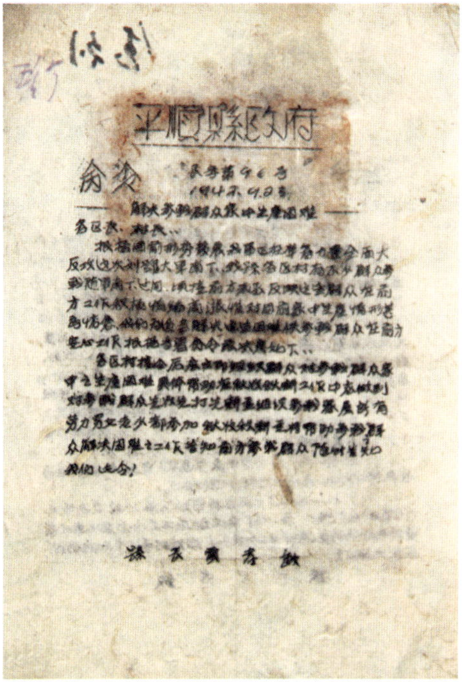
平顺县政府

命令

○ 《关于解决参战群众家中生产困难的命令》。

在这里，既让人感受到政府对军烈干属和参战群众的实实在在的关怀，也让人不时感受到德珩村的村长们带领一帮老人、妇女和少量劳力，过中秋节的不易，这些村长们的奉献，又有多少写进了大事记。这就是德珩村的"纸片子"所记录下的1947年德珩村中秋节的片断。

第四件：可以由村里开支请参战民兵吃顿饭

这是距中秋节之后一个多月时间，德珩村所在区参加豫西战役群众胜利归来之后，德珩村村长和政治主任（支部书记）所收到的1947年11月2日由区长陈士贤、副区长王长锁、区委（区委书记）岳培瑄联合签发的《关于欢迎参战民兵归来有关工作的通知》（标

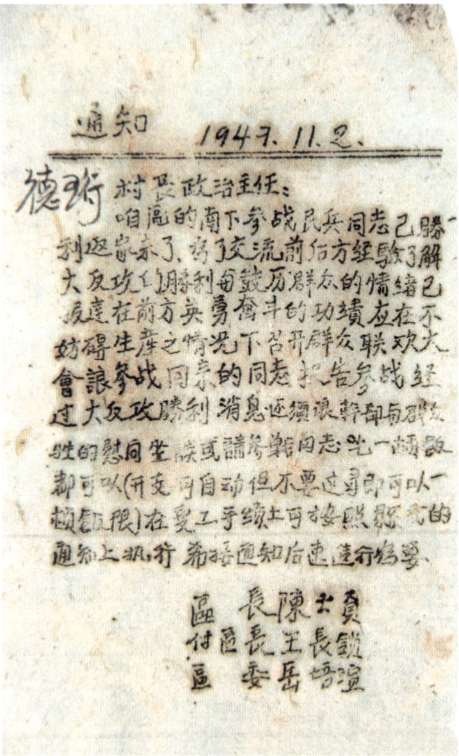
通知 1947.11.2.

德珩村長政治主任：

○ 1947年11月2日，区长陈士贤等联合签发的《关于欢迎参战民兵归来有关工作的通知》。

题为作者所加），记载了当年一个欢迎支前民兵胜利归来的小故事。《通知》不长，不到200字。内容如下：

德珩村长、政治主任：

咱区的南下参战民兵同志已胜利返家来了。为了交流前后方经验，了解大反攻的胜利与鼓历（励）群众的情绪，已（以）报达（答）在前方英勇奋斗的功绩，应在不妨碍生产之情况下，召开群众联欢大会，让参战的同志报告参战经过，大反攻胜利的消息，还须让干部与群众性的慰问座谈或请参战的同志吃一顿饭都可以（开支可自动，但不要过多即可，以一顿饭限。在变工手续上，可按照县武的通知上执行。希接通知后速速行为要。

在通知中有许多文字不通的地方，但所说的欢迎事项是既隆重热烈，又简单朴实。召开一个群众联欢会，让参战回来的同志报告参战经过和大反攻胜利的消息，以鼓励群众的情绪；组织一个慰问座谈会，干部、群众与参战同志一起进行交流，以表示关心和慰问；请参战同志吃一顿饭，以联络感情，进一步密切关系；在变工手续上（注：参战人员在外参战可按县区规定将其折算为一定数量的“出工”享受相应的一些待遇）按县武委会的规定执行，享受相关的待遇等，使参战群众感到一种温暖和光荣。但所有这些，都有一定条件的限制和要求，如群众联欢大会应在不影响生产之情况下召开；吃饭的开支由县里特允，可由村里支出，但不能过多，以一顿饭为限；支前变工统一按县武的通知执行，不能随意为之。可见那时对参战人员的“奖励”是多么的隆重和节俭。这就是德珩村“纸片子”所记载的欢迎参战群众归来的故事。

第五件：不同于1946年的冬学运动

按照往年的惯例，根据地的冬天正是开展冬学运动的好时机，在1947年这个全面大反攻的年份的冬学与1946年有着完全不同的情景。

1947年12月14日，县长贾孝敏签发了《关于补充冬学的指示》。这份标明“平顺县政府教字第77号”的补充冬学指示，想必是在召开会议或已发指示之后而再次发出的。因都是冬学的缘故，没有什么新奇，《大事编年》并没有它的记载，可是这是一次在土改运动取得胜利，翻身农民特别是翻身贫雇农走上“舞台”之后，所开展的一次不同往年的文化与时事教育相

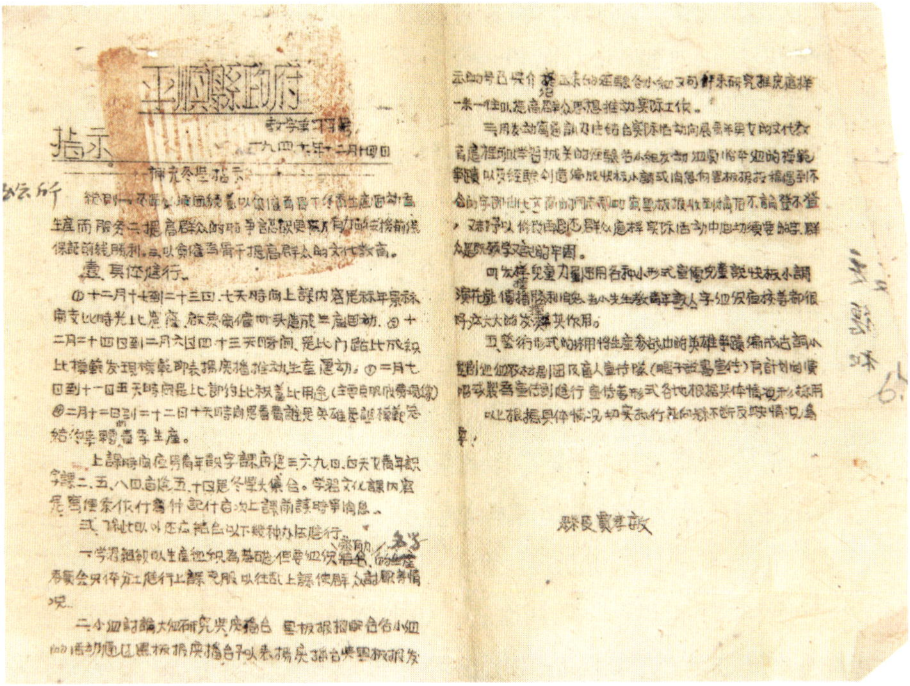
平順縣政府

指示

一九四七年十二月十四日

補充冬學指示

壹、具体進行。

縣長賈孝敏

○ 1947年12月14日，县长贾孝敏签发的《关于补充冬学的指示》。

结合的，为推动生产和支援前线进行的冬学运动，被这张“纸片子”鲜明地记录了下来。

这份冬学指示虽是补充性质的，但所说的东西却并不少，包括冬学的总则、学习内容、学习形式三个要件，每个部分都有着不同于去年的新意。

指示首先明确了冬学的三条总则：“一、冬学必须围绕着以贫雇为骨干冬季生产运动，为生产而服务。二、提高群众的时事认识，更有力的支援前线，保证前线胜利。三、以贫雇为骨干提高群众的文化教育。”

这里所说的三条总则，非常鲜明地表达了当年冬学服务生产、支援前线和文化教育的主题，反映出根据地冬学运动的进一步提高和发展，及其对发展生产、支援前线所发挥的作用。特别是，这时适应土改后各阶层政治地位所发生的变化，及时提出了以翻身贫雇农为骨干、为主要依靠对象的阶级路线，由此形成了这一年以贫雇农为骨干的冬学运动的总则。

随后，指示对冬学的时间分配、学习内容做了“具体进行”的安排，这就是“四个时段三项内容八个对比和一个看看”的设计。具体如下：

> ①十二月十七日到二十三日，七天时间上课。内容是祘年景、祘开支，比时光、比窟窿，启发贫雇带头造成生产运动。②十二月二十四日到二月六日，四十三天时间，是比门路、比成绩、比模范，发现模范即表扬广播，推动生产运动。③二月七日到十一日，五天时间。是比节约、比积蓄、比用途（主要克服浪费现象）。④二月十二日到二十二日，十天时间，是看看谁是英雄，谁是模范，总结冬学转向春季生产。
>
> 上课时间：夜，男青年识字课，每逢三、六、九日；白天，女青年识字课，二、五、八；每逢五、十是冬学大集合。学习文化课内容是，写便条，作什、写什、记什。每次上课前读时事消息。

在这里，4个学段总计55天。每个学段的白天、夜晚，“所学、所比、所看、所认”，都制定的非常详细，一切围绕总则的要求进行，无论是生产活动中的“学比看”，还是文化学习中的“识字写便条”，都突出了发展生产、支援前线。而启发贫雇带头作用和每次上课前的读时事消息，套用今天的话说，都是紧密联系了实际，而那种通过“写便条，作什、写什、记什”的学习文化的方式更是一种因人而异的好方法。这些以及下面所要讲到的解放区冬学的方式方法，都对后来新中国的教育产生过长期的影响。

最后，《指示》不吝笔墨的提出“除此以外，还应结合以下几种办法进行”，一共讲了五种办法：

> 一、学习组织以生产组织为基础，但要组织强有力的冬学委员会，具体分工进行；上课克服以往乱上课，使群众讨厌等情况。二、小组讨论、大组研究与广播台、黑板报相配合，各小组的活动黑板报、广播台予以表扬；广播台与黑板报发出的号召与介绍出来的经验，各小组又可来研究推广，这样一来一往，以提高群众思想，推动实际工作。三、用发动写通讯办法，结合实际活动开展青年男女的文化教育。这里可以学习城关的经验，各小组发动组员将本组的模范事迹以及经验，创造编成快板、小调或消息，向黑板报投稿，遇到不会的字，即由文化高的同志帮助写，黑板报收到稿后不论登不登，又都予以修改，再退还群众。这样，实际活动中迫切须要的字，群众是既愿学又记得牢固。四、发挥儿童力量，运用各种小形式宣传。儿童说快板、小调、演花戏，传播胜利消息，当小先生教青年人认字，组织夜校等，都很好，应大大发挥其作用。五、艺术形式的采用，将生产、参战中的英雄事迹，编成古词小型剧，组织农村剧团及盲人宣传队（瞎子说书宣传），有计划的演唱或制为宣传画进行宣传等，形式各地根据具体情况采用。以上根据具体情况切实执行，并向县不断反映情况为要。

这里所讲的五种办法，对于众多的“文盲”，特别是翻身后的贫雇农骨干学习文化，无疑会起到很好的帮助作用，使他们不仅学到了文化，也学到了政治，从而使他们真正成为农民中的骨干。

这些办法，虽在一村之中并不会被全部采用，正如《指示》在最后所说各地要根据具体情况采用一样，并不强求一律。但这里所要说的是，这些办法，在当时也只有根据地、解放区才会产生，并使贫雇农中的很多人后来走上了新中国党政军各级领导岗位。这就是德珩村“纸片子”所记下的1947年不同于1946年冬学的故事。

第六件：由区里发到村里的81份文书

在1947年这一年里，德珩村所收到的来自区里的各种文书，计有81份，在这些“纸片子”里，区里安排德珩村做些什么？都有什么故事？可以说，每一份都是一个故事，甚至不止一个故事。在这里就不一一记录，只打个“捆”，说一说这1947年区里来的81份文书的故事。

1.81份文书中的33个会议。

在德珩村所收到的这81份文书中，关于村干部参加区里召开的会议的通知计有33份，大略记录下区里所开各种各样的会议及其要求德珩村所做的各项工作。

按照从1月到12月的时间顺序，德珩村村长所收到的区里通知召开的33个会议依次是：1月16日由民事主任、教育主任、小学教员参加的年关拥军优抚工作会议。2月2日由财政主任、后勤主任、妇救会主席参加的财政后勤主任妇女主席会议；2月16日村干10人参加的扩大干部会议（下面专做说明）；2月18日由政治主任、村长、农会主席、武委会主任、合作社社长参加的扩大干部会议。3月8日由村长、政治主任、农会主席、妇会主席参加的“三八节”大会；3月9日由村长、政治主任、农会主席、武委会主任、指导员、副主任、公安主任、妇救主席、合作社社长、各小学校教员校长参加的扩大的村干部会议；3月15日夜，紧急通知：除原定合作社长不来，原定两天会议改为16日一天；3月16日由村长、政治主任、农会主席、武主任、指导员、公安主任、合作社长参加的扩大干部会议。4月6日由村长、政治主任、农会主席、妇救主席、合作社长、武委会主任、劳动英雄参加的扩大干部会议；4月11日由后勤主任参加的后勤主任会议，讨论运粮工作；4月17日由村长、政治主任、合作社长参加的干部会议。5月7日由民事主任参加的民事主任会议；5月9日的由各村纺织模范一人参加的纺织英雄会议；5月10日由村长、武委会主任参加的村长武委会主任会议。6月1日由工商主任参加的工商主任会议，讨论目前工商业发展及换领营业证问题；6月14日由所有医生、卫生主任参加的医生卫生主任会议，研究卫生工作；6月16日由出财政主任参加的财政主任会议，总结财政，研究统累税工作；6月24日由村公所书记参加的村书记会议；6月29日由小学教员参加的小学教员会议。7月9日由财政主任参加的财政主任会议，讨论派屯夏粮工作；7月19日由副村长等参加的副村长及造表能手学校教员会议；7月26日由后勤主任参加的后勤主任会议；7月29日由财政主任参加的财政主任会议，报告各阶层负担夏屯情况。8月6日由村长、政治主任参加的村长政治主任会议；8月9日由后勤主任等参加的后勤主任妇女干部会议，讨论派做军鞋工作；8月10日由各村正副指挥（村长、武委会主任）参加的正副指挥会议，讨论重要工作。9月8日由财政主任参加的财政主任会议，布置重要工作；同日召开由生产主任参加的生产主任会议，布置植树工作；9月10日由后勤主任参加的后勤主任会议，分配派做军袜工作。10月8日由村长、政治主任、武指导员参加的重要干部会议。11月6日由村长、政治主任参加的区村干部会议，检查收耕工作；11月12日由村长、政治主任、公安主任、武委会正副主任、指导员参加的干部会议，讨论重要工作；11月21日由村长、政治主任、武委会主任、

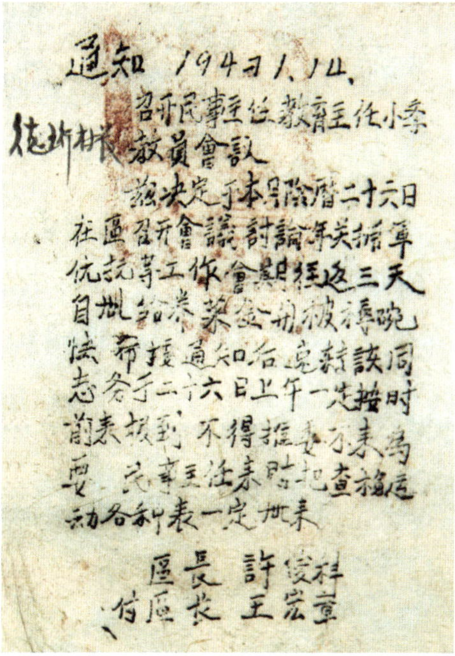
通知 1947.7.14.

德珩村长

召开民事主任教育主任小学教员会议

兹决定于本月阴历二十六日在区召开会议讨论[illegible]等工作会期经过三天自带给养菜金和被褥[illegible]希接通知后速转该同志务于二十六日上午一定按时前来报到不得推委为要 民事主任来时把[illegible]表一定带来

区长 许[illegible]

付区长 王宏[illegible]

○ 民事主任、教育主任、小学教员会议通知。

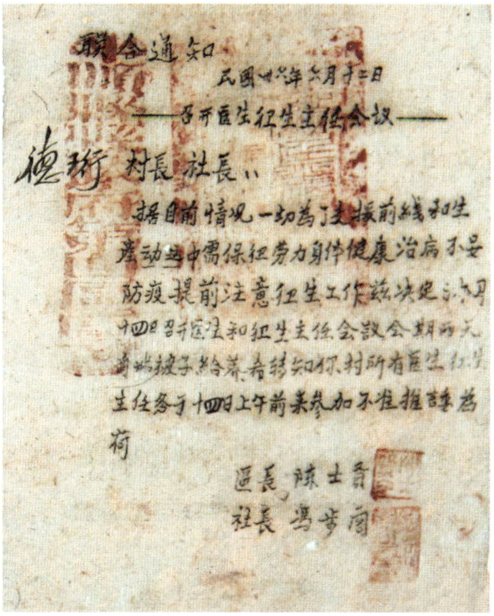
联合通知

民国卅六年六月十二日

——召开医生卫生主任会议——

德珩村长社长

据目前情况一切为了支援前线和生产运动中需保证劳力身体健康治病不要防疫提前注意卫生工作兹决定六月十四日召开医生和卫生主任会议会期两天自带被子给养希转知你村所有医生卫生主任务于十四日上午前来参加不准推辞为荷

区长 陈士[illegible]

社长 冯[illegible]

○ 医生卫生主任会议通知。

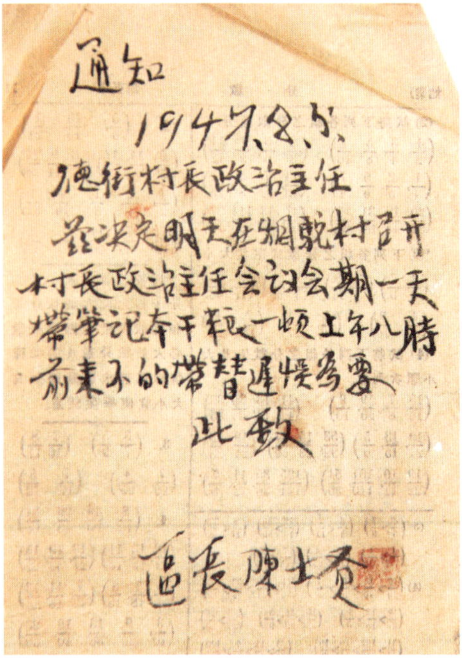

通知

1945.8.5

德街村長政治主任

茲決定明天在烟乾村召開

村長政治主任会议会期一天

帶筆記本干粮一顿上午八時

前来不的帶替遲㑇為要

此致

區長陳士贵

○ 村长、政治主任会议通知。

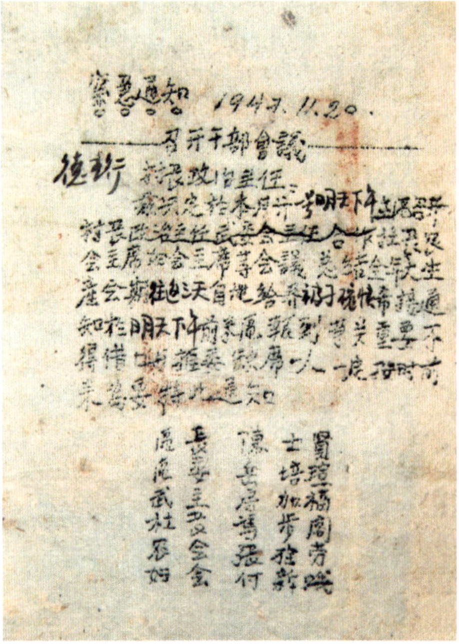

紧急通知 1943.11.20.

——召开干部會議——

德街 村長政治主任

○ 干部会议通知。

合作社社长、农会主席、妇会主席参加的干部会议。12月3日由民事主任、公安主任、小学教员参加的民事公安会议，等等。

这些会议的通知大多以“紧急通知”的形式发给村长，由村长负责通知有关人员参加。从上述会议的概况可知：一是村干部主要人员的大致组成，一见村级政权的基本架构；二是各类会议涉及众多工作领域，一见根据地基本工作内容；三是会议是从区到村指导工作的基本形式，一见当年上情下达、以会议沟通上下的情景；四是会议频繁，领受任务千头万绪，一见当年村干部工作任务的繁重。

这些会议的时间大多只是一天，长的有三四天。无论一天还是四天，在所有33个会议中，没有会议招待，除了2月1日财政、后勤主任、妇主席会议没有提及“自带粮草”外，其他所有会议都要参会人员“自带给养、菜金与被褥、碗筷”，即使召开的是“管钱”的财政主任会议，开一天会议仅一顿午饭，也要“自带一顿干粮，否则吃不开饭”。可以想见当年村干部背着被褥、给养，奔走在山间的辛苦以及其中的快乐。

而在这33个会议通知之中，除少数几份通知注明会议的内容之外，其余大多没有具体说明，只是一句“研究重要工作”，

“事关重要，不得缺席”或“不得借口推诿迟来”，使人感受到战争环境下会议内容的不一般意义。

但也有一个例外，这就是德珩村所收到的1947年2月16日由区委、区政府、农会、武委会、合作社、妇救会六部门主要领导曹俊、许俊科、张拴牢、张旺则、冯步阁、申双凤联合签发的《关于召开全区扩大干部会议的联合通知》。通知中详尽地说明了所开会议内容及其需要汇报各项工作的统计材料，这是33份会议通知中唯一的，也是德珩村“纸片子”全部会议通知中仅有的一份详说会议内容的通知，也是对其时平顺县开展的有关“查减”和“百日纺织运动”的一个补遗。

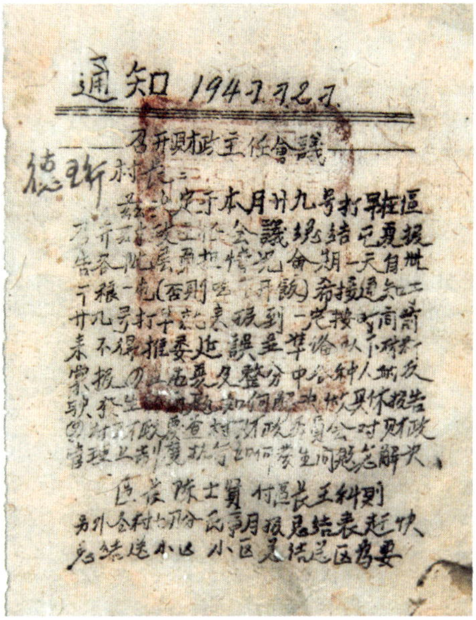
通知

召开财政主任会议

德珩村长：

○ 财政主任会议通知。

《联合通知》首先通知了召开会议的时间、内容、参加人员以及“自带粮草”的要求：“兹决定，本月十八日（阴历正月二十八）召开扩大干部会议，总结查减，布置春季生产工作。会期连来带走四天，正式开会三天；自带给养、被褥碗筷；希接通知后，务于正月二十八日下午报到。参加人数十人，有政治主任、村长、农会主席、武委会主任、指导员、妇救秘书、合作社长、生产主任、劳动英雄、纺织英雄。”这可说是区公所召开的规格最高、人数最多的一次大型会议；特别是随着中共党员的逐步公开，原来排位在村长之后的政治主任，作为“党支书”也已逐步排在了村长的前面。在其后涉及村长和政治主任都要出席的会议通

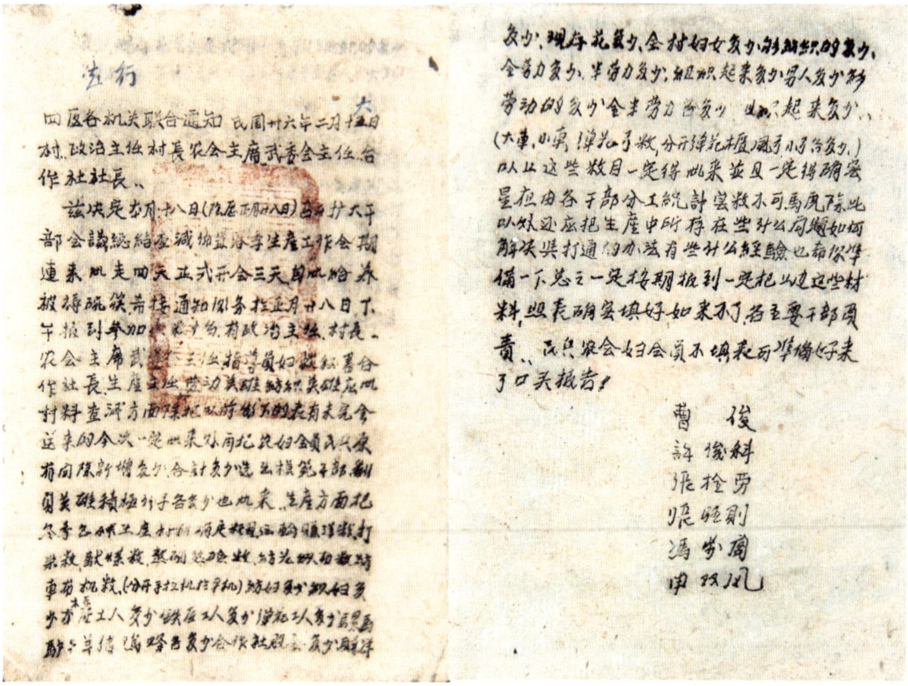

发行

四区各机关联合通知　民国卅六年二月拾六日

村、政治主任、村長、农会主席、武委会主任、合作社社長、

兹决定本月十八日（阴历正月廿八日）召开扩大干部会議，總結查減、生產工作，会期連来叫走四天，正式开会三天，自叫给养被褥碗筷，希接通知後务於正月廿八日下午报到。参加人有政治主任、村長、农会主席、武委会主任、指導員、妇救会、合作社長、生產主任、劳动英雄、纺织英雄。应叫材料：查減方面除把以前發下的表有未完全送来的今次一定叫来外，再把农妇会員民兵原有開除新增多少、合計多少，选出模範干部、翻身英雄、積極分子各多少也叫来；生產方面把冬季各种生產材料、确定經理运輸賺洋数、打柴数、馱煤数、熬硝熬碱数、纺花织布数、纺车布机数（分开手拉机与平机）；纺妇多少、织妇多少、木匠工人多少、鉄匠工人多少、弹花工人多少；骡马驴牛羊猪鸡蜂各多少；合作社股金多少、赚洋多少、现存花多少、全村妇女多少、能纺织的多少、全劳力多少、半劳力多少、組織起来多少、男人多少、能劳动的多少、全半劳力各多少、組織起来多少、（大車、小車、弹花弓数，分开弹花框风弓小弓各多少。）以上这些数目一定得叫来，并且一定得确实，是在由各干部分工統計实数，不可馬虎。除此以外还应把生產中所存在些什么问题、如何解决與打通的办法、有些什么經驗也需准備一下。总之一定按期报到，一定把以上这些材料、與表确实填好。如来不了，各主要干部负責、民兵农会妇会員不填表可准備好来了口头报告！

曹　俊

许俊科

张栓劳

张鸣则

冯学周

申玖凤

○ 1947年2月16日签发的《关于召开全区扩大干部会议的联合通知》。

知中一般都采取了这种排列顺序。

接着《联合通知》就参会人员应带汇报材料及须统计的各项工作数据提出了要求：

应带材料除，查减方面除把以前发下的表有未完全送来的，今次一定带来外，再把农、妇会员、民兵原有开除新增多少、合计多少，选出模范干部、翻身英雄、积极分子各多少也带来；生产方面把冬季各种生产材料、确定经理运输赚洋数、打柴数、驮煤数、熬硝熬碱数、纺花织布数、纺车布机数（分开手拉机与平机）；纺妇多少、织妇多少、木匠工人多少、铁匠工人多少、弹花工人多少；骡、马、驴、牛、羊、猪、鸡、蜂各多少；合作社股金多少、赚洋多少；现存花多少、全村妇女多少、能纺织的多少；全劳力多少、半劳力多少、组织起来多少、男人多少、能劳动的多少、全半劳力各多少、组织起来多少，（大车、小车、弹花弓数，分开弹花柜、风弓、小弓各多少)。

最后,《联合通知》强调:

以上数目一定得带来,并且一定得确实,星夜由各干部分工统计,实数不可马虎。除此以外。还应把生产中所存在些什么问题,如何解决和打通的办法,有些什么经验,也希你们准备一下。总之,一定按期报到,一定把这些材料照表确实填好,如来不了,各主要干部负责。民兵、农会、妇会会员不填表,可准备好,来了口头报告。

这是一份在当时内容最为详尽的会议通知,除了一般应有的时间、内容、参加人员等之外,对所需应带统计和汇报材料要求最多的一份,涉及会议总结的“查减”和开展春季生产工作的各项统计和汇报准备的事项,大大小小有50余项,这还不包括“以前发下的表”所统计过的,以及“准备好,来了口头报告”的。其中,所列统计项目之细之繁,汇报内容之具体详尽,几乎列出了生产中特别是开展“百日纺织运动”在当时所须具有的全部物质要素,不得不令人感慨当时工作的周到细致和组织的严密,以及领导者对其分管工作的“心中有数”。

以上就是1947年德珩村参加区里33次会议的记录,很多会议的具体内容和情形,也只能从通知中的参会人员来猜测个大概。但仅从数量而言,它与1946年区公所召开的48次各类会议相比,还少了十几次,那一年村干部们平均每月要有4次“自带粮草”、披星戴月奔走在往返区村的山路上。

2.会议之外的46件大事小情。

除去上述33次会议之外,区里其他48份文书所下达的各类命令、指示、通知接连不断,使村干部们一年到头的忙碌着。

2月1日,紧急通知:“全县翻身英雄大会即将开幕”,立即派专人于明天上午将“翻身展览品与献金”送区转县;同日,通知:速“于阴历正月十三日前”将“纺织概况、机动房地、打柴统计表”一并送区为要。2月2日,紧急通知(毛笔书写):“定于本月阴历十三日(2月3日)在阳高村检阅民兵”,接令后“于上午一早报到,并带铁枪、木枪武器,带来一顿干粮”,不得延误。2

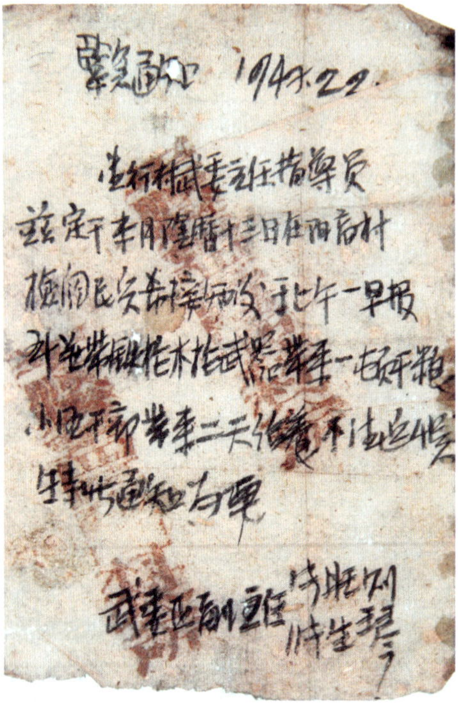

紧急通知 1948.2.29

生行村武委主任指导员

兹定于本月阴历十三日在阳高村

检阅民兵，希接通知于上午一早报

到，并带枪支木枪武器，带来一天干粮，

小队干部带来二天给养，不[illegible]

[illegible]通知为要

武委区副主任 [illegible]

○ 在阳高村检阅民兵的紧急通知。

月3日，通知：速快负责做以下两件事：为加强农民对中心工作和土地法大纲的了解和彻底贯彻，“发动你村贫雇小组订《新大众报》每月每份四张，每一份报费洋200元”；“分配各村的钢都赶快打来卖条，写明价格多少，盖上公章，于明天派专人送区上来，以便到县算账”。2月23日，通知：各村各出一名木匠“到指定小区学做延安大纺车”，“务必于二月二十三日报到”，“自带三天给养和工具”。

3月7日，通知：区长张文杰调任县府，“遗缺由陈士贤接任，已于本月7号正式接任”。3月15日夜，紧急通知：除原定合作社长不来，其他干部照常；原定两天会议改为16日一天时间。3月15日，命令：“接县指示，你村为民兵工厂代购手榴弹把子300根，每根长一尺二寸、方一寸二分，木质棍，每根一元八角。接令后立即备就，于本月底完成。”3月16日，紧急通知：“决定调你村许树生交（叫）他今次参战，担以事务长”，准备七天干粮、被褥碗筷，“今夜就来，千万不要延误”。3月17日，紧急命令：“调你村伙夫2名、事务长1名”参战，“自带鞋袜、七天干粮及碗筷、行李等”并“携带做饭用具等东西”，“立即、火速、马上调动前来区指挥部集合为要”；另“你村给前方购买吃油，速准备好民伕等通知立即就来”。3月18日，通知：接县指挥部通知，“今次咱区所调之担架、民兵近不出动，咱回村作好准备等待命令出动”。3月20日，通知：“决定你村的参战民兵、担架与干部、杂务人员今天下午到鹞坡村集中，接通知立即前去万务迟误为要”。同日，区长张文杰、政委曹二其来信：“前指示分配你村动员学徒到武乡炮弹工厂学军事工业，根据全区情况，决定由你村保证一名，条件你们知道，希见信你们很快立即动员来区报名为要。”3月22日，通知：县府来急信，因急用，速将“上次干部会议分配你村代购的手榴弹木把子如数于明天派牲口全部运往长治荫城分武工厂，运到可按一元八角算账”。3月30日，区长张文杰致信德珩村村长：“你村许路长、陈七炎二人送案不负责，无故放案，经区处理每人罚苦工十个，今讨保让回村生产。”

4月4日，“鸡毛信”紧急命令：“调前备就担架立即出动”，所准备的一切用具、行李等等全部带上，“于六日上午八时一定到阳高村大队部报到，如要迟延、缺少人员及东西，受到军事处分，特此急令”。4月5日，命令：“第一阶段战争已胜利完成，第二阶段尚未开始，令你村担架队暂不出动。”4月10日，紧急命令：接县指挥部紧急命令，“咱县民兵担架出发”，马上立即准备，11号报到阳高集齐，“如按时报不到或短少人员及东西者，由干部受

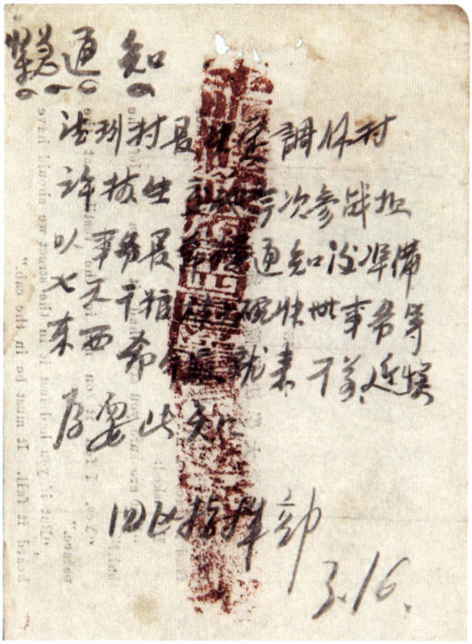

○ 1947年3月16日紧急通知。

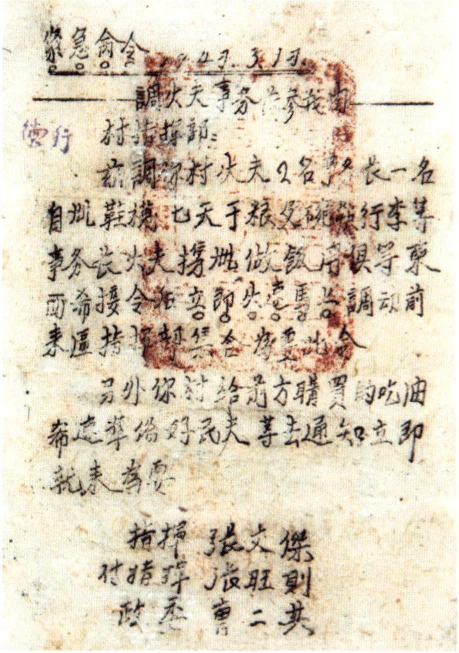

○ 1947年3月17日，调伙夫、事务长参战的紧急命令。

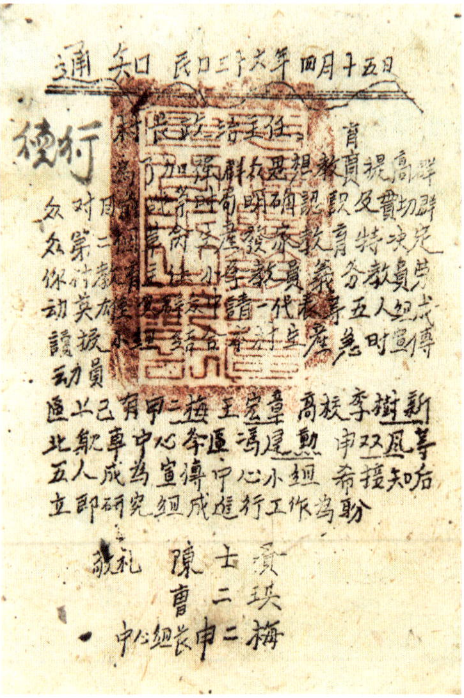
通知 民国三十六年四月十五日

楼村 村长政治主任

为了加强群众思想教育提高群众对目前战争时局明确认识及贯彻群众第二个革命生产发家教育特决定你村教育主任小学教员义务教员劳动英雄及群众中请一代表等五人组成读报小组结合本村生产急时宣传动员

敬礼

○ 1947年4月15日给村长、政治主任的通知。

到军事处分”。4月15日，通知：“为加强群众思想教育，提高群众对目前战争时局明确认识及贯彻群众第二个革命生产发家教育”，特决定“你村教育主任、小学教员、义务教员、领导英雄及群众中请一代表等五人组成读报小组，结合本村生产及时宣传动员”。

5月2日，指示：“整理村财政工作，在村政权上是一件大工作并十分重要”，按会议要求5月10日前完成的日期将到，按五个方面情况收集后于8日报区汇集报县。5月11日，指示：各村很快办理四件事：“成立荣退军人委员会”；奖励“你村参加革命的战士、在前线杀敌有功、在部队立了功的”并组织群众贺功庆祝，“可给挂立功画”，“给烈士立碑，做千古流芳的纪念”；募捐一部分钱，慰劳新兵。5月13日，命令：“军工部用粮急紧”，速给该部第六厂代雇牲口运粮一批，“特分配你村代雇运粮小米3000斤”，事关急需，一定在25日前“送交黎城南关，每斤脚价13元，交粮接收后付得脚价”。5月15日，命令：速将你村为部队代购、“保存的吃油160斤”于本月17日下午到阳高村集中，由区派负责干部代领各村直接送“林县城内交后勤指挥部接收”，“事关军需，万务延迟”。5月28日，命令：奉县府工商管理局命令，“各区增设工商干事一人，各村配备选工商主任一人”，接令后，速将备选人“姓名、年龄、职业、成分、文化程度、家庭状况列表报区”。

6月5日，指示：指导工商发展，“组织出入口对内贸易自由”。组织群众“把生产剩余品输出，如花椒、山货、药材、鸡蛋、土布、皮毛，换回群众必须的如盐、棉花等”。

记录至此，拐个弯，单独说说一份错别字连连的联合命令。6月16日，联合命令内容如下：

接到上级命令说，民主建国军在长治伏（附）近法现（发生）了报（暴）动，在前几天打了一丈（仗），消灭他们一部分，说明了我们的战争分（非）常紧张，我们的任务也就加重了，不要马皮（麻痹），接令后立即加强我们的岗哨和治安工作，清查户口、查店，防至（止）敌特打进我们内部活动破怀（坏），接令后，特（坚）决及（执）行。

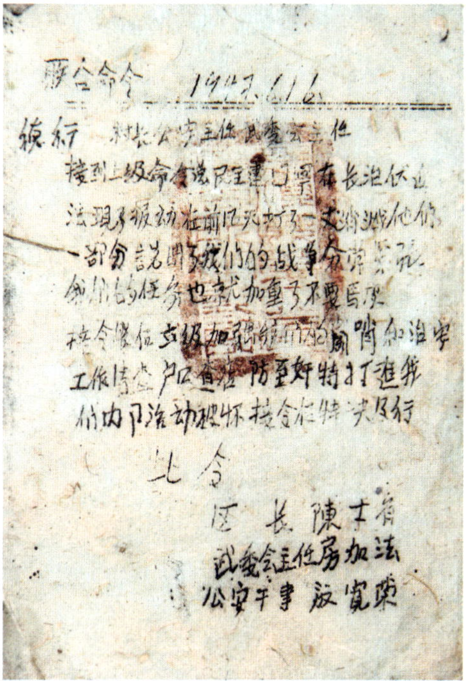

○ 1947年6月16日，由区长、武委会主任等联合签发的命令。

这是一份由区长、武委会主任和公安干事签发的联合命令，起草和印发这份联合命令的承办人应是文化水平不高，不仅命令中错别字不少，就是区长陈士贤的“贤”也没有写对，是德珩村全部“纸片子”中文字差错率最高的一份，但却记载了“民主建国军”在当年的一件大事。

6月25日，指示：公布上半年各村开展“生产救灾立功标准”，包括村合作社为救灾推销各种纺品者、粮食，纺织完成50%—60%者可立一功、保护棉苗不死一亩，可立一大功等六条标准，以及村干部在检查汇报、完成全面工作、创造模范村、能给小报写通讯等四个方面可立一功的标准。

7月20日，通报：对在纪念“七一”党的生日期间，开展的“拥护中国共产党、反对美蒋商约、节约备荒”等宣传运动中做出成绩的鸸坡村、德珩村、南、北耽车等村和一些村长进行了通报表扬，对不积极的如南郊峧村提出了批评。

8月1日，紧急指示：开展增产运动、克服灾荒，三天完成小块地、坡地、夹岸地等荒地的补种，订出计划深耕细作，不荒一分苗，开展追肥运动，整顿互助组，集体做活，渡过灾荒。8月4日，通报：对“全区在二十五号分三个小区组织检查运动，展现出以下好坏情况”进行通报，对在农业生产、纺织方面做得好的17个村进行了表扬，对2个村3户荒地157亩少产粮的问题提出了点名批评。8月10日夜，通知：劳力调查表格中关于“抗日反攻自卫战争三个时期劳力各有多少”和“参军动员情况”有关内容更正填写后，于12日报区为要。

9月1日，通知：在北耽车、安乐两村建立牲口市场，每场有一人管理，“每月阴历初三、二十三两天”；有买卖调换牲口者，经过市场交易调换，“决不能私买私卖，防止隐税不报”。9月7日，通知：“上次通知分配你村给军工部代购之熟铜”，因“各村反映均感缺乏很难完成任务”，现“暂停止给军工部代购铜”。9月12日，通知：根据自春到现在半年大旱灾荒，注定咱区半数之村灾荒已成事实，群众是已受到严重打击，为扶助群众数量力量，银行调剂生产贷款100万元，“兹分配你村7万元”，“保证贷到灾荒重的户与农民户手里去，而且更要保证用在生产用途上”。

10月26日，指示：在我军大举反攻胜利广泛开展之下，动员一切力量支援前线军需，“县已派区本年秋屯粮数目甚大，速动员群众突击碾米，在三十一号前完成，十一月五号完成屯粮工作”；在秋收耕垈地中，进行评选英雄模范，“注意成分是贫雇农才好”；“展开大反攻宣传，多交公粮打胜仗”。

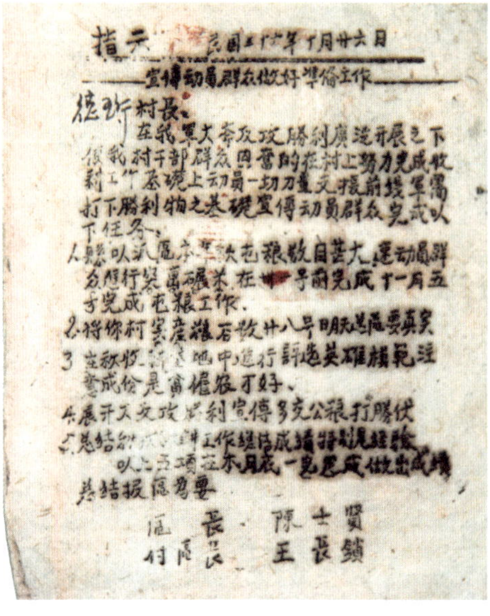
指示　民国三十六年十月廿六日
——宣傳動員群众做好準備工作——
[illegible]村長：
在我軍大舉反攻勝利廣泛開展之下 你我村干部群众[illegible]在村上努力完成秋耕工作基礎上動員一切力量支援前線軍需打下勝利物之基礎宣傳動員群众完成以下任务：
1.縣以派區本年秋屯粮數目甚大，速動員群众突擊碾米在卅一号前完成十一月五号完成屯粮工作。
2.將你村實產粮石數廿八号明天送區要真實
3.在秋收[illegible]地中進行評選英雄模範注意成份是貧雇农才好。
4.展開大反攻勝利宣傳多交公粮打勝仗
5.總結[illegible]工作組織成績[illegible]經驗
以上五項在本月底一定完成做出成績總結報區為要
區　長　陳士賢
付區長　王長鎖

1947年10月26日通知。

11月2日，通知：“咱区的南下参战民兵同志已胜利返家来了，为了交流前后方经验，了解大反攻的胜利与鼓励群众的情绪”，可在不影响生产的情况下，采取召开群众联欢大会、慰问会以及“吃一顿饭”等形式，“速进行为要”。同日，区长陈士贤给“许海生同志”来信指示（毛笔书写）：“由你村柴草各4000斤一定按时送来到。另外，你村再准备柴草各2000斤，预防运粮人多了再到你村住宿休息。”11月5日，区长陈士贤给“许村长”来信指示（毛笔书写）：你村送来偷盗犯徐培芳经区署教育审问，承认有关偷盗事实，“希调查清失主，让该犯迅速包赔。”并处该犯“十个苦工（村上不能随便使用），让他回家生产”。11月8日，通知：决定于本月11日开始，用3天时间，小区队与队、村与村之间相互检查秋垡地及全年生产成果检查；全区16个村共划分5个小区进行，德珩、鹞坡、后家滩三村为一小区。

12月1日，命令：“今年五六月间分配你村给军区炸药所代购之手榴弹木把子至今还没有送齐，因此工厂将有停工，影响前线军火供应，希接令后，将欠之木把子于五号前扫数交长治西街太行军区炸弹所以供军用为要。”12月4日，通报：“阳高、王曲、实惠等三村转向冬季生产成绩大”，建议区村干部在冬学展开讨论。12月8日，联合通知：为了给群众治病便利，保护生产劳力，决定全区培养20几个医生，根据你村情况应培养一个医生，10号把姓名、年龄、成分报联社卫生股，事关重要，切勿忽视。具体条件“1.以贫雇为骨干；2.家庭及本人没问题的；3.30岁以下、1.7米以上男女都行”。

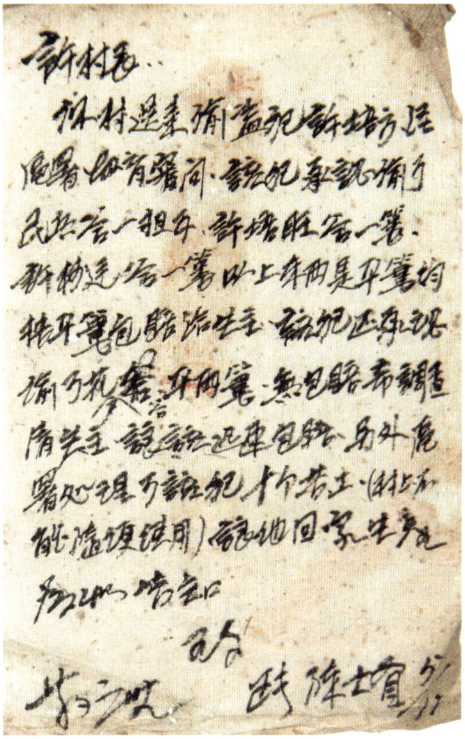

○ 1947年11月2日，区长陈士贤给许海生的信。

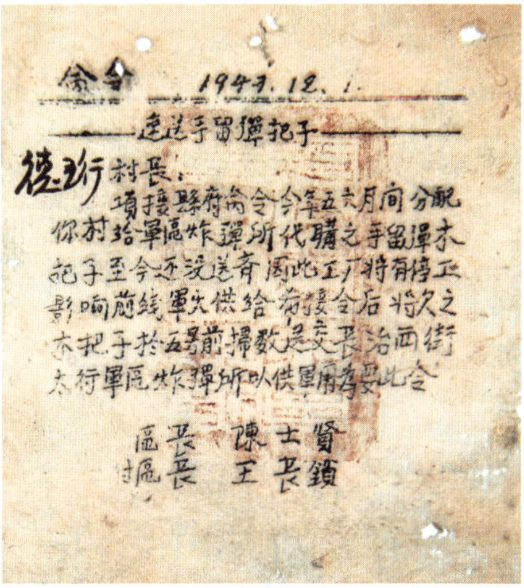

命令 1947.12.1.

速送手留弹把子

德珩村長：

頃接縣府命令今年五六月间分配你村给軍區炸彈所代購之手留彈木把子至今还没送齐 因此工厂将有停工 影响前线軍火供给 希接令后 将欠之木把子於五号前掃数送交長治西街太行軍區炸彈所以供軍用為要此令

區長 陳士賢

副區長 王長鎖

○ 1947年12月1日，速送手榴弹把子的命令。

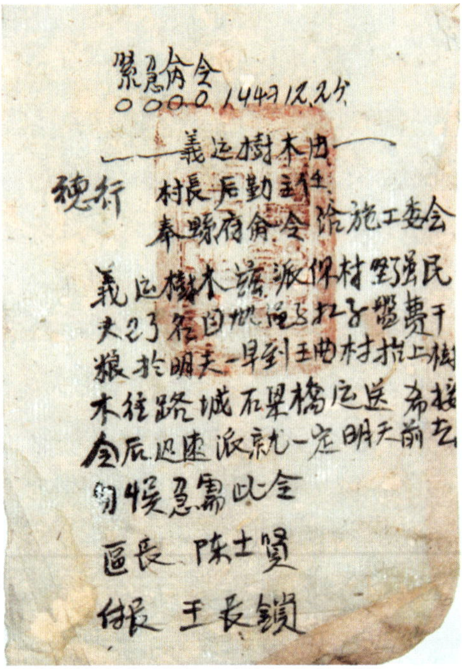
紧急命令 0000.1447.12.25
——義運樹木用——
德珩 村長 居勤主任
奉縣府命令 給施工委会
義運樹木 該派你村堅强民
夫23名 自帶繩子杠子盤費干
粮 於明天一早到王曲村抬上樹
木往潞城石梁橋運送 希接
令后迅速派就 一定明天前去
勿悮急需 此令
區長 陈士賢
付長 王長鎖

○ 1947年12月25日，义运树木的紧急命令。

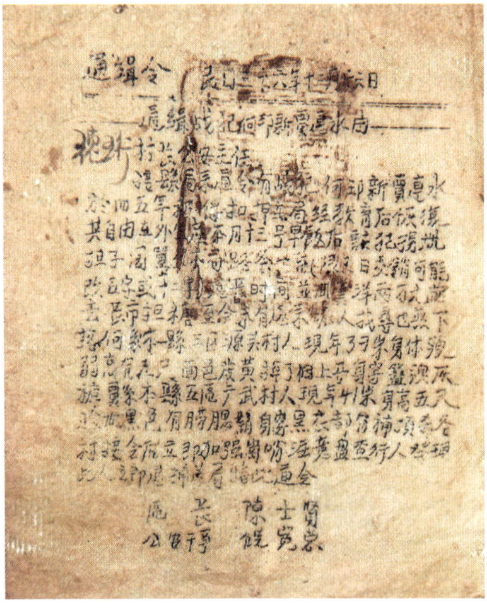
通緝令
區長 陳士賢

○ 1947年12月26日通缉战犯的通知。

12月22日，区委书记岳培瑄给德珩村村长陈德锁写信，告知在下边“要认真检查贷款很快转给雇贫手里，给雇贫找出生产门路”。12月25日，义运树木紧急命令（毛笔书写）：“派你村坚强民伕23名，自带绳子、杠子、盘费、干粮，于明天一早到王曲村抬上树木往潞城石梁桥运送”，“一定明天前去，勿误急需”。12月26日，通缉令：通缉战犯何邦新、贾连水，二犯“于45年被俘扣押本局，经教育后恢复其自由在外，十三号早饭后拐带担子等物、本局路条、洋两万元担糖”潜逃，希各村接令后“立即加强岗哨，注意盘查行人，发现此人立即逮捕送局”。

至此，自2月1日至12月26日止，由区里向德珩村所下达的这43份文件中，有些是前面的叙述中从未提及的；有些则为之前有关会议通知提供了相关内容的补充说明或注脚；有的则记载了若干在当时有影响的历史事件，如“民主建国军”的叛变事件在当时当地的影响，等等。限于篇幅，这里不再一一赘述，1947年德珩村的故事就写到这里。这些大事小情，每一件都是一个过去的故事，都是一段鲜为人知的往事。

由此，德珩村进入了1948年。

六、1948年1月—1948年12月

“打到南京去，活捉蒋光头”，是德珩村所收到的1948年2月15日区公所、区委会在《关于开展〈土地法大纲〉宣传活动情况通报》中，表扬北耽车村在春节期间进行土地法宣传活动时自编自演节目的一出“剧名”，道出了1948年那一年在中国，在德珩村发生的故事。

这一年，解放战争进入了第三年。经过两年半的较量，国民党军队及其政权开始走向全面崩溃。中国共产党适时提出的讨论并实现召集人民代表大会，成立民主联合政府，建立一个新的中华人民民主共和国的建议，得到最广泛的拥护。“打到南京去，活捉蒋介石”成为解放区一句最为响亮的口号。

1月1日，蒋介石发表了《继续八年抗战精神，肃清匪患安定民生》的元旦广播词，宣称一年内消灭共军主力，全国各地的“散匪”也可望在一二年内肃清。而此时，解放区已有县城488座，面积239万平方公里，人口1.68余亿。4月30日，中共中央发出纪念“五一”劳动节口号，号召召开没有反动分子参加的新的政治协商会议，筹建民主联合政府。5月9日，晋察冀和晋冀鲁豫两个解放区及其领导机构合并，组成华北局和华北联合行政委员会。8月，华北临时人民代表大会选举组成华北人民政府，9月26日，华北人民政府正式成立，董必武任主席。这时的德珩村又有了新的归属。9月12日至次年1月31日，人民解放军先后取得辽沈、淮海、平津三大战役的胜利，歼敌154万余人。1948年11月1日，中共中央军委统一全军组织及部队番号，规定团和分区以上各部队番号均冠以“中国人民解放军”的字样。此时，解放军总兵力增加到310万人，国民党军队总兵力下降到290万人，解放军在质量和数量上都取得

了优势。12月25日，中共宣布了包括蒋介石在内的第一批头等战犯43人的名单。至此自1947年7月1日到1948年12月31日两年半的时间里，解放军共消灭国民党军207个整师433.1万余人，解放城市270余座。也就在这一年的最后一天，蒋介石召集党政军要员开会竟日，研究“下野”文稿，四易其稿。蒋介石及其蒋家王朝的灭亡指日可待。

在这决心“打到南京去，活捉蒋介石”的一年里，德珩村所在的平顺县继续进行着土地改革、发展生产、支援前线的各项工作。只不过这时，解放战争的“枪声”似乎离他们越来越远，支援前线的紧急命令似乎也没有了以往的频繁和紧迫，而土改、生产、党建三项任务，则成为老区平顺更夺人们“眼球”的大事。

在德珩村所收到的1948年来自县、区的128份“纸片子”中，除了继续以往那些不能缺少的支前“活计”外，记载的虽也都是生产、土改、党建三大任务，但都是其中的“小故事”，却似乎又远比那些更丰富、更出彩，或更鲜为人知，生动书写着新中国即将诞生的前一年的陈年往事。这里仅辑录如下几件：

（一）支援前线是老区人民的本份和责任

八年抗日战争、三年解放战争，长达十几年时间，支前已成为老区人民的一种本份、一种义不容辞的责任以及一项一如既往的工作，正如县长赵军在命令中所说，“没有群众支前，胜利是不可能的”。

1948年在“打到南京去，活捉蒋介石”口号的激励下，德珩村依然在支前路上紧赶慢赶着，这就是前面早已经讲到过的德珩村所收到的1948年3月31日，由区指挥徐永祥、副指挥房加伏、政委白汝林签发的那封罕见的《关于调参战民兵担架参战的紧急命令》的“鸡毛信”；1948年9月15日到21日，由区长徐永祥连续签发的五份《关于全区牲口出动大运粮的命令》和紧急通知以及县长赵军于11月20日下达的《关于全县开始大运粮的命令》，等等，一见当年为支援前线所作出的贡献。

除去这些大的行动之外，按照往年的惯例，在这一年德珩村同样又先后收到有关军鞋、屯粮、税收等的命令、指示。如1948年7月17日由县长赵军签发的《关于派做后半年军鞋任务的命令》；7月30日由赵军签发的《关于夏屯麦子及后半年军鞋送交指定仓库的命令》以及10月18日由赵军签发的《关于今秋屯粮应坚决执行华北区农业所得税暂行税则的补充指示》等，各种事项一如往年。除此之外，还有一些县区里下达的支前命令和指示，这里辑录几件如下：

一次由潞城到太古的义运公粮

这是德珩村收到的由区长徐永祥于1948年9月2日亲笔写给村长的一份《关于义运公粮到指定地点的命令》。

《命令》向德珩村村长下达了组织运粮队将黎城公粮运往太谷县的任务，在德珩村所收到的600余份文书中，这种以区长“亲笔”的形式专门向一个村下达命令的情况，还是为数不多的。1947年11月19日全县大运粮时，德珩村村长和后勤主任曾收到过区长陈士贤写来的关于“特派你村干柴4000斤、草4000斤，于21号送往瑶坡村运粮招待所查收”以及“你村也要设立招待站”这样一封亲笔指示信。这些都显示出这些任务的特殊。

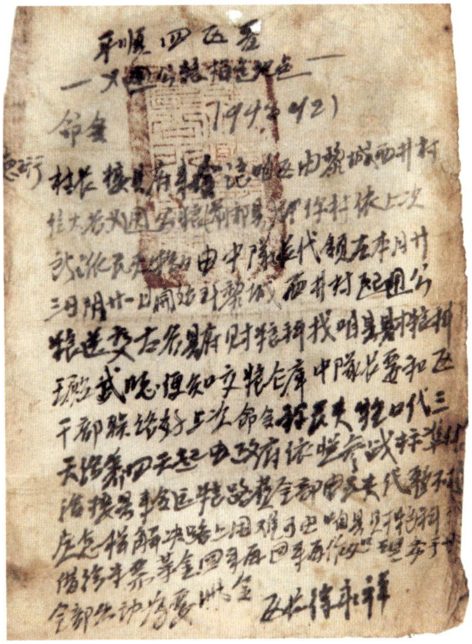
平顺四区署
义运公粮指定地点
命令
区长徐永祥

○ 1948年9月2日，区长徐永祥签发的《关于义运公粮到指定地点的命令》。

该运粮的命令，虽属个人毛笔书写，但一切十分正规，发文单位“平顺四区署”，文件名“义运公粮到指定地点”，文件种类“命令”以及“平顺县政府第四区区公所”的“官印”都赫然在上齐全。《命令》首先下达了义运公粮的任务：

> 接县府来令，让咱区由黎城西井村往太谷义运公粮（前祁县），令你村依上次所派民伕、牲口，由中队长带领，在本月二十三日（阴二十一日）开始，到黎城西井村起运公粮，送交太古县府财粮科，找咱县财粮科王殿武同志，便知交粮仓库，中队长要和区干部联络好。

显然，在这道命令之前，县区曾提前下达过运粮的命令，在这里，除重申所派民夫、牲口外，进一步明确了运粮的起运时间、领送达地点以及带队的领导和到达地点的联系人等事项。

与以往运粮有所不同的是，《命令》中这次运粮途中的“人吃马喂”的给养，暂改由自己全部负担，称：“上次命令称民伕、牲口带三天给养，四天起由政府依照参战标准供给，接县来令，运粮路费全部由民伕带，暂不确定怎样解决。路上困难，可由咱县财粮科暂借给米票、菜金，回来再作处理。务于二十三日全部出动为要，此令。”这显然增加了途中运粮的困难，影响了民夫的积极性，但也有临时的解决办法，即“由咱县财粮科暂借给米票、菜金，回来再作处理”，由此一见义运公粮的一个片段，更可见其中的一个“义”字。

胜利快到，支援战争要保证交“好”麦子

这是德珩村村长收到的1948年7月17日由县长赵军签发的《关于征收公粮麦子的指示》。这一年，由于“雨水失调，麦子成色很差”，为了保证夏屯麦子质量，使部队生活不受影响，县府在布置了夏屯公粮征收任务之后不久，又专门下达了这份保证交好麦子的指示。指示是直接发给区长、区财粮助理员、村长和村财粮主任的，指出：

> 夏屯已开始，各村分派征收，但由于雨水失调，麦子成色很差，为使部队生活不受影响及公粮保存不受损失，应在群众中进行广泛的、深入的动员解释工作，利用民校积极份子及全体干部讨论说明，胜利已快到，用实际行动支援战争，保证交好麦子。

在这里，指示首先提出了要发挥思想政治工作的优势，进行广泛的、深入的动员解释工作，要求民校积极分子及全体干部要向群众说明胜利已快到的大好形势，用实际行动支援战争，使部队生活不受影响，“保证交好麦子”。

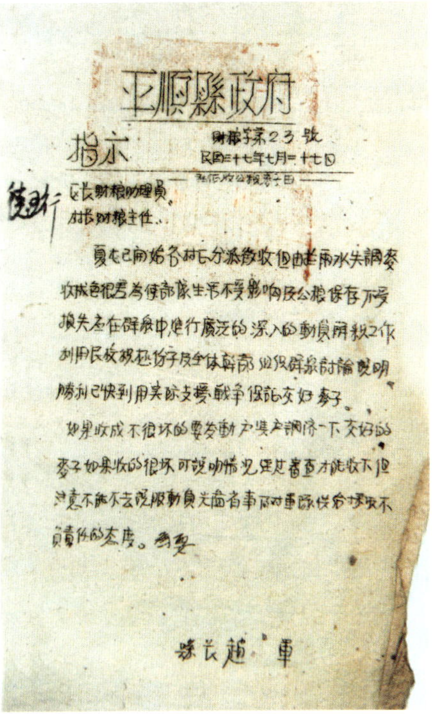
平順縣政府

指示 財糧字第23號 民國三十七年七月十七日

為征收公糧麥子由

區長財糧助理員、
村長財糧主任：

夏屯已開始各村已分派徵收但由於雨水失調麥收成色很差為使部隊生活不受影响及公糧保存不受損失應在群眾中進行廣泛的深入的動員解釋工作利用民校積極分子及全体幹部向群眾討論說明勝利已快到用実際支援戰争保証交好麥子。

如果收成不很坏的要發動户與户調剂一下交好的麥子如果收的很坏可說明情況經过審查才能收下但注意不能不去說服動員光圖省事而对軍隊供给採取不負責任的態度。為要

縣長趙軍

○ 1948年7月17日县长赵军签发的《关于征收公粮麦子的指示》。

最后，指示也提出了好坏麦子进行“调剂”的一些办法，以保证粮食的质量，“如果收成不很坏的，要发动户与户调剂一下，交好的麦子；如果收的很坏，可说明情况，经过审查才能收下”。但对于村干部来说，要“注意不能不去说服动员，光图省事，而对军队供给采取不负责任的态度”。

或是由于当年“成色很差”的麦子太多，或是老乡也不愿意自己吃“坏麦子”，还是出现了将“坏麦子”上交的问题。针对这一情形，在发出上述指示十几天后的7月30日，县长赵军在其签发的《关于夏屯麦子及后半年军鞋送交指定仓库的命令》中，专门又对交“好麦子”对各区村提出了新的要求，指出：

今年的夏屯麦子，从开始到现在，已快一个月。为了很快完成夏屯任务来供应军需，群众在交公粮时就应交好的。今年麦子有的地方发生黄疸、黑疸、乌霉等症，黑霉、乌霉交不了，黄疸很严重的也交不了。在交公粮时，就应让群众互相来调剂，交好公粮，如果有部分坏麦子掺杂里，就把好麦子都染坏了。在群众交粮时，村上组织检查组很好的检查，以防掺裹坏的去仓库交不了，那就不好办了，

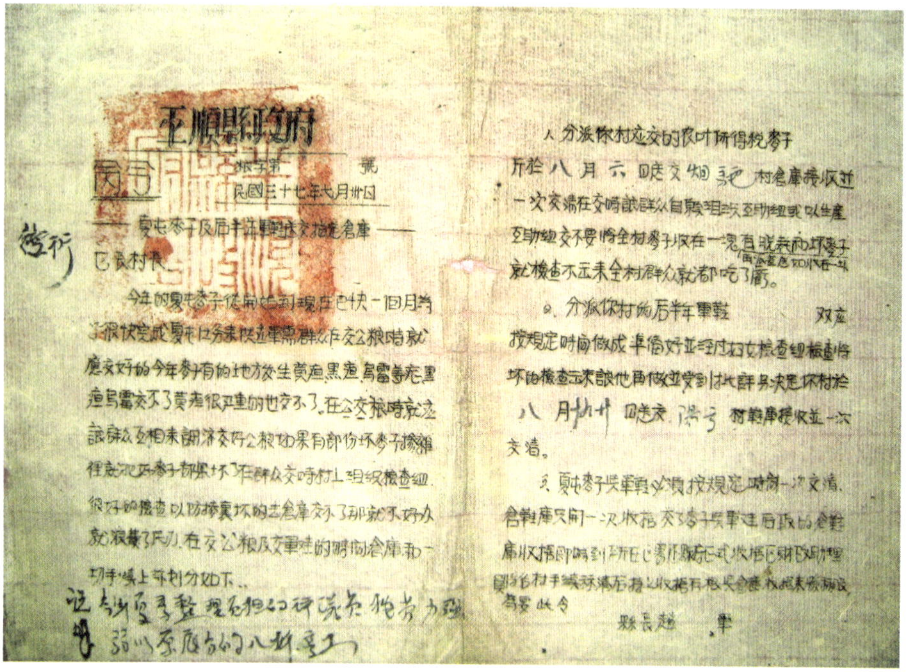

平顺县政府

命令

民国三十七年七月卅日

——夏屯麦子及后半年军鞋送交指定仓库——

县长赵 军

○ 1948年7月30日，县长赵军签发的《关于夏屯麦子及后半年军鞋送交指定仓库的命令》。

就浪费了民力。

除此之外，《命令》又特别强调，在向指定仓库交时“让群众自愿组织互助组或以生产互助组交，不要将全村麦子收在一块再派送。如收在一块，有脱耗和坏麦子就检查不出来，全村群众就都吃了亏”。以此来防止“坏麦子”的混入，把“好麦子”送往部队，用实际行动支援战争。

唯一需要多说的是，这是德珩村收到所有有关公粮文书中唯一提到粮食征收中存在问题的一份。后来村民们是怎么做的，是否交的都是“好麦子”，不得而知。但历史证明，正是老区人民这种把“坏麦子”留给自己，“好麦子”留给部队，以及源源不断的粮食保障，才使部队生活不受影响，从而成为战胜装备优良国民党军的制胜法宝之一。1947年9月12日，国民党军在发表改善军纪吏治之建议书中所说，“军粮不能按时运济，品质且多恶劣”，致使“战斗情绪低落”，是目前军纪不良之主要现象和主要原因之一，道出了国共两党军队装备之外“麦子好坏”之间的差别。“老区人民的小米养育了我们”，这句曾一度始终挂在老革命嘴上的肺腑之言，不仅仅是一种情感的流露，更是表达了一种历史的真实。

建桥筑路造枪造弹代雇民工长期工

随着战争规模的不断扩大，人民解放军不断进行着一个又一个的战役，老区大量的青壮年或参军入伍或参战支前，使劳动力出现了紧张状况，不论春耕下种，还是夏收秋耕，都让人感到人手的缺乏。但即使这样，除保证担架队参战、大运粮等大的支前任务不得延误之外，还要承担建桥铺路、修筑铁路、运输器材、造枪造弹等支前任务，由此出现了更多的“公家出资”由村代雇土工、民工、长期工等出工的支前形式。

在1948年德珩村所收到的128份文书中，自3月18日至10月9日，来自区里的、由村代雇民工的命令、紧急命令、通知、紧急通知现存的计有10份，分别记录下了德珩村那些代雇民工的小故事。

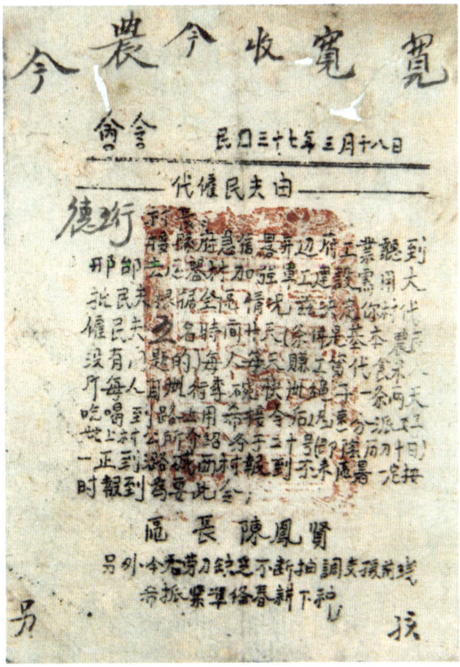
命令　民国三十七年三月十八日

代僱民夫由

區長 陳鳳賢

○ 1948年3月18日区长陈凤贤签发的《关于代雇民夫的命令》。

第一份：代雇民夫五名到邢台运输器材

这是德珩村村长所收到的1948年3月18日由区长陈凤贤签发的《关于代雇民佚的命令》。《命令》内容如下：

德珩村长：

接县府急信略开：边府工业厅到邢部（台）去运器材，加强军工建设，需用大批民夫。根据全区情况，兹决定你村代雇民夫五名，时间二十天（条件是基本农民、没有问题的）。每人每天赚工资代食米8斤（即按当时8斤米价折算）；每人自带行李碗筷，带绳子一条，两天吃喝，路上用。希接令后，迅速分派好，带上村公所介绍，务于二十号（即阴历十日）一正（整）到路城西村报到，不来区署，一定按时报到为要，此令。

在这里，区长陈凤贤以命令的形式，向德珩村村长下达了为边区政府工业厅代雇民夫到邢台急运器材的任务，明确了出伕的天数、所带的物品以及报到的时间、地点，显见其事关军工建设，一切按“军事行动”要求进行。而与民兵参战支前有所不同的是，这是由德珩村所代雇的民夫，“每人每天可赚工资代食米八斤”，并非义工，故称之为代雇民夫；因所涉为军工建设，代雇民夫的条件是“基本农民”，并且是“没有问题的”。

特别需要说到的是，这时正值春耕时节，大批民夫远去邢台20天运输器材，必将影响农时，为此，区长陈凤贤在命令之外，对村长们提出了“另外”的要求：“今后劳力缺乏，不断抽调支援前线，希抓紧准备春耕下种。”一见当时生产与支前在劳力需求上的“纠结”。

第二份：代雇土工两名到路城建桥

德珩村村长还收到了1948年4月18日由区长徐永祥签发的《关于给公路局代雇土工的紧急命令》。这时恰好距代雇民夫去邢台运器材过去整整一个月时间，而这一次的任务来的更加重要，由此“命令”之前又特别增加了“紧急”二字。内容如下：

德珩村长：

公路局在路城漫流一带建桥，需用大批工人，仰你村代雇土工2名，于本月20日到路城漫流村报到，做工四十天，二十天一换。为了不妨碍工作，每人每天工资米七斤，由公路局照付。每人自带两天给养和碗筷被褥，再带如下指定的工具：箩筐□□，□一具，镢一具，以上希接令后一定带上，按时间前去为要，此令。

在这里，与前份命令不同，这次代雇民夫的任务，由运送器材变为到潞城漫流一带建桥；所需劳力也由民夫变为了土工；时间也比上次更长，总计

“做工四十天”，但可以“二十天一换”；同样有工资，只是比去邢台运输，每人每天少了1斤米。要多说的是，这虽是一纸紧急命令，但并没有惯常那些“事关重要，不得延误”等命令式的字眼，应是这类代雇的事情很多，已没有必要把话说的很“硬”。

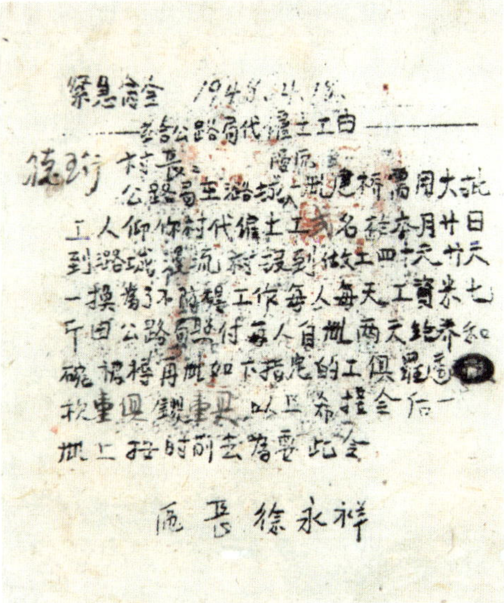
紧急命令 1948.4.18.
——给公路局代雇土工由——
德珩村长、后勤主任
公路局在潞城一带建桥需用大批工人仰你村代雇土工两名于本月廿日到潞城漫流河报到做土工四十天廿天一换为了不妨碍工作每人每天工资米七斤由公路局照付每人自带两天路费和碗筷再带如下指定的工具……以上希接令后一概上路按时前去为要此令
区长 徐永祥

○ 1948年4月18日，区长徐永祥签发的《关于给公路局代雇土工的紧急命令》。

第三份：代雇土工两名到潞城筑路

又是整整一个月时间，德珩村村长收到了1948年5月17日由区长徐永祥发来的《关于给公路局代雇土工的紧急通知》。这次既不是运器材，也不是建桥梁，而是到潞城一带建筑车路。内容如下：

德珩村长、后勤主任：

接县府代雇人力介绍证，公路局在潞城一带建筑车路，需用大批工人，仰你村代雇土工2名，于本月十九号报到潞城常村公路局，修路做工四十天，二十天可换一次。为了不妨碍工作，每人每天发给工资米七斤，由公路局照付。每人自带被子、碗筷和两天路费，再每人带如下指定的工具，带抬杆两个。以上希接通知迅速弄就，一定带上用具按时前去报到为要。此知。

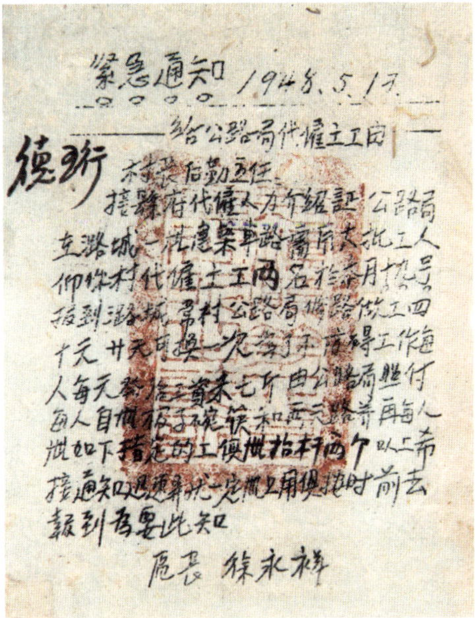
紧急通知 1948.5.17
——给公路局代雇土工由——
德珩村长后勤主任
接县府代雇人力介绍证公路局在潞城一带建筑车路需用大批工人仰你村代雇土工两名于本月十九号报到潞城常村公路局修路做工四十天廿天可换一次为了不妨碍工作每人每天发给工资米七斤由公路局照付每人自带被子碗筷和两天路费再每人带如下指定的工具带抬杆两个以上希接通知迅速弄就一定带上用具按时前去报到为要此知
区长 徐永祥

○ 1948年5月17日，区长徐永祥签发的《关于给公路局代雇土工的紧急通知》。

上述紧急通知所说各项与前两份代雇文书相比，由“紧急命令”变成了“紧急通知”，“建桥”变成了“筑路”；照旧

40天为期，20天可换一次；工资也依旧每人每天米7斤。其中最大的不同之处是，这时区里向村长下达代雇民夫任务时，已不是接县府或边府的“命令”、“急信”，甚或“紧急命令”，而是区里接到“县府人力介绍证”后给村里发来的通知。由此可知，此时代雇民夫已成为一种常态性工作并加以严格规范，村里是否帮助代雇民夫，完全按照区里所见县府“人力介绍证”才可进行“代雇”。自此开始，德珩村村长在以后接到的区里7份代雇民夫的文书时，就只有“通知”而没有了“命令”，更不要说“紧急命令”了。

第四份：替换三名为工厂代雇的长期工

这是德珩村村长收到的1948年7月15日由区长徐永祥、副区长陈凤贤联合签发的《关于替换长期民工的紧急通知》。内容如下：

德珩村长、后勤主任：

上次在区会议，由你村给工厂代雇的长期工人3名，为了节省民力，当时决定两个月换一次，现因天气炎热，工人不断出病。为了扫除病障，不妨碍工作，现改为一月换一次，希接通知，速准备身体强壮的民工人3名，于本月十八号到路城四区赤头村替换，各带□□□□、□□、路费、行李。一定按时前去替换，特此通知。

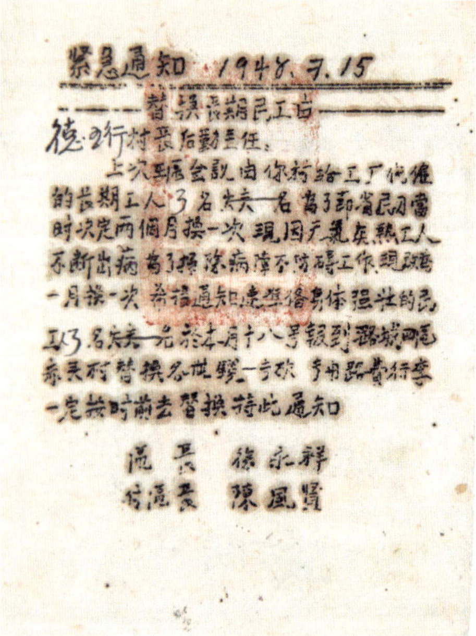
紧急通知 1948.7.15

区长 徐永祥
副区长 陳風賢

○ 1948年7月15日，区长徐永祥等联合签发的《关于替换长期农工的紧急通知》。

与前三份代雇文书不同，这份紧急通知不是为了某处代雇“临时工”而来，而是对上次区会议布置的，由德珩村代雇在工厂工作的长期工进行替换所发出的通知。从这份《通知》可以知道，此时“为了扫除病障，不妨碍工作”，由德珩村代雇在工厂劳作的长期工，因天气和疾病的原因，进行了工期由两个月改为一个月的替换，由此也就有了这份替换长期工的紧急通知和其中的人文关怀。

第五份：按时替换三名长期民工

在上述紧急通知发出一个月后，德珩村村长如约收到了区长徐永祥、副区长陈凤贤于1948年8月15日发来的《关于替换长期民工的通知》，内容如下：

德珩村长、后勤主任：

你村给工厂代雇的长期工3名，为了照顾民工家庭生活，规定一月替换一次，现在一月期限已够，希接通知，速准备身体强壮民工，带足两天路费、被子、衣服、鞋（今次工具不用带），于十七号下午集中报到湖头村，十八号由负责人带领下午报到潞城四区赤头村替换。这次必须按时报到集中地址，集体走，如按时报不到湖头，由后勤主任负责为要。

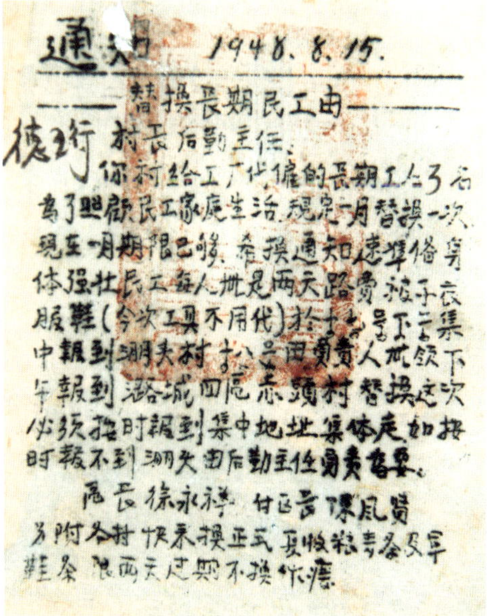

○ 1948年8月15日《关于替换长期民工的通知》。

在这里，《通知》首先明确“为照顾民工家庭生活，规定一月替换一次，现在一月期限已够”，应“速准备身体强壮民工”替换，并提出报到的时间、地点和所带物品的要求，完全履行了上次的约定，做到了言而有信。但同以往也有不同，在认真履约的同时，《通知》还进一步提出了要在负责人带领下到指定地点报到替换，做到“集中地址，集体走”和“必须按时报到”的新要求，并明确“如按期报不到溯头，由后勤主任负责为要”。显然，在对代雇长期民工的出工、替换等管理上，又有了新的加强。这或许是针对有的村“替换”中不按时报到的情形而采取的新措施。

第六份：给军工十四厂代雇三名土工

就在接到为工厂按时替换长期民工的通知的第三天，德珩村村长就又收到了1948年8月18日由区长徐永祥、副区长陈凤贤发来的《给军工十四厂代雇土工的紧急通知》，又迎来了新的代雇民工任务和不同以往的“活计”。内容如下：

德珩村长、后勤主任：

接县府代雇人力介绍证，军工十四厂建设机器房，需用大批土工，仰你村代雇土工3名，与十九号（明天）统一报到溯头村集中，由负责人带领，二十号到潞城四区安居村集中做工。时间一（个）月（每人每天工资米七斤、带吃），由军工厂照付。每人自带两天给养、被子、衣服、行李，不用带工具。希接通知迅速代雇就，按时报到集中地点，如误按时到不了溯头集中，由后勤主任负完全责任，特此通知为要。

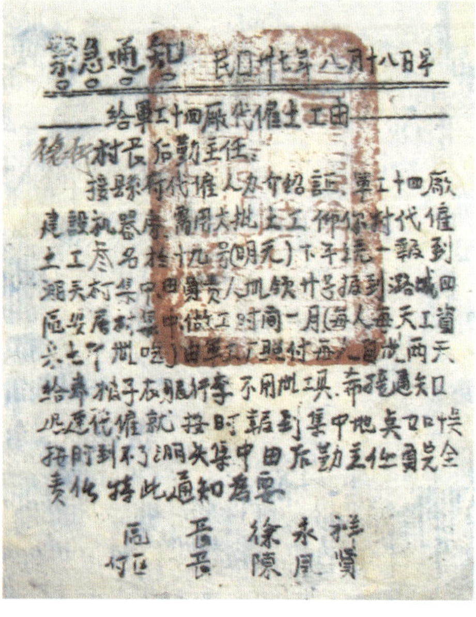
緊急通知 民國卅七年八月十八日字
給軍工十四廠代雇土工由
德珩村長後勤主任：
接縣府代雇人力介紹証，軍工十四廠建設機器房，需用大批土工，仰你村代雇土工叁名於十九號（明天）下午統一報到溯頭村集中，由負責人帶領廿號報到潞城四區安居村集中做工，時間一月（每人每天工資米七斤帶吃）由軍工廠照付，每人自帶兩天給養、被子、衣服、行李，不用帶工具。希接通知迅速代雇就，按時報到集中地點，如誤按時到不了溯頭集中，由後勤主任負完全責任，特此通知為要
區長 徐永祥
付區長 陳鳳賢

○ 1948年8月18日《给军工十四厂代雇土工的紧急通知》。

紧急通知中所说的军工十四厂，是当时太行根据地在潞城县安居村新建的一所军工厂。抗战胜利后，太行根据地的八路军逐渐将分散在山沟沟里的各个小兵工厂迁出，陆续在长治及其周围建立起军工一厂、二厂、四厂、六厂、九厂、十一厂、十二厂、十四厂和十五厂及其他有关军事物资的工厂。军工十四厂于1948年6月开始筹建，地点设在潞城县安居村，主要试制美式炮弹，并生产“60”“82”“120”“150”型炮弹弹体。1948年9月，军工十四厂改名为晋冀鲁豫企业部二大厂一分厂。这份通知正是为这所军工厂建设机器房，需用大批土工紧急而发。在对代雇土工的条件和要求上，除了出工的单位、地点、时间有所不同外，最大的不同就是待遇有所提高，“每人每天工资米七斤之外还‘带吃’”，即由军工厂管饭，显然比不管吃更为划算一些。

第七份：给工业所铁路处代雇两名民工

这又是一份代雇民工的紧急通知，与上一份紧急通知仅仅相隔了一天。只不过这次持“代雇民工证”的不是军工十四厂，而是工业所铁路处；不是为军工厂建设机器房，而是到潞城黄碾一带修铁路。这就是德珩村村长收到的1948年8月20日由区长徐永祥、副区长陈凤贤发来的《给工叶（业）所铁路处代雇民工的紧急通知》。内容如下：

德珩村长、后勤主任：

接县府代雇民工证，工叶（业）所在路城黄碾一带修铁路，急用大批民工，仰你村代雇民工两名，于二十一号明天下午统一报到实惠村公所集中，由负责人带领报到路城黄碾找铁路局。做工时间十五天，来回路上不算。每人每天工资米七斤带吃。每人自带两天给养、路费及被子、行李。再每人带如下指定工具：罗透每人，□□□□□□□。这是有关军事建设，支援战争，以上希接通知迅

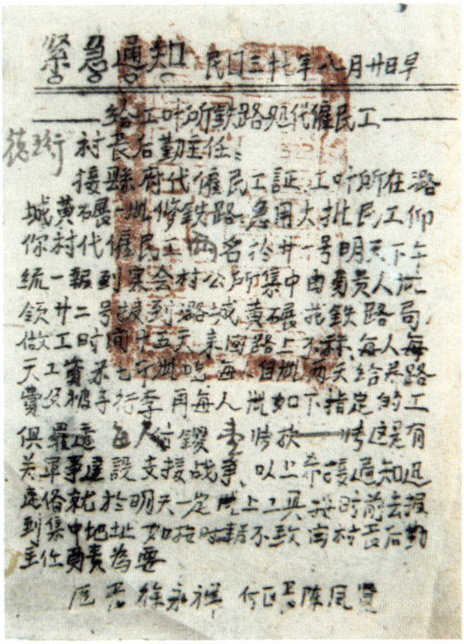

○ 1948年8月20日，区长徐永祥等签发的《给工叶（业）所铁路处代雇民工的紧急通知》。

速备就，于明天一定带上工具，按时前去报到地址，如按时报不到，由村长、后勤主任负责为要。

这时，代雇民工又从军工厂转向了修建铁路，一切代雇民工人数、出发时间、到达地点、所带物品，以及工资待遇与其他代雇要求没有太大出处，只是在要求中特别提出一定要按时报到，“如按时报不到，由村长、后勤主任负责”。这时被追究的对象，就不仅仅是以往提到的村后勤主任，村长也被一起“饶”上了，以示“事关重要”。这也是十份代雇民工文书中，唯一一份点到由村长负责的“纸片子”。

第八份：替换路城赤头村工厂三名长期民工

这是德珩村村长收到的1948年10月9日由区长徐永祥、副区长陈凤贤签发的《关于替换长期民工的通知》，这同样是按民工每月一换的惯例而发的定期通知，但每次都有每次的“微故事”，这次可关注的细节则是在很少出现的点名批评上。《通知》内容如下：

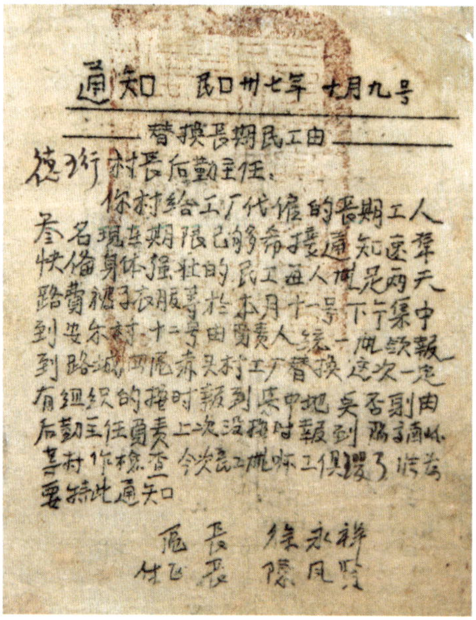
通知　民国卅七年　十月九号
替换长期民工由
德珩村长后勤主任：
你村给工厂代雇的长期工人叁名现在期限已够希接通知速准快备身体强壮的民工每人带足两天路费被子衣服等于本月十一号下午集中到安乐村十二号由负责人统一带领报到路城四区赤头村工厂替换这次一定有组织的按时报到点中地点否则由后勤主任负责上次没按时报到[illegible]村作检查 今次[illegible]要 特此通知
区长　徐永祥
副区长　陈凤贤

○ 1948年10月9日，区长徐永祥等签发的《关于替换长期民工的通知》。

德珩村长、后勤主任：

你村给工厂代雇的长期工人三名现在期限已够，希接通知速准备身体强壮的民工，每人带足两天路费被子衣服等，于本月十一号下午集中到安乐村，十二号由负责人统一带领报到路城四区赤头村工厂替换。这次一定有组织的按时报到集中地点，否则由后勤主任负责，上次没按时报到的阳高、南峧作检查。今次民工每人带□□工具□3张为要。特此通知。

整份通知与以往相比，除了时间，内容几乎没有变化，只是结尾对上次没按时报到的阳高（村）、南峧（村）作检查的点名批评，使人感受到区里对这项工作越来越重视，要求越来越严格。而在最后一份代雇民工文件中，还有区领导更加重视的举动。

第九份：替换潞城赤头村工厂三名长期民工

这是德珩村村长收到的1948年11月8日由区长徐永祥、副区长陈凤贤签发的《关于替换长期工人的通知》，这是1948年德珩村十份代雇民工文书中的最后一份，同样有着“新”的故事情节。

《通知》内容如下：

德珩村长、后勤主任：

你村给赤头代雇的长期工人三名，现在天气很冷，穿单衣很多，希接通知后，于本月十日阴历初十日到安乐村集中，齐选出负责的人带领到潞城赤头村工厂替换。这次一定按时报到集中地点，否则由后勤主任负责，今次区长在安乐村，集中工人带足两天路费和被子、衣服等……

代（带）工具、民伕代（带）热毡。

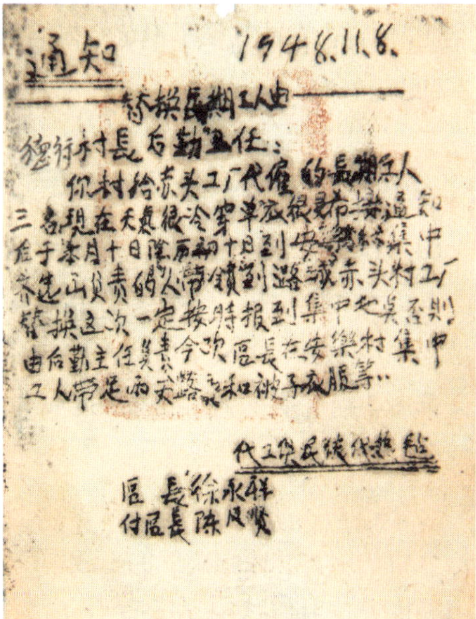

通知 1948.11.8.
替换長期工人由
德珩村長后勤主任：
你村给赤头工厂代雇的長期工人
三名現在天氣很冷穿单衣很多希接通知
于本月十日陰历初十日到安樂村集中
齐选出負責的人帶領到潞城赤头村工厂
替换这次一定按時报到集中地点否則
由后勤主任負責今次区長在安樂村集中
工人帶足兩天路費和被子衣服等……
代工具民伕代热毡
区長徐永祥
付区長陈凤贤

○ 1948年11月8日，区长徐永祥等签发的《关于替换长期工人的通知》。

这次民工的按月替换，时间上比以前有所提前，这主要是因为在11月份的太行山区，天气很冷且民工穿单衣很多所致。《通知》的“新意”还不在此，在于与以往不同的“齐选出负责的人”带领到潞城赤头村工厂替换，这样的负责人更有威信，保证能按时报到；而且这次区长亲自在安乐村集中地点“督阵”，也无疑会使替换工作顺利进行。

这就是1948年德珩村所留下的十份不到巴掌大小的代雇民夫的“纸片子”，上面所讲的故事，虽然都是一些很小的事，谈不上精彩，更谈不上惊天动地，但却非常典型、非常真实地记载了老区人民另一类形式的支前，老乡们虽然拿了工资，但同样是一种不能忘记的贡献；它也非常真实地记录下和折射出当年解放区在修筑公路、修建铁路、创建军工厂等方面的情形，为战争提供了“当面厮杀”场面之外的另一种画面。不知是否有人做过这样的统计，当年共有多少民夫（人次）参与了这些事业，运输了多少的军需，架起了多少桥梁，建设了多少机器房，筑了多少车路，修建了多少铁路。德珩村的这十份“纸片子”，只提到了28人（次），但同样为千千万万民工的支前提供了见证，同样为支前提供了不可多得的素材。

（二）土地改革中的“杂七杂八”

实现“耕者有其田”梦想的土地改革，是中国自有私有制以来在土地上的一次重大的物权再分配。1946年至1848年期间解放区所开展的土地改革运动，最大限度地动员起千千万万农民群众参与和支持解放战争，也最大限度地获得了战争所必需的物质资源和人力资源，成为中国新民主主义革命取得胜利的重要因素，也成为了一场彻底颠覆中国农村几千年传统社会结构的革命。

在当时这样一场遍及整个解放区的大变革的不同阶段，特别是在1947年至1948年如暴风骤雨般的土改中，有着各种各样的故事，德珩村1948年的“纸片子”同样记录下那个年代土改中的一些鲜为人知的往事。

之一：实现“耕者有其田”背后的故事

德珩村村长曾在两天内收到由区公所和区委会党政联合印发的两份通报，一份是1948年2月14日的《关于烟驼（村）地主李树明公开破坏土地法家被查封人被扣押的通报》；一份是2月15日的《关于对北耽车村春节期间开展土地法大纲宣传活动进行表扬的通报》。两份通报、两件事情，分别述说了不同阶级对土改的两种态度，也反映出区委、区政府对这两种“行为”的不同态度。

1.《关于烟驼（村）地主李树鸣公开破坏土地法家被查封人被扣押的通报》。

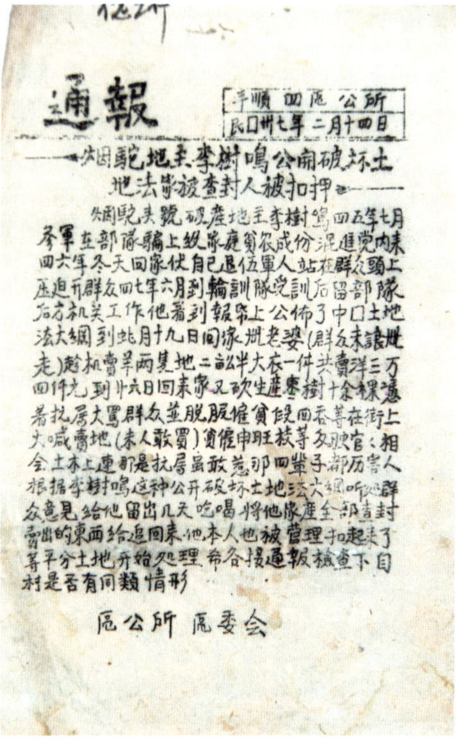
通報　平順四區公所　民國卅七年二月十四日

——烟駝地主李樹鳴公開破坏土地法當被查封人被扣押——

烟駝頭號破產地主李樹鳴四五年七月參軍在部隊騙上級家庭貧农成份混進党內來四六年冬天回家仗自己退伍軍人站在群众頭上壓迫开群众四七年六月到輪訓隊受訓后留部隊后方机关工作他看到報紙上公佈了中国土地法大綱到腊月十九日回家帶老婆（群众未讓他走）趁机賣羊兩隻地二畝半大衣一件共賣洋三万四仟元，到廿六日回來家又砍生產棗樹十余棵還着抗屠大罵群众並脫服催貧民回否善在街上大喊賣地（未人敢買）貧雇申旺枝等反映官官相会上下連都是抗屠虽敢惹那四辈子都厉害人根据李樹鳴这种公开破坏土地法大綱所以經群众意見給他留出几天吃喝將他家產全部查封賣出的東西給追回來他本人也被管理扣起來了等平分土地开始処理希各接通報檢查下自村是否有同類情形

區公所　區委会

○ 1948年2月14日，区公所、区委会联合签发的《关于烟驼地主李树鸣公开破坏土地法家被查封人被扣押的通报》。

这是德珩村收到的1948年2月14日由区公所、区委会联合签发的《关于烟驼地主李树鸣公开破坏土地法家被查封人被扣押的通报》，与以往不同的是，这份通报没有区公所和区委会领导的签发署名。通报指出：“烟驼头号破产地主李树鸣，四五年七月参军，在部队骗上级，家庭贫农成份，混进党内来；四六年冬天回家，仗自己退伍军人，站在群众头上压迫开群众；四七年六月到轮训队受训后留部队后方机关工作。他看到报纸上公布了中国土地法大纲，到腊月十九日回家带老婆（群众未让带走），乘机卖羊两只、地二亩半、大衣一件，共卖洋三万四千元；到二十六日回来家，又砍生产枣树十余棵，凭（当）着抗属，大骂群众，并脱（说）服雇贫段四吞等在街上大喊卖地（未人敢买）。贫雇申旺枝等反映：官官相会（护），土木上连，那是抗属虽（谁）敢惹那，四辈子都厉害人。”

在这里，《通报》揭露了烟驼村头号破产地主李树鸣，隐瞒家庭成分混进革命队伍和党内，仗着自己抗属的身份，公开反对土地改革，擅自出卖个人本应参加土改平分的“羊两只、地二亩半、大衣一件”等物品，“砍生产枣树十余棵”并“当着抗属的面大骂群众”等罪行；同时反映了有关贫雇农“那是抗属谁敢惹”的不满和呼声。

随后，通报对李树鸣这种混进党内、当“革命革到自己头上”，公开跳出来反对土地改革的“革命干部”宣布了处理决定：“根据李树鸣这种公开破坏土地法大纲，听从群众意见，给他留出几天吃喝，将他家产全部查封，卖出去的东西给追回来，他本人也被管理扣起来了，等平分土地开始处理。”

在这里，李树鸣受到了严厉的惩罚，除留出“几天吃喝”外，家产全部被查封，所卖土地、物品等全部被追回，本人则被管理扣押起来，一切听候“平分土地开始”时处理。

最后，《通报》希望各村“接通报检查下自村是否有同类情形”。至于如有这种情况，该如何进行办理，《通报》并没有留下更多的文字。这就是德珩村“纸片子”所留下的记录。

2.快板说书拉洋片欢歌载舞庆翻身。

这是德珩村收到的1948年2月15日由区公所、区委会联合签发的《关于北耽车村春节期间多种形式宣传土地法大纲情况的通报》（标题为编者所加）。通报所讲的那种农民对土地法的热情拥护和欢天鼓舞与头天通报所讲破产地主的公开反对，形成了极为鲜明的对照。

《通报》首先对北耽车村民对土地法的热情拥护和春节期间所开展的宣传活动进行了通报表扬：“北耽车村经过几年农民运动，去年发动群众当家，特别是土地法大纲公布下去后，农民们表示热情拥护，在年关初一至初五日（注：2月10日为正月初一）全村男女老幼都欢天鼓舞的宣传着土地法，真正做到了自吹自打、自编自唱。全村共六个队，各队都编的有快板、小调、洋（秧）歌、打鼓书：四大家族、打到南京去、活捉蒋秃头、农民翻身多亏共产党、渤海三分区司令员赵起周武装镇压农民翻身运动。妇女演的连蛾纺织模范组；拉西洋片一挑扁担。还有六七十岁的老汗（汉）也高兴的出各种故事说快板；小儿童扭洋（秧）歌舞，每天前上（白天）在大街活跃着，晚上在学习讨论土地法，夜里挤用（拥挤）不动的塞满了大街，对宣传土地法效过（果）很大，像这样的村子，既娱乐了也宣传了，直（值）得通报表扬。”

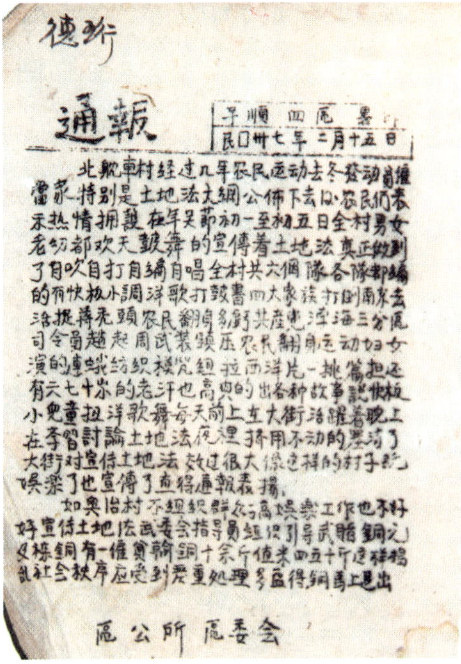
德珩

通報　平順四區署　民國卅七年二月十五日

北耽車村經過几年农民运动去冬發动前後當家 特别是土地法大綱公佈下去以农民们表示热情拥護 在年关節初一至初五日全村男女老幼都欢天鼓舞的宣傳着土地法 真正做到了自吹自打自编自唱全村共六個隊各隊都编的有快板小調洋歌打鼓書四大家族打倒南京去活捉蒋秃頭农民翻身多虧共產党渤海三分區司令員趙起周武装镇压农民翻身运动妇女演的連蛾紡织模范组拉西洋片一挑扁担还有六七十岁的老汗也高興的出各种故事説快板小兒童扭洋歌舞每天前上在大街活躍着晚上在學習討論土地法夜裡挤用不动的塞满了大街对宣傳土地法效过很大像这样的村子既娛樂了也宣傳了直得通報表揚

如奥治村不組织群众搞娛樂工作也不好好宣傳土地法武委会指导員組织引导武賭銅元及□銅有一僱貧輸銅十余斤值米四五十斤这样搗乱社会秩序应受到严重处理多得銅馬上退出

區公所　區委会

○ 1948年2月15日，区公所、区委会联合签发的《关于北耽车村春节期间多种形式宣传土地法大纲情况的通报》。

在这里，《通报》大力表扬了北耽车村在春节期间通过多种娱乐形式，使“全村男女老幼都欢天鼓舞的宣传着土地法”，“真正做到了自吹自打、自编自唱”，表示出农民们热情拥护土地法的喜悦心情。同时充分肯定了这种对宣传土地法效果很大的做法，特别值得通报表扬。

最后，在表扬北耽车村的同时，《通报》还对一些不好好搞娱乐宣传的村子，提出了严肃的批评。指出：“奥治村不组织群众搞娱乐工作，也不好好宣传土地法，武委会指导员组织引导武赌铜元及□铜，有一雇贫输铜十余斤，值米四五十斤，这样捣乱社会秩序，应受到严重处理，多得铜马上退出。”

德珩村所收到的这两份《通报》让人们重新提

起这已经过去60多年的往事，一见当年土改中曾经发生在那些农民以及革命者身上的故事。

之二：公地咋分夏麦咋割

土地改革，是一次中国有史以来土地物权发生最大变革的运动，在土地权属的变更上，实现了“耕者有其田”，当春天分配出去“公产”土地里的麦子到夏天该收割了，这些“果实”又该属于谁呢？德珩村村长分别收到的1948年3月28日和6月30日由县长赵军签发的一份命令和一份通知及其他文件，记录下了这些土改中的故事。

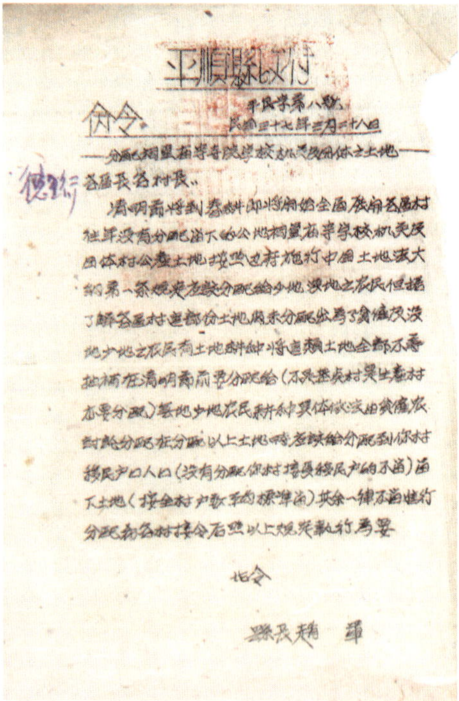
平顺县政府

命令　平民字第八号　民国三十七年三月二十八日

——分配祠堂庙宇寺院学校机关及团体之土地——

各区长各村长：

清明节将到春耕即将开始全面展开各区村往年没有分配留下的公地祠堂庙宇学校机关及团体村公产土地按照边府施行中国土地法大纲第一条规定应该分配给少地没地之农民但据了解各区村这部分土地尚未分配出为了贯彻及没地少地之农民有土地耕种将这类土地全部不要拖柄在清明节前要分配给（不是基点村只是基点村不要分配）无地少地农民耕种具体做法由贫雇农封的分配在分配以上土地时应该分配到你村移民户口人口（没有分配你村移民户的不留）留下土地（按全村户数平均标准留）其余一律不留进行分配希各村接令后照以上规定执行为要

此令

县长 赵 军

○　1948年3月28日，县长赵军签发的《关于分配祠堂庙宇寺院学校机关及团体之土地的命令》。

1.公地依法分配给少地没地农民。

这是德珩村1948年3月28日收到的由县长赵军签发的《关于分配祠堂庙宇寺院学校机关及团体之土地的命令》。命令是同时发给各区长、各村长的，这时距1946年12月2日根据县长任映仑签发的《关于结合整理村财政进行整理公产以减轻群众负担的指示》，为“巩固爱国自卫战争的物质基础”，而开展的村公产整理，刚刚过去一年多时间，形势又有了新的变化。

命令首先根据边区政府的规定下达了分配公产土地的任务：“清明节将到，春耕即将开始全面展开，各区村往年没有分配留下的公地祠堂、庙宇、学校机关及团体、村公产土地，按照边府施行中国土地法第一条规定，应该分配给少地没地之农民，但据了解各区村这部分土地尚未分配出，为了贫雇及没地少地之农民有土地耕种，将这类土地全部不等抽补，在清明节前要分配给（不是基点村是生产村亦要分配）无地少地农民耕种。”

这里，《命令》十分明确地要求各区、村要把往年留下、至今尚未分配出的包括“公地祠堂、庙宇、学校机关及团体、村公产土地”，全部要在春耕即将全面展开的“清明节前要分配给无地少地农民耕种”，并且强调这是“按照边府施行中国土地法第一条规定”执行的。

查1948年万年历，这一年的清明节是4月5日，由此算来，从签发命令之日到完成公地分配任务，前后只有短短八天的时间。命令提出：“具体做法由贫雇农讨论分配，在分配以上土地时，应该给分配到你村移民户口人口（没有分配你村接受移民户的不留）留下土地（按全村户数平均标准留），其余一律不留进行分配”，以及“希各村接令后照以上规定执行为要”。

2.公地分给贫雇农麦子补偿“错斗户”。

这是德珩村所收到的1948年6月30日由县长赵军签发的《关于各机关所种之土地割麦处理的通知》，这时距将区村将公产土地分配给无地少地农民已三个月零两天，当时种在公地里的麦子已经成熟，这些麦子应该属于谁，《通知》就是为解决这个问题而发。《通知》是发给各区、村长、机关、团体的，分别对三类不同情况的公地及其已成熟的麦子怎样进行分配处理，作出了不同的具体安排：

关于区级以上各机关团体过去在村所种土地，今春已归还各村农民耕种，但所种麦子未作正式处理，现特决定处理办法如下：①区级以上各机关团体包括高校在村所种之土地（不包括自开荒地）一律交给农民，但所收割麦子作为补偿错斗户安置调剂之用。由各机关团体派人到村协同该村干部雇人将麦收割，所用人工工资由此麦子里边开支，除开支外下余的麦子，暂保存村公所并将打的数目、用人工所开支数、除开支现有数报

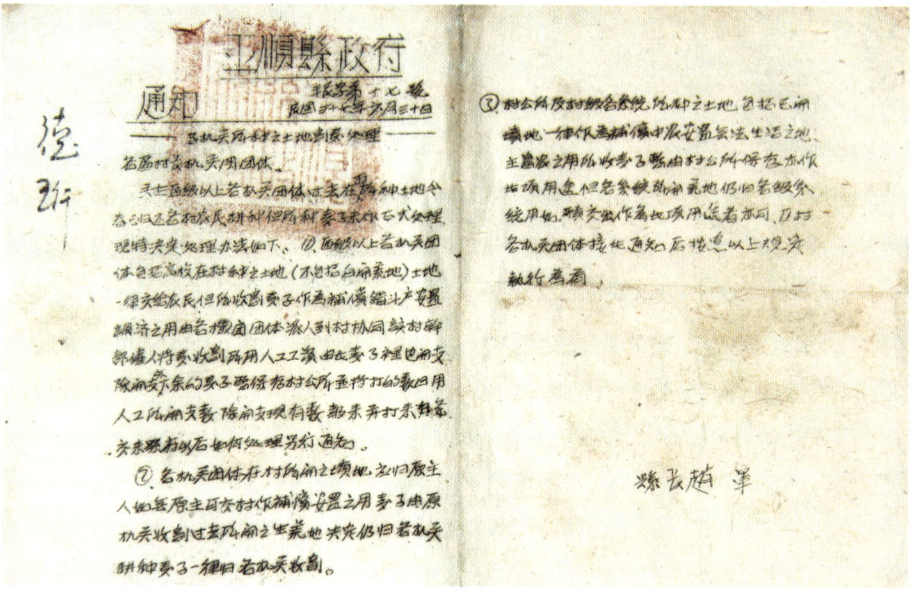

正順縣政府

通知 秘字第十七號 民國卅七年六月三十日

——各机关所种之土地割麦处理——

各區村各机关团体、

关于區級以上各机关团体过去在村所种土地今春已归还各村农民耕种，但所种麦子未作正式处理，现特决定处理办法如下、①、區級以上各机关团体包括高校在村所种之土地（不包括自開荒地）土地一律交给农民，但所收割麦子作為補償錯斗户安置調济之用，由各机关团体派人到村协同該村干部群众将麦收割，所用人工工资由該麦子里也開支，除開支外余的麦子暫保存村公所，並将打的数目、用人工所開支数、除開支現有数都来并打来存条交来縣府，以后如何处理另行通知。

②各机关团体在村所開之墳地，应归原主人，如無原主可交村作補償安置之用，麦子由原机关收割，过去所開之生荒地决定仍归各机关耕种，麦子一律归各机关收割。

③村公所及村級各系統所种之土地，包括已開墳地，一律作為補償中农安置無法生活之地主、富农之用，所收麦子暫由村公所保存，亦作此项用途，但各系統所開荒地仍归各級系統用，如願交出作為此项用途者亦可、①至③各机关团体接此通知后按照以上规定執行為荷。

縣長 趙軍

○ 1948年6月30日，县长赵军签发的《关于各机关所种之土地割麦处理的通知》。

来，并打来存条交来县府，以后如何处理，另行通知。

这里，主要是对区级以上各机关团体包括高校在村所种土地及麦子作出了“土地一律交给农民”，所收麦子作为“补偿错斗户安置”调剂之用的安排。显然这是为纠偏而采取的一项措施，也是一个很好解决“错斗户”补偿的一种物质来源。

随后《通知》对第二种土地情况做出了安排：

②各机关团体在村所开之坟地，应归原主人，如无原主可交村做补偿安置之用，麦子由原机关收割；所开之生荒地决定仍归各机关耕种，麦子一律归各机关收割。

在这里，《通知》就各机关团体在村所开坟地和生荒地作出了或“归原主”，或“作补偿安置”之用，或“仍归各机关”的不同的安排，而生荒地所耕种麦子“一律归各机关收割”。可见此时的土改，并未将各机关团体所开原无主生荒地纳入一律交给农民分配的范围。

最后，《通知》对第三种土地情况作出了安排：

③村公所及村级各系统所种之土地，包括已开坟地，一律作为补偿中农，安置无法生活之地主、富农之用。所收麦子由村公所保存，亦

作此项用途。但各系统所开荒地仍归各级系统用，如愿交出作为此项用途亦可。

这里，较之各机关团体所种之地、所收麦子，有着更严格的规定，即村公所及村级各系统所种之土地，包括已开坟地，“一律作为补偿中农安置、无法生活之地主、富农之用”，所收麦子“亦作此项用途”，虽所开荒地仍归各级系统用，“如愿交出作为此项用途亦可”。足见此时对“错斗户”的补偿、安置，做到了千方百计、尽力而为。

之三：当年秋屯粮的农业所得税是咋收的

土改之后、时值华北人民政府于9月成立不久，德珩村收到了1948年10月18日由县长赵军签发的《关于秋屯工作的补充指示》。

指示就坚决执行华北区农业所得税暂行税则，搞好今秋屯粮的农业税征收，针对执行中要发生的一些问题，进一步对“关于法令上的几个修改与补充”作了明确，从中一见“土地转移”之后有关人员，特别公务人员及军干烈属和贫苦者所负担农业税的有关情形。

但这只是一份补充指示，在此之前的1947年6月，时任平顺县县长的贾孝敏曾就执行《华北解放区农业所得税暂行税则（草案）》下达过指示，并印发了该税则的全文。当时平顺县粮财科翻印的《华北解放区农业所得税暂行税则（草案）》，共分总则、订税标准、纳税范围、征收量、调查评议、罚则、附则等七章。之所以制定该税则，总则第一条指出，这是“为适应土地改革后，新的农村经济情况，发展生产，保障供给，使农民负担合理与固定”而制定的，并在税则第二条中规定“凡土地所有人，不论自耕、雇人耕种或出租土地，均有依本税则纳农业税的义务”，“该项农业税依土地常年应产量按户依比例征收”。对实行这种“按户依比例征收”的“比例税制”的新方法，税则专门作了一个说明，指出：“过去实行的累进税制，在抗日时期是适合‘有力出力、有钱出钱’的原则，曾起过好作用的。但在土地平分后，累进税制已不适用，又改采比例税制，例如一个负担亩征一斗二升税，二个负担亩二斗四升，四个负担亩四斗八升。”同时对山货、果树、蒲苇等地的“收

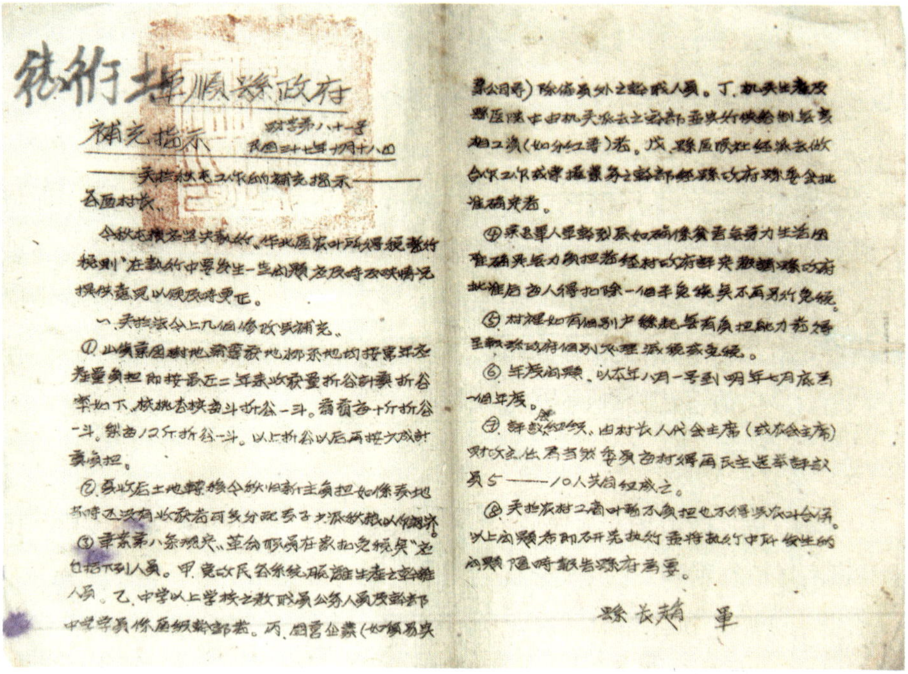
[illegible]顺县政府

补充指示　财字第八十一号　民国三十七年十月十八日

——关于秋屯工作的补充指示——

各区村长：

今秋屯粮应坚决执行"华北区农业所得税暂行税则"在执行中曾发生一些问题为及时反映情况提供意见以便及时更正。

一、关于法令上几个修改与补充。

①山货果园树地、蒲苇获地均按常年应产量负担即按最近二年来收获量折谷计算折谷率如下，核桃杏核每斗折谷一斗。葡萄每十斤折谷一斗。梨每12斤折谷一斗。以上折谷以后再按六成计算负担。

②夏收后土地转移今秋归新主负担如系麦地当时还没有收获者可多分配麦子少派秋粮以资调济。

③章程第八条规定"革命职员在家扣免税点"者包括下列人员。甲.党政民各系统脱离生产之干部人员。乙.中学以上学校之教职员公务人员及干部中学学员係区级干部者。丙.国营企业（如贸易与业公司等）除确属外之干部人员。丁.机关生产及部队中由机关派去之干部每月只供给制与享相工资（如分红等）者。戊.县区级社经派去做合作工作或専揽业务之干部经县政府县委会批准确定者。

④荣誉军人军烈属如确係贫苦无劳力生活困难确无负力负担者经村政府评定报请县政府批准后每人得扣除一個半免税点不再另行免税。

⑤村里如有個别户缘起无有负担能力者得呈報县政府個别处理减税或免税。

⑥年度问题、以本年八月一号到明年七月底为一個年度。

⑦评议组织、由村长人代会主席（或农会主席）财政主任为当然委员各村得再民主选举评议员5——10人共同组成之。

⑧关於农村工商业暂不负担也不得与农业合併。

以上问题希即在研究执行並将执行中所发生的问题随时報告县府为要。

县长赵　軍

○ 1948年10月18日，县长赵军签发的《关于秋屯工作的补充指示》。

获”的“折谷”办法以及按“点”计算能享有减、免税的户和人员，同时对不依法纳税的行为制定了罚则。

补充指示正是依据这一税则，对1948年秋屯农业税收作出的新的指示要求。除说明“今秋屯粮应坚决执行华北区农业所得税暂行税则”外，针对在执行中的一些问题，进一步明确了税制上的八个有关问题，希望区村立即加以研究执行。具体如下：

一是明确了山货水果等的“折谷率”及“折谷后再按六成计算负担”的规定。“山货果园树地、蒲苇获地、均按常年应产量负担，即按最近二年来收获量折谷计算，折谷率如下：核桃、杏核每斗折谷一斗。葡萄每十斤折谷一斗。梨12斤折谷一斗。以上折谷以后再按六成计算负担。”如此算来，一斗杏核可折30斤谷子，然后按六成即18斤的税率缴纳应付数量的秋粮。

二是明确了土地转移以后税归新主负担的规定。“夏收后土地转移归新主负担，如系麦地当时还没有收获者，可多分配麦子少派秋粮，以作调剂。”

三是明确了“革命职员在家扣免税点”的人员范围。即那些“革命职员”家庭可“按点”减少一定的税收。“（税则）草案第八条规定‘革命职员在家扣免税点’，应包括下列人员：甲、党政民各系统脱离生产之干杂人员。乙、中学以上学校之教职员、公务人员及干部中学系区级干部者。丙、国营企业（如贸易实业公司等）除雇员外之干职人员。丁、机关生产及县医院中由机关派去之干部并实行供给制无变相工资（如分红等）者。戊、县区联社经派去做合作工作或掌握业务之干部，经县政府、县委会批准确定者。”

四是明确了对荣退军人、军干烈属减税的规定。“荣退军人、军干烈属如确系贫苦无劳力生活困难、确是无力负担着，经村政府评定报请县政府批准后，每人得扣一个半免税点，不再另行免税。”

这里所说的是一项特殊的“优抚”政策，但这一优抚，并非针对所有荣退军人、军干烈属的，必须“确系贫苦无劳力生活困难、确是无力负担者”，且须“经村政府评定报请县政府批准”的才能享受。

五是对个别人减免税的规定。“村里如有个别户丝耗（毫）无有负担能力者，得呈报县政府个别处理减税或免税。”

六是明确了征税年度期限的规定。“年度问题，以本年八月一日到明年七月底为一个年度。”

七是明确了评议会的组成。“评议会组织：由村长、人代会主席（或农会主席）、财政主任为当然委员，每村得再民主选举评议员5—10人共同组成之。”从上可知，这里组成的以村长为首的村评议会主要就是负责上述税则各条规定的落实，如“折谷”的计算、“革命职员”的确定，以及“优抚”、“无力负担”对象的减免评定、报请县府审批等工作。

八是明确了农村工商业税征收的问题。“关于农村工商叶（业）暂不负担，也不得与农叶（业）合并”。

这就是1948年秋屯农业所得税征收的一个补充片段。征粮、农业税收，既是根据地、解放区赖以生存的基础，更为解放战争提供了坚实的物质保障。

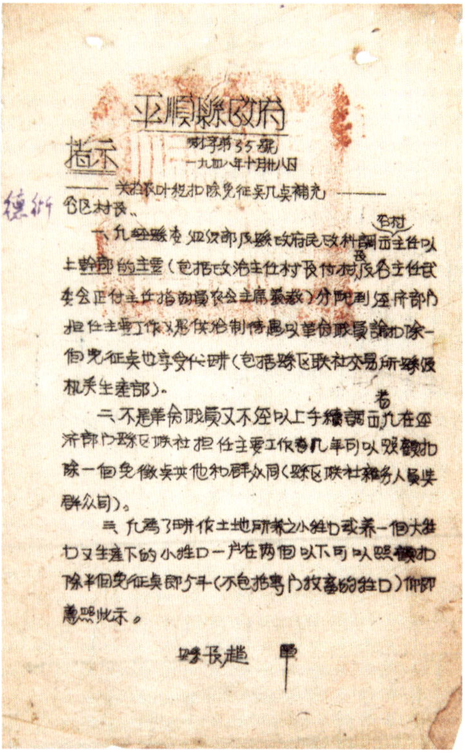

平顺县政府

指示 财字第55号 一九四八年十月廿八日

——关于农业税扣除免征点几点补充——

德彷

各区村长：

一、凡经县委组织部及县政府民政科调出各村主任以上干部的主要（包括政治主任村长付村长各主任武委会正付主任指导员农会主席义教）分配到经济部门担任主要工作又是供给制待遇以革命职员论扣除一个免征点也享受代耕（包括县区联社交易所县级机关生产部）。

二、不是革命职员又不经以上手续调出者凡在经济部门县区联社担任主要工作者几年可以照顾扣除一个免征点其他和群众同（县区联社杂务人员与群众同）。

三、凡为了耕作土地所养之小牲口或养一个大牲口又生产下的小牲口一户在两个以下可以照顾扣除半个免征点即分斗（不包括专门放畜的牲口）仰即遵照此示。

县长赵 军

○ 1948年10月28日，县长赵军签发的《关于农业税扣除免征点几点补充的指示》。

在这里还需要补充说明的是，就在德珩村村长收到上述补充指示第10天又收到了县长赵军签发的《关于农业税扣除免征点几点补充的指示》，对上一份补充指示未明确的、应享受“扣免税点”的革命职员以及对各户所养牲口是否扣免税点作出了三点说明和补充规定。

“一、凡经县委组织部及县政府民政科调出各村各村主任以上主要干部的（包括政治主任、村长、副村长及各主任、武委会正副主任、指导员、农会主席、义务教员），分配到经济部门担任主要工作、又是供给制待遇，以革命职员论，扣除一个免征点，也享受代耕（包括县区联社交易所县级机关生产部）。”

“二、不是革命职员、又不经以上手续调出者，凡在经济部门县区联社担任主要工作者几年可以照顾扣除一个免征点，其他和群众同（县区联社杂务人员与群众同）。”

以上两点规定，在前规定可以享受一个“免税点”的“五类十三种”革命职员的基础上，“以革命职员论”，进一步扩大了各村“包括政治主任、村长、副村长及各主任、武委会正副主任、指导员、农会主席、义务教员”等十几类经县委、县政府批准“分配到经济部门担任主要工作、又是供给制待遇”在内人员的范围；一些虽然“不是革命职员、又不经以上手续调出者”，凡在经济部门县区联社担任主要工作者有一定年限的人员，也可像“革命职员”一样，享受“一个免税点”的照顾。

除上述两点之外，或许如上面的问题一样，有人提出、村干部又不好掌握，补充指示在说完“参革”管理人员的事后，就各户所养牲口纳税的问题又明确了有关规定：“三、凡为了耕作土地所养之小牲口或养一个大牲口又生产下的小牲口，一户在两个以下，可以照顾扣除半个免征点，即5斗。仰即遵照此示。”

这里，对于所养牲口“可以照顾扣除半个免征点”的条件，就是所养牲口必须是“为了耕作土地所养”，且“一户在两个以下”。这“半个点”的照顾，即少交五斗共150斤粮食，对农户来说，按华北解放区税则所定负担比例，这也是减去了一个不小的负担。

（三）1948年年关和中秋优抚

1948年的优抚，随着大量青壮年的参军和支援前线任务的加重，以及土改运动的交叉进行，出现了许多新的情况，新的问题，新的特点，这一年的优抚也就有了与以往不一样的故事。

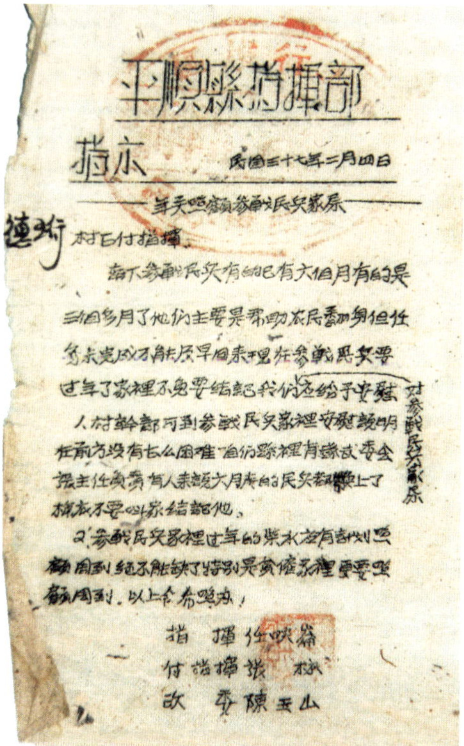
平順縣指揮部

指示 民國三十七年二月四日

——年关照顾参戦民兵家属——

德珩村正付指揮：

南下参戦民兵有的已有六個月有的是三個多月了他們主要是帮助农民翻身但任务未完成不能很早回来現在参戦民兵要过年了家裡不免要结記我們应给予安慰（对参戦民兵家属）人村幹部可到参戦民兵家裡安慰說明在前方沒有什么困难一切縣裡有縣武委会張主任負責有人来說六月去的民兵都穿上了棉衣不要以家结記他。

2.参戦民兵家裡过年的柴水沒有者以照顾周到絕不能缺了特別是貧僱家裡更要照顾周到。以上令希照办！

指揮 任映倉

付指揮 張标

政委 陳玉山

○ 1948年2月4日，县指挥部指挥任映仑等签发的《关于年关照顾参战民兵家属的指示》。

年关不能忘了南下参战的民兵家属

早在大年初一（2月10日）的前一周，德珩村村长就收到了2月4日由县指挥部指挥任映仑、副指挥张标和政委陈玉山联合签发的《关于年关照顾参战民兵家属的指示》。其时春节很快就要到了，随军南下参战的民兵有的也已去了六个多月了，《指示》正是在这个时候发来的，应是春节优抚的一项内容。只是该指示是以县指挥部的名义下达给各村指挥部正副指挥的，这在有关优抚的文书中还是很少见的。

《指示》的文字不长，首先指出：“南下参战的民兵有的已有六个月，有的是三个多月了，他们主要是帮助农民翻身，但任务未完成，不能及早回来，现在参战民兵要过年了，家里不免要结（惦）记，我们对参战民兵家属应给以安慰。”

这里的意思十分明确，要过年了，参战民兵虽然以离家六个多月了，但因任务没有完成还回不去过年，家里不免要惦记，民兵也会想家，因此节日期间对参战民兵家属应给以安慰，具体要做到两条：“1.村干部可到参战民兵家里安慰，说明在前方没有什么困难，咱们县里有县武委会张主任负责。有人来说，六月走的民兵都换上了棉衣，不要叫家里结（惦）记他们。2.参战民兵家里过年的柴水应有计划照顾周到，决不能缺了。特别是贫雇家里，更要照顾周到。以上令希照办。”

一份最长中秋节县府指示

距中秋节还有一个星期的时候，德珩村收到了1948年9月10日由县长赵军签发的《关于中秋节优抚的指示》。

这是在德珩村所收到的所有文书中文字最长、页数最多的一份指示，足有6页、2000多字，是一份全面展示1948年中秋期间各项优抚工作的记录和见证。

《指示》是发给各区区长、村长、联合校长、小学教员的，两千余言，分别提出了对开展优抚、正确认识一般群众与优抚对象的共同目标，搜集研究军干烈属与一般群众的反映和意见，有针对性地对“双方”进行宣传教育，以及中秋期间各项具体工作进行的有关要求，“五见”当年开展中秋优抚工作的方方面面。

一见：杀敌、生产两个运动的共同目标。

土改之后，以为军干烈属代耕为主要形式的优抚，给一般群众和军干烈属双方之间的利益关系带来了新的情况、新的问题，如何看待双方的关系，把优抚工作顺利进行下去，《指示》在前言中对区村干部指出：

> 为了有力的支援前线，早日彻底、干净、全部消灭蒋匪和开展大生产运动，我们对以往一年来的优待军属烈属工作，应作具体而详细的检查，对

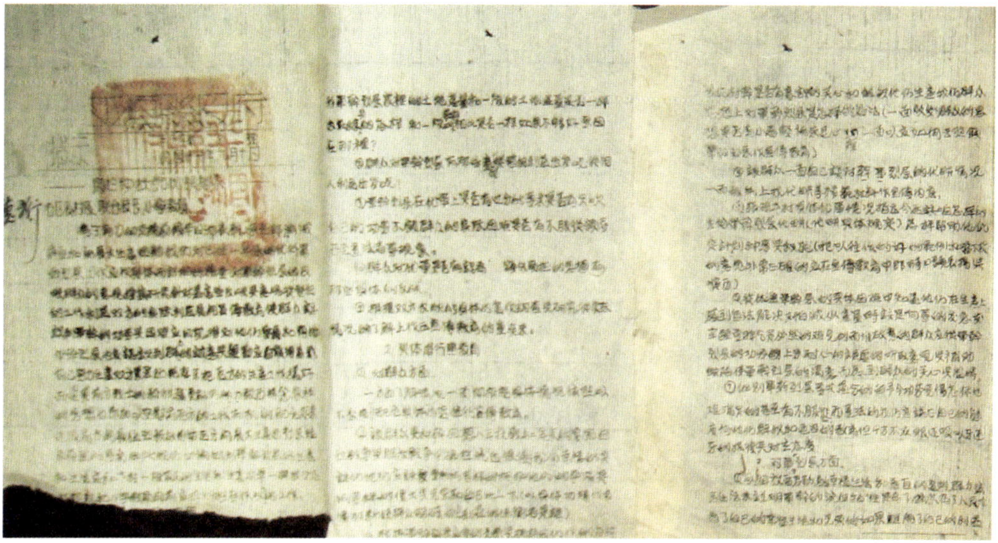

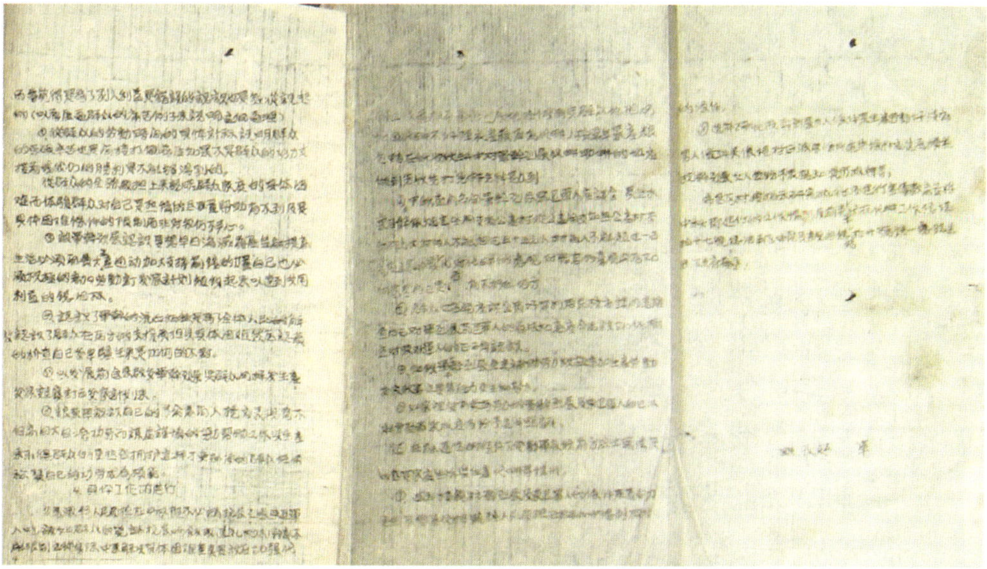

○ 1948年9月10日，县长赵军签发的《关于中秋节优抚的指示》。

军干烈属的反映、群众的意见搜集研究，针对着这些反映与意见，从整个的工作利益、双方的实际利益，展开宣传教育，使群众认识到军干的功劳与困难，应自觉的对他们爱护和帮助；军干烈属也应认识到群众的诚意与杂勤，应自觉的靠自己努力生产。双方紧密团结起来，把后方的生产工作搞好。而这是前方战士的杀敌精更能有力的鼓励，挂念家里的思想也即加以安慰，前后方的工作有机的配合起来，造成前方开展猛烈杀敌运动，后方开展大生产运动，来结束蒋匪的寿命。因此我们必须做到军干烈属的生产和生活，应和本村一般农民的生活和生产水准一样。

在这里，指示提出在新的形势下，应对优抚工作进行具体而详细的检查，应避免从一方的利益出发，要有针对性地搜集和研究优抚中各为一方的军干烈属与群众的反映和意见，以便从整个工作利益和双方的实际利益相结合上开展教育，使群众认识到“军干的功劳与困难”，应自觉的对他们“爱护和帮助”；同时也使军干烈属认识到群众的“诚意与杂勤”，应自觉的靠自己努力生产。这里的道理说得很是实在，实践一再证明，这种把革命利益与个人利益有机结合起来的宣传教育，最能统一人们的认识，能调动人们的积极性和热情，并使之付之于行动。

二见：搜集研究军干烈属、一般群众的意见和反映。

由此出发，《指示》提出，“我们区村干部和小学教员目前于所在村应做以下的工作”，第一项就是：要搜集军干烈属和群众各有什么样的思想认识和问题，具体要搜集的计有四个方面：

①……（此处缺字）形。军干烈属家里的土地产量和一般的土地产量是否一样；庄稼长得怎样，和一般的庄稼相比是否一样，如果不够好，原因在那里？②群众对军干烈属有哪些意见，从整体利益出发呢，从个人利益出发呢？③军干烈属在优军上是否有过分的要求；是否有只吹自己的功劳，不顾群众的实际困难；是否有不服从领导，甚至违法者等现象。④群众对优军是否有认为额外负担的思想，有哪些具体的反映。

在这里，可以见到所搜集的四个方面，涉及农业生产情形、群众的意见反映、军干烈属的要求等十余个问题，所有问题都涉及双方的实际利益。根据这些问题，指示要求“根据双方反映的具体内容作调查与研究，从实际情况的了解上作出宣传教育的重点来”。并由此出发，分别提出对群众方面和军干烈属方面具体进行宣传教育的原则。

三见：对一般群众的宣传教育都是怎样进行的。

在对群众方面的宣传教育上，《指示》具体提出了七条意见（实际只有六条），并具体传授了教育方法：

①对群众方面：一方面了解情况，一面即根据具体情况，依照以下原则配合具体内容进行宣传教育。②让群众与村干回想，八年抗战与两年来的爱国自卫战争与解放战争中牺牲流血保卫我们幸福的是谁们，他们应该受到何等样的拥护，他们的事迹是何等样的伟大与光荣，和自己比一下（以具体功绩作宣传材料，使群众明确自己利益的保卫者是谁）。③根据军干烈属应受的光荣与拥护，我们作的怎样。我们村干是否有意识的关心和组织他们生产；我们群众思想上对军干烈属是怎样的看法（一面启发群众的思想，是否有小看、轻视荣退心理，一面以应如何去照顾军干烈属作宣传教育）。④让群众一面自己谈对军干烈属的代耕情况，一面报纸上找代耕模范材料作宣传内容。⑤根据本村具体优军情况，指出咱怎样的去给军干烈属代耕（代耕具体规定），怎样帮助他们定计划种麦与积肥（把以往作得好的范例和当下提的意见非常正确的，应在宣传教育中即（及）时口头表扬与奖励）。⑥从体验军干烈属的具体困难中，知道他们在生产上感到无法解决、又怕减少产量时，该是何等的发急。发牢骚、耍脾气是必然的、难免的，而非故意的。群众应从军干烈属的功劳上来耐心的、谦虚的听取意见与补助缺陷，使军干烈属满意，而感到群众的关心与温晴（情）。⑦个别军干烈属要求过分的、自矜功劳觉得怎样也难满足的、甚至有不服从而违法的，我们应端正自己的态度，向他们解释和适当的教育，但千万不应以眼还眼、以牙还牙的报复与对立态度。

在这里，《指示》通过让群众和村干部“回想”，让他们清楚地认识到在抗日战争和解放战争的十年间是谁做出了牺牲流血，以感受到军干烈的伟大和光荣；克服小看、轻视军干烈属的心理，体验他们的具体困难，以代耕模范为榜样，去关心和组织他们生产，帮助他们订计划种麦与积肥；要耐心、谦虚的听取他们的意见，对于他们的发牢骚、耍脾气给予理解，使他们感到群众的关心与温情；对于那些要求过分、自矜有功劳怎样也难满足、甚至有不服从而违法的，要首先端正自己的态度，向他们解释和教育，但千万不能“以眼还眼、以牙还牙”的进行报复。这就是作为优抚一方应该持有的态度。

这里，还要特别应当说到的是，指示所讲对群众进行教育的七项原则，更多讲的是具体的认识和方法，有着很强的针对性和实用性，可以说是一个完整的教育方案，体现出当年解放区基层小山村开展政治教育的水平。可以说，这种宣教方法是教育重点突出、联系实际紧密、形式多种多样、教育针对性强。其中的“干部带头”“统一思想”“回忆对比”“换位思考”“典型引路”“表扬先进”等，都是我们相当一段时间里开展政治教育的基本做法和经验，并作为一种模式被长期继承了下来。而这些在当时的解放区，的的确确是一种宣传教育上的创造，逐渐成为开展和推动一切工作的法宝，也构成了中共政治工作的重要组成部分。

四见：对军干烈属的宣传教育是怎样进行的。

在对军干烈属进行教育方面，指示同样提出了六条，具体如下：

①以解放区群众的幸福生活和蒋匪区的群众痛苦生活来说明：军干的流血牺牲，是为了国家、为了人民，也是为了自己的幸福生活和光荣。如果离开了自己的利益，而专觉得是为了别人利益是错误的认识，也是无从说起的（以蒋匪区的痛苦例子来说明这个道理）。②从群众的劳动时间的具体计算，说明群众的劳碌辛苦也是间接打蒋匪，如果不是群众的努力支援前线，我们的胜利是不能够得到的。从群众的全县负担上，来说明群众家庭的具体困难，而体验群众对自己是热情的尽量帮助，有不到，及是具体困难条件的限制，而非对我们不关心。③要让军干烈属认识，要想早日消灭蒋匪并能提高生活，必须开展大生产运动，加大支援前线的力量，自己也必须积极的参加劳动，订发家计划，组织起来，以达到共同利益的总目标。④认识了军干的流血牺牲是为了全体人民的解放，认识了群众在后方的支

援负担与具体困难，然后认真的检查自己发牢骚、生气是如何的不对。⑤以发展前途来启发军干烈属，与群众同样发展生产，发家竞赛，订出发家计划来。⑥让荣军认识自己的革命高尚人格，应表现为不自高自大、自夸功劳，谦虚谨慎的努力帮助工作与生产，来取得群众的更热烈拥护，这样才更能使的群众经常称赞自己的功劳，成为模范。

在这里，指示所讲的“六条”，直截了当，通俗易懂，其认识、其见解，是有相当水平的。特别是在双方一系列重大与直接的利益问题上，所讲的道理，说得都非常给力，充满了辩证法。如：在如何看待革命利益与个人利益的关系上，既讲清军干的流血牺牲是为了国家和人民，也是为了自己的幸福生活和光荣，那种认为只是为了国家和人民利益的认识是错误的，也是无从说起的。在如何看待群众的贡献上，既要看到军干的主要作用，也要看到如果不是群众的努力支援前线，我们的“胜利是不能够得到的”。在如何对待人民的优抚上，军干烈属要体谅群众的具体困难和条件的限制，自己也必须积极地参加劳动，制订发家计划，使双方达到双赢。在看待为人民所立功劳上，要有不居功自傲、谦虚谨慎的革命高尚人格，等等。

五见：中秋之夜群众和军干烈属都做了什么。

基于这样的认识和教育，指示又提出了中秋节期间要进行的八件具体工作，从中可见1948年中秋优抚中都做了哪些事，都有哪些新的变化。具体如下：

①为减轻人民负担，在中秋节都不必请抗属、烈属、荣退军人吃饭，如群众自觉请抗属吃饭或送礼物，干部不能限制，应从实际中解决具体困难，重点是放在加强代耕工作，并检查军干烈属地与群众地相同。如因代耕不好降低产粮，应有（由）代耕人按常年年景产粮包赔；在秋收秋耕中，对军干烈属代耕助耕的地，应做到先收、先打、先耕、先种，是办到。②中秋节夜间召开军干烈属、荣退军人座谈会，买些水果、月饼、纸烟。这些开支，有公产村由公产开支，如无公产村发动群众，大村每人不能超过五十五元，小村每人不能超过一百元。座谈的内容，对代耕的意见，对干部的意见，今后如何发家，自己是否有不好的地方。③群众也召开座谈会，

最好是利用民校，内容检查自己对军干烈属、荣退军人的看法和态度，今后将如何树立对荣退军人的正确认识。④组织军干烈属全、半补助劳力积极参加生产劳动，发家致富主要靠自力更生和努力。⑤如家里没有劳力的军干烈属及荣退军人自己不能劳动者，柴水应当给予适当照顾，⑥在能通信的条件下，发动军属给前方战士写信，其内容是家庭生活与生产代耕等情形。⑦选举模范军干烈属及荣退军人的条件，是靠自力更生，不要靠代耕，减轻人民负担，在群众中得到威信的条件。⑧选举模范军干烈属女人条件是生产劳动好，没有男人关系，绝对正派等条件。这些条件，应选为模范军干烈属女人，并给以表扬和奖励挂牌等。

在这里，指示提出了多种多样的优抚活动，如分别召开军干烈属、群众座谈会，给前方写家信，选举模范军干烈属等。其中“厉行节约办实事”，成为其中最大的亮点，这就是为减轻群众负担，不请吃饭、不送礼；召开座谈会，无公产的村水果、纸烟、月饼的花费大家自己掏，但大村每人不过55元，小村不过100元（边币），必须严格落实代耕助耕的优抚规定，秋收秋耕中，对军干烈属代耕、助耕的地，应做到“先收、先打、先耕、先种”，让军干烈属真真正正享受到优抚的最大实惠。

最后，指示提出如下要求：“希各区村按指示研究执行及进行宣传教育，并将中秋节进行的工作情形及前半年优抚代耕工作总结于十七号总结到区，于二十号统一总结送来县府为要。”总结要由区长亲自做，这还是以前所没有提过的，也是全部“纸片子”唯一有这个要求的一份。

对南下干部家属村小学校教员的特别优抚

除了上面所说的之外，这一年还有两种人享受到中秋节日的优抚。这就是德珩村村长收到的1948年9月13日由县委会、县政府和县长赵军分别发来的有关优抚的通知和指示中提到的南下干部家属和教员。一份是县委、县府的《关于检查南下干部家属照顾问题的联合通知》，另一份是县长赵军签发的《关于中秋给教员调剂过节费麦子的联合指示》，两份文书印在同一张“麻头纸”上。

1.《关于检查南下干部家属照顾问题的联合通知》。

这是县委会、县政府专门在中秋节前夕，为检查对南下干部家属照顾问题而联合下发的一个通知，是由县党政最高领导机关联合就照顾南下干部家属而专门下的文件，仅此一件。

《联合通知》是发给各区长、村长、政治主任的，文字并不长，全文如下：

顷接太行第三地委通知，内称：关于南下干部家属照顾问题，据有的南下干部来信反映，南调时对所提家庭困难都允许解决，走后实际就无人照顾，如五分区冀南银行徐新年同志在南调时承认让其女人住高小为公费生，走后一个月即行停止，此种现象恐为不少，这对南下之干部与今后南调干部时有很大影响。希各区村接通知后，区署、分委普遍进行检查，对南下干部家属是否设专人照顾，其困难问题是否得到适当解决，家庭困难并没有劳力者，应给予代耕优待。希各区村确实检查，并把检查的情形于本月二十号回报县委或县委为要！

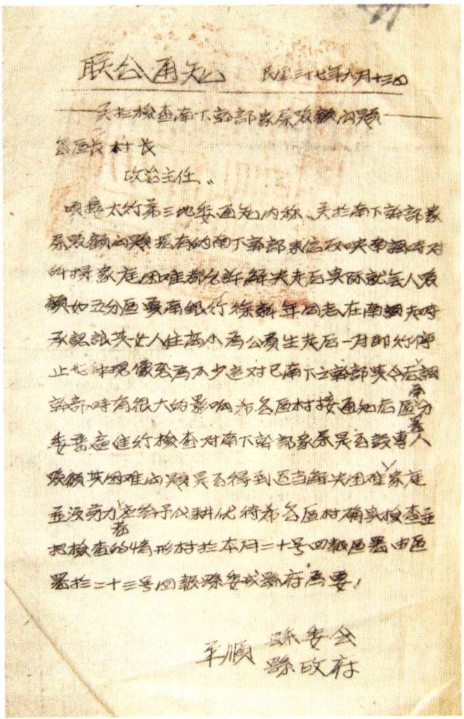
联合通知 民国三十七年九月十三日
——关于检查南下干部家属照顾问题——
各区长 村长
政治主任：
顷接太行第三地委通知内称：关于南下干部家属照顾问题，据有的南下干部来信反映，南调时对所提家庭困难都允许解决，走后实际就无人照顾，如五分区冀南银行徐新年同志在南调时承认让其女人住高小为公费生，走后一月即行停止，此种现象恐为不少，这对已南下之干部与今后南调干部时有很大的影响。希各区村接通知后，区署、分委普遍进行检查，对南下干部家属是否设专人照顾，其困难问题是否得到适当解决，困难家庭并没劳力者应给予代耕优待。希各区村确实检查，并把检查的情形村于本月二十号回报区署，由区署于二十三号回报县委或县府为要！
平顺 县委会
县政府

○ 1948年9月13日，县委会、县政府发出的《关于检查南下干部家属照顾问题的联合通知》。

这份通知所说之事十分简单，只是因接到太行第三地委关于对南调干部家属所允照顾事项是否落实进行检查的要求，而专门发出这份联合通知的。1948年秋季，随着解放战争的顺利进行，解放区逐渐扩大，新区急需大批干部。正在此时，根据上级的部署，革命老区包括平顺，已陆续南调了一些干部，对于土生土长的当地一些干部来说，这是第一次或唯一一次远离家乡的长期调动，不免有不舍和对家中困难的惦记。走前区村所承诺的事情没有兑现，必然会影响南下干部的情绪。正如通知指出，这件事情做的好坏，“对已南下之干部与今后南调干部时有很大的影响”。在短短3个月之后的1948年12月，中共中央华北局根据党中央的部署，从太行、太岳两个老区选调4000余名干部，其中平顺县抽调100余名，作为中国人民解放军长江支队随大军南下。自1949年2月从长治出发，历经6个月，徒步翻越了中条山、太行山、武夷山，横跨黄河、长江、淮河、钱塘江，途径8省63县，跋涉6450余里，于8月到达福建，为建设新区作出了贡献。而在德玠村“纸片子”中早已被我们所熟悉的许俊科、陈士贤、岳培煊、王科则等区领导都在其中，续写了他们在德玠村之后的新篇。

2.《关于调剂过节费麦子的联合指示》。

这就是德玠村所收到的县长赵军发来的《关于调剂过节费麦子的联合指示》。指示不长，原文如下：

村长、财粮主任、教育主任、教员：

中秋节已到，各地都在准备过节，为了使教员工作今后更能提高，县里研究决定各村在供给应领粮以内给教员调剂麦子拾斤，按斤半麦子兑一斤米。

县长：赵军

《指示》的意思十分清楚，不再详说。这是一件令人听着新鲜特殊的故事，但在当年却是一件平常且一般的事情。在逢年过节和收成之际，教员都能听到调剂麦子、柴火等好消息。在浏览德玠村这些“纸片子”时，不经意间就会发现教员所享受的种种优待，及教育在大山深处的地位。

（四）适应新形势全力开展大生产运动

这是1948“土改、整党、大反攻”之年不能不说到的大事。这一年也是德玠村收到来自县区有关开展大生产运动文书最多的一年。

这一年的7月25日，新华社在其所发表的《把解放区的农业生产提高一步》的社论中，引用了毛泽东关于“一切在后方党政机关担任领导工作的干部，他们虽然为支援前线、整党及征收公粮等工作，是十分繁忙的，但他们必须至少拿一半以上的时间，即一年中六个月以上的时间，去组织与指导生产”的指示，强调必须按照毛主席所提出的“一切基本解放区的当前最基本的任务，就是把生产向上提高一步”的基本方针和要求，把生产搞上去。而之所以提出这样的方针和任务，是因为如果在生产上不能取得胜利，革命和土改就变得毫无意义了。必须在军事胜利和土地改革胜利的全新的基础上，用生产的胜利来支援和保证军事上的胜利，并争取革命在全国范围内的胜利。

正是在这样的背景之下，平顺县按照上级的指示要求，针对干部、群众思想上的混乱以及生产放缓的实际，下大力纠正各种偏差，扭转生产方向，确定生产方针，开展大生产运动，全力推动生产的发展。这一年，德珩村村长自3月6日至12月26日就收到县区里有关生产的指示（联合指示）、命令、通知（紧急通知）、通报以及县区领导写给村干部的信件36件（份），这还不包括一些召集村长、生产主任参加并没有明确内容的会议通知。特别是在下半年提出“必须至少拿一半以上的时间，即一年中六个月以上的时间，去组织与指导生产”的要求之后，半年就有25件（份）。总之关于生产的指示随时会来，研究生产的会议也要参加。把生产搞上去，这时真正成为德珩村村长们的最基本的任务。

在德珩村村长收到的这36份涉及生产的“纸片子”中，每一份都不止一个故事。而在前后半年中，如以上述新华社7月25日的《社论》为线的话，也呈现出由被动向主动转变的不同情景。限于篇幅，这里谨按时间先后、以记“流水账”的方式，将部分文书所说事项原文，或繁或简，记录下在支援前线、整党及征收公粮的繁忙之中，县区村是如何拿出“一半以上的时间”，组织与指导生产的。

土改春耕力争两不耽误

3月6日，县合作社联社社长韩金蛟在政府具体指示之后，又发出了《关于结合平分土地抓紧准备春耕的指示》，就土改中不误农时、抓紧准备春耕，做到两不耽误，对各区联社、村合作社长再次提出要求。指出：“今年春短，惊蛰已过，春耕来到，地要早种，又加上在春耕前后要彻底平分土地，在我们思想上对春耕准备工作稍有疏忽，就会措手不及，耽误播种。因此我们应结合平分土地，注意春荒，立即接手抓紧空隙组织春耕准备工作”。并具体提出要抓好的四件事：

一、纺织：在平分与民主运动的基础上，开展春季纺织运动，订出计划，保证春季换季不买布，平分生产两不误。区村合作社应做到深入贫雇具体解决资本和原料的困难，并保证购买棉花、修补工具，调补织布技师与解决有线织不成布、有布销不出的困难。在民主运动基础上，发动妇女，组织妇女自由结组，发扬互助互济来调济工具。

二、农具：区村合作社在现有的条件下，组织铁匠炉修补农具或组织资金到荫城、壶关等地购进，组织木匠做犁、耧、耙，小型合作组织编造或购进箩头、□□□等工具，特别注意解决购买原料的资金困难，并提倡群众买大农具（犁耙耧）。

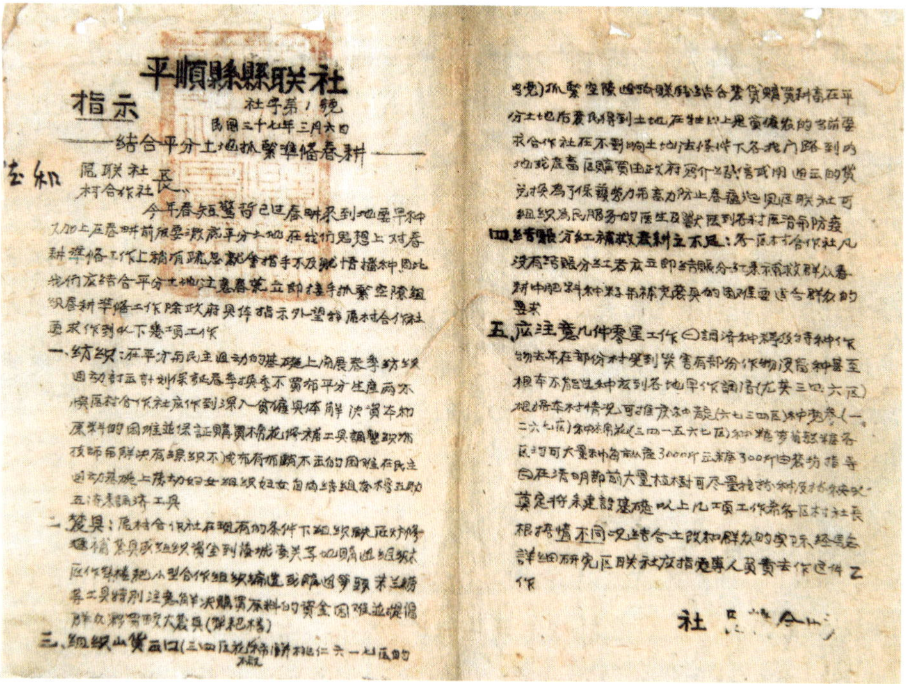
平順縣縣联社
指示
社字第1號
民国三十七年三月六日
——结合平分土地抓紧準备春耕——
区联社
村合作社長

社

○ 1948年3月6日发出的《关于结合平分土地抓紧准备春耕的指示》。

三、组织山货出口：三、四区的花椒、柿饼、桃仁；六、一、七区的当、党。抓紧空隙运输赚钱；结合农贷，购买耕畜。在平分土地后，农民得到土地，在牲口上是贫雇农的，当前在不影响土地法条件下，到内地或牲口区购买，由政府写介绍信，或用运出的货兑换；为了保护劳力与畜力，防止春瘟起见，区联社可组织为民服务的医生及兽医到各村医治与防疫。

四、结账分红补救春耕之不足：各区县合作社，凡没有结账分红者，应立即结账分红，来补救群众春耕中肥料种籽与补充农具的困难，要适合群众的要求。

除上述“四件事”之外，指示最后还提出了“应注意的几件零星工作”，计有两件：

（一）调剂种籽及特种作物。去年在部分村受到灾害，有部分作物没留种，甚至根本不能选种，应到各地早作调剂（尤其三四六区），根据本村情况，可推广种靛（六七三四区），种党参（一二六七区），种棉花（三四一五六七区），种糖萝葡熬糖。各区均可大量种，每亩产3000斤，出糖300斤。由农场指导。（2）在清明节前大量植树，尽可能找树种及树秧，以奠定将来建设基础。

最后，指示要求：“以上几项工作，希各区村社长根据不同情况，结合土改和群众实际经验，详细研究，区联社应指专人负责去作这件工作。”

这里，只是全文照抄了韩金蛟社长的指示，主要基于从中可一见当年土改平分土地之初对生产发展的相互影响；这也是在德珩村所收到的众多有关合作社的文书中第一次讲到“合作社”这个组织，也可见当年的合作社在组织生产上扮演着什么样的角色；而这位发指示的县合作联社的社长韩金蛟，曾在任县农救会主席期间，当选为太行区出席延安解放区人民代表大会代表，并出席了会议。由此这里给予了特殊的“版面”照顾。

开会布置、指示督办，迅速完成春耕

3月8日，即在上述指示的两天之后，德珩村村长、政治主任就又收到了区工作队队长（区委书记）白汝林、副队长徐永祥（区长）、杨德云联合签发

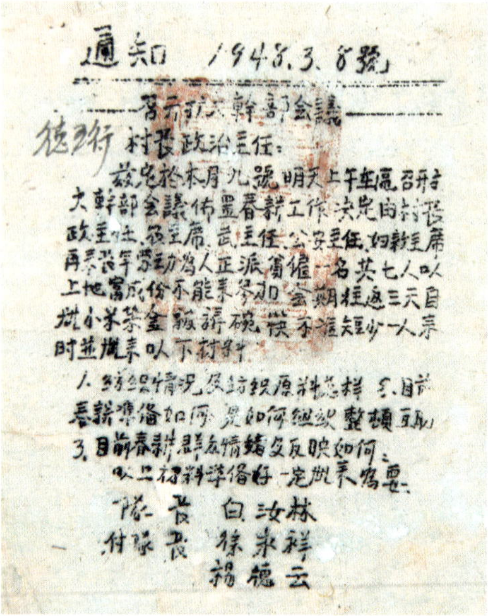

通知 1948.3.8號

——召开扩大幹部会議——

德珩村長政治主任：

兹定於本月九號明天上午在區召开扩大幹部会議佈置春耕工作決定由村長政主任、農主席、武主任、公安主任、妇救主席再来常年勞动為人正派貧雇一名共七人以上地富成份不能来参加会期往返三天自帶小米菜金被褥碗筷不准短少一人来时並帶来以下材料

1.紡織情况及紡織原料怎样 2.目前春耕準備如何是如何組織整頓互助 3.目前春耕群众情緒及反映如何

以上材料準備好一定帶来為要

隊長 白汝林

付隊長 徐永祥

楊德云

○ 1948年3月8日发出的《关于召开扩大干部会议的通知》。

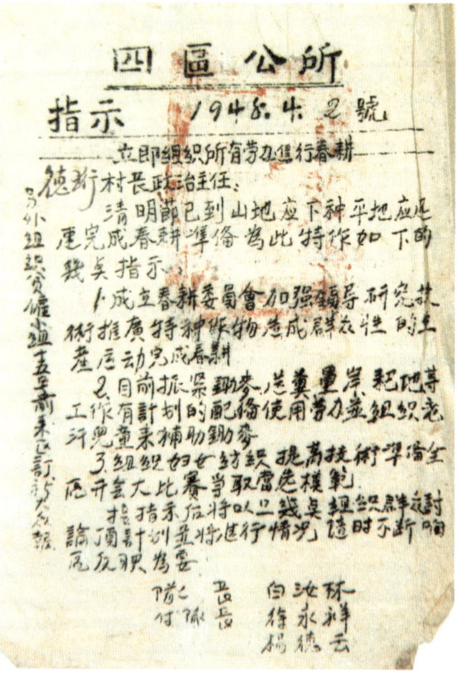

四區公所

指示 1948.4.2號

——立即組織所有勞力進行春耕——

德珩村長政治主任：

清明節已到山地应下种平地应迅速完成春耕準備為此特作如下的幾点指示

1.成立春耕委員會加強領導研究技術推廣特种作物造成群众性的生產运动完成春耕

2.目前抓紧鋤麥、送糞、壘岸、耙地等工作有計划的配備使用勞力並組織老汗兒童来補助鋤麥

3.組織妇女紡織提高技術準備全區开会大比賽爭取當选模範

接指示后将以上幾点組織群众討論須計划並将進行情况隨时不断向區反映為要

隊長 白汝林

付隊長 徐永祥

楊德云

另外組織貧僱小組十五号前来区訂新大众報

○ 1948年4月2日发出的《关于立即组织所有劳力进行春耕的指示》。

的《关于召开扩大干部会议的通知》，决定“本月九号明天上午在区召开扩大干部会议，布置春耕工作”。参加会议人员除有村长、政治主任、农主席、武主任、公安主任、妇救主席外，另“再来常年劳动、为人正派贫雇一名”，共计七人。并明确以上人员“地富成分不能来参加”，这种情形在以前是从未有过的。会议定为“往返三天”，除“自带小米菜金、被褥碗筷，不准短少一人”外，一定带来“1.纺织情况及纺织原料怎样；2.目前春耕准备如何，是如何组织整顿互助的；3.目前春耕群众情绪及反映如何”等三份材料。自此春耕在区村开始展开。

4月2日，德珩村村长、政治主任收到了区工作队队长白汝林，副队长徐永祥、杨德云（农主席）联合签发的《关于立即组织所有劳力进行春耕的指示》，指出：“清明节已到，山地应下种，平地应迅速完成春耕准备”。具体要求做好三件事，包括抓紧锄麦、送粪、垒岸、耙地；组织妇女纺织，准备全区开会大比赛；特别要求“成立春耕委员会，加强领导”，有计划的配备使用劳力，“组织老汗（汉）儿童来补助锄麦”，“造成群众性的生产运动完成春耕”。

4月20日，区长徐永祥、副区长陈凤贤通知德珩村村长，次日在区召开生产

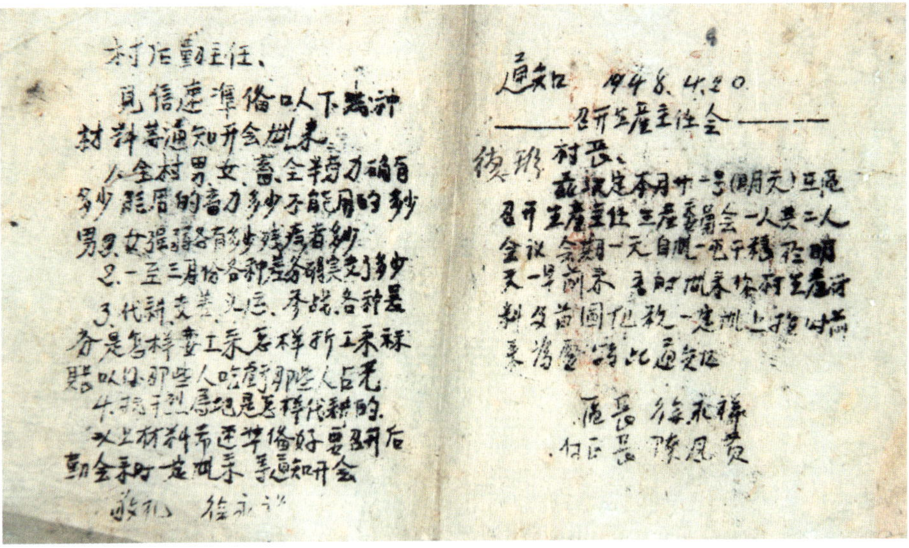

○ 1948年4月20日发出的《关于召开生产主任会的通知》。

主任、生产委员会委员会议，研究春耕工作。并要求准备有关材料：1.全村男、女、畜，全、半劳力确有多少，能用不能用畜力各多少，男女强弱、残疾各多少；2.一至三月份各种差务确实支了多少；3.代耕、支差、义运、参战，各种差务怎样变工、折工来算账的。4.军干烈属地是怎样代耕的，等等。由此可知，平分土地之后，既要春耕、整党，又要支前、优抚，所带来的劳力、畜力的更加紧张以及“差务”的繁重，使春耕组织工作也增加了难度。但“一年之计在春”，“人误地一时，地误人一年”，无论怎样都要“造成群众性的生产运动完成春耕”。

5月10日，德珩村村长、政治主任接白汝林、徐永祥、杨德云通知：“为了目前推动全面生产大运动”，13日至16日召开全县村干部会议，政治主任、村长、农会主席、武委会主任参加，不准短少，“把春耕下种子布置好”，由其他村干部领导。有意思的是，《通知》忘了印上“自带粮草”，只好在旁补写“十二号来区报到，会期五天带干粮，两屯（顿）食米”。

据《大事编年》记载，这次全县村干（村支部成员）会议，针对村干普遍存在的“怕整党、怕批评”和把整党、生产、改进作风对立起来的糊涂认识和倾向，通过学习讨论打消思想顾虑，坚定了领导群众进行整党、生产的信

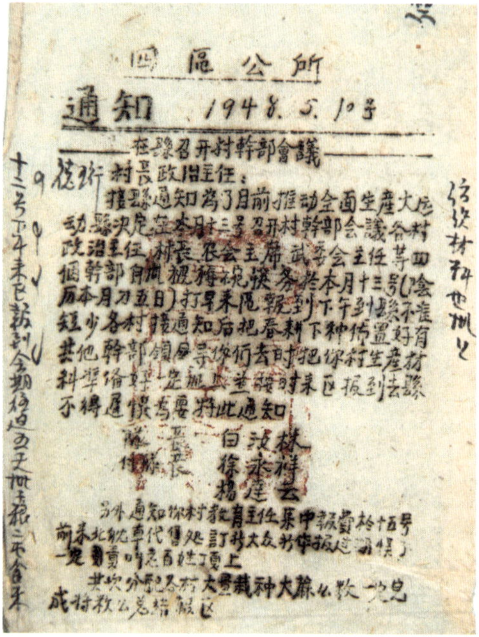

四区公所

通知 1948.5.10号

——在县召开村干部会议——

德珩村长政治主任：

接县通知为了目前推动全面生产大运动县决定在本月十三号召开村干部会议各村政治主任、村长、农会主席、武委会主任等四个干部自带被褥碗筷务于本月十三号（阴历本月初五日）打早来区报到下午到县不准短少各村接通知后把春耕下种布置好有其他干部领导你们去时把你村生产材料准备好[illegible]来区报到去县不得迟误为要特此通知

区长 白汝林

付区长 徐永祥

杨建云

[illegible]

○ 1948年5月10日发出的《关于在县召开村干部会议的通知》。

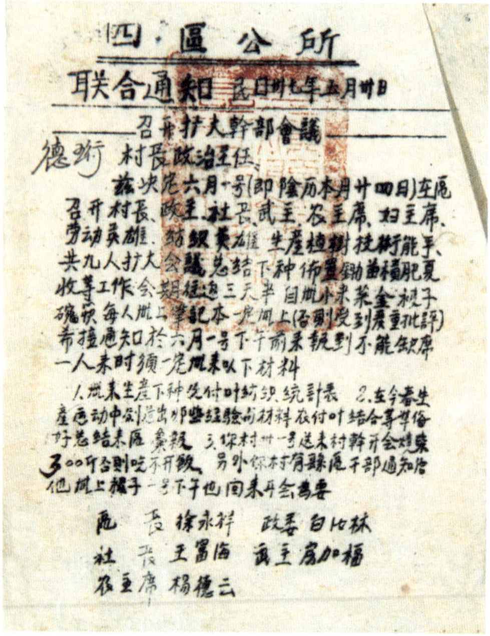

四区公所

联合通知 民国卅七年五月卅日

——召开扩大干部会议——

德珩 村长政治主任：

兹决定六月一号（即阴历本月廿四日）在区召开村长、政主、社长、武主、农主席、妇主席、劳动英雄、纺织英雄、生产植树技术能手共九人扩大会议总结下种布置锄苗积肥夏收等工作会期往返三天半自带小米菜金被子碗筷每人带上笔记本一定带上（否则受到严重批评）希接通知于六月一号下午前来报到不能缺席一人来时须一定带来以下材料

1.带来生产下种[illegible]纺织统计表 2.在今春生产运动中创造出那些经验的材料[illegible]结合等准备好总结来区汇报 3.你村卅一号送来村干开会烧柴300斤否则吃不开饭 另外你村有县区干部通知给他带上被子一号下午也向来开会为要

区长 徐永祥 政委 白汝林

社长 王富海 武主 房加福

农主席 杨德云

○ 1948年5月30日发出的《关于召开扩大干部会议的联合通知》。

心和决心。

5月30日，德珩村村长、政治主任收到区长徐永祥、政委白汝林、社长王福海、武委会主任房加福、农主席杨德云发来的计有村长、政主、社长、武主、农主席、妇主席、劳动英雄、纺织英雄、生产植树技术能手共九人参加全区扩大干部会议的联合通知，“布置锄苗、积肥、夏收工作，会期往返三天半”。锄苗夏收运动至此全面展开。

同样有意思的是，通知除告知自带粮草、被褥碗筷之外，第一次明确：开会时，“每人带上笔记本，一定带上，否则受到严重批评”。同时提醒：“各村自带300斤烧柴，否则吃不开（上）饭。”

6月20日，区委书记白汝林、区长徐永祥给各村政治主任、村长和各干部同志写来一封信，就锄苗夏收工作进行了督促，提出了要求。指出：“锄苗夏收运动正在紧张阶段，你们应继续贯彻为民服务的精神，领导群众发家致富，开展大规模的生产运动”，抓紧把全部全半劳力组织起来，抓紧完成麦收；继续贯彻技术指导，研究锄苗技术及制止棉花上的“油汗”；组织农副

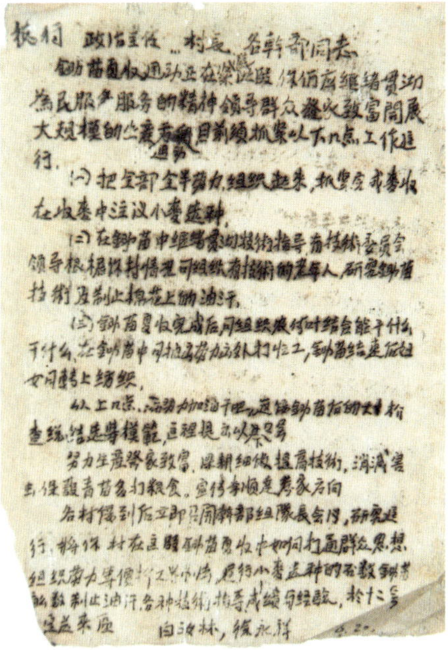

○ 1948年6月20日，区委书记等写给德珩村政治主任、村长的信。

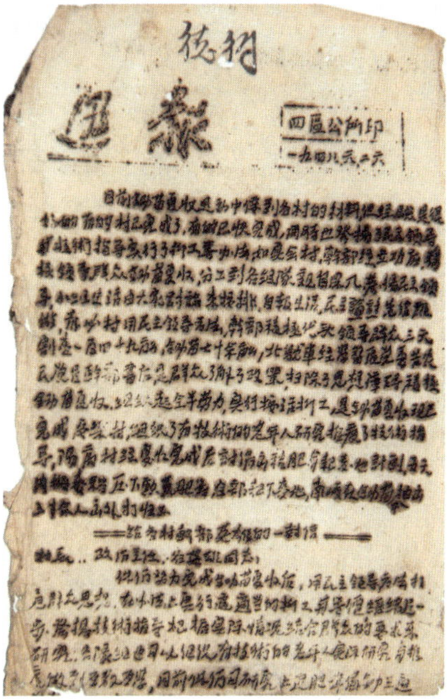

○ 1948年6月26日，区长徐永祥签发的《关于表扬锄苗夏收运动中做的好的村的通报》。

业，能干什么干什么，可出外忙工，锄苗结束妇女转上纺织。信中号召“努力加油干吧”，迎接检查选模范。并提出如下四句口号：努力生产发家致富！深耕细作提高技术！消灭害虫保护青苗多打粮食！宣传李顺达发家方向！

6月26日，区长徐永祥签发《关于表扬锄苗夏收运动中做的好的村的通报》（标题为作者所加）发往各村。这时锄苗夏收运动有的村已经完成，有的已快完成，《通报》具体表扬了：实会村干部经立功后，积极领导群众锄苗夏收，分工到各组队亲自深入，发扬民主领导；赤必村干部积极带头，领导群众3天割麦149亩、锄苗70余亩；北耽车村经过学习“去动物园告农民党员干部书”后，扫除了思想障碍，组织起全半劳力实行“按活折工”，完成锄苗夏收；安乐村组织有技术老人推广了技术指导；阳高村夏收完成后提出积肥与耙麦地计划；南峧村锄苗时组织30余人出外打忙工等5个村的事迹。

应说到的是，在《通报》的下方还印有一份徐永祥区长写的《给各村长、政治主任和各英雄同志的一封信》，就麦收后的生产进一步提出了技术

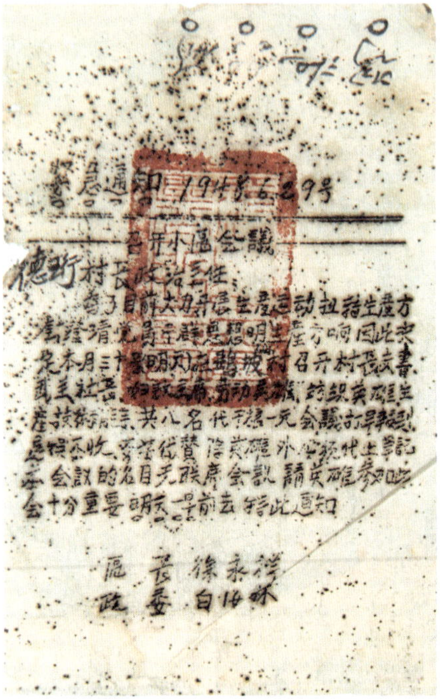
紧急通知 1948.6.29号
召开小区会议
德珩村长政治主任

区长 徐永祥
政委 白汝林

○ 1948年6月29日，区长徐永祥等发出的紧急会议通知。

推广、大量积肥，增加产量的要求，并号召努力开展今年的“民主大生产运动”，坚信胜利的早日到来。

6月29日，区长徐永祥、政委白汝林向各村村长、政治主任发出紧急通知：“为了目前大力开展生产运动，扭转生产方针，澄清党员、干群思想，明确生产方向”，决定于30日，在鹞坡村召开有村长、支书、武主、社长、妇救主席、劳动英雄、纺织英雄、生产技术能手共八人参加的会议，并明确“会议的名目为联席会议，请英雄参加此会十分重要”。由此，生产开始成为“一切基本解放区最基本的任务”，必须至少那一半以上的时间去组织和指导生产，“把生产向上提高一寸”。6月30日，《新华日报》头版报道了平顺县“英雄李顺达坚信党的生产政策，五年发家计划将提前完成”的消息。7月上旬，平顺县各村利用各种形式学习区党委《告农民、党员、村干部书》，“初步澄清了干部群众中的混乱思想，明确了今后不再是斗封建而是生产发家——走李顺达的道路，恢复和整顿了互助组稳定了群众情绪，为进一步开展大生产运动打下基础”。

跑步转送

○ 1948年6月29日通知背面。

还要指出的是，该通知第一次使用了“村支书”的称谓。而《通知》背面“跑步转送”的四个毛笔字也使人感受到了“紧急通知”的紧急。

扭转生产方针，实现生产方向的转变并不是一帆风顺的。7月26日，德珩村村长和各村长、政治主

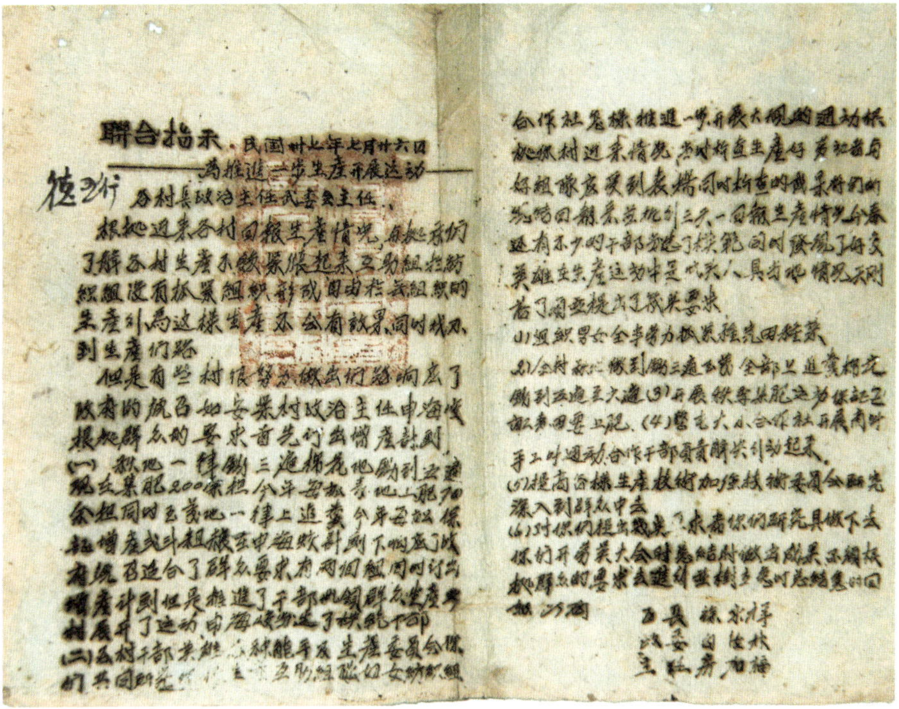

聯合指示 民国卅七年七月廿六日

——為推進一步生產開展运动——

德珩村

各村長政治主任武委会主任

根据近来各村回報生產情况，於据我们了解各村生產不够緊張起来，互助組与紡織組沒有抓緊組織，形成自由与無組織的生產行為，这樣生產不会有效果，同时找不到生產门路

但是有些村很努力，做出门路，响应了政府的号召，如安樂村政治主任申海岐根据群众的要求首先订出增產計划

○ 1948年7月26日《关于为推进一步生产开展运动的联合指示》。

任、武委会主任收到了由区长徐永祥、政委白汝林、主任房加发来的《关于为推进一步生产开展运动的联合指示》。《指示》针对各村落实政府号召的不同表现，作了讲评并提出了要求，首先指出：“根据近来各村回（汇）报生产情况於（与）据我们了解，各村生产不够紧张起来，互助组与纺织组没有抓紧组织，形成自由与无组织的生产行为，这样生产不会有效果，同时找不到生产门路。”

但各村并非都是如此，“有些村很努力，做出门路，响应了政府的号召。如安乐村政治主任沈海蛟，根据群众的要求，首先订出增产计划，秋地一律锄三遍，棉花地锄到五遍，现在积肥200余担，今年每亩麦地上肥70余担，同时玉茭地一律上追肥，今年每亩保证增产两斗粗粮”。同时带动了两个组订出生产计划，“推进了干部代领群众生产，此村展开了群众运动，沈海蛟当选了模范干部”。

由此《指示》在具体要求中，除向各村提出要组织所有全半劳力搞好锄地、追肥、集肥运动外，要认真研究发展生产互助组、妇女纺织组、合作社问题。要“整屯（顿）大小合作社，开展商叶（业）、手工叶（业）运动”，“提高各样生产技术，加强技术委员会研究”以推进大规模的生产运动。这些带有错别字的要求，与新华社社论所说的在平分土地之后，土地、牲畜、农具的相对分散以及多年战乱造成的生产资料相对不足的情况下，必须在现有基础上提高和改良农业生产技术，组织人民合作互助，提倡妇女劳动，抓好工商业、手工业，可说是一脉相承。

7月28日，各村长、政治主任、武主任、合作社又收到了白汝林、徐永祥、房加福、王福海联合写给大家的信，提出希望研究讨论与检查目前工作的“五个问题”：

1.近来上级给你们发下的指示、通知、号召、计划，你们应速检查是否宣传，是怎样宣传的，作用多大，对指示上的群众几个要求进行的怎样。

2.你村的互助组及妇女纺织组整顿情况是怎样整屯（顿）的，有什么经验，整屯（顿）的结果，群众反映。

3.锄三遍、上追肥各多少与积肥计划多少，现积了多少。全村的副叶（业）各多少，工作怎样进行，成绩如何。

4.各村干部荒消灭情况，消灭了多少，现还有多少未下种，如有荒地未种上的，应立即推动互助组及群众并及时下种，能种什么种什么。

5.今天发下锄苗、副业统计表你们负责详细确实统计按时（注：8月1日）送来。湖头、西坡、双泉、东洪对统计各种表不负责，只按时送不上来，应做检查。

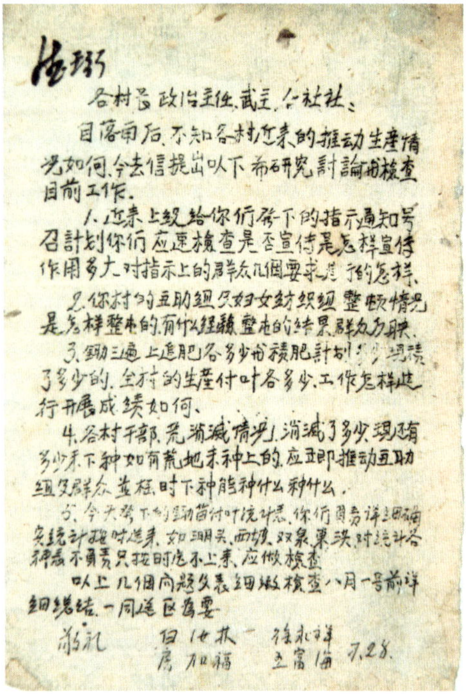
急件
各村长、政治主任、武主、合社社：
自落雨后，不知各村近来的推动生产情况如何，今去信提出以下希研究討論和檢查目前工作。
1.近来上級給你們發下的指示通知号召計划你們应速檢查是否宣傳是怎样宣傳作用多大，对指示上的群众几個要求進行的怎样。
2.你村的互助組及妇女紡织組整頓情况是怎样整屯的，有什么經驗，整屯的結果群众反映。
3.鋤三遍上追肥各多少和積肥計划多少现積了多少的，全村的生產付叶各多少，工作怎样進行开展成績如何。
4.各村干部荒消滅情况，消滅了多少，现還有多少未下种，如有荒地未种上的，应立即推动互助組及群众並極时下种能种什么种什么。
5.今天發下的鋤苗付叶統計表，你們负责详細確实統計按时送来，如湖头、西坡、双泉、東洪对統计各种表不负责只按时送不上来，应做檢查。
以上几個问題必須細緻檢查八月一号前详細總結，一同送区为要。
敬礼
白汝林 徐永祥
房加福 王富海 7.28.

○ 1948年7月28日，白汝林等写给各村长、政治主任、武主任、合作社的信。

这封信既是为了督促后方生产发展也是为着即将召开的区英雄能手会议做前期准备。

7月31日，德珩村村长又收到了由区长徐永祥、政委白汝林签发的《关于召开各种英雄能手会议的通知》，这也是7月份最后六天中德珩村村长收到的来自区领导的第三份文书。《通知》“决定八月三号在区召开劳动英雄、纺织英雄、模范干部、生产技术能手、政治主任参加的座谈会议，会期三天”。同以往不同的是，通知特别强调：这次“参加的各种英雄、能手、模范必须经过今年各生产运动中是民主选出来的，如未选举可迅速用民主选举起”。并要求上述各种英雄能手分别一定“带来个人的发家计划与生产成绩；如何领导推动生产，有哪些经验、技术材料；政治主任带来本村各种生产情况与成绩总结全面材料”。以李顺达等男女英雄模范为榜样，发挥“模范引路”作用，推动生产的发展，可说是这一时期平顺县在全国解放区影响最大的一个亮点。所以，在德珩村所收到的“纸片子”中，关于选举英雄模范、召开英雄大会、推广模范经验，有着一定的数量。李顺达、申纪兰也可说是平顺县最为人知的“名片”。

7月31日，德珩村村长、政治主任还收到了区长徐永祥、政委白汝林发来的

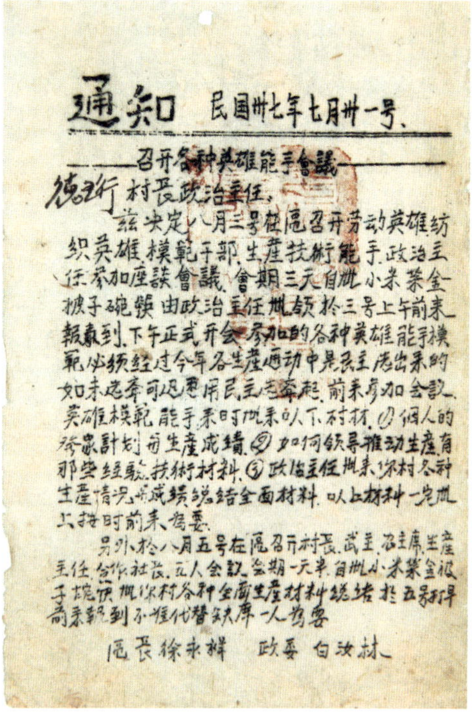
通知 民国卅七年七月卅一号
——召开各种英雄能手會議——
德珩村村長政治主任，
兹决定八月三号在区召开劳动英雄纺织英雄模範干部生產技術能手政治主任参加座談會議，會期三天，自带小米菜金被子碗筷，由政治主任带领於三号上午前来報到，下午正式开会。参加的各种英雄能手模範必须经过今年各生產運动中是民主选出来的，如未选举可迅速用民主选举起，前来参加会议。英雄模範能手来时带来以下材料：①個人的發家計划与生產成绩 ②如何领导推动生產有那些經驗技術材料 ③政治主任带来你村各种生產情况与成绩总结全面材料。以上材料一定要按时前来为要。
另外於八月五号在区召开村長、武主、农主席、生產主任、合作社長五人会议，会期一天，自带小米菜金被子碗筷，带你村各种全面生產材料总结，於五号打早前来報到，不准代替缺席一人为要。
区長徐永祥 政委白汝林

○ 1948年7月31日，发出的《关于召开各种英雄能手会议的通知》。

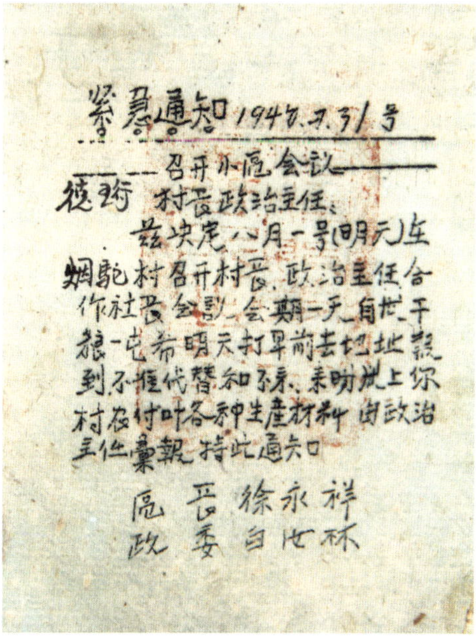
紧急通知 1948.7.31号
——召开小区会议——
德珩村村長政治主任：
兹决定八月一号（明天）在烟驼村召开村長、政治主任、合作社長会议，会期一天，自带干粮一顿，希明天打早前去報到，不准代替和缺席。来时带上你村各付各种生產材料，由政治主任彙報。持此通知
区長徐永祥
政委白汝林

○ 1948年7月31日的紧急通知。

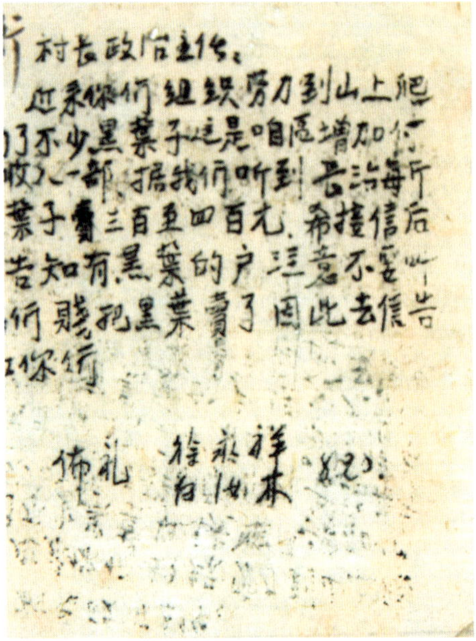
村长政治主任：
近来你们组织劳力到山上把了不少黑叶子这是咱区增加付收入一部，据我们听到长治每斤叶子卖三百至四百元，希接信后告知有黑叶的户注意不要叫他们贱把黑叶卖了因此去信告知你们
此礼 徐永祥 白汝林 8.20.

○ 1948年8月20日，区长徐永祥等给德珩村村长、政治主任的信。

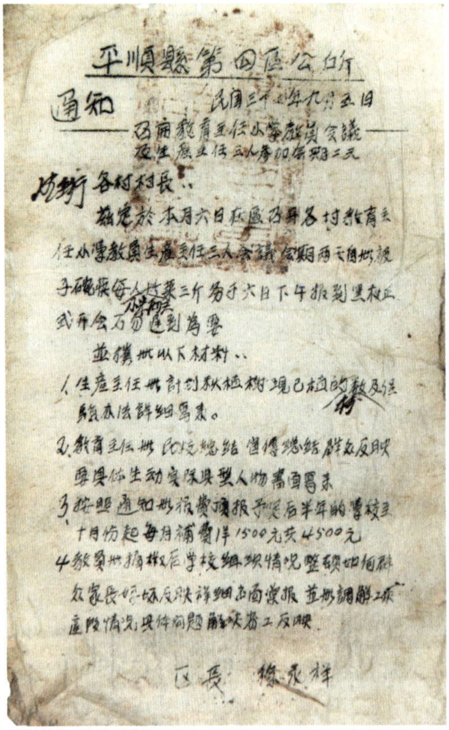
平顺县第四区公所
通知
区长 徐永祥

○ 1948年9月5日《关于召开教育主任小学教员生产主任会议的通知》。

“八月一日（明天）在烟驼村召开村长、政治主任、合作社长会议，会期一天”的紧急通知，会上将由政治主任汇报本村农副业生产进行情况。同样要求“自带干粮一顿”，按时报到，“不准代替和不来”。

8月20日，区长徐永祥、政委白汝林给德珩村村长、政治主任写了一封信，文字很短，只说了一件小事，但事关其时开展“副业”的工作，照录如下：

近来你们组织劳力到山上把（扒）了不少黑叶子，这是咱区增加副业收入一部，据我们听到长治每斤黑叶子卖三百到四百元，希接信后，速告知有黑叶子户，注意不要叫他们贱把黑叶卖了，因此去信告知你们。

9月5日，区长徐永祥向各村发来了《关于召开教育主任小学教员生产主任会议的通知》。会议为期两天，主要是分别上报汇报秋收时节计划植树及现已植树的数量及经验办法；开展宣传的总结及群众反映；学校组织整顿情况，群众家长的反映等。其时秋收秋耕已经展开。

在这里，《通知》还特别告知：“按照通知带报费，顶报予（预）定后半年的，学校至四月份起每月补洋1500元，共4500元。”在德珩村所收到的文书中，这样关于订报的通知以及对学校的补助是不少见的。在当时落后的红色小山村，这种举措能够让少数识字的农民读到报纸，这也不能不是解放区的一个特有的现象。

9月10日，县长给各区长、村长发来《关于组织群众修理大道小路便利交通的命令》，就紧急义务修理被毁道路下达了任务。《命令》指出：“咱县大路小道均系河滩为多，经夏季大雨，均被冲毁，为支援前线及开展今冬大生产运动与突击秋收，便利群众运输，希接令后根据你村大路小道被毁情形，动员与组织群众义务修理并由干部负责指导（河滩行车马大道均修七尺宽、垫五尺宽为标准，如有临崖塌毁的壑岸都得补修），于九月十七日一律修齐，以便交通。”所下任务十分紧急，为了支前、秋收、冬季生产，各村本地盘之中所毁大路小道一律在七天之内修齐。

9月11日，区长徐永祥、政委白汝林给德珩和各村村长、政治主任发出《关于检查割蒿积肥等生产成果的通知》，要求“为了进一步推动完成割蒿积肥工作，打下今冬明春大规模生产运动”，决定自15日开始用三天时间，采取村与村、队与队之间的对头检查；检查组由“每村用群众评选出两个能在村带领生产、热心、有技术经验、有威信人物（或干部）”组成；头两天对头检查、召开群众会，对检查成绩、优缺点进行总结，第三天集中总结交流经验。检查内容包括：“①割蒿捆数、斤数、能造肥担数，摘椒籽石数、花椒斤数。②割蒿、摘椒如何组织与领导结合，

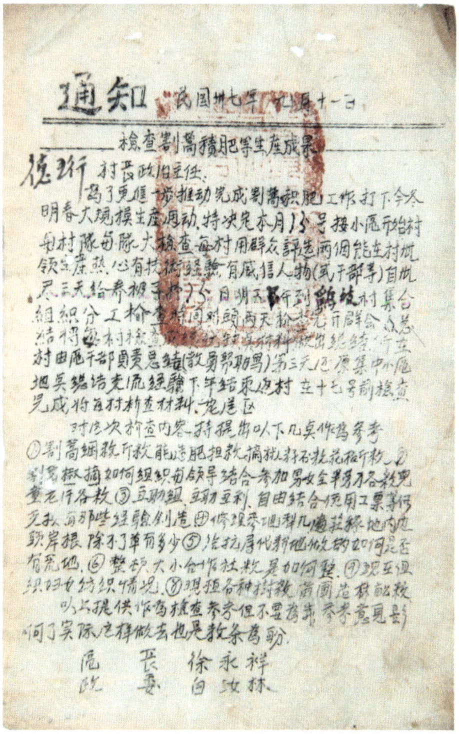
通知

检查割蒿积肥等生产成果

德珩 村长政治主任：

区 长 徐永祥
政 委 白汝林

○ 1948年9月11日《关于检查割蒿积肥等生产成果的通知》。

参加男女全半劳力各数。儿童、老汉各数。③互助组互助互利，自由结合，使用工票，等价交换有哪些经验创造。④修理麦地犁几遍，庄稼地内边头岸根锄不了草有多少。⑤给抗属代耕地做的如何，是否有荒地。⑥整顿大小合作社数，是如何整的。⑦现在组织妇女纺织情况。⑧现植各种树数、苗圃造林亩数。”

从上可见开展秋收秋耕各种事项的情形，其中不少是当时中共为进行纠偏所提出的一些重大政策，如依照平等互利、自愿结合原则组织合作互助，允许雇工劳动和特定条件下的租佃关系存在，等价交换，保护私人自由借贷等的体现。

而《通知》最后强调：“以上提供作为检查参考，但不要为靠参考意见影响了实际，这样做法也是教条。”这可说是德珩村所收到“纸片子”中提到“教条”一词的唯一一份。

9月12日，德珩村长收到区长徐永祥、政委白汝林发给村长、政治主任、生产主任三人关于本月17日前上报“纺织、准备种麦、合作社、锄苗组织、割蒿成绩、深耕细作等六种统计表”的命令。这次对六种统计表的填写，特别提出了“数字要确实统计”，“可托专人负责调查统计，决不能为统计数目而马虎”的要求。

9月14日，各村长、检查员收到徐永

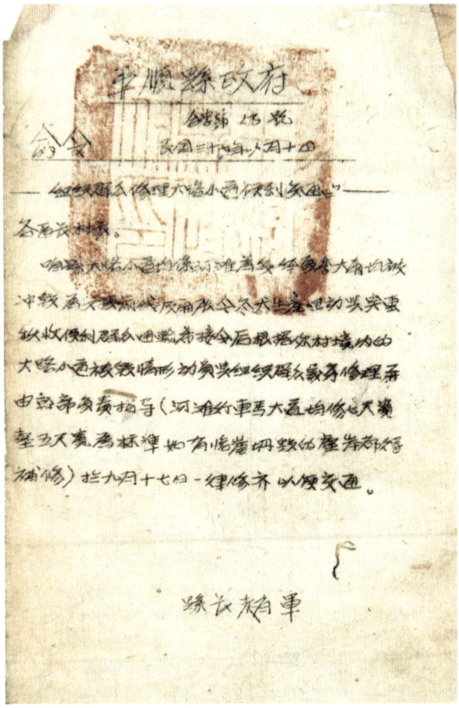
平顺县政府
命令
命字第 [illegible] 号
民国三十七年九月十[illegible]
——组织群众修理大路小道便利交通——
各区长村长：
咱县大路小道均系河滩为多经过夏季大雨均被冲毁为了交通顺畅及开展今冬大生产运动必须要实现秋收便利群众运输希接令后根据你村境内的大路小道被毁情形动员组织群众义务修理并由区部负责指导（河滩行车马大道的修七尺宽整五尺宽为标准如有临崖坍毁的整修都须补修）于九月十七日一律修齐以便交通。
县长 [illegible]

○ 1948年9月12日的命令。

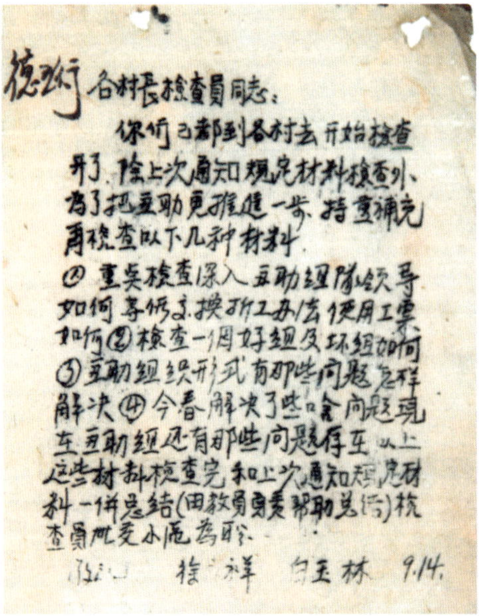
德珩各村长检查员同志：
你们已都到各村去开始检查了，除上次通知规定材料检查外，为了把互助更推进一步，特再补充再检查以下几种材料
①重点检查深入互助组队的领导如何 等价交换折工办法 使用工票如何 ②检查一个好组及坏组如何 ③互助组织形式有那些问题怎样解决 ④今春解决了些啥问题 现在互助组还有那些问题存在 以上这些材料检查完和上次通知规定材料一併总结（由教员负责帮助总结）检查员别要太马虎为盼
[illegible] 徐永祥 白汝林 9.14.

○ 1948年9月14日的来信。

祥、白汝林9月4日发来的关于在各村进行的对头检查中，“为了把互助更推进一步”，再补充四项检查的来信，要求：“①重点检查深入互助组队领导，如何等价交换折工办法，使用工票如何。②检查一个好组及坏组如何。③互助组织形式有哪些问题，怎样解决。④今春解决了啥问题，现在互助组还有那些问题存在。”这时发展互助合作已成为推动生产最主要的方式。

这封信也是德珩村村长所收到的文书中仅有的两份将村长等人称之为同志的“纸片子”中的一份。

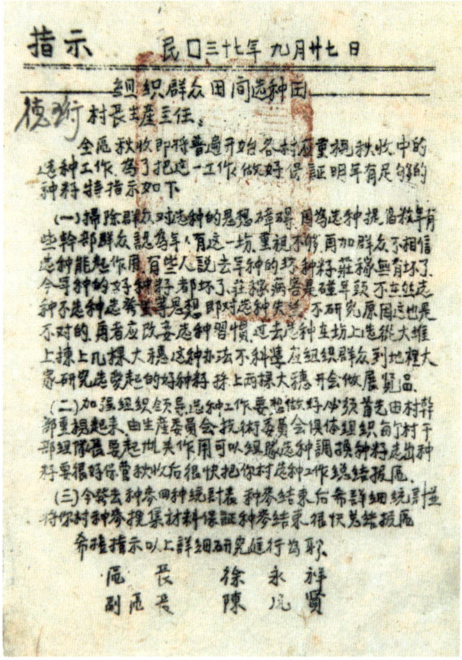

指示　民国三十七年九月廿七日

組织群众田间选种田

德珩村長生產主任：

全區秋收即将普遍开始各村應重視秋收中的选种工作，為了把这一工作做好保証明年有足够的种籽特指示如下

(一)掃除群众对选种的思想障碍。因為选种提倡数年有些幹部群众認為年年有这一场，重視不够，再加群众不相信选种能起作用，有些人說去年种的坏种籽莊稼無有坏了，今年种的好种籽都坏了，莊稼病害是碰年頭不在於选种不选种等思想，即对选种失望，不研究原因，这也是不对的。再者应改变选种習慣，过去选种在場上选，從大堆上揀上几棵大穗，这种办法不科學，应組织群众到地裡大家研究选愛起的好种籽，採上兩棵大穗，开会做展覧品。

(二)加强組织领导。选种工作要想做好，必须首先由村幹部重視起来，由生產委員会技術委員会具体組织，每个村干部組隊長要起帶头作用，可以組隊选种、調換种籽，选出种籽要很好保管，秋收后很快把你村选种工作總結報區。

(三)今發去种麥四种統計表，种麥結束后希詳細統計，並将你村种麥搜集材料，保証种麥結束很快為整報區。

希按指示以上詳細研究進行為耍。

區長　徐永祥

副區長　陳鳳賢

○ 1948年9月27日《关于组织群众田间选种田的指示》。

9月27日，德珩村村长和生产主任收到了由区长徐永祥、副区长陈凤贤发来的针对“全区秋收即将普遍开始，应重视秋收中的选种工作”的指示。这也是9月份德珩村村长所收到的第六份关于生产的文书。指示首先就澄清模糊认识，科学选种工作提出了要求：“扫除群众对选种的思想障碍。因为选种提倡数年，有些干部群众认为年年有这一场重视不够，再加群众不相信选种能起作用，有人说，去年种的坏种籽庄稼无有坏了，今年种的好种籽都坏了，庄稼病害碰年头不在于选种不选种等思想，即对选种失望，不研究原因，这也是不对的。再者应改变选种习惯，过去选种在场上选，从大堆上选几棵大穗，这种办法不科学。应组织群众到地里，大家研究选爱起的好种籽，采上两棵大穗，开会做展览品。”

其次，指示强调“加强组织领导。选种工作要做好，必须首先由村干部重视起来。由生产委员会技术委员会具体组织，每个村十部组队长要起带头作用，可以组队选种、调换种籽。选出种籽要很好保管，秋收后很快把你村选种工作总结报区”。最后要求填好有关“种麦”的四种统计表，保证种麦结束很快报区。

进入10月，秋收秋耕更加紧张，一个月内德珩村就收到县区发来有关生产的紧急通知、命令、指示等七份。

10月2日区长徐永祥、分书白汝林发出紧急通知：“本月三号在烟驼村召开村长、政主、农主、生产主任、妇主席、劳动英雄等七人小区会议，会期两天。”“来时带来你村秋收秋耕计划及种麦、组织劳畜力各种生产材料”，且会议“急要”，不得缺席一人与延误。

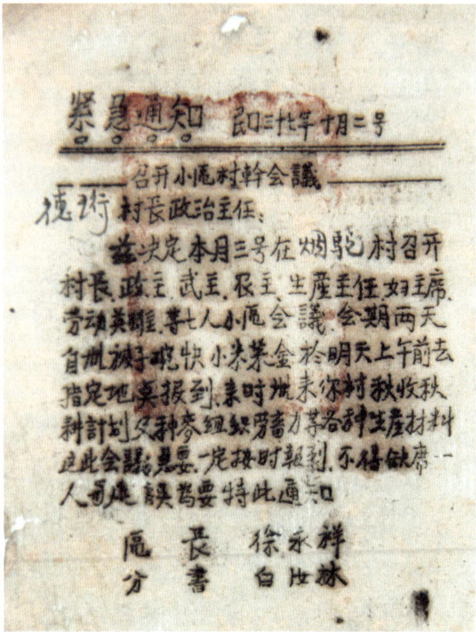
紧急通知 民国卅七年十月二号

召开小区村干会议

德珩村长政治主任：

兹决定本月三号在烟驼村召开村长、政主、武主、农主、生产主任、妇主席、劳动英雄等七人小区会议，会期两天，自带被子碗筷小米菜金，于明天上午前去指定地点报到，来时带来你村秋收秋耕计划及种麦、组织劳畜力等各种生产材料，且此会议急要，一定按时报到，不得缺席一人与延误为要，特此通知

区长 徐永祥

分书 白汝林

○ 1948年10月2日的紧急通知。

10月15日，各村村长、政治主任收到区委会（书记）刘秋红发来的《关于为了迎接劳模大会的指示》，这是德珩村所有

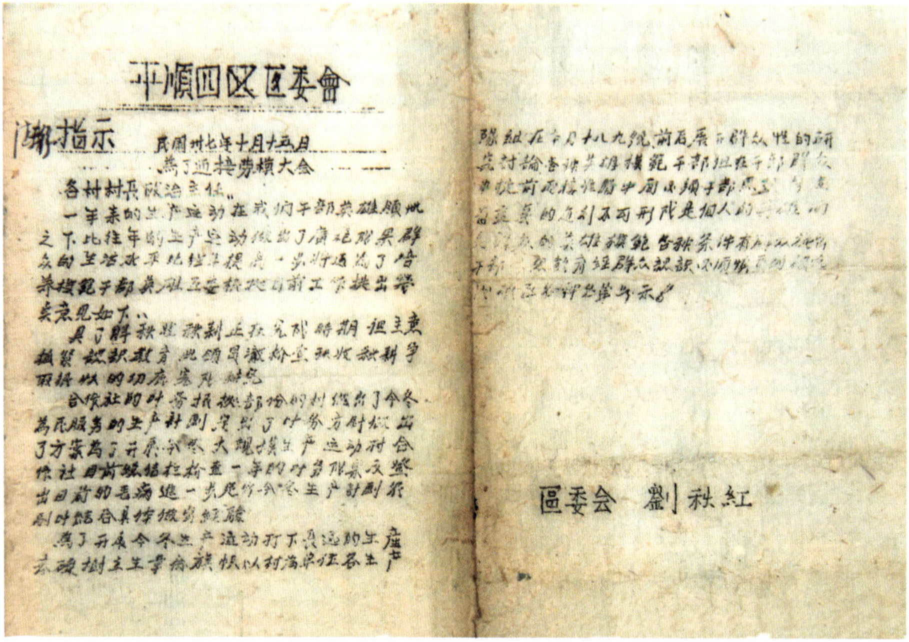
平顺四区区委会

指示 民国卅七年十月十五日

为了迎接劳模大会

各村村长政治主任：

区委会 刘秋红

○ 1948年10月15日《关于为了迎接劳模大会的指示》。

文书中唯一一份以中共平顺四区区委会及区委书记名义发出的指示。

指示首先指出：“一年来的生产运动在我们干部英雄带领之下，比往年的生产运动做出了广泛的成果，群众的生活水平比往年提高一步将近”。随后根据目前工作，为了培养模范、干部、英雄，迎接劳模大会，代表区委就秋耕、合作社、劳模代表产生提出了意见。“关于秋耕提出：秋收秋耕正在完成时期，但主（注）意抓紧认识教育，争取很快的彻底完成。关于合作社：为了开展今冬大规模生产运动，村合作社要总结检查一年的叶（业）务成果及登出目前的毛病，进一步定出今冬生产计划，农副叶（业）结合具体做出经验。关于劳模代表产生：为了开展今冬生产运动，打下长远的生产基础，树立生（产）革命旗帜，以村为单位，各生产队组在本月十八九日前后，展开群众性的研究讨论，各种英雄模范干部。但在迎接准备中间，必须干部思想树立有重点的进行，不可形成是个人的英雄，而是群众的英雄模范，各种条件有（由）群众提出，干部思想教育经群众认识必须慎重的选，报区各种名单。”这是一份文字很不通顺的文稿，但其为了迎接劳模大会，要抓好秋收秋耕和合作社工作，积极慎重地推选出群众的英雄模范的意思还能完全可以读懂的。

10月20日，区长徐永祥、书记刘秋红给各村村长、生产主任写了关于填写两种秋收秋耕统计表的信，因两项表格十分重要，要求迅速星夜填成、数字要准确，于22号派专人送区，区23号再送县，“如按时送不来，政主、村长亲来为要”。在德珩村的“纸片子”中可以见到，几乎任何一项工作，都有量的统计，都有及时上报各种统计表的要求，这既是对所开展工作的一种动态的了解和掌握，便于督促指导基层工作；又是一种对下情及时

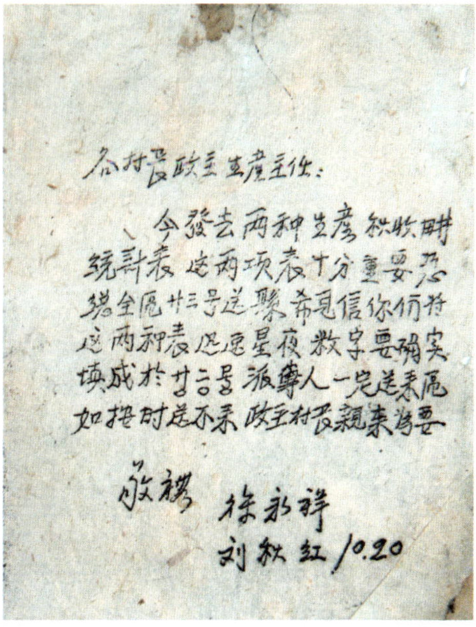
各村長政主生產主任：
今發去两种生產秋收耕统計表 這两项表十分重要恐误全區廿三号送縣 希見信你们将這两种表迅速星夜 数字要确实填成於廿二号 派專人一定送来區 如按时送不来 政主村長親来為要
敬禮
徐永祥
刘秋红 10.20

○ 1948年10月20日关于填写两种秋收秋耕统计表的信。

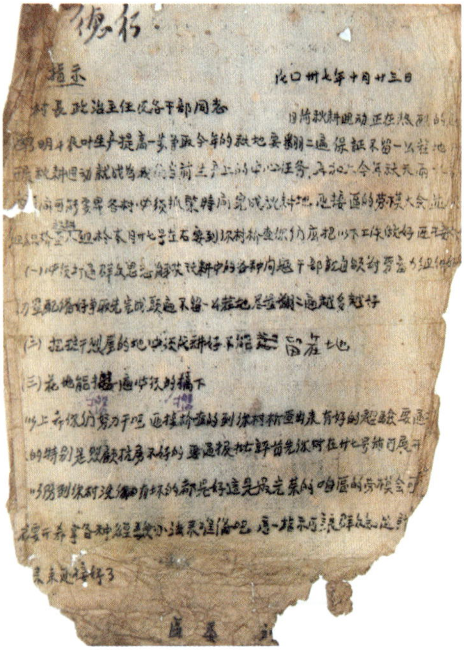

德行

指示

村長政治主任及各干部同志

以上希你们努力干吧

區委

○ 1948年10月23日的指示。

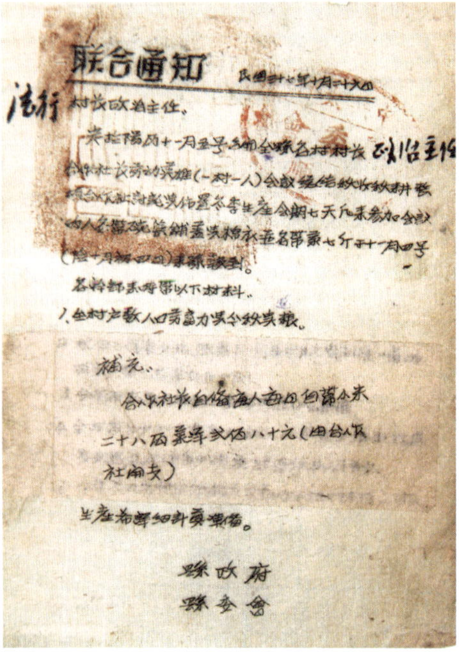

联合通知

德行

村长政治主任

各村干部来时带以下材料。

補充

縣政府

縣委會

○ 1948年10月26日《关于召开全县村干部会议的联合通知》。

进行调查研究的途径以及制定政策的重要依据。

10月23日，区委书记刘秋红再发指示给各村村长、政治主任及各干部同志，指出，“开展秋耕运动就成为我们当前生产上的中心任务”，必须抓紧时间完成秋耕地，保证不留一亩茬地，开展群众性的检查，各项工作，做到“没有坏的，都是好的，这是最光荣的”，以迎接阴历九月区劳模大会的召开。

10月26日，德珩村村长在这一天收到两份文书。一份是县政府、县委《关于召开全县村干部会议的联合通知》；一份是县长赵军《关于修补道路开展冬季生产的指示》。两份文书分别记述了秋收秋耕的结束及冬季生产的进行。

在《联合通知》中，县政府、县委决定“阳历十一月五号召开全县各村村长、政治主任、合作社长、劳动英雄（一村一人）会议，总结秋收秋耕、整顿合作社，讨论与布置冬季生产，会期七天”。参加会议的人，“于十一月四日来县报到”。这是一次时间不短的会议，并要准备和带来五个方面的材料：“1.全村户数、人口、劳畜力与今秋实收粮。2.现在已垡多少地，没垡的有多少亩，计划垡一遍的有多少，二遍的有多少亩。3.合作社有多少股金，社员经营些什么事情。4.全村有多少妇女，有多少纺妇，内有多少织妇；现有多少棉花，能摘多少棉花，纺车、织机有多少。5.今年冬天怎样组织群众生产，你村能组织些什么生产，希详细计算准备。”以此次会议为标志，秋收秋耕运动结束，转向冬季生产运动。

在这份巴掌大的《联合通知》上，同时钤有“平顺县政府”和“中共太行平顺县委会”两方党政的“官印”，这也是德珩村“纸片子”中的一种“唯一”。而粘贴的“补充通知”上所说的“合作社长自备每人每日自带小米二十八两、菜洋二百八十元（由合作社开支）”也是以往“自带粮草”规定中明确“钱由谁出”的“独一份”。

同一天，县长赵军签发的《关于修补道路开展冬季生产的指示》首先指出“本月底秋耕将大部结束，要全力转向冬季生产，为了便于运输和当前的大批运粮，所有人行高脚车路都要修补一次（秋前修过一次但没修好）”。由此《指示》就所修道路的各条线路、何人负责、完成期限及其责任人均提出了要求，具体如下：

①从城关到二区白家庄到五区国和接壶关界；从城关到北社；从城关到北河留村，一律修成车路，宽五尺、垫土两寸厚，保证土实，下也好走路。从龙镇到七区的花园；从寺头到石窑滩；从张井

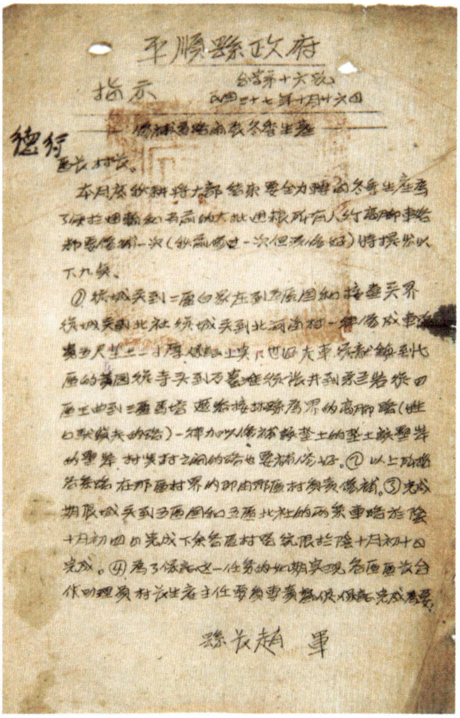

○ 1948年10月26日《关于修补道路开展冬季生产的指示》。

到×兰岩；从四区王曲到三区玛塔、遮峪接林县的高脚路（牲口驮货走的路），一律加以修补，该垫土的垫土，该垒岸的垒岸，村与村之间的路也要补修好。②以上所指各条路，在哪区村界内，即有（由）哪区村负责修补。③完成期限城关到五区国和五区北社的两条车路，于阴十月初四日完成，下余各区村路统限于阴十月初十日完成。④为了保证这一任务的如期实现，各区区长、合作助理员、村长、生产主任要负专责督促，保证完成为要。

这可说是德珩村全部“纸片子”中对平顺县道路修补记载最为详细的一份，涉及平顺县全境七个区的城关、二区、三区、四区、五区、七区等六个区和城关，以及相邻的河北壶关和河南林县两个县以及各村之间大路小道修补的大致布局和标准；实行的则是“区村责任制”，“自家孩子自家看”，领导干部负专责；虽是道路修补，工期却依然紧张，前后不过十余天。

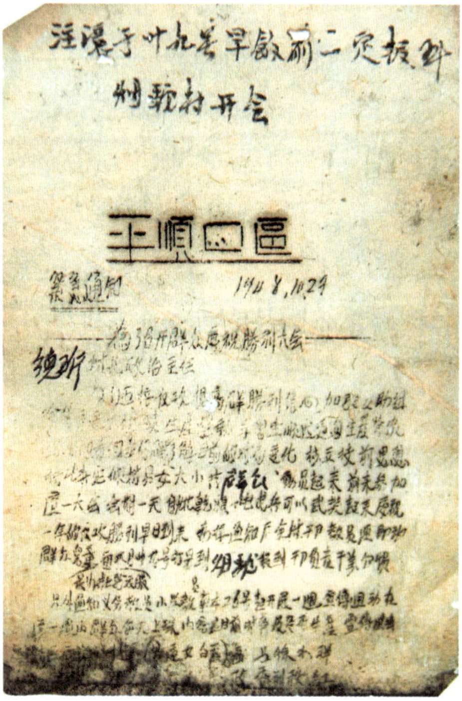

○ 1948年10月27日《为了召开群众庆祝胜利大会的紧急通知》。

10月27日这一天，区长徐永祥、政委刘秋红向各村发出了《为了召开群众庆祝胜利大会的紧急通知》，内容大致如下：

为迎接反攻，提高群（众）胜利信心，加强互助组□□□，发展生产运动，学习李顺达生产发家，□□□□与方向，了解目前的时局变化，树立支前的思想，特决定你村男女大小群众动员起来，前来参加这一大会，会期一天，自带干粮一屯（顿），民兵可以武装起来，庆祝一年的反攻胜利早日到来。希接通知后，全村干部教员速即动（员）群众、儿童，最好穿上新衣服，与（于）本月二十九号大早，到烟驼报到，干部负责，千万勿误。另外，通知义务教员、小学教员与（于）本（月）26号起开展一周宣传运动，在这一周内，每天上课，内容是目前时事及冬季生产，宣传□□□□□□□□□（男夜晚，女白天）。

这种通过召开群众庆祝大会进行宣传的形式，不仅推动了生产支前运动以及各项工作的开展和深入，更重要的是使群众更加高度的组织起来，提高思想觉悟，统一对时局与任务的认识，从而焕发出极大的热情和积极性，完成他们所承担的使命。

11月16日，德珩村村长收到由县长赵军发来的《关于给各区硝坊代购硝灰的命令》。硝灰是太行军区军工厂生产炸药的主要原料之一，随着战争的发展，其所需数量越来越大。正是在这种形式下，县长赵军发来这一纸代购硝灰的命令。

《命令》在向德珩村下达代购硝灰任务的同时，一并指出这件事情的重大意义："为大量发展硝业生产，充实支前力量，增加群众财富收入，现战争不断胜利，军火原料需要大量的不断供给，咱县今年分配产硝任务颇

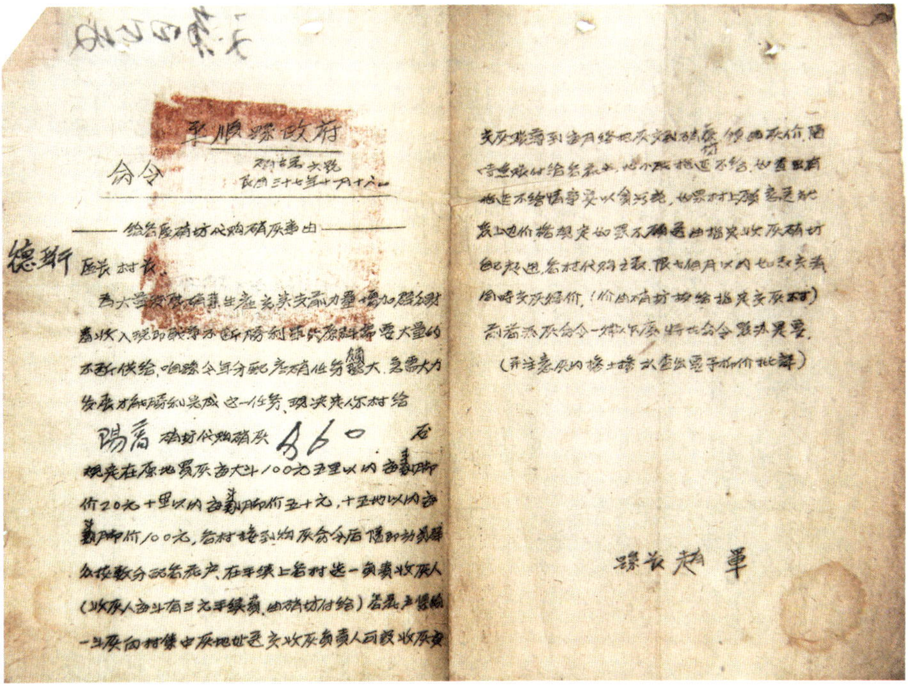
平顺县政府

命令

——给各区硝坊代购硝灰事由——

县长 赵 军

○ 1948年11月16日《关于给各区硝坊代购硝灰的命令》。

大，急需大力发展才能胜利完成这一任务，现决定你村给阳高硝坊代购硝灰860石。”随后，《命令》明确了代购硝灰的价钱：“在原地买灰每大斗100元”。另“五里以内每斗脚价20元，十里以内每斗脚价50元，十五里地以内每斗脚价100元”。照此，《命令》要求，“各村接令后动员群众按数分配各庄户”。在手续上，各村选一负责收灰人（收灰人每斗有3元手续费，由硝坊付给）；各庄户集购一斗后交收灰负责人，设立收交灰账簿；每月底把灰交到硝坊，领回灰价。在这里，命令特别强调，灰价“随时照帐付给各庄户，决不能拖延不给，如查出有拖延不给情事要以贪污论”。“各村代购之数限七个月以内如数交清，同时交灰得价”。《命令》最后提醒“注意灰内掺土、掺水要予折价批评”。

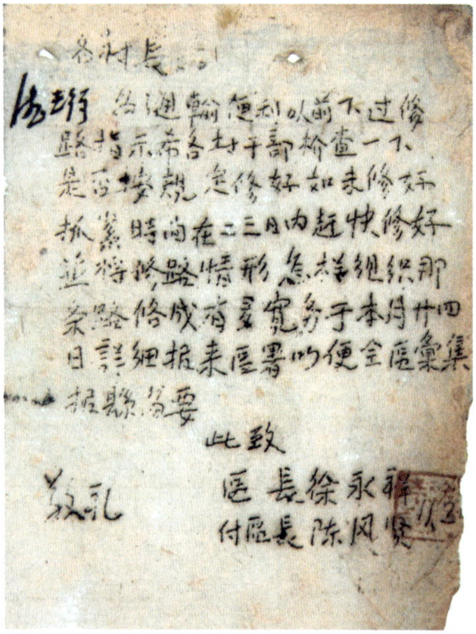
各村長：
德珩
為運輸便利以前下过修路指示希各村干部檢查一下是否按規定修好如未修好抓紧時间在二三日內赶快修好並將修路情形怎样組织那条路修成有多宽务于本月廿四日詳細报来區署以便全區彙集报縣為要
此致
敬礼
區長徐永祥
付區長陈凤贤

○ 1948年11月20日，区长徐永祥等给各村村长的信。

11月20日，区长徐永祥、副区长陈凤贤给各村村长写信，就以前下过修路指示、如未按规定时间修好的，要抓紧时间在两三日内修好，并将怎样组织的、修的哪条路、有多宽等情形于本月24日报区汇集报县，看来10月20日下达的修路任务并未按期完成。

11月30日，德珩村村长收到区长徐永祥、副区长陈凤贤发出的通知：12月1日在区里召开生产主任会议，会期一天研究目前的生产工作。

12月3日，德珩村村长收到区长徐永祥、副区长陈凤贤、政委刘秋红发出的通知：决定五日召开村长，政治主任，农会主席，武委会正副主任、指导员，妇女正副部长、合作社长参加的扩大干部会议，主要是布置冬季生产。会期两天。各村所带材料和汇报内容：冬季生产是如何组织的；农副业是怎样结合的，准备交流经验。

12月8日，德珩村村长收到区长徐永祥、副区长陈凤贤、政委刘秋红发出的通知：决定九日召开村长、政治主任、农会主席、合作社长、妇女部长、武委会主任、民事主任等七人参加的联席会议，会期两天，研究讨论参军优抚和冬季生产工作。

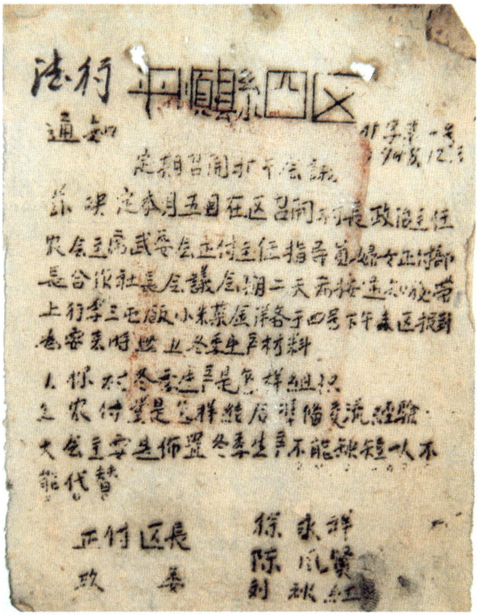
德村 平順縣四区
通知
定期召開擴干会議
茲決定本月五日在区召開村長政治主任
農会主席武委会正付主任指导員婦女正付部
長合作社長会議会期二天希接通知後帶
上行李三日飯小米菜金洋各于四号下午来区報到
並要来時帶上冬季生產材料
1. 你村冬季生產是怎樣組織
2. 農付業是怎樣結合 準備交流經驗
大会主要是佈置冬季生產不能缺席一人不
能代替
正付區長 徐永祥
陈凤賢
政委 刘秋紅

○ 1948年12月3日的会议通知。

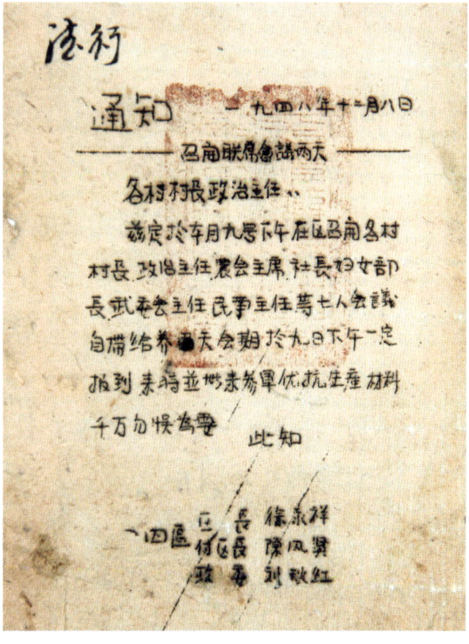
德村
通知 一九四八年十二月八日
召開聯席會議兩天
各村村長政治主任：
茲定於本月九号下午在區召開各村
村長 政治主任 農会主席 社長 妇女部
長 武委会主任 民事主任等七人会議
自帶給養兩天会期於九日下午一定
報到 来時並帶来參軍優抗生產材料
千万勿悮為要
此知
一四區 區長 徐永祥
付區長 陳凤賢
政委 刘秋紅

○ 1948年12月8日召开联席会议的通知。

上述这些关于春耕夏收、秋收秋耕、冬季生产，以及深耕细作、技术革新、生产互助、副业生产的“流水账”，虽很枯燥，却具体真实地记载了1948年土改平分土地之后，随着战争形势的发展变化，在进行纠偏过程中，德珩村在生产方针、生产方向上的改变，以及以“一年六个月时间”的精力抓生产，“使生产长一寸”的有关情形。德珩村的这些“纸片子”，无疑为这段土改中的大生产运动提供了不可多得的“补充说明”。

12月26日，德珩村收到了县长赵军发来的《关于经常修理道路的指示》。这是德珩村村长1948年收到的第四份关于修路的命令或指示，也是这一年收

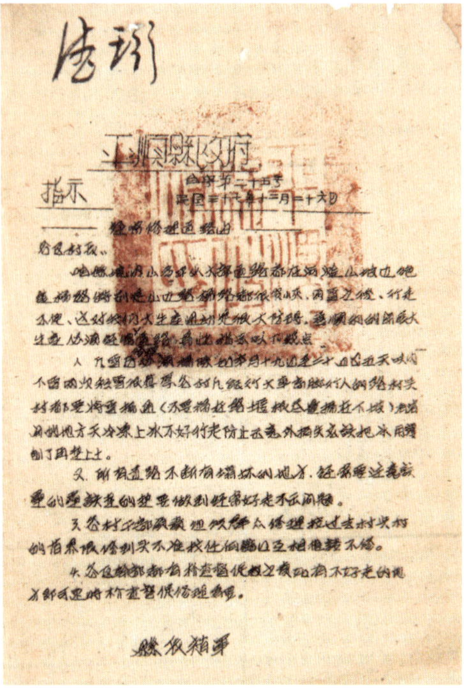
平顺县政府
指示
民国三十七年十二月二十六日
各区村长：

○ 1948年12月26日《关于经常修理道路的指示》。

到的最后一份来自上级的“纸片子”。

“要想富先修路”，这一份指示，是在平顺县连续五天两场大雪之后发来的，说的虽然还是修路，但同样为的是生产。现原文照录如下：

各区村长：

咱县山多平（地）少，大部道路都在河滩、山坡边、绝崖、梯路，特别是山边路、梯路都很窄狭，雨雪之后，行走不便，这对我们大生产运动是很大妨碍。为顺利地开展大生产，必须经常修理道路，为此指示以下几点：

1.凡雪后必须扫除。如本月十九日至二十四日五天以内下雪两次，积雪很厚，各村凡能行大车、高脚、行人的路，村与村都要将雪扫通（不要扫在路堰根，尽量扫在下坡），有溶开的地方，天冷冻上冰，不好行走，防止出意外损失，应该把冰用鐝刨了再垫上土。

2.所有道路不断有塌坏的地方，经常要注意该垒的垒，该垫的垫，要做到经常好走不出问题。

3.各村干部负责组织群众修理，按过去村与村的旧界限修到头，不准找任何借口互相推诿不修。

4.各区干部都有检查督促之责，如有不好走的地方，即可速时检查督促修理为要。

县长：赵军

“德珩村”的1948年，就在县长赵军12月26日的这一份《关于经常修理道路的指示》中结束了，它和整个中国一起进入1949年，开始走上一条胜利之路，一条通往新生活的新中国之路。

七、1949年1月

1949年1月1日，新华社发表毛泽东撰写的新年献词《将革命进行到底》，向中外庄严宣告：“1949年中国人民解放军将向长江以南进军，将要获得比1948年更加伟大的胜利。”历史的进程正是如此。1月31日北平和平解放；3月25日中共中央由河北省建屏县西柏坡村移到北平；4月21日人民解放军发起渡江战役，百万大军横渡长江，23日和平解放南京；6月15日新政治协商会议筹备会第一次全体会议在北平召开；9月21日至30日中国人民政治协商会议第一次全体会议在中南海怀仁堂隆重召开，通过决议：中华人民共和国定都于北平，自即日起北平改名为北京；纪年采用公元；以《义勇军进行曲》为暂用国歌；国旗为红地五星旗，宣告了中华人民共和国的成立。10月1日下午3时庆祝中华人民共和国中央人民政府成立典礼在天安门前举行，毛泽东那一句“中华人民共和国中央人民政府已于本日成立了”，震动了在场的30万军民，更震动了时在西南欲与中共做最后挣扎的蒋介石，震动了全中国，震动了全世界。

与开天辟地的大事相比，这一年平顺县的大事与往年相比，似乎显得有些平淡。

“德珩村”1949年的“一点一滴”

笔者所藏这一年德珩村所收到的“纸片子”中仅有三份与县里的活动有关，其中还有一份没有“年款”，只是从其内容以及县长赵军任职时间推定是这一年的东西。依旧照录如下：

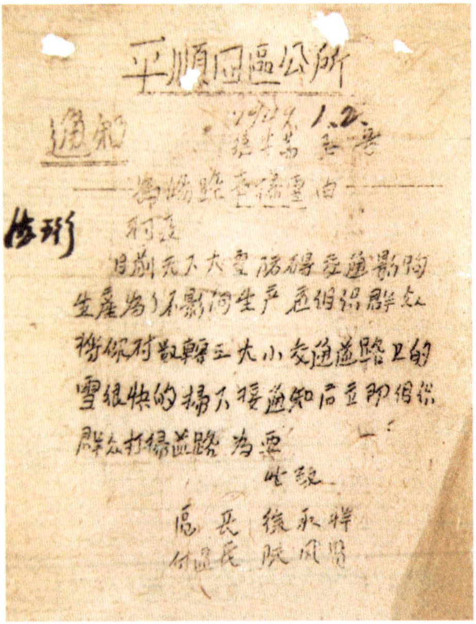

平顺四區公所

通知 1949.1.2

为修路事扫雪由

德珩 村长

目前天下大雪妨碍交通影响生产为了不影响生产应组织群众将你村数辖三大小交通道路上的雪很快的扫下接通知后立即组织群众打扫道路为要

此致

區長 徐永祥

副區長 陈凤贤

○ 1949年1月2日,《关于为修路事扫雪的通知》。

1.为不影响交通生产立即组织扫雪。

阳历新年伊始，德珩村村长收到1949年1月2日由区长徐永祥、副区长陈凤贤签发的《关于为修路事扫雪的通知》。《通知》只比现今的名片大一点，文字也很短，只有一句话：“德珩村长：目前天下大雪，妨碍交通，影响生产，为了不影响生产，应组织群众将你村数（署）辖大小交通道路的雪很快的扫下，接通知后立即组织群众打扫道路为要。”这是德珩村村长自1948年12月26日之后，收到的来自区长的又一份关于扫雪的通知。

2.所有电线不分公家私人一律送交区公所。

1949年1月3日，德珩村村长收到由区长徐永祥、政委刘秋红签发的一份联合命令。原文如下：“各村长、政治主任、武委会主任：奉县府命令，各村所有的电线不（论）公家的、私人的或果实及军队丢下的，一律送来区署，要是私人的送来代价。希接令后务于本月四号送来区公所为要。”短短一道几十个字的《联合命令》，却说明电线在当年的解放区是极其缺乏的，它是保障军政通讯最重要的军需物资。

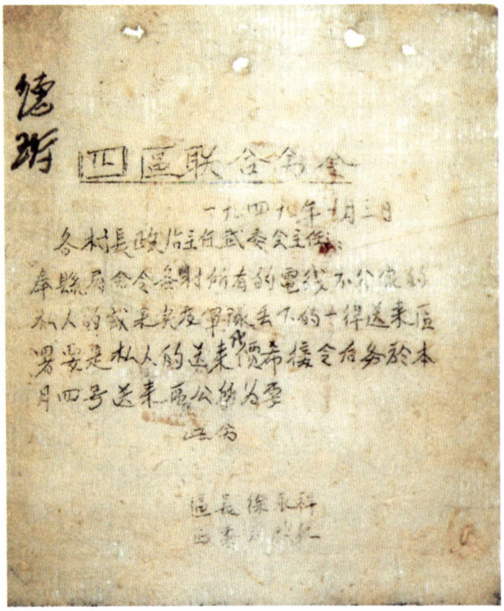

德珩

四區联合命令

一九四九年一月三日

各村長政治主任武委会主任

奉縣府命令各村所有的電线不分公家的私人的或果实及軍隊丢下的一律送来區署要是私人的送来代價希接令后务於本月四号送来區公所为要

此令

區長徐永祥

政委刘秋紅

○ 1949年1月3日的联合命令。

德珩村村长4个月前曾收到1948年8月30日由县长赵军签发的《关于限期登记电线的命令》。

这份《命令》是发给各区长、村长的，是根据专署的命令而下发的。原文如下：

奉专合字第二十二号命令：“为保护电话交通，杜绝偷割电线做商品买卖的破坏行为，规定限期登记与收买办法。”专署已颁发布告，各区接令后应速即着手进行登记。希各村向群众及合作社广为宣传，并限于九月八日各村将所有电线报告区公所，区公所于九月十二日列表报告县府合作社，并注明存放地点与价数目，以便转报上级携款收买，如过期不登记，被查出后一律没收并予严惩！

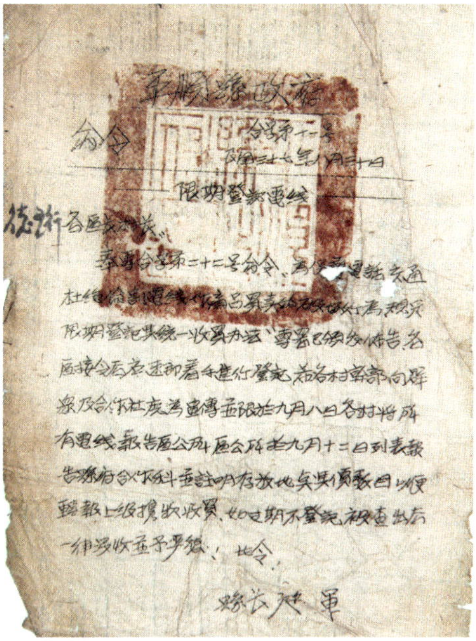

○ 1948年8月30日，县长赵军签发的《关于限期登记电线的命令》。

由此可以清楚看到，其时所存在的偷割电线做商品买卖的破坏行为，以及为了保护电话畅通，从上到下各级政府所采取的“限期登记与统一收买的办法”，对电线实行严格的统一管理，以保证杜绝偷割、私售的行为。

3.正确宣传党的各种政策。

在1949年的“纸片子”中，还有一份只有县长赵军署名，既没有年款、文号、文件名，也没有县政府钤印的无标题通知，它是写给各区长、民教助理员、村长、教育主任的，就克服农村宣传工作大部陷于自流消沉的现象提出了要求。之所以算作1949年的文件，因为文中所说的是土改结束之后和农村支部整党之时的宣传工作，这是1949年的一二月间的事，而到了3月赵军已调任离去。

这份无标题的通知讲的是当年的宣传工作。在对当时宣传工作在土改、支前、生产等方面所发挥的重要作用给予充分肯定的基础上，提出了克服开春以来宣传工作自流消沉现象的要求。

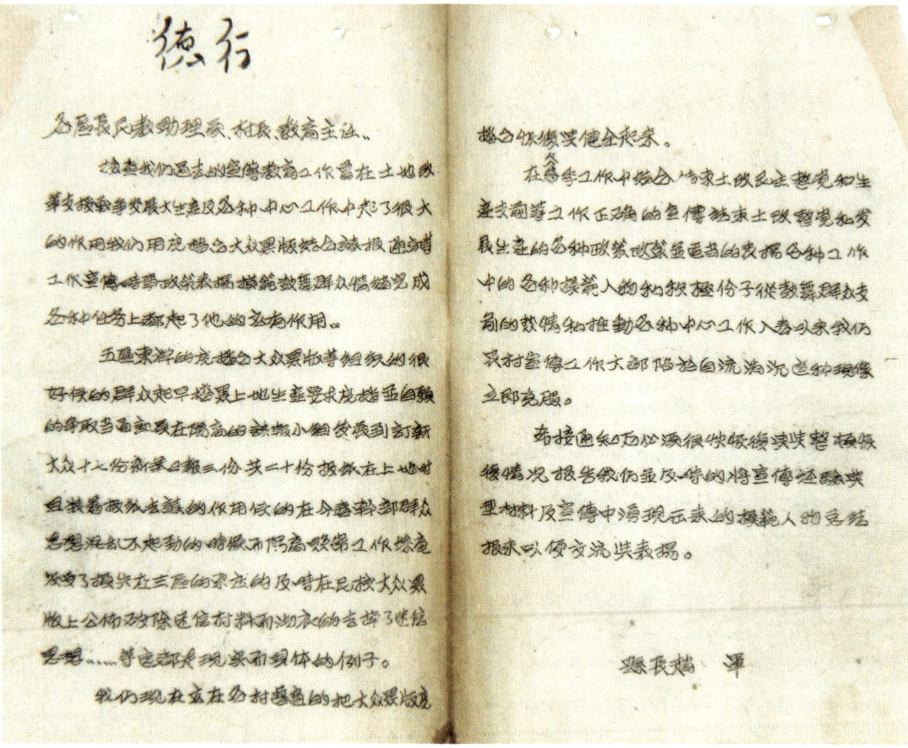

○ 县长赵军签发的无标题通知。

通知首先指出："检查我们过去的宣传教育工作，曾在土地改革、支援战争、发展生产及各种中心工作中起了很大的作用。我们用广播台、大众黑板，结合读报、通讯等工作，宣传时事政策、表扬模范、鼓舞群众情绪、完成各种任务，都起了它的应有作用。"并列举了一些做得好的区村例子加以说明，如：

五区东禅的广播台、大众黑板等组织的很好，使得群众起早搭黑上地生产，要求广播并自愿的争取当通讯员。在阳高的读报小组，发展到订《新大众》十七份、《新华日报》三份共二十份报纸，在上地时且装着报纸去，读的作用使得在今春干部群众思想混乱不起劲的时候，而阳高照常工作丝毫没受了损失。在三区的东庄，及时在民校大众黑板上公布破除迷信材料，而彻底地去掉了迷信思想……等，这都是现实而具体的例子。

随后，通知提出了改进宣传工作的要求：

我们现在应在各村普遍的把大众黑板、广播台恢复与健全起来。在冬季工作中，结合结束土改、民主整党和生产支前等工作，正确的宣传结束土改、整党和发展生产的各种政策，并适当的表扬各种工作中的各种模范人物和积极分子，从（而）鼓舞群众支前的热情和推动各项中心工作。入春以来我们农村宣传工作大都陷于自流消沉这种现象立即克服。希接通知后，必须很快恢复与整顿，恢复情况报告我们，并及时的将宣传经验、典型材料及宣传中涌现出来的模范人物总结带来，以便交流与表扬。

这是一份为了克服农村宣传工作中的消沉现象，而由县长专门发出的通知，这种由县区长抓宣传工作的事情，在当时一点都不新鲜。开展形式多样的宣传工作，用以武装人民的头脑、积极投身革命，是解放区的一大传统和政治优势。在德珩村村长所收到的文书中，这方面完全可以列出一个专题，无论是宣传的内容、宣传的形式、宣传的组织，以及宣传所取得的效果等，都会使人感到解放区宣传的力量是多么的强大与成功。没有这种富有成效的宣传，让一个大山深处的德珩村村民积极投身革命，成为新中国大厦的"奠基石"，那是绝对不可能的。而在那个革命的年代，在德珩村所收到的618份红色文献中，几乎没有见到"革命"这个词，虽然后来人们总是用"革命"这个词说到那个年代，甚至其中的每一件工作和每一件事情。

就在这份文书之后，据《大事编年》记载：1949年3月20日太行三地委三专署调县长赵军回署工作，任命师丞珍接任平顺县县长职务。

德珩村1949年的故事就这样结束了，当然它的故事远远不止这些，就像回过头来看，从1941年到1949年所讲过的大事小情不止200多件一样，由此就有了下面的专题篇。

专题篇

德珩村的教育、医疗、卫生和司法

“解放区的天是明朗的天，解放区的人民好喜欢，民主政府爱人民呀，共产党的恩情说不完。”这是一首刘西林于1943年根据冀鲁民歌曲调填词而成的《解放区的天》，该曲在1964年10月2日人民大会堂大型音乐舞蹈史诗《东方红》第五场《埋葬蒋家王朝》中演唱后，在全国被广泛传唱，家喻户晓，流传至今，成为红色歌曲中的经典。这种解放区“晴朗的天”和“人民的喜欢”，来源于民主政府对人民的“爱”，来源于共产党对人民的“情”。这种“爱”和“情”，归根到底，一切来源于为人民解除苦难，为民生谋取福祉，来源于为人民服务所做的那些得人心的事，使人民真正获得了新生，获得了实惠，成为“好喜欢”的解放区的人民。德珩村的这些“纸片子”，为那些早已逝去的“陈年新事”作了难得的记载和解读。

一、教育篇

自清末民初始至抗战爆发之前，“教育救国”成为了一种理想和追求，各类形式的教育，国立、私立，各种人群所办的教育，达到了历史上一个从未有过的程度，是民国史上值得大写的一笔。但在最广大的中国农村，教育的发展则微乎其微，更不要说在崇山峻岭之中的小山村。自共产党在敌后开辟根据地建立抗日民主政府之后开展的“新式教育”，则呈现了一个全新的景象，在一些地区几乎做到了“村村办小学，县县办高小，专区有中学”。德珩村618份“纸片子”中，至少有近十分之一涉及教育，这还不包括前面所讲过的每年进行冬学的文书。仅1945年9月至1948年12月，有关教育的文件就有50余份（其中大多数是以命令、指示、通令的形式出现的），分别讲述了大山深处办新学的故事，告诉人们在战争的环境下，根据地的孩子们及青年人，在什么样的学校，都学了什么课程；老师从哪里来，他们都享受啥样的待遇；除了上课，老师、学生还都干些什么，等等。

各村一切公产都应优先为建设学校使用

兴办教育，修建学校，首先要有“地界”。在一个十分贫困落后且连年战争不断的环境下，在大山沟里兴新学，实现“大村设中心小学，临近村设一般小学”，做到村村有学校，这绝非是一件容易的事情。而在当时，利用村公产及其庙宇是解决校址的主要途径和办法，但这又与同样需要办公地点的村公所、村办合作社等的用地发生了矛盾。在这几者之间，县政府毫不犹疑地选择了教育。

1946年7月5日，德珩村村长收到由县长任映仑签发的《关于学校工作

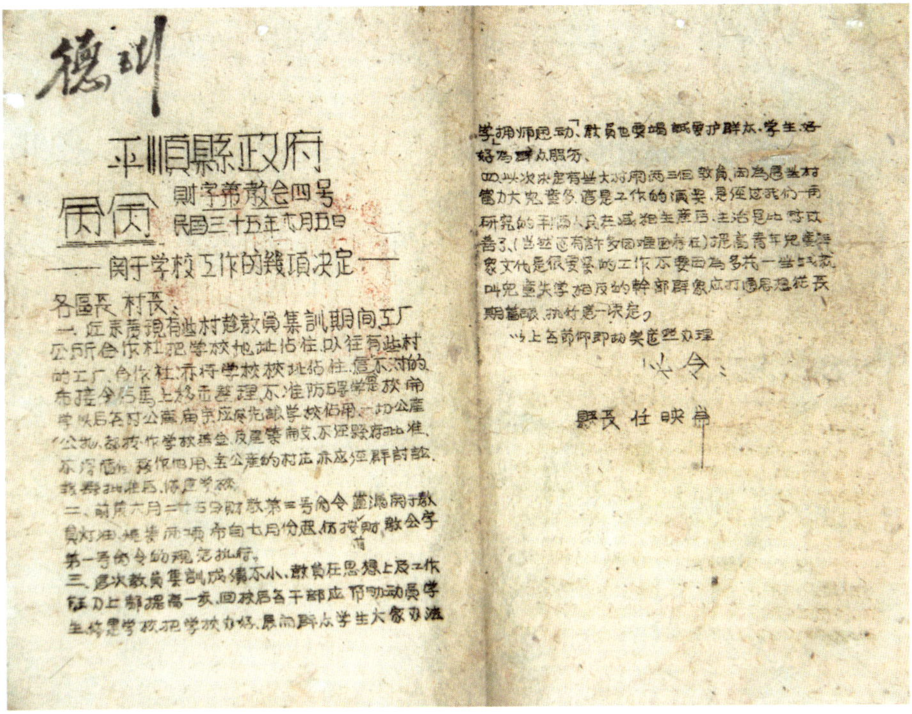
平順縣政府
命令 財字第教会四号
民國三十五年七月五日
——關于學校工作的幾項決定——
各區長、村長：
一、近來發現有些村趁教員集訓期間工厂、公所、合作社把學校地址佔住，以往有些村的工厂、合作社亦將學校校址佔住，這不對的，希接令後馬上移出整理，不准妨碍學校。[illegible]
縣長 任映倉

○ 1946年7月5日，县长任映仑签发的《关于学校工作几项决定的命令》。

几项决定的命令》。时值5月全县第二届文教大会召开之后不久。其中，针对“近来发现有些村趁教员集训期间工厂、公所、合作社把学校地址占住，以往有些村的工厂、合作社，亦将校址占住”的情形，提出了严肃的批评，并作出明确的规定，指出：“这是不对的。希接令后，马上移出整理，不准妨碍学

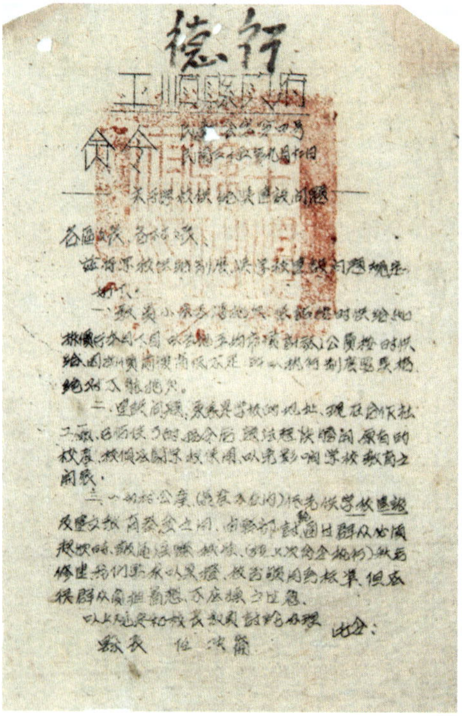
德珩

命令

各区区长、各村村长：

○ 1946年9月12日，县长任映仑签发的《关于学校供给与建设问题的命令》。

校开学。今后各村公产、庙宇应先让学校占用，一切公产、公物都拨作学校基金及建筑开支，不经县府批准不得随便挪作它用；无公产的村庄，亦应经群众讨论报县批准后，修建学校。”

在这里，命令为在村里兴办学校，提供了最主要的硬件保证和前提条件，否则，办学就无从提起。

但是这种教育优先的做法，执行起来并非毫无阻力、一帆风顺。两个月后，德珩村村长就收到了县长任映仑于1946年9月12日签发的《关于学校供给与建设问题的命令》。在学校建设问题上，再次重申和规定：一是“原来是学校的地址，现在合作社、工厂已占住了的，接令后设法赶快腾开，原有的校产、校具应归学校使用，以免影响学校教育之开展”。二是“一切村公产（义产不在内）优先供建设学校及建立教育基金之用，由干部讨论、通过群众，必须起款时，报区经县批准（按上次命令执行）秋后修建。我们要求以桌凳、校舍够用为标准，但应从群众负担着想，不应操之过急”。由此进一步看到，在当时的条件下，能把学校建设摆在村公所、合作社、工厂等机关、企业建设的前面，能把很紧张的钱花在教育上，这的确是不容易的。

展开群众、学生、大家办学的“拥师运动”

这是县长任映仑在1946年7月5日《关于学校工作

几项决定的命令》中所说的一句话。他指出：“这次教员集训成绩不小，教员在思想上及工作能力上都提高一步。回校后，各干部应帮助动员学生，修建学校，把学校办好。展开群众、学生、大家办学的‘拥师运动’。教员也要竭诚爱护群众、学生，好好为群众服务。”

在这里，县长任映仑提出了一个重要的思想和原则，即办学校是一件领导、教员、学生和群众共同来做的事情，要各尽其责，各尽其力。各级干部要出面亲自动员学生入学走进课堂，修建起学校，把学校办好；要提倡“尊师重道”，在学生和群众中开展“拥师运动”，支持老师的工作；而作为教育者的教员也要“竭诚爱护群众、学生”，好好为群众服务。只有这种领导、教员、群众和学生的共同努力，才能把学校办好，使小学教育得到普及。

不仅如此，任映仑还针对一些人对教员实行供给制会多花钱的思想，指出一个非常重要的思想和原则，这就是“不能因为多花一些钱就叫儿童失学”。他指出：“此次决定有些大村用两三个教员，因为这些村富力大、儿童多，这是工作的须（需）要，是经过我们一再研究的。平顺人民在减租生产后，生活是比较改善了（当然还有很多困难存在），提高青年、儿童、群众文化是很要紧的工作，不要因为多花一些钱，就叫儿童失学。相反的，干部、群众应打通思想，从长期着眼，执行这一决定。”

这些思想认识和做法，在当时的环境下，是难能可贵的。

1946年高小、村立小学的供给规定

1946年2月22日，德瑸村收到由县长张通、副县长赵企顺“根据太行行署颁发三十五年度供给制度及我县实际情形”签发的《平顺县政府关于颁发三十五年（1946）各级学校供给制度的命令》。《命令》的文字较长，足有三页之多，分别对高小、村立小学教员的供给和学校的各项“公费”以及相关问题作出了明确规定和说明，可一览当年农村高小、初小两级小学的校长、教员、员工（伙夫）和学校，所享受着的属于革命职员规格的生活费和各项公费待遇的大致情形。

命令是这样规定高小和村立小学各等教员的供给类别与数量的：

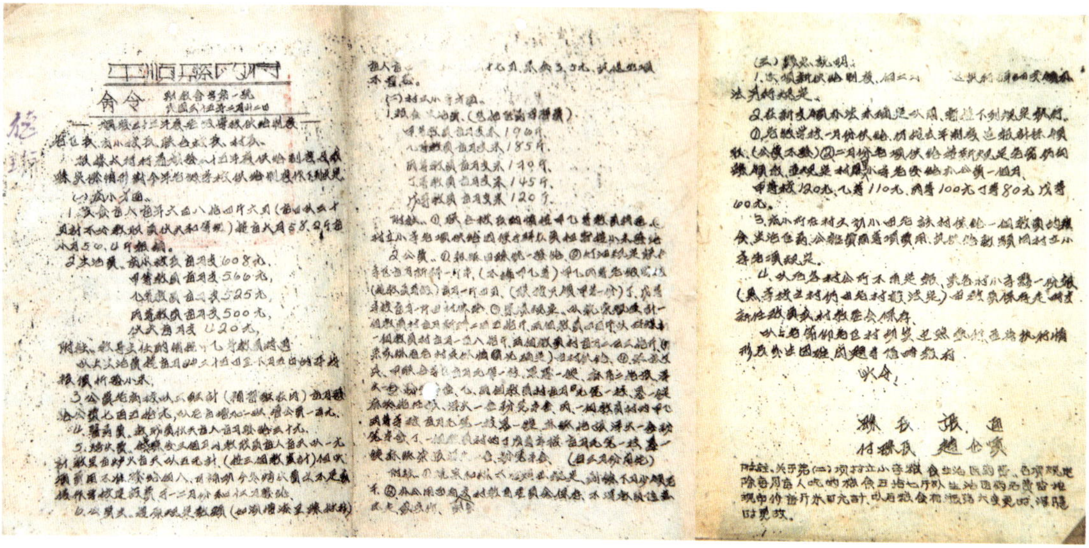

○ 1946年2月22日《平顺县政府关于颁发三十五年各级学校供给制度的命令》。

在高小方面，供给主要包括两个方面："1.粮食：每人每年六百八十四斤六两（每日以三十两计，部分教职员伙夫和等级），按每大月58.2斤，每小月56.4斤报销。2.生活费：高小校长每月支608元；甲等教员每月支566元；乙等教员每月支525元；丙等教员每月支500元；伙夫每月支420元。附注：教导主任酌情按甲乙等教员待遇。以上生活费按每月二十五日至下月五日的平均粮价折发小米。"

在村立小学方面，主要包括："粮食、生活费（包括医药、学习费）：甲等教员每月支米196斤；乙等教员每月支米185斤；丙等教员每月支米170斤；丁等教员每月支米145斤；戊等教员每月支米120斤。附注：①联合校长酌情按甲乙等教员待遇。②村立小学各项供给，因便于群众负担皆按小米发给。"

从上可以看出，无论是高小还是村立初小，所有的教职员工，包括校长、教导主任、教员、伙夫都享受同革命职员一样的供给制；不同等级的教员之间，在待遇上略有差距。如高小的全部教职员工，从校长到伙夫每人每年所供给的粮食是完全一样的，所发生活费有差别，校长与伙夫相差188元，丙等教员与伙夫差80元。而高小与村立小学教职员的差别，在于一个是分为粮食、生活费两类来供给；一个是粮食与各类供给"打捆"在一起，皆按“小米发给”而已，其主要原因是“便于群众负担”。如果将高小与村立小学两个甲等教员的供给情况进行比较的话，两者按米折算一年相差小米600斤左右，每月大约50斤上下，按每斤小米4元计算相差200余元。按照《命令》最后“附注”的说明：“关于第（二）项‘关于村立小学粮食生活医药费’各项规定，除每月每人吃的粮食五十七斤外，生活、医药各费按现市价每斤米四元计”的规定，村立小学教员用于生活和医药等的费用甲等教员约为35元左右；戊等教员这项费用只有十五六元。两者的差距还是存在的。

那么，两类小学的“公费”又是怎样规定的，县、村分别有哪些“负担”？

《命令》是这样明确的，在高小方面：“公费：各高校以三班计（补习班在内），每月发给公费七百五十元，以后每增加一班，增公费一百元。医药费：教职员、伙夫每人每月发给三十元。烤火费：全年发三个月的，教职员每人每天以一元计；教室每炉火每天以五元计（按三个教室计），但此项费用不准发给个人，可补助今冬烤火费之不足，或拨作学校建设费，于一、二月份和十二月发给。公费生：按原规定数额（如需增添呈县拟核）每人每日供给小米二十七两，菜金3.5元，其它各项不发。”

在村立小学方面，“公费：①报纸由县统一发给。②灯油规定：联合学区每月新秤一斤半（不论甲乙等）；甲乙丙等各级学校（按教员等级）每月一斤四两（联校只领甲等一份），丁戊等学校每月一斤，由村供给。③柴煤规定：以干柴计，一个教员村每月新秤二百五十斤，两个教员四百斤；以好煤计，一个教员村每月一百八十斤，两个教员村每月二百三十斤（干柴或煤看各村具体情况确定）由村供给。④纸张文具：甲、联合学区，每月毛笔一只、黑墨一锭、麻纸二十张、洋火（即火柴）一盒、粉笔一盒。乙、两个教员村，每月毛笔一支、墨一锭、麻纸十五张、洋火一盒、粉笔半盒。丙、一个教员村的甲乙两等学校，每月毛笔一支、墨一锭、麻纸拾张、洋火一盒、粉笔半盒。丁、一个教员村的丁戊等学校，每月毛笔一支、墨一锭、麻纸柒张、洋火一盒、粉笔半盒（自三月份开始）。附注：①烧柴和煤不准超出规定，剩余下月少领若干。②办公用品交村教育委员会保存，不得教员随意带走或变价。”

村立小学公费的第一项，关于县里统一发报纸到村立小学，利用报纸进行文化学习和开展时事政策教育的做法，令人印象深刻。在德珩村所收到的文书中，每一年都可以见到来自县里、区里关于订购、发放《新华日报》《大众报》等报纸，关于成立读报小组，关于利用报纸进行时事政策教育的有关指示、通知和要求，推动着生产、支前、土改各项工作的开展。可以说，利用报纸来学习文化知识，指导工作开展，统一认识思想，凝聚各种力量，无疑是当年根据地进行文化学习和时事政策教育的好形式，而且得到了充分的利用。

最后，命令对上述规定作了四点说明：“1.此项新供给制度，自二月□□起实行，详细支领办法另行规定。2.在新支领办法未确定以前，暂按下列规定执行：①各级学校一月份供给仍按去年制度造报计算领取（公费不发）。②二月份各项供给新规定各节仍向县领取，并规定村里小学各发给办公费一个月。甲等校120元、乙等110元、丙等100元、丁等80元、戊等60元。3.高小所在村之初小，由各该村供给一个教员的粮食、生活、医药、公杂等项费用，其供给数额同村立小学各项规定。4.以后各村公所不再定报，与各村小学夥一份报（无学校之村任由各村设法定），由教员保存，走时交新任教员或村教委会保存。”

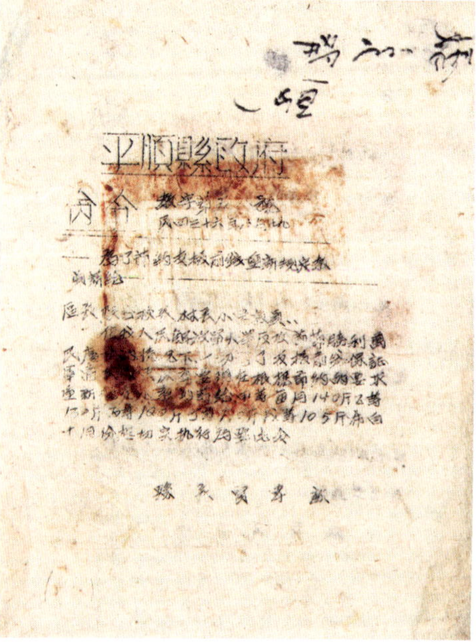
平順縣政府
命令

○ 1947年8月29日，县长贾孝敏签发的《关于为了节约支援前线重新规定教员薪给的命令》。

学校教员供给随形势变化会有所调整

根据战争和生产情形的发展变化，学校和教员的供给也不是一成不变的，也会发生一些或升或降的调整和变化。这是德珩村村长收到的1947年8月29日由县长贾孝敏签发的《关于为了节约支援前线重新规定教员薪给的命令》，其时正是平顺县支前指挥部即将率领千余民兵随军南下豫西参战之时。

命令是发给区长、联合校长（即在人口稀少的村庄，设立数村联办的小学校长——作者注）、村长、小学教员的，只有一小段话：“在我人民解放军大举反攻节节胜利，万民庆祝的情况下，一切为了支援前线，保证军需民食实属重要，现在根据节约的要求，重新规定小教的薪给，甲等每月140斤，乙等130斤，丙等120斤，丁等110斤，戊等105斤，希自十月份起切实执行为要。”

按照这一调整方案，与1946年相比，甲乙丙三等教员每人每月的196、185、170斤的薪给分别少了56、55和50斤；丁等教员每人每月少了30斤，戊等教员少了15斤。对于甲乙丙三等教员来说这个减少的幅度还是不小的。但在一切为了前线胜利的目标下，这种学校薪给的减少又是十分正常的，并且得到教职员实际行动上的支持。

各村初小报费由县改为村里统支

为了支援前线和减轻群众的负担，不仅教员的薪给有所变化，学校的一些公费也会有所变化，即使是很小的一项。如在前面所见到的村立小学的公费第一项，即“报纸由县统一发给”的规定，在执行了一年多之后就改为了由村开支。

这是德珩村村长收到的1947年5月18日由县长贾孝敏签发的《关于各村初小报费由村统支的命令》。命令是发给各区长、村长、联合校长的，具体如下：“为了减轻群众负担，大力准备反攻，争取反攻胜利早日到来，前曾指示各村整理村公产，整理很好的，简属不少，现特决定自七月份起各村初小报费由村开支。报费手续一年分四次交，七八月份之报费，各村

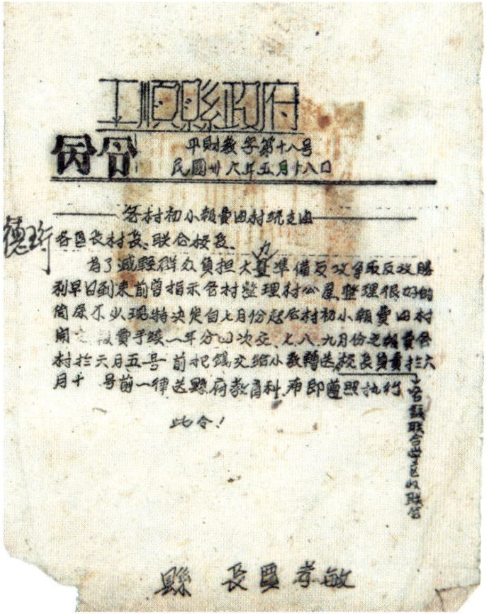
平順縣政府
命令 平財教字第十八号
民國卅六年五月十八日
——各村初小報費由村統支由——
德珩
各區長村長、联合校長
為了減輕群众負担大力準備反攻爭取反攻勝利早日到來前曾指示各村整理村公產整理很好的簡屬不少現特決定自七月份起各村初小報費由村開支報費手續一年分四次交、七八九月份之報費各村於六月五号前把錢交給小教轉送校長負責於六月十号前一律送縣府教育科希即遵照執行
此令！
縣長賈孝敏

○ 1947年5月18日，县长贾孝敏签发的《关于各村初小报费由村统支的命令》。

于六月五日前交给小教转送联合学区收，联合校长负责于六月十号前一律送县府教育科，希即遵照执行。”这种报纸的开支，由县府下放到村，源于各村公产的整理收到了效益，有了支付能力，但不论由谁开支，报纸这一重要的教育载体，并未因要“减轻群众负担，大力准备反攻，争取反攻胜利早日到来”而被加以取消。

保证按时取暖，绝不准有任何借口

虽然有着这些些微的变动，但对于学校师生基本生活的需求，却很是下力加以解决。特别是对于寒冷的太行山区来说，烤火是每年冬天学校最需要保障的一件大事，因此在每年入冬之时，都可以看到德珩村所收到的来自县里关于为解决当年取暖的通知或指令等。

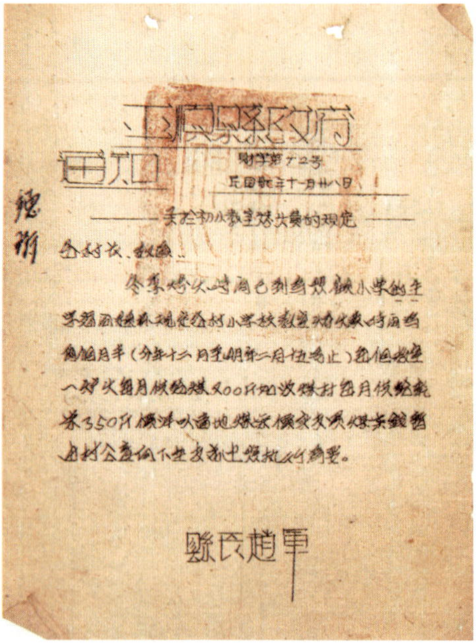
通知

关于初小教室烤火费的规定

县长赵军

○ 1948年11月28日，县长赵军签发的《关于初小教室烤火费的规定的通知》。

这是1948年11月28日德珩村收到的由县长赵军签发的《关于初小教室烤火费的规定的通知》。《通知》是县长直接发给各村长和教员的，原文如下：

各村长、教员：

冬季烤火时间已到，为照顾小学生的学习问题，兹规定各村小学校教室烤火费时间为两个半月（今年十二月至明年二月十五日），每个教室一炉火每月供给煤200斤，如没有煤，村每月供给干柴350斤，价洋以当地煤柴价实支，买煤钱暂由村公产向下垫支，希遵照执行为要。

县长：赵军

这年的12月31日，德珩村又收到了县长赵军签发的《关于保证教员供给与增加烤火费的指令》。《指令》针对个别村干部不关心、不解决教员生活困难的问题进行了批评，并提出了解决办法。

《指令》是发给各区长、高校、简师、校长、教育助理员、村长、教员的，首先指出："根据教员自秋假集训以来，一般说事业精神有了提高，办学上有了显著成绩，得到干部、群众热烈拥护，也发现有个别村干部不关心、不帮助动员学生，不解决教员生活困难，有的按时吃不到小米，烧不开柴等困难。在这种情况下，绝大多数始终坚持了不怕困难、克服困难的决心与信心，这种精神的树立，我们应大大发扬。"

随后，针对存在的问题，指令提出："我们为保证各村教员供给及解决困难，因此特决定以下办法：1.烤火费：高小、简师每三个教员一炉火，校长、事务长一炉火，每日九斤煤，伙夫人员不论人多少共一炉火，每炉火每

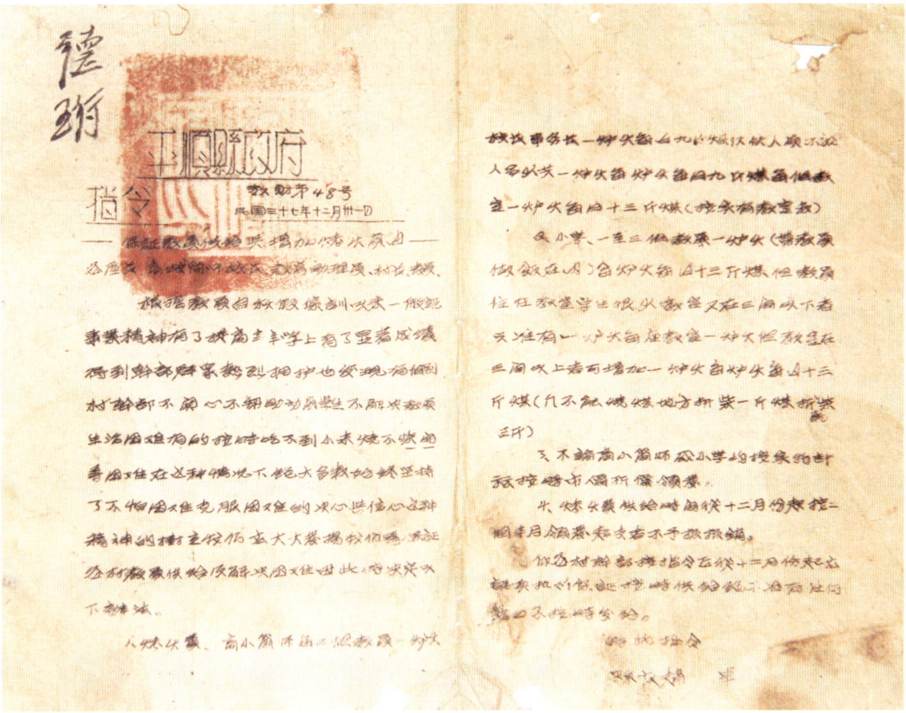

平顺县政府

指令　教财字48号

民国三十七年十二月卅一日

○ 1948年12月31日，县长赵军签发的《关于保障教员供给与增加烤火费的指令》。

日九斤煤；每个教室一炉火，每日十三斤煤（按实有教室数）。2.小学：一至三个教员一炉火（带教员做饭在内），每炉火每日十三斤煤，但教员住在教室、学生很少，教室又在三间以下者，只准有一炉火；每座教室一炉火，但教室在三间以上者，可增加一炉火，每炉火每日十三斤煤（凡不能烧煤的地方折柴，一斤煤折干柴五斤）。3.不论高小、简师或小学均按实物计算，按时市价折价领发。4.烤火费供给时间从十二月份起按两个半月领发，超支者不予报销。”

在这里，《指令》就高小、简师和初小的教职员工以及教员宿舍、学生教室烤火所用煤、柴的多少，领发的办法，煤、柴的折算，执行的时间等，都作出指令性的规定，其标准比上一次有所增加。从此可以看到县府对教员、学生冬季烤火供给保障的重视，而做到这一点在当时的确是十分不易的，县区两级政府都要千方百计“找米下锅”，保证教育经费的供给。

清理村财政，保证教育经费供给

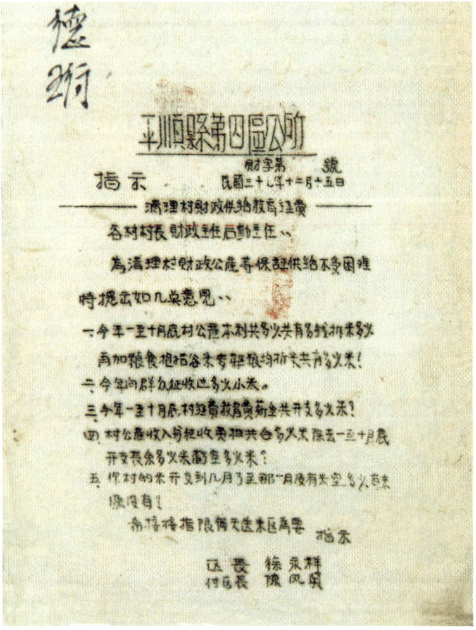
德珩
平順縣第四區公所
財字第 號
指示 民國三十七年十二月十五日
——清理村財政供給教育經費——
各村村長、財政主任、后勤主任：
為清理村財政公產等，保證供給不受困難，特提出如下几点意見：
一、今年一至十月底村公產本利共多少，共有多少錢，折米多少？再加糧食，包括谷、米、麥、雜糧均折米，共有多少米？
二、今年向群众征收过多少小米。
三、今年一至十月底村負擔教育费薪金共开支多少米？
四、村公產收入与征收负担共合多少米，除去一至十月底开支，長余多少米，虧空多少米？
五、你村的米开支到几月了？至那一月没有米？空多少，有[illegible]没有？
希接接指限[illegible]天送來區為要。
指示
區長 徐永祥
付區長 陳鳳賢

○ 1948年12月15日，区长徐永祥等签发的《关于清理村财政供给教育经费的指示》。

这是德珩村收到的1948年12月15日，即在上述贾孝敏所发通令之前半个月由区长徐永祥、副区长陈凤贤签发的《关于清理村财政供给教育经费的指示》。这是一份区公所为保证教育经费供给，要求各村对本村公产收入及向群众征收情况进行统计上报而下发的。指示是发给各村村长、财政主任、后勤主任的，主要内容如下：

为清理村财政公产等，保证（教育）供给不受困难，特提出如下几点意见：一、今年一至十月底，村公产本利各多少，共有多少钱，折米多少？再加粮食，包括谷、米、麦、杂粮均折米，共有多少米？二、今年向群众征收过多少米？三、今年一至十月底，村经费教育费薪金共开支多少米？四、村公产收入与征收负担共合多少米，除去一至十月底开支，长余多少米，亏空多少米？五、你村的米开支到几月了，至哪一月没有米，空多少，有来源没有？希接指限两天送来区为要。

在这里，一连串的"问号"使人感受到各村在这不大的村财政的总盘子里，要做到保证教育经费的供给，是多么的不容易。

兴教办学，选拔培训教员第一重要

在德珩村收到的50余份关于教育的文书中，有关"教员从何而来"的"纸片子"一份也没有，大都散落在不同的命令、指示、通知之中，但依然可以清晰的看到这些教员来自何方，他们的"身影"和"面貌"以及如何成为一名合格的教员。

1.知识分子调查表。

1945年12月13日，德珩村收到由县长张通、副县长赵企贤发来的《关于为令造在乡智（知）识分子调查表的通令》。《通令》是发给区长、教育助理员、联合校长、村长、教员的，文字不长，正文和"附"各占一半，从中可见教员的来源及其选调的大致情形。《通令》正文如下：

> 根据新的形势，在和平建设时期，开展学校与社会教育工作，实为重要的一环，但本县师资缺乏，阻碍这一工作进行，故培养师资是目前一件重要工作。为此，本府特令发《智识分子调查表》三份（一份存区两份送县），仰即于十二月底前填造完竣送府，不得迟误，此令。

这份以通令的形式要求填写的在乡

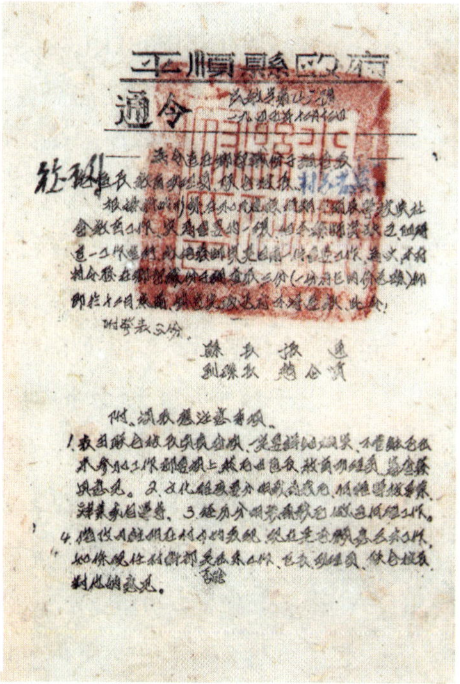
平順縣政府
通令

○ 1945年12月13日《关于为令造在乡智识分子调查表的通令》。

知识分子调查表，完全是为了新形势下开展学校与社会教育工作，为解决全县师资缺乏而选调师资这一重要工作“特令”印发的。从下面的“填表应注意事项”中，还是多少可以看到所调查内容及将选调师资的一些情况。填表应注意事项主要有四项：

> 1.表由联合校长负责查填，一定要详细确实，不管能否出来工作都要填上，然后由区长、教员助理员审查签具意见。2.文化程度要分明战前战后，何种学校毕业、肄业或自学等。3.经历分明，战前战后做过何种工作。4.备考中注明在村中的表现，现在是否愿意出来工作，如系现任村干部是否能出来工作，区长、助理员、联合校长对他的意见。

四条“注意事项”表明，该调查覆盖了在乡的所有知识分子，可见对教员在德才和经历上的看重。这种选调和培养师资的有关做法，在张通的继任者任映仑那里，得到了继承和发展。

2.定期集训教员。

这是1946年5月6日由县长任映仑签发的《关于定期集训小学教员的命令》，其时正是全县第二届文教大会召开前夕。这是德珩村所有文书中“接令人”最多的一份命令，包括各区长，高小校长，民政、教育、财政助理员，联合校长，小学教员，村长等八人。《命令》在明确“经本府会议决定自五月十五日起集训小学教员，十三日报到（在城关），不许迟到”后，就集训的参加人员、训练期限及应带物品和集训供给等三个方面作了说明，提出了要求，从中可见村小学教员的来源及培训的另一种情景。

关于参加人员。《命令》明确有三类人必须参加：

> 1.凡在职教员一律参加（各高小抽一个初级教员参加），无故不来，即行停职。2.各区酌量动员一批工作较好、文化较高（最低亦要粗通文字）之义务教员、村干部、在乡知识分子愿当教员者参加受训，每区以十名左右为限，并应想到这是为了加强开展全县教育工作，应从长远着眼，打破怕干部和知识分子出来耽误村上一时工作等等错误想法。3.各区教员助理员一律参加帮助工作及受训，十二号报到。

《命令》同时要求：

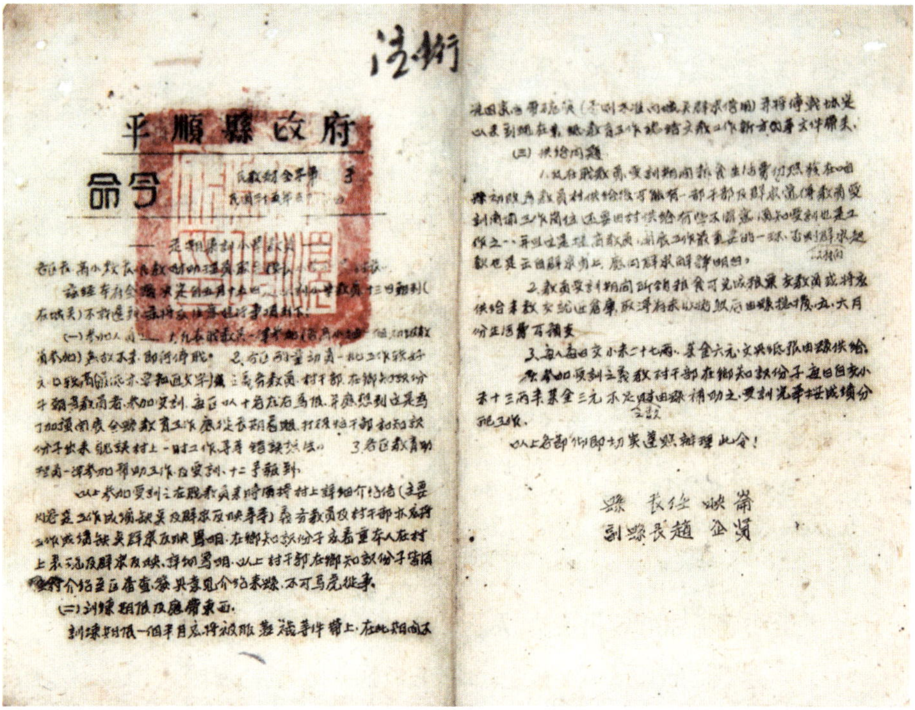

平順縣政府

命令

○ 1946年5月6日，县长任映仑签发的《关于定期集训小学教员的命令》。

以上参加受训之在职人员来时须持村上详细介绍信（主要内容是工作成绩、缺点及群众反映等等）；义务教员及村干部亦应将工作成绩、缺点及群众反映写明；在乡知识分子应着重本人在村上表现及群众反映详细写明。以上村干部、在乡知识分子皆须经村介绍至区审查签具意见介绍来县，不可马虎从事。

从此可见当时对教员集训、选调的重视和严格，对教员成绩、缺点，特别是对群众反映的看重，并没有因为师资的缺乏而放松条件。

关于训练期限及应带东西《命令》明确规定：

训练期限一个半月，应将被服鞋袜带上，在此期间不准回家，自带碗筷（否则不准向城关群众借用），并将停战协定以来到现在，报纸教育工作总结、文教工作新方向等文件带来。

在这里，命令明确了受训时间和在此期间不准回家的要求，及相关时事文件学习材料的规定。

关于供给问题。《命令》明确指出：

1.凡在职教员受训期间，粮食、生活费仍照发。在咱县初改为教员村供给后，可能有一部分干部及群众觉得教员受训离开工作岗位，还要由村供给有些不满意。须知受训也是工作之一，这是提高教员、开展工作最重要的一环，否则政府向群众起款也是出自群众身上，应向群众解释明白。2.教员受训期间所领粮食可兑成粮票交教员或将应供给米数交就近仓库，取得存米收据，然后由县总拨，五六月生活费可预支。3.每人每日交小米二十七两，菜金六元，文具纸张由县供给。4.参加受训之义教、村干部、在乡知识分子每日自交小米十三两半、菜金三元，不足之数由县补助之。受训完毕按成绩分配工作。

在这里，《命令》分别对参训在职教员、义务教员、村干部和在乡知识分子的供给明确了标准和供应办法。

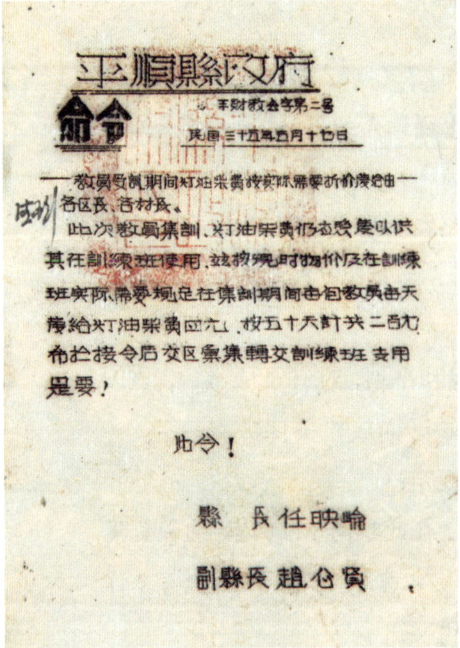
平順縣政府
命令
年財教会字第二号
民國三十五年五月十七日
—教員受訓期间灯油柴费按实际需要折价發给由—
各区長、各村長、
此次教員集訓、灯油柴费仍应照發以供其在訓練班使用，兹按現时物价及在訓練班实际需要规定在集訓期間每個教員每天發给灯油柴费四元，按五十天計共二百元，希於接令后交区彙集轉交訓練班支用是要！
此令！
縣長 任映崙
副縣長 趙仑賓

○ 1946年5月17日《关于教员受训期间灯油柴费按实际需要折价发给的命令》。

在最后，还有一条给人留下深刻印象，即参加受训的非在职教员“义教、村干部、在乡知识分子”除可享受自交小米、菜金“一半”、不足部分由县补助之外，“受训完毕按成绩分配工作”，实行择优录用的原则，这有利于鼓励学员积极学习，争取取得优异的成绩，以得到录用和分到理想的学校。

3.一道集训期间补发灯油柴费的命令。

1946年5月17日，县长任映仑又向各区长、村长发出了《关于教员受训期间灯油柴费按实际需要折价发给的命令》。命令规定：“此次教员集训，灯油柴费仍应照发，以供其在训练班使用。兹按现时物价及在训练班实际需要，规定在集训期间每个教员每天发给灯油柴费四元，按五十天计共二百元，希接令后交区汇集转交训练班支用，是要。”

在这里，再见县府对小学教员集训的高度重视，以及小学教员所受到的与一般干部人员开会、集训须自带“粮草”待遇的不同。

4.活跃在在职教员之外的义务教员。

根据地的教员除了各类学校的在职教员之外，还有活跃在各村文化学习、冬学、时事政策教育以及各种宣传活动之中的义务教员，他们既是小学在职教员的一种来源，也是整个根据地宣传教育中不可缺少的重要组成人员。在上面关于集训小学教员的命令中已然见到他们的身影，在以往所谈到的冬学运动中他们更是扮演着重要角色。

在德珩村收到的50余份有关教育的“纸片子”中，有关义教的文书有4份，即：1945年10月22日由代区长张旺喜签发的《关于聘请义务教员参加全县义务教员会议的通知》（标题为笔者所加）；1945年10月24日由县长孙竹庭签发的《关于调义务教员受训的通知》；1946年10月11日由县长任映仓签发的《关于农民剧团出演及各村义务教员评选问题的通令》；1948年10月4日由区长徐永祥、副区长陈凤贤签发的《关于为民选义务教员的通知》。

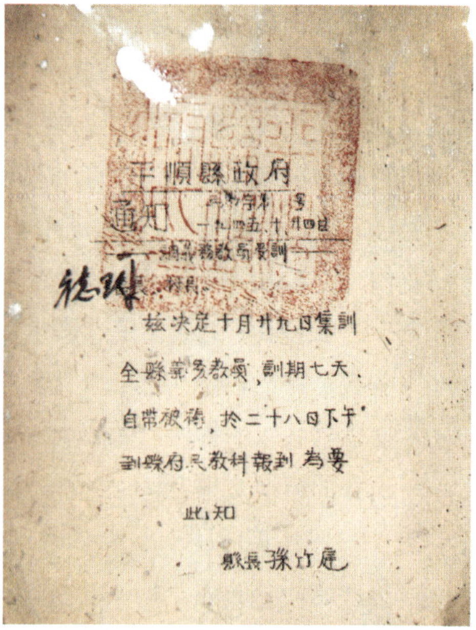
平順縣政府
通知
一九四五 十 廿四日
——調義務教員受訓——
德珩 村長
茲決定十月廿九日集訓
全縣義务教員，訓期七天，
自帶被褥，於二十八日下午
到縣府民教科報到 為要
此知
縣長孫竹庭

○ 1945年10月24日《关于调义务教员受训的通知》。

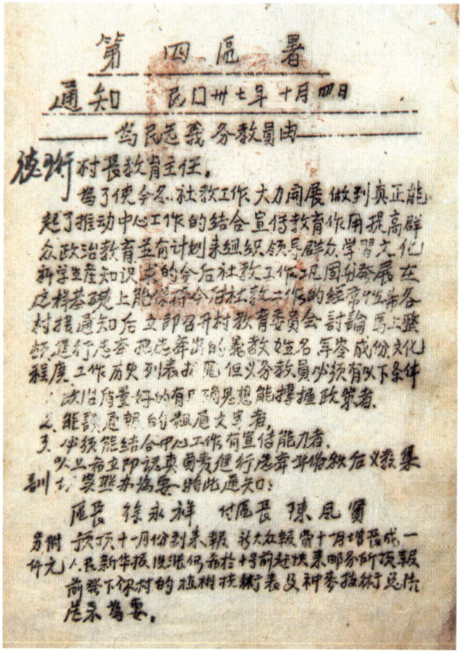
第四區署
通知 民國卅七年 十月四日
——為民選義务教員由——
德珩村長教育主任，
為了使今冬社教工作大力開展做到真正能
起了推动中心工作的結合宣传教育作用提高群
众政治教育
區長 徐永祥 付區長 陳凤贤

○ 1948年10月4日《关于为民选义务教员的通知》。

在《关于为民选义务教员的通知》中可以看到义务教员的职责：一是承担着大量的文化学习和宣传教育工作。如在每年的冬学运动中，通过他们大力开展社教工作，“有计划的来组织、领导群众学习文化、科学生产知识”，进行时事政策的宣传教育，提高群众政治觉悟，使冬季社教工作得以大力开展，“做到真正能起到推动中心工作的作用”。其实在上面所讲到的各种政治、生产、支前运动中的“教育先行”里都有义务教员参与其中。

二是义务教员由民选产生，由村教育委员会具体负责组织选举。当选义务教员在“年龄、成分、文化程度、工作历史”等方面都有一定的要求，同时必须具备以下条件：“1.政治质量好的，有正确思想，能掌握政策者。2.能读通报的粗通文墨者。3.必须能结合中心工作有宣传能力者”。

1946年10月11日，县长任映仑签发了《关于农民剧团出演及各村义务教员评选问题的通令》，从中可知义务教员的民选一年进行一次，一般在各村开展冬学之前，无论新任、继任的“义教”，都要经过评选，报区县审查批准方可使用。通令是这样规定的：

> 秋收秋耕工作完了后，应即进行今冬冬学准备工作，各村应先将义务教员评选一下。评选的标准，主要是看他以往的工作成绩如何，是否称职，群众对他的反映好坏。村领导应根据群众反映加以仔细研究，确定其继续任职和再改选（如选举困难，村行政委员会确定亦可），于十月二十号前将确定人选及其个人工作经历、成绩送区署审查核准，各区将核准之义务教员名单（姓名、年龄、文化程度、工作年限）限十月底前送县。

而按照惯例，如1945年10月22日代区长张旺喜和同年10月24日县长孙竹庭所发通知中所说，“对去年义务教员如不起作用者可从新聘请”，一切“以能为群众服务为事宜”；并且，全县所有义务教员在冬学开始前都要进行集训，一般“训期七天”。

还要说明的是，义务教员虽不能完全享受在职教员的供给待遇，但也会有一些补助和优抚，如上面的小学教员集训命令，参训的“义教”可享受一半粮食和菜金的补助等。此外，“模范义务教员”还能得到来自县区的表彰。

5.一份来自县长的小学教员介绍信。

1948年7月23日，珩堂村收到由县长赵军签发的《关于介绍小学教员的介绍信》，为小学教员的产生提供了一个来源。这是一封铃有“平顺县政府印”，文件编号为“民教字第76号”，文件名为“介绍小学教员由”的介绍信，只有一句话：“珩堂村长：兹介绍赵建邦同志为你村丙等小学教员，希接谈工作是荷！县长赵军。”

在这封油印的介绍信中，其发文编号、时间、村名、教员姓名和等级以及县长的签名均为后来填写上的，可见这并非是发往一个村的，也并非只是对一名小学教员的介绍，介绍到各村教员的等级也有所不同，县长的签名和县府的“官印”则显示出它的正式和有效。由此可见，根据地各村小学教员的产生是原在职教员、义务教员、村干部、在乡知识分子经过推选、审核和县里集中培训后，根据受训成绩及各村需要进行分配的过程。

平順縣政府
介紹信
民教字第76號
民國卅七年七月廿三日
介紹小學教員由
珩堂村長：
茲介紹趙建邦同志為你村丙等小學教員希接談工作是荷！
縣長 趙軍

○ 1948年7月23日的小学教员介绍信。

关心教员生活，鼓励先进

1.照顾小学教员生活。

1947年12月26日，德珩村收到由县长贾孝敏签发的《关于规定教员过节兑麦子的通知》，是县府为照顾小学教员过年伙食而作出的一个特别规定。《通知》的右上角还写了一个“急”字。

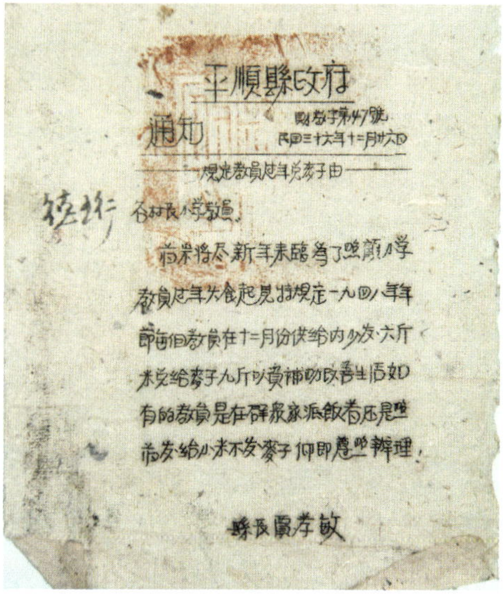
平順縣政府
通知
民教字第47號
民國三十六年十二月廿六日
規定教員過年兑麥子由
德珩 各村長小學教員：
前米將届新年未臨為了照顧小學教員過年伙食起見特規定一九四八年年節每個教員在十二月份供給內少發六斤米兑給麥子九斤以資補助改善生活如有的教員是在群眾家派飯者應是照常發給小米不發麥子仰即遵照辦理
縣長賈孝敏

○ 1947年12月26日《关于规定教员过节兑麦子的通知》。

《通知》原文如下：

各村长、小学教员：

旧岁将尽，新年来临。为了照顾小学教员过年伙食起见，特规定1948年年节每个教员在十二月份供给内，少发六斤米兑给麦子九斤，以资补助，改善生活。如有的教员是在群众家派饭者，还是照旧发给小米，不发麦子，仰即遵照办理。

县长：贾孝敏

这是一件很小的事情，却是解放区对小学教员的关心。

2.连续获得通令表扬的校长和教员们。

1947年9月16日和9月21日，德珩村连续收到由县长签发的《关于表扬三高校长李树新石窑滩联合校长马树魁等教员节约年功加俸小米的通令》和《关于通报表扬二高小校长教员节约加俸小米的通报》。时值县第三届文教大会刚刚结束不久，上述学校受表彰奖励的校长和教员响应大会“一切支援前线”的号召，将所奖“年功小米”和部分“薪金小米”交公支援军需民食，由此受到县府的通令表扬。通令说：

此次县文教大会上，各模范文教工作者同志听了贾县长的报告“一切为了前线，保障军需民食”起见，同时根据平顺经济情况，都纷纷提出节约年功加俸小米及薪金小米。现三高小校长李树新同志节约了年功加俸小米每月八斤；石窑滩联合校长马树魁同志节约全年加俸小米，又自十月份到十二月份每月节约薪金米廿斤。并说“我是新翻身户，就是不给我小米，我亦要为群众文化事业服务到

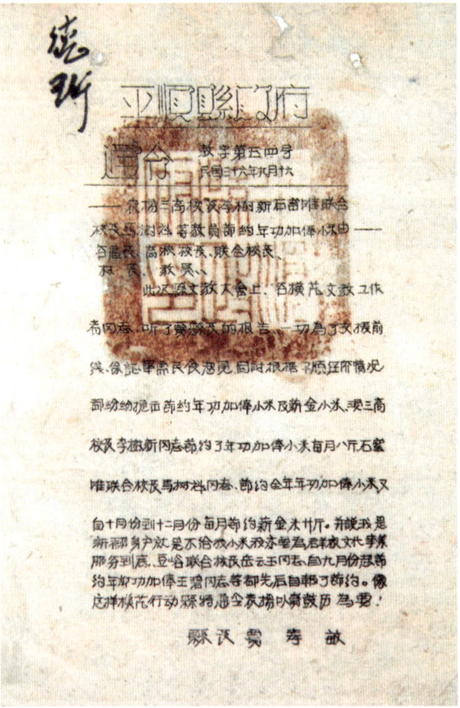
德珩

平顺县政府

通令 教字第五四号 民国三十六年九月十六

——表扬三高校长李树新石窑滩联合校长马树魁等教员节约年功加俸小米由——

各区长、高小校长、联合校长、村长、教员、

此次县文教大会上、各模范文教工作者同志、听了贾县长的报告、一切为了支援前线、保障军需民食起见、同时根据平顺经济情况、都纷纷提出节约年功加俸小米及薪金小米、现三高校长李树新同志节约了年功加俸小米每月八斤石窑滩联合校长马树魁同志、节约全年年功加俸小米又自十月份到十二月份每月节约薪金米廿斤。并说我是新翻身户就是不给我小米我亦要为群众文化事业服务到底、豆峪联合校长岳云玉同志、自九月份起节约年功加俸王碧同志等都先后自动了节约。像这样模范行动县特通令表扬以资鼓励为要！

县长 贾孝敏

○ 1947年9月16日《关于表扬三高校长李树新石窑滩联合校长马树魁等教员节约年功加俸小米的通令》。

底”。豆峪联合校长岳云玉自九月份起节约年功加俸。王碧同志等都先后自报了节约。像这样的模范行动，县特通令表扬以资鼓励为要。

仅在上述通令发出的五天之后，德珩村就收到了县长贾孝敏《关于通报表扬二高小校长教员节约加俸小米的通报》。《通报》说：

> 二高（小）校长、教员响应文教会的号召，本着生产节约的精神，提高了工作效率，现在来信提出将全校干部所有加俸小米节约交公，这种精神堪称嘉奖，特此通报表扬，以资鼓励。

通报

各区长高小校长联合校长村长教员：

二高校长教员响应文教会号召本着生产节约的精神提高工作效率现在来信提出将全校干部所有加俸小米节约交公这种精神殊堪嘉奖特此通报表扬以资鼓励。

縣長賈孝敏

○《关于通报表扬二高小校长教员节约加俸小米的通报》。

这是两份专门表扬校长和教员们为保证军需民食、自愿节约年功加俸及薪金小米先进事迹的文件。从上述《通令》和《通报》可以看出，无论是在文教大会被评为模范的校长、教员，还是没有被表彰的校长、教员，积极的响应县府“一切为了支援前线、保证军需民食”的号召，将会议所奖励的年功加俸小米和日常的薪金小米全部或部分交公，由此一见解放区教员的精神风貌。这就是德珩村“纸片子”所记录下的小学教员的先进事迹。

战争、生产、教育并重，教育为生产、战争服务

“战争、生产、教育并重”，是县委书记王宗琪在1945年3月全县第一次文教大会上所作发言的题目，由此可见教育在解放战争以及各项经济生产中的重要地位及其作用。教育与支援战争相结合，教育与生产劳动相结合，并为生产和战争服务，这是当年解放区教育的一大特色。德珩村的“纸片子”中有很多这方面的记述，如他们是冬学运动的主要参与者、读报小组的主要成员、各种统计报表的填写者以及深入各村检查工作团组的重要成员，更是时事政

策宣传和各种宣传文化活动的积极分子，等等。总之，一切需要文化人的地方，都有教员和学生的身影。这种战争、生产、教育的并重，既使教员、学生在战争和生产中成长起来，实现了教育为战争、生产服务；也使教育与劳动生产相结合，教育与社会实践相结合，教育为工农兵大众服务，成为以后相当长一个时期的教育指导方针。下面，再看看德珩村“纸片子”所留下的有关记载。

1.教员学生都要参加生产劳动为支前服务。

这是德珩村收到的1946年9月29日由县长任映仑签发的《关于全部教员学生积极参加秋收秋耕工作的指示》。其时正是学校开始放假之际，当年解放区学生的寒暑假期，一般都是按照春夏秋冬生产的节气来安排的。每当放假的时候，县府都会发出命令或指示，明确放假开学的起止时间，教员、学生须参加的生产、社会活动等。这一纸指示正是内战全面爆发之后，县府就假期师生参加生产活动所做的安排。《指示》是发给各区长、校长、教员、村长的，主要内容如下：

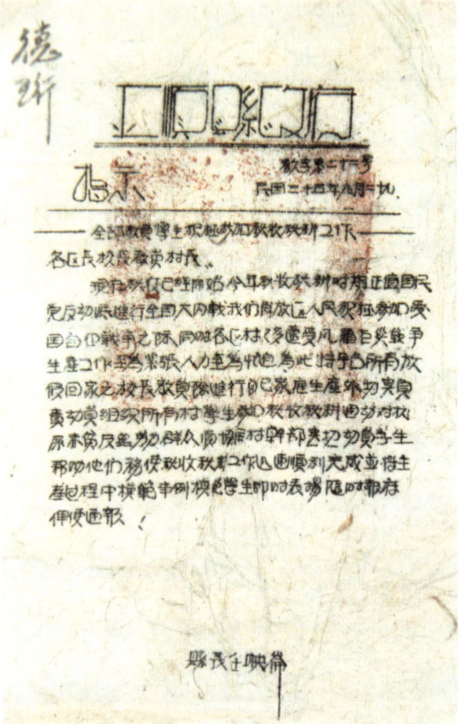
德珩

正順縣政府

指示　教字第二十一号　民国三十五年九月二十九

——全部教員學生积極参加秋收秋耕工作——

各区長校長教員村長：

現在秋收已經開始，今年秋收秋耕时期正值国民党反动派進行全国大内戰，我们解放區人民积極参加爱国自卫戰争之际，同时各区村又多遭受风霜巨灾，戰争生產工作至为紧张，人力至为忙迫。為此特号召所有放假回家之校長教員除進行自己家庭生產外，切实負責动員组织所有村學生参加秋收秋耕運动，对抗属赤貧及無劳力群众，須協同村幹部切实动員學生帮助他们，務使秋收秋耕工作迅速順利完成，並将生產过程中模範事例、模範學生即时表揚，随时報告，俾便通報！

縣長任映侖

○ 1946年9月29日《关于全部教员学生积极参加秋收秋耕工作的指示》。

现在秋收已经开始，今年秋收秋耕时期正值国民党反动派进行全国大内战，我们解放区人民积极参加爱国自卫战争之际，同时各区村又多遭受风霜巨灾，战争、生产工作至为紧张，人力至为忙迫。为此，特号召所有放假回家之校长、教员除进行自己家庭生产外，切实负责动员组织所有村学生参加秋收秋耕运动，对抗属、赤贫及无劳力群众，须协同村干部切实动员学生帮助他们，务使秋收秋耕工作迅速顺利完成，并将生产过程中模范事例、模范学生即时表扬，随时报附俾便通报。

在这里，指示针对全面内战爆发及

各区村遭受巨灾所带来的新形势，向全县发出号召，要求放假的所有校长教员并组织所有学生参加秋收秋耕工作。这时的师生已经成为生产、支前及优抚工作的完全参与者。

2.开展时事政策学习宣传教育的生力军。

不仅在生产上，在时事政策学习教育宣传上，师生们更是一支生力军。这是县长任映仓于1946年10月17日就秋收结束各村初级小学于10月26日定期开学所签发的《各初级小学定期开学的通令》。《通令》在明确了各学校“定于十月二十六日开学，二十七日正式上课”和学生开学所用国语、常识、算术等课本的统计购买及定价之后，向各校下达了学习宣传时事的任务，要求：

> 各校长、教员应好好学习时事，把《新华日报》九月十五日社论“蒋军必败”及十月七日“三个月自卫战争概述”，注意研究一番；每期报纸加以研究，在民校把当前时事消息经常给群众讲解，让群众在民校中讨论。群众提出疑难问题及自己所遇到的不了解的问题，随时反映上来，以便研究解答，此令。

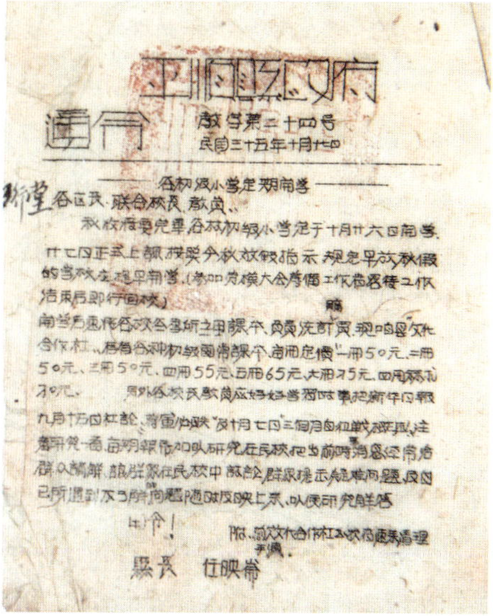

○ 1946年10月17日《各初级小学定期开学的通令》。

这种时事政策的宣传教育，在解放区可说是一种经常性的教育，并自然成为了教员的一种职责。在德珩村的“纸片子”中，每年都会有这个方面内容的相关记录，特别是在开展大的工作及形势发生大的变化时，这种教育都会及时跟上，教员和学生自然都成为了必不可少的“宣传员”。

1947年7月23日由县长贾孝敏签发的《关于宣传工作的指示》说的也是宣传工作。这份《指示》是发给各完小校长、联合校长、试验小学县长、村长、教育主任等学校和村领导的，时值人民解放军开始转入战略反攻，县府就如何开展这时的宣传教育向这些领导提出了具体要求。

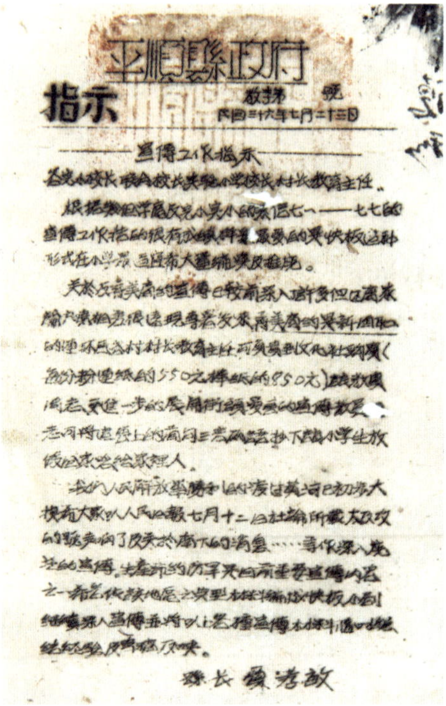
平顺县政府

指示　教字　号

民国三十六年七月二十三日

宣传工作指示

○　1947年7月23日《关于宣传工作的指示》。

《指示》肯定了最近开展的“七一——七七宣传工作”的成绩，提出要加大三个方面的宣传：一是“关于反蒋美商约宣传已较前深入了许多，但还离家喻户晓相差很远。现专属发来《蒋美商约是新国耻》的连环画，各村村长、教育主任可负责到文化社购买（每份粉连纸的550元，棒纸的850元），让教员同志更进一步展开街头漫画的宣传。教员同志可将这画上的简句三言两语抄下，让小学生放假回家念给亲人”。二是深入广泛宣传我军的胜利。“我们人民解放军胜利的渡过黄河已初步大捷。希大家以《人民日报》七月十二日的社论所载‘大反攻的号声响了’及关于南下的消息……等作深入广泛的宣传。”三是“生产节约防旱是目前重要宣传内容之一，希各村依该地区之典型材料编成快板、小剧继续深入宣传，并将以上各种宣传材料随时总结经验及写稿反映”。

这种紧扣战争的进展以及各种事件的发展，通过快板、街头漫画、连环画等多种简便的形式，在广大农民和各阶层中所开展的经常性的时事教育，可说是舆论宣传上的一个创造性的成功，德珩村的教员及其学生是功不可没的。

3.区长负责制下的教育领导体制。

教育的进行，离不开校舍、经费的保障，离不开教员的“三尺教鞭”，同样也离不开政府对教育的领导，正如上面所说的公产的使用、校舍的建设，经费的来源和供给，教员的招聘、薪酬的制定，以及教育方针和教育内容的制定等，都是政府的行为。在德珩村收到的有关县区政府领导体制的文书中，可以见到教育主管部门和人员的设置，即使在村公所一级政权也都设有教员主任一职；区教育助理员、联合校长等编制虽几经取消或增设，但都是为了健全和加强“教育工作的组织领导，更有效地提高人民子女的文化知识”。

德珩村收到的1946年8月15日由县长任映仑签发的《关于教助取消后各区教育工作领导问题的通令》，则记录了当年教育领导工作上实行区长负责制的有关情形。

通令是发给各区长，联合校长，村长、教育主任的，宣布了县府关于教育工作由区长直接领导的决定及区长所担负的五项职责。

通令首先宣布：“前奉行署命令，各县区教育助理员取消，县府教育科添设督学数人，领导视察各区村教育工作，我县督学人数不多，难以全盘照顾，兹经本府决定，此后各区教育工作由区长直接领导。”随后明确了区长领导教育工作的五项重点规定：

一、各区长应时常和派往各区工作之督学及本区联合校长联系，以资了解全区学校及社教工作情况。二、各区长对上级发下的教育计划、指示及各区和学区所定教育计划，应时常协同、指示督学、联合校长检查推动。三、各区长应主动负责对各联合校长、教员、义务教员、教育主任学习及具体困难问题之解决。四、各区可有重点的使联合校长（有时亦可召集教员）参加一定的区中心工作等会议，但除中心工作之外应抽出时间研究教育工作。各区教育会以一月一次为标准，自行商议确定。五、各区长关于教育工作应时常向县做报告或写便信；各联合校长除可直接向县报告工作外，每月应向区长书面汇报工作一次。以上仰即遵照办理此令。

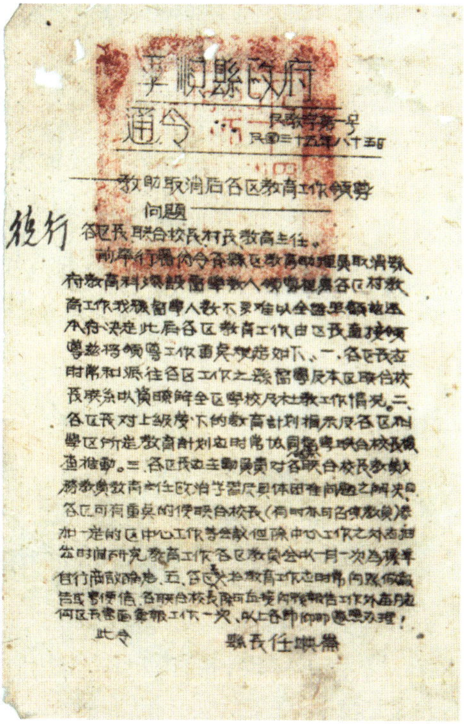
平順縣政府
通令 民教字第一号
民国三十五年八月十五日
——教助取消后各区教育工作領導問題——
各区長联合校長村長教育主任：
前奉行署命令各縣区教育助理員取消縣府教育科添設督學數人領導視察各区村教育工作我縣督學人数不多难以全盤照顧茲經本府决定此后各区教育工作由区長直接領導茲将領導工作重点规定如下：一、各区長应时常和派往各区工作之督學及本区联合校長联系以資瞭解全区學校及社教工作情况。二、各区長对上級發下的教育計划指示及各区和學区所定教育計划应时常协同督學联合校長検查推動。三、各区長应主動負責对各联合校長教員義務教員教育主任政治学習及具体困難問題之解決。四、各区可有重点的使联合校長（有时亦可召集教員）參加一定的区中心工作等会議但除中心工作之外应抽出时間研究教育工作各区教育会以一月一次為標準自行商議确定。五、各区長关於教育工作应时常向縣做報告或写便信各联合校長除可直接向縣報告工作外每月应向区長書面彙報工作一次。以上各節仰即遵照办理！
此令
縣長任映倉

○ 1946年8月15日《关于教助取消后各区教育工作领导问题的通令》。

在这里可以看到，这种区长负责制，其职责内容十分具体，标准要求很高。既要及时了解和掌握全区教育开展及进行情况，做到心中有数，还要及时将上级要求与本区实际结合起来，检查推动教育工作的落实开展；既要积极主动负责地解决教育中的各种困难和问题，还要有重点的使联合校长（有时亦可召集教员）参加一定的区中心工作等会议；除此之外，区长还要时常向县府报告工作。这种“一把手”亲自抓、负总责的做法，无疑会为教育的发展提供最重要的保证，从而构成解放区整个教育体系中重要的一环。

两个关于小学生的故事

上面说了学校、教员、领导等，还没有专门说到那些小学生们。下面就讲讲德珩村“纸片子”所记录的两个关于小学生的故事，作为教育篇的结束。

1.学校收益要首先用于贫寒子弟。

1947年12月16日德珩村收到的由县长贾孝敏签发的《关于学校生产的指示》，是就学校校田及生产收益如何使用所作出的规定，由此可以看到一个关怀贫困生的场景。指示是发给各区长、教助、村长、教员的，文字并不很长：

> 今春以来，各学校校田及其他生产尚属不少，有的打四、五石粮食及生产资金，这值得表扬，但今后的用途问题有的地方还不明确，有的叫入村公产及其它用途等，这样不合适。应协同主要干部商量，用于解决贫寒子弟笔墨纸张文具等费用或者修理校俱桌椅板凳之类及文化事业，亦不能归教员私有，特此指示。

指示最后还另有一条“附注：冬学指示内开支一项，忘写了‘冬学一个月在村公产内开支灯油一斤’，特此说明。”

从上述指示来看，校办经济早已有之。指示对其收益的用途作出了规定。

2.抗战胜利后第一个四四儿童节的记载。

“抗战胜利后第一个‘四四儿童节’将是儿童最欢喜愉快的日子”。这是德珩村收到的1946年3月13日由县长张通、副县长赵企贤签发的《关于总结冬学工作的补充办法及四四儿童节工作进行的指示》中关于“纪念四四儿童节主要内容和方法”的第一句话。

在德珩村收到的“纸片子”中，有一系列关于中国传统的节日以及新的

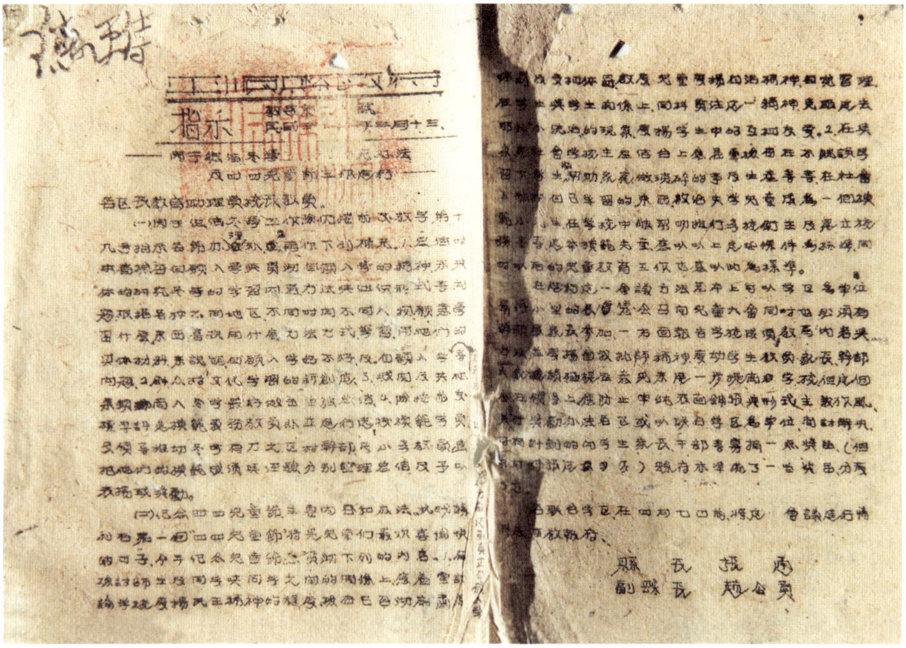

○ 1946年3月13日《关于总结冬学工作的补充办法及四四儿童节工作进行的指示》。

革命节日活动的记载，如春节、中秋、新年、七一党的纪念日、三八国际妇女劳动节、抗战胜利纪念日，等等。其中鲜为人知的，恐怕就是“九二民兵节”和“四四儿童节”了。而这份德珩村所收到的指示，可说是记录解放区儿童纪念四四儿童节的一份十分珍贵的史料。

“四月四日中国儿童节”于1931年5月由南京国民政府教育部颁行。是年3月7日，中华慈幼协会以“国民教育未能普及”“强迫教育未能实行”之际，为唤醒人民对儿童权利的重视，“树强国强种之基”，特援引美国、日本有关国家的规定，呈请上海市社会局转呈国内政府规定四月四日为儿童节。旋经国民政府批转行政院交教育部拟定纪念办法颁行全国小学、幼稚园举行。5月20日，慈幼协会奉教育部社会教育司函即拟定“儿童节纪念办法意见书”上报，嗣由教育部制定儿童节纪念办法，通令全国各省市教育厅、局施行。

在笔者所藏《中华民国法规大全》之《儿童节纪念办法》中所记载的各小学所举行的纪念活动主要是：演讲本国革命先烈及古代伟人之儿时轶事，（以阐明忠孝仁爱信义和平之道德为主）或世界上科学家、发明家之儿时生活；表

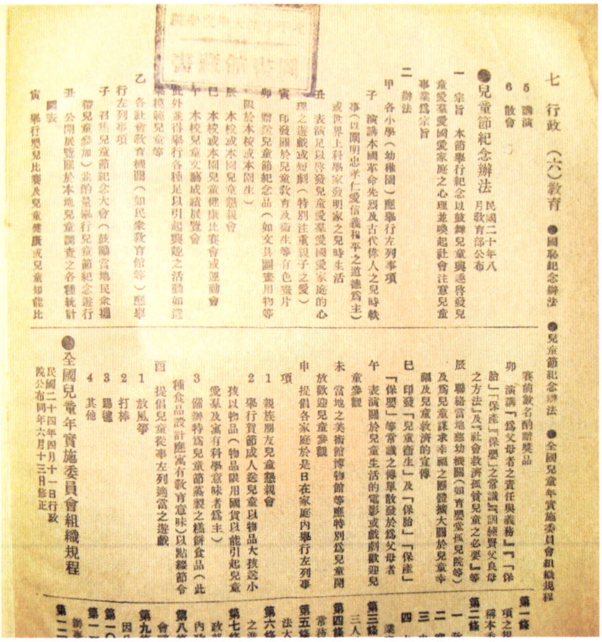
七 行政 （六）教育 ●國恥紀念辦法 ●兒童節紀念辦法 ●全國兒童年實施委員會組織規程

5 講演
6 散會

●兒童節紀念辦法 民國二十年八月教育部公布

一 宗旨 本節舉行紀念以鼓舞兒童興趣啓發兒童愛羣愛國愛家庭之心理並喚起社會注意兒童事業爲宗旨

二 辦法

甲 各小學（幼稚園）應舉行左列事項

子 演講本國革命先烈及古代偉人之兒時軼事（以闡明忠孝仁愛信義和平之道德爲主）或世界上科學家發明家之兒時生活

丑 表演足以啓發兒童愛羣愛國愛家庭的心理之遊戲或短劇（特別注重親子之愛）

寅 印發關於兒童教育及衞生等有色畫片

卯 贈送兒童節紀念品（如文具圖畫用物等限於本校或本園生）

辰 本校或本園兒童懇親會

巳 本校或本園兒童健康比賽會或運動會

午 本校兒童文藝成績展覽會

此外並得舉行各種足以引起興趣之活動如選舉模範兒童等

乙 各社會教育機關（如民衆教育館等）應舉行左列事項

子 召集兒童節紀念大會（鼓勵當地民衆攜帶兒童參加）並酌量舉行兒童節紀念遊行

丑 公開展覽關於本地兒童調查之各種統計圖表

寅 舉行嬰兒比賽及兒童健康或兒童知能比賽前數名酌贈獎品

卯 演講「爲父母者之責任與義務」「保胎」「保產」「保嬰」之常識「訓練賢父良母之方法」及「社會救濟孤貧兒童之必要」等

辰 聯絡當地慈幼機關（如育嬰堂孤兒院等）及爲兒童謀求幸福之團體擴大關於兒童幸福及兒童救濟的宣傳

巳 印發「兒童衞生」及「保胎」「保產」「保嬰」等常識之傳單散發於爲父母者

午 表演關於兒童生活的電影或戲劇歡迎兒童參觀

未 當地之美術館博物館等應特別爲兒童開放歡迎兒童參觀

申 提倡各家庭於是日在家庭內舉行左列事項

1 親族朋友兒童懇親會

2 舉行賀節成人送兒童以物品大孩送小孩以物品（物品限用國貨以能引起兒童愛羣及富有科學意味者爲主）

3 備辦特爲兒童節蒸製之糕餅食品（此種食品設計應寓有教育意味）以點綴節令

酉 提倡兒童從事左列適當之遊戲

1 放風箏
2 打棒
3 踢毽
4 其他

●全國兒童年實施委員會組織規程

民國二十四年四月十一日行政院公布同年六月十三日修正

○ 《儿童节纪念办法》。

演足以启发儿童爱群、爱国、爱家庭的心理之游戏或短剧；印发关于儿童教育及卫生等有色画片；赠送儿童节纪念品（如文具图画用物等）；组织本校或本园儿童恳亲会、儿童健康比赛会或运动会，本校儿童文艺成绩展览会；此外可举行各种足以引起兴趣之活动如选举模范儿童等。社会教育机关等也要举行相应的活动：如召集儿童纪念大会，并酌量举行儿童节纪念游行；公开展览本地儿童调查之各种统计图表；举行儿童健康知能比赛，酌赠奖品；演讲“为父母之责任与义务”“训练贤父良母之方法”等；联络慈幼机关、社会团体扩大关于儿童幸福及儿童救济之宣传；印发儿童卫生等宣传品；表扬关于儿童的电影或戏剧欢迎儿童参观；当地之美术馆、博物馆应特别为儿童开放。同时提倡各家庭是日在家庭内举行如亲族朋友儿童恳亲会；举行贺节，成人送儿童以物品、大孩送小孩物品（物品限用国货，以能引起儿童爱群及寓有科学意味者为主）；特办为儿童节蒸制之糕饼食品（此种食品设计应寓有教育意味）以点缀节令；并提倡儿童从事放风筝、打棒、踢毽等游戏。

这些涉及到学校、社会和家庭三个方面为孩子们过节所安排的活动，实在是丰富多彩，对儿童极有吸引力。

当时的解放区，也都以每年的4月4日作为当地小朋友的儿童节，届时会组织一些相应的活动。那么，抗战胜利后的德珩村，第一个儿童节又是如何度过的呢，有着什么样的“内容和方法”呢？

《指示》首先提出：

> 今年纪念儿童节应贯彻下列的内容：1.在检讨师生及同学与同学之间的关系上，应着重讨论学校发扬民主精神的程度，检查已否彻底肃清体罚及变相体罚，启发儿童发扬自治精神，自觉管理。在学生与学生的关系上，同样贯彻这一精神，克服过去那种“小统治”的现象，发扬学生中的互相友爱。2.在与家庭、社会、生产结合上，应着重检查在不耽误学习下，学生能帮助家里做琐碎的事及生产等等。在社会上，能把自己学习的东西教给失学儿童，成为一名模范小先生。在学校中，能帮助推行学校卫生及建立校务等等。选举模范儿童应以以上这些条件为标准，同时以后的儿童教育工作也应以此为标准。

这些“四四儿童节”应贯彻的内容，既适应了当时的形势也反映出当时的教育方针，以及解放区和国统区的差异。

关于这一节日的纪念方法，指示提出：

> 基本上可以以学区为单位，举行小型的展览会；召开儿童大会。同时也必须有干部和家长参加，一方面报告学校成绩、教育内容与方法，并发扬自我批评精神，发动学生、教员、家长、干部，大家积极提出意见，进一步提高学校。但这个会，在应防止单纯表面铺张与形式主义作风。至于奖励办法，各区或以各学区为单位商讨解决，可有计划的向学生家长、干部等募一点奖品（但不可铺张过多），县府亦准备一些奖品，分发各区。

最后，《指示》要求：“各联合学区在四月七日前将这一会议进行情形及（时）经教报府。”

在这里，德珩村远远无法做到国民政府教育部《儿童节纪念办法》中所说的那些办法。那些办法不是不好，但解放区没有那个条件。但是，就是这样一个专为儿童的节日所而召开的，并有家长、干部参加的儿童大会，依然使儿童们感到来自家长和干部的温暖，来自学校师生的快乐，感到这的确是一个“最喜欢愉快的日子”，因为这是大山深处孩子们自己的节日。

最后要说的是，1949年12月23日，中华人民共和国中央人民政府政务院规定“六一国际儿童节”为中国儿童的节日；1950年3月30日，教育部发出通告，规定6月1日为儿童节，废除“四四儿童节”。德珩村的这份“纸片子”，记录下一个历史细节，显得十分珍贵。

二、医疗卫生篇

在德珩村收到的文书中，专门讲医疗卫生的并不多，只有12份，在各个类别中算是比较少的。其中，1946年有七份；1947年有三份；1948年有两份。其他有关记载，大都散落在防灾抗灾救灾的要求之中。而在平顺县《大事编年》中，有关医疗卫生的记载只有两条。一条是：1946年5月14日，《新华日报》报道了豆峪小区医生为进一步开展卫生工作，保障群众健康，有力支援

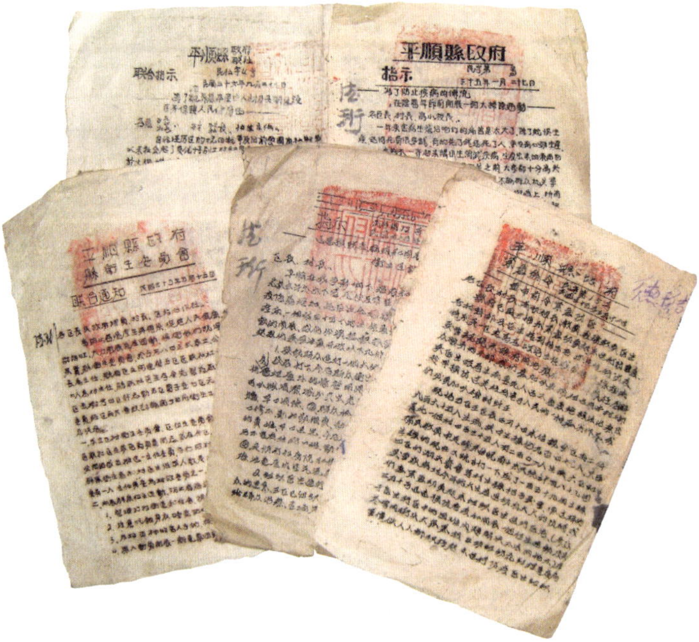

○ 部分关于医疗卫生的文书。

前线与开展生产运动，决定开展为民治病除瘟立功运动及制定“五项立功标准”的消息。另一条是：根据春季流行病发生的严重情况，为贯彻华北局春季防疫指示，进一步做好医疗卫生工作，平顺县于1949年4月7日至10日，由县卫生科在县城主持召开了有80人参加的全县中西医人员座谈会，讨论研究防疫工作，决定开展宣传工作，做到早预防、急治疗，解除痛苦，减少不必要的支付，为解放生产力、为开展大生产运动当好卫士，为全国大解放作出新贡献等。

在德珩村所收到的12份“纸片子”中，又都记载了哪几件医疗卫生的“陈年新事”呢？

年前开展大扫除运动，办好为民造福的大好事

这是德珩村收到的1946年1月27日由县长张通、副县长赵企贤签发的《关于为了防止疾病的传流、在阴历年前开展一个大扫除运动的指示》。这是1946年德珩村所收到的第一份来自县里的文书，这份“纸片子”既没有涉及生产，也未讲到战争，但又与生产、战争紧密相关，这就是在1946年春节前夕开展一个大扫除运动，这是一件需大家争先干好的“为民造福的大好事”。

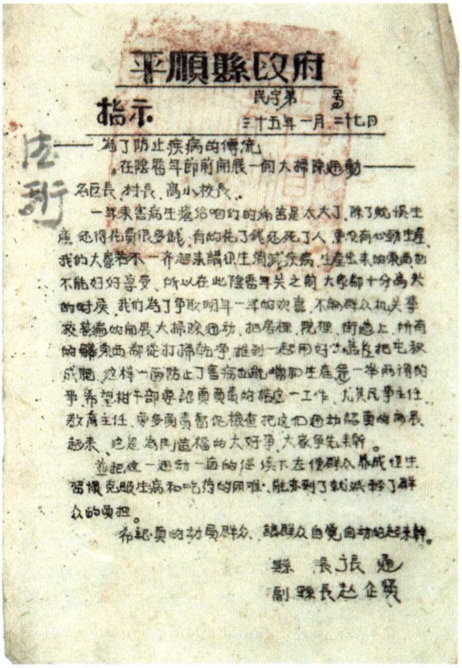

平順縣政府

指示　民字第　号　三十五年一月二十七日

——為了防止疾病的傳流，在陰曆年節前開展一個大掃除運動——

各區長、村長、高小校長：

一年来害病生瘡給咱們的痛苦是太大了，除了耽误生產，還得花費很多錢，有的花了錢還死了人……

縣長張通

副縣長趙企賢

○ 1946年1月27日《关于为了防止疾病的传流、在阳历年前开展一个大扫除运动的指示》。

《指示》是发给各区长、村长、高小校长的，首先按常规宣传了开展一个大扫除运动的重大意义，指出：

> 一年来害病生疮给咱们的痛苦是太大了，除了耽误生产，还得花费很多钱，有的花了钱还死了

人，更没有心劲生产。我们大家若不一齐起来讲究卫生、消灭疾病，生产出来的东西也不能好好享受。所以在此阴历年关之前，大家都十分高兴的时候，我们为了争取明年一年的欢喜，不论群众、机关、学校普遍的开展大扫除运动。

随后《指示》就大扫除运动提出了具体要求和号召：要“把房里、院里、街道上所有的脏东西都打扫干净，推到一起用好土盖上屯积成肥，这样一面防止了害病，也能增加生产，是一举两得的事。希望村干部要认真负责的搞这一工作，尤其民事主任、教育主任要多负责督促检查，把这个运动认真的开展起来，这是为民造福的大好事，大家争先来干”。

最后，《指示》进一步提出：不仅要搞好年前的一个大扫除，并且要“把这一运动一直的继续下去，使群众养成卫生习惯，克服生病和吃药的困难，能办到了就减轻了群众的负担”。同时希望“认真的动员群众，让群众自觉的起来干”。

在这里，一个年关前的大扫除运动，将变成一个经常性的卫生运动继续下去，并将这一运动变成群众自己的运动，“自觉的起来干”。这就是德珩村的“纸片子”讲的一个年前大扫除运动的故事。

一场严防春疫扩大的卫生运动

一个半月后，德珩村收到了1946年3月10日由县长张通和副县长赵企贤直接签发给区长、村长的《关于迅速预防春疫和开展一个卫生运动的指示》，这时一种叫做“糠症病”（天花）的瘟疫来了，而这不是一个把房里、院里、街道上所有的脏东西都打扫干净的大扫除就能够阻挡的，而是一个要立即“发动群众进行一个大的卫生运动”才能渡过的难关。

《指示》首先通报了疫情，指出：

平顺在战争影响下，瘟疫和疾病都非常严重，尤其去年冬未下雪，气候反常，空气干燥，病疾和瘟疫随着增加，据医生会议谈，普遍流（行）的一种糠症病，一个村三十、五十的生，接着影响到今年的大生产运动的开展，我们必须认识到预防胜于治疗，为此特引起我们严重注意。

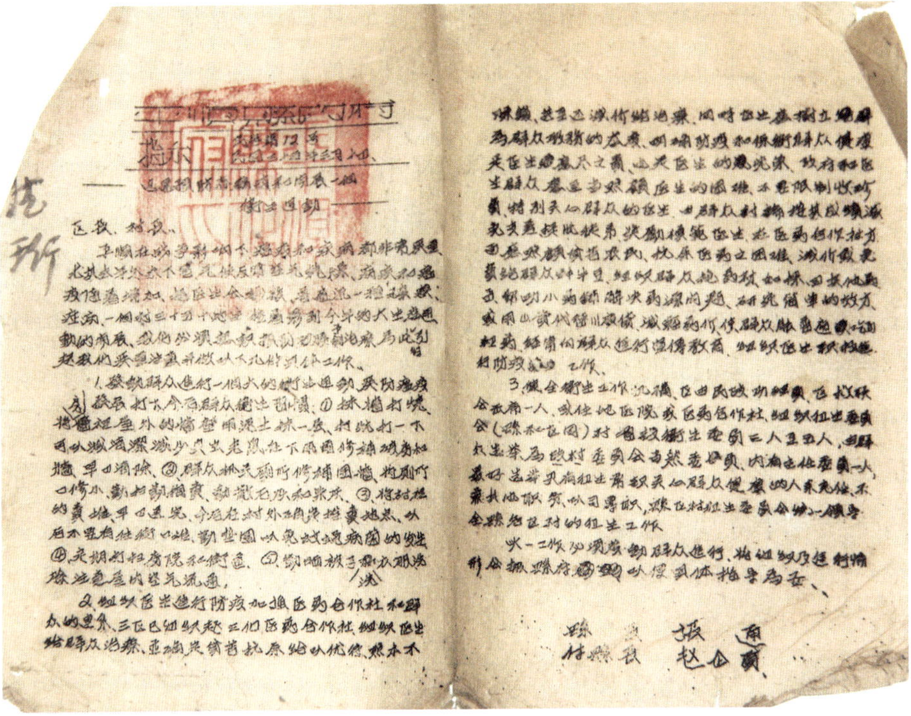

○ 1946年3月10日《关于迅速预防春疫和开展一个卫生运动的指示》。

在这里，可以看到，由于天气的异常，“糠症病”（即天花）正在迅速流行，一个村就有三五十人患病。为此，县府提出要迅速采取措施，严防和避免疫情的大规模蔓延和扩大。由此，指示具体提出要抓好三个方面的工作：

“1.发动群众进行一个大的卫生运动，严防疫情发展，打下今后群众的卫生习惯。①抹墙打烧（炕）。将屋里屋外的墙壁用泥土抹一层，打（把）炕打一下，可以清洁，减少臭虫、老鼠。在下雨前修补破房和墙，早日清除。②群众、机关厕所修补围墙，将厕所口修小，勤扫勤掏粪，勤洒石灰和柴灰。③将村里的粪堆早日送完，今后在村外确定堆粪地点，以后不要再往街上堆；勤垫圈，以免蚊蝇病菌的发生。④定期打扫房院和街道。⑤勤晒被子、洗衣服、洗脸，注意屋内空气流通。”

这里所说的严防疫情发展和需要群众今后养成的五项措施和习惯，看似简单，但对防治天花等传染病还是管用的。而当时的德珩村要做到这些还是十分不容易的，无论墙壁抹泥、修补破房，改造厕所、勤洒石灰，都是要花钱的。至于勤洗衣服、勤洗脸，既受缺水的限制，也没有养成这种“习惯”。

“2.组织医生进行防疫，加强医药合作社和群众的联系。三区已组织起三个医药合作社，组织给群众治病，并确定贫苦抗属给以优待，照本赚钱，甚至还减价给治疗。同时医生应树立为群众服务的态度，明确防疫和保卫群众健康是医生应尽之责，也是医生的光荣。政府和群众应适当照顾医生的困难，不要限制收诊费。特别关心群众的医生，由群众讨论按其成绩减免支差、提带徒弟、奖励模范医生。在医药合作社方面，应照顾贫苦农民、抗属医药之困难，减价或免费给群众种牛痘，组织群众刨药材，如採回其它药品，帮助小药铺解决药源问题；研究简单的药方，或用山货代替川广货，减轻药价，使群众能普遍吃到粗药；经常向群众进行宣传教育；组织医生积极进行防疫工作。”

在这里，《指示》分别就发挥医生和医药合作社在防疫中的作用提出了要求，明确了政策。

在第三项工作中，《指示》则进一步提出了一项更加长远的措施：“3.健全卫生工作机构。区由民政助理员、区救联会出席一人，或住地医院或医药合作社组织卫生委员会（县和区同）。村增设卫生委员三人至五人，由群众选举，为村政委员会当然委员；内有主任委员一人，最好选举具有卫生常识、关心群众健康的人来充任，不兼其他职务，以司专职。县区村卫生委员会统一领导全县各区村的卫生工作。”

加强组织领导，建立健全相关组织机构，是推进各项工作开展和落实的最重要的保障。从德珩村收到的各类文书中可以看到，任何一项工作都有具体负责的组织机构。特别是每当一项新的工作或者重要事项出现时，其中应对的主要措施之一，就是从县区到村都要成立相应的组织机构，明确相应的责任，来专门负责这一事项，由此可以看到县区村各种组织的健全与庞大。仅从德珩村的“纸片子”上来看，常设的以及临时建立的各种组织就有近20个，人员有近百人。这种从上到下“一竿子插到底”的高度组织化，为保证党和政府各项工作任务的完成，提供了最重要的组织保证。

最后，指示强调：“此一工作必须发动群众进行，将组织进行情况汇报县府，以便具体指导为要。”

然而，疫情未能得到有效控制，形势更加严峻。

10天之后的1946年3月21日，德珩村再次收到了县长张通、副县长赵企贤联合发来的措辞严厉的《关于重申前令紧急防医（疫）的紧急命令》，告知“糠症病”（即天花）疫情进一步迅速扩大，必须紧急动员起来，紧急防疫。

《紧急命令》是发给各区长、村长、高初校长、教员、义务教员、医生的，首先对那些积极与不积极进行防疫的村干部分别进行了表扬和严厉批评，指出：

> 县府已再三指示紧急动员起来进行防疫，各村干部及医生接到指示后，亦在进行防疫。特别是一区老马庄政治主任感到自村糠症病严重，亲跑来县

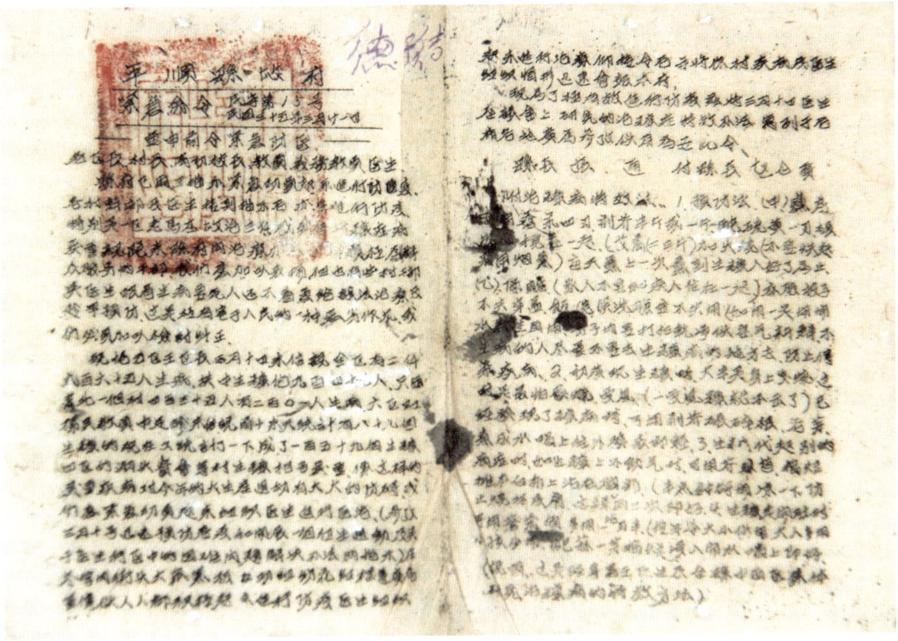

○ 1946年3月21日《关于重申前令紧急记医（疫）的紧急命令》。

府问治疗办法，这样积极为群众服务的干部，我们应加以表扬。但也有些村干部与医生眼看生病要死人，还不着急给设法治疗及趁早预防，这是极有害于人民的一种恶劣作风，我们必须加以检讨纠正。

随后，《紧急命令》通报了疫情的发展情况，进一步提出了防疫要求：

现据五区王区长三月十日来信说，全区有二千九百六十五人生病，其中生糠占九百四十九人，只西青北一个村四百三十五人有二百零一人生病。六区虹梯关教员申廷珍来信说，前十来天统计有八十九个生糠的，现在又统计了一下，成了一百五十九个生糠。四区的泖头、实会等村生糠相当严重。

在这里可以看到疫情发展的非常快，针对这种严峻的防疫形势，《紧急命令》再次号召和要求：

像这样的严重疾病，对今年的大生产运动有大大的妨碍，我们应紧急动员起来，组织医生进行医治（参考三月十号迅速预防春疫和开展一个卫生运动及关于医生行医中的困难问题解决办法两指示），在冬学内大众黑板、互助组、纺花组里等广为宣传，使人人都积极起来进行防疫；医生起来进行防疫。仰接令后，并将你村疾病及医生组织情形迅速汇报本府。

在这里，《紧急命令》再次提出要紧急动员起来，认真执行3月10日县府连续发出的《关于迅速预防春疫和开展一个卫生运动的指示》以及我们未曾见到的《关于医生行医中的困难问题解决办法》。一见医生在防疫中的地位和工作中出现的一些问题。

最后，《紧急命令》告知："现为了极有效进行防疫，兹将三月十日医生座谈会上研究的治糠症的特效办法写列于后，希各地广为参考使用为要，此令。"

附在《紧急命令》之后的这份"治糠病特效法"对处在疫病困扰中的人们来说，恐怕是最为有用的文字了。"特效法"文字并不很长，分别从预防、初发和并发症等四个方面，介绍了治疗"糠症病"的特效方法。具体如下：

1.预防法。（甲）熏房子。用蒼□四两、荆芥半斤或一斤，配硫磺一两，碾成面搅在一起（艾蒿二三斤）加火烧（不要烘起来，用烟熏），每天熏上一次，熏到生糠人好了为止。（乙）隔离。（家人不要和病人住在一起），衣服、被子不共穿盖。饭碗筷、洗脸盆不共用（如用一定用开水煮过再用。房子内要打扫干净，使空气新鲜，不生病的人尽量不要去生糠病的地方去，防止传染疾病。2.初发现生糠时，大半是身上发烧，这时最怕受风（一受风糠就不出了）。已经发现了糠病时，可用荆芥碾碎根、谷芽煮成水喝上，往外发表即轻了。3.生糠代（带）起别的病症时，如生糠上不动气时，可用芥苜捣烂，摊在白布上，沾在胸部（半点钟拿开凉一下，防止烧坏皮肤），这样沾两三次即好。4.生糠走开（向）肚时，可用蒼□，顶多用一两半（按年龄大小使用，大人多用小孩少用）配蒜一芽捣烂浸入开水，喝上即好。

《紧急命令》还对这个治疗“特效法”的产生，专门作了如下说明：“这是经专属王医生及全县中西医集体研究治疗糠病的特效方法。”

它所透露出一个重要的信息：那就是在当时的根据地，也已经开始采用中西医相结合的办法，来预防和治疗传染病了。德珩村的这份“纸片子”所记载的这个故事及其“方子”为此提供了一个很好的例证。

紧急防疫中诞生的县卫生委员会

自1946年3月10日在《关于迅速预防春疫和开展一个卫生运动的指示》中提出健全卫生工作机构的要求之后，伴随着紧急防疫的进行，两个月后德珩村收到了平顺县政府、县卫生委员会于5月15日分别由县长任映仑（此时张通已调任专属）、副县长赵企贤和爱卫会主任申刚，副主任关连壁、张耀中签发的《关于县卫生委员会成立的联合通知》（标题为笔者所加）。

《通知》是发给各区长、民政助理员、村长、医药合作社的，首先宣布了县卫生委员会的成立，指出：

为防止春瘟发生与传染，促进人民健康，做到人财两旺，大力开展生产运动，保卫我们既得的和平果实，县卫生委员会于五月八日正式成立，公推申科长（县卫生科）为主任，县府医生关连壁、五区医联社社长张耀中二人为副主任；县联社医生李金先、制药厂魏祥麟、三区岳树芳、四区许志勤、五区贾子安、七区元海江等先生为委员。

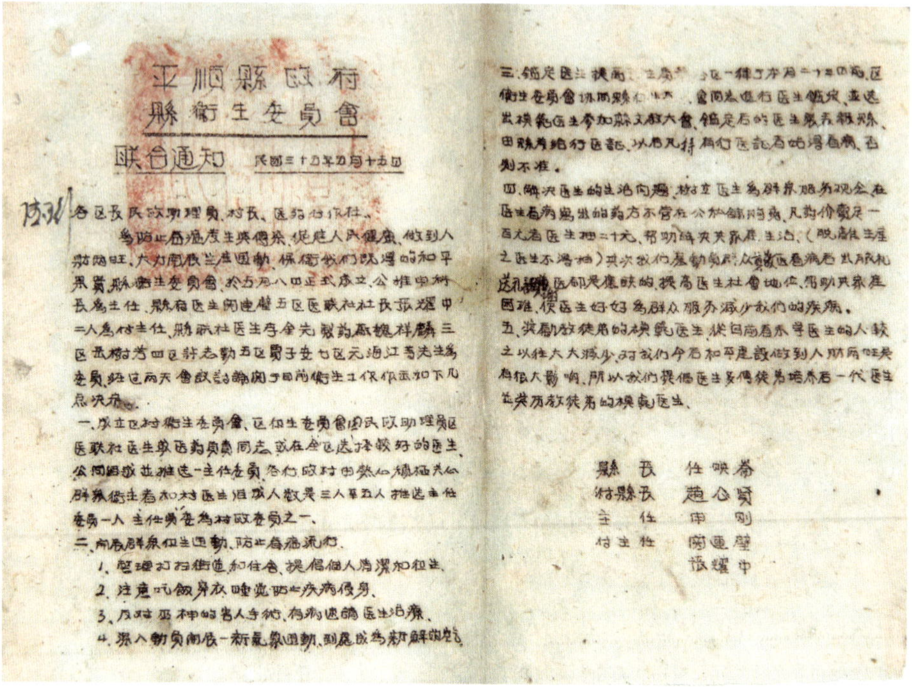

平顺县政府
县卫生委员会

联合通知 民国三十五年五月十五日

各区长民政助理员、村长、医药合作社：

为防止春瘟发生与传染，促进人民健康，做到人财两旺，大力开展生产运动，保卫我们既得的和平果实，县卫生委员会于五月八日正式成立，公推申付县长为主任，县府医生阎连璧五区医联社社长张耀中二人为付主任，县联社医生李金先、制药厂魏祥麟、三区武树芳、四区许志勤、五区贾子安、七区元海江等先生为委员，经过两天会议讨论，关于目前卫生工作作出如下几点决定：

一、成立区村卫生委员会。区卫生委员会由民政助理员区医联社医生或医药负责同志或在全区选择较好的医生，共同组成并推选一主任委员，各行政村由热心积极关心群众卫生者和村医生组成，人数是三人至五人，推选主任委员一人，主任委员为村政委员之一。

二、开展群众卫生运动，防止春瘟流行。

1、整理打扫街道和住舍，提倡个人清洁和卫生。

2、注意吃饭穿衣睡觉，防止疾病侵身。

3、反对巫神的害人手术，有病速请医生治疗。

4、深入动员开展一新气象运动，到处成为新鲜的气

三、鉴定医生提高[illegible]一律于本月二十五日前区卫生委员会协同[illegible]会同各区行医生鉴定，并选出模范医生参加县文教大会，鉴定后的医生发给执照，由县府发给行医证，以后凡持有行医证者始得看病，否则不准。

四、解决医生的生活问题，树立医生为群众服务观念，在医生看病开出的药方不管在公私药铺购药，凡药价满足一百元者医生抽二十元，帮助解决其家庭生活（脱离生产之医生不得抽），其次我们应动员群众认识医生看病开出药方及送礼酬谢医生都是应该的，提高医生社会地位，帮助其家庭困难，使医生好好为群众服务减少我们的疾病。

五、奖励教徒弟的模范医生，从目前看来学医生的人较之以往大大减少，对我们今后和平建设做到人财两旺是有很大影响，所以我们提倡医生多传徒弟培养后一代医生，并奖励教徒弟的模范医生。

县长 任映希
付县长 赵心贤
主任 申刚
付主任 阎连璧
张耀中

○ 1946年5月15日《关于县卫生委员会成立的联合通知》。

从人员的组成来看，卫委会里既有政府官员，又有医院、医药联社的医生以及药厂和各区的应具有卫生常识的人员代表，似乎更像是一个政府负责卫生工作部门下的议事协调机构。但不论怎样，卫委会的成立无疑会推进卫生工作的发展。

按照通知所说，新的卫委会经过两天会议讨论，关于目前卫生工作作出了如下几点决定：

一、成立区村卫生委员会。区卫生委员会由民政助理员，区联社医生或医药负责同志、或在全区选择较好的医生共同组成，并推选一主任委员。各行政村由热心积极关心群众卫生者和医生组成，人数是三人至五人，推选主任委员一人，主任委员为村政委员之一。

二、开展群众卫生运动，防止春瘟流行。1.整理打扫街道和住舍，提倡个人清洁和卫生。2.注意吃饭、穿衣、睡觉，防止疾病侵身。3.反对巫神的害人手术，有病速请医生治疗。4.深入动员开展新气象运动，到处成为新鲜

的空气。

三、鉴定医生，提高医生质量。各区一律于本月二十三日前，区卫生委员会协同县卫生委员会同志进行医生鉴定，并选出模范医生参加县文教大会；鉴定后的医生制表报县，由县发给行医证，以后凡持有行医证者始得看病，否则不准。

四、解决医生的生活问题。树立医生为群众服务的观念，在医生看病写出的药方，不管在公私铺购药，凡药价卖足一百元者，医生抽二十元，帮助其解决家庭生活（脱离生产之医生不得抽）；其次我们应动员群众尊重医生，看病后出□礼送礼谢医，都是应该的，（有利）提高医生社会地位，帮助其家庭困难，（亦会）使医生好好为群众服务，减少我们的疾病。

五、奖励教徒弟的模范医生。从目前看来，学医生的人较之以往大大减少，对我们今后和平建设，做到人财两旺是有很大影响，所以我们提倡医生多传徒弟培养后一代医生，并奖励教徒弟的模范医生。

在这五项决定中，一条是关于成立区村卫生委员会的，明确了区村两级卫委会人员的组成；一条是关于防止春瘟流行的，提出了防止春瘟的四条措施。其余三项，讲的都是有关医生问题的，从中可以明显感觉到，加强医生队伍的建设与管理是当时搞好卫生防疫工作中一个亟需解决的突出问题，也反映出新的卫委会对医生这个“主角”的高度看重。由此，《通知》就医生的管理、待遇以及医生的培养，作出了一系列的相关规定：

在医生的管理上，实行凭照行医。即于规定的时间里，由区县两级卫委会对医生进行鉴定，鉴定后治表报县批准，由县发给行医证，至此之后，“凡持有行医证者始得看病，否则不准”。这种鉴定审批机制的建立，将医生的行医资格纳入了统一管理的轨道，为加强卫生及防疫工作提供了保障。

在医生的待遇问题上，《通知》提出：一方面要解决医生的生活问题。明确非脱产医生看病所开药方不管在公私药铺抓药，凡药价卖足100元者，医生从中可抽取20元，帮助解决其生活问题。这无疑有利于调动医生的积极性。但同时也规定“脱离生产之医生不得抽”，因其已享受了公家的待遇。另一方面要提高医生社会地位。就是要树立起“医生也是为群众服务”的观念，应动员群众尊敬医生。

在医生的培养上，针对目前学医的人较之以往大大减少，将对今后和平建设时期产生很大影响的情况，提出要奖励教徒弟的模范医生，“提倡医生多传徒弟”，以培养后一代医生。

而根据鉴定医生、提高医生质量中关于选出模范医生参加县文教大会的规定，在同年5月26日至29日召开的平顺县第二届文教大会上评选出的33名模范文教工作者中，模范医生和模范医药工作者就有5名，以表彰医生在防疫工作中的贡献。

这就是德珩村的“纸片子”所记载的在1946年春季紧急防疫中诞生的平顺县卫生委员会及其所发出的“第一号通知”的故事。

一年间各村所有医生参加的四次医生会议

自此，每年春夏之际，德珩村都会收到来自上级的有关召开卫生、防疫会议及其卫生工作的指示、通知和要求等，卫生和防疫工作已成为区村工作的一项重要内容。这里就1946年5月至1947年6月一年间，德珩村收到的四份各村所有医生参加区医生会议通知的记载，录之如下，以见其一斑。

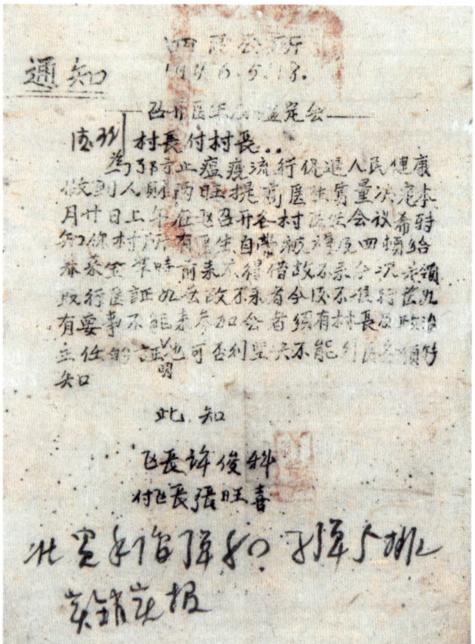
通知

此知

○ 1946年5月18日《关于召开医生及鉴定会的通知》。

第一份：召开全区医生及鉴定会。

这是德珩村收到的1946年5月18日由区长许俊科、副区长张旺喜签发的《关于召开医生及鉴定会的通知》，主要内容如下：

为了防止疫情的流行，促进人民健康，做到人财两旺，提高医生质量，决定本月二十日上午在区召开各村医生会议，希转知你村所有医生，自带被褥及四顿给养、菜金准时前来，不得借故不来，今次是领取行医证，如无故不来者，今后不准行医；如有要事不能参加会者，须有村长及政治主任的证明也可，否则坚决不能行医，务须转知。

这次区卫生会议是为落实县府、县武委会联合通知中有关医生须凭证行医的要求，经对医生鉴定之后为“领取行医证”而召开的一次会议。这是对医生实行真正统一管理的第一步，因而通知对参会者的要求极为严格，所有医生必须参加，不得借故不来，无故不来者今后不准行医；有要事不能来者，须有村长、政治主任的证明，否则“坚决不能行医”，可见对会议的重视，更可见对医生管理的严格。

第二份：召开全区医生总结会。

这是德珩村收到的1946年7月8日由区长许俊科、副区长张旺喜签发的《关于召开全区医生总结会的通知》，主要内容如下：

定于本月十日上午召开医生会议，会期一天，有县医生关连壁参加。希转知你村医生于十日一早来区报到，带四顿干粮和以下材料：1.去冬今春及现在病（情）发展、死亡人数、各病一切数目详细写出。2.你村卫生清洁工作进行情况、典型家庭及典型人物姓名。今次会议很重要，万勿缺席，妨碍全区总结工作，特此通知。

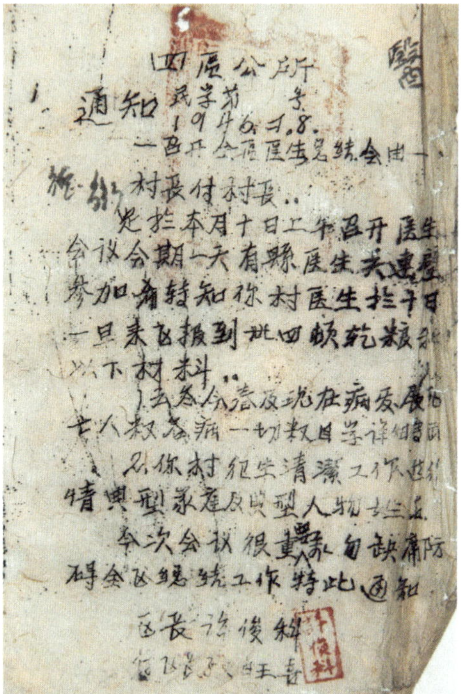

○ 1946年7月8日《关于召开全区医生总结会的通知》。

这次区卫生会议，正是在去冬今春所发生疫情基本结束之时召开的一次总结会，这次会议的确如通知所说是一次很重要的会议，作为县医生同时又是县卫生委员会副主任的关连壁到区参加了会议。

第三份：来年春季召开的医生会议。

这是德珩村收到的1947年3月19日由

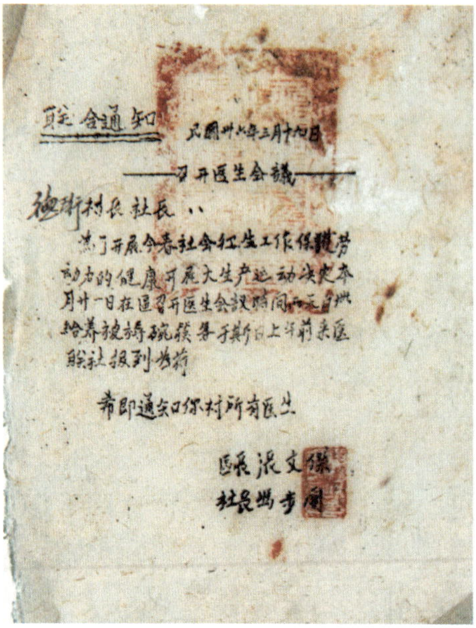

联合通知 民国卅六年三月十九日

——召开医生会议——

德珩村長社長：

為了开展今春社会卫生工作保護劳动力的健康开展大生产运动决定本月廿一日在區召开医生会议时间两天自带给养被褥碗筷等于斯日上午前来医联社报到為荷

希即通知你村所有医生

區長張文杰

社長馮步閣

○ 1947年3月19日《关于召开医生会议的联合通知》。

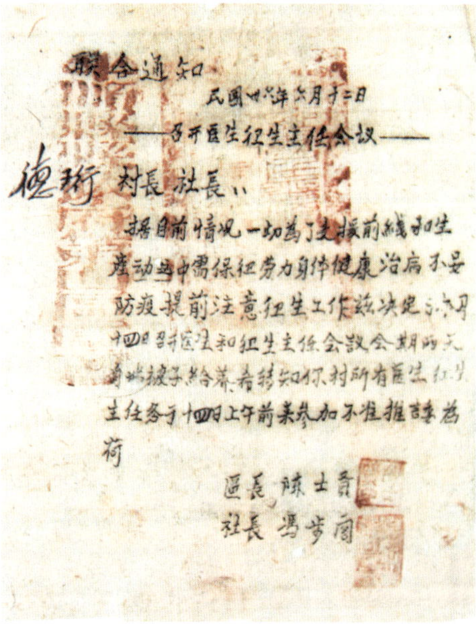

联合通知 民国卅六年六月十二日

——召开医生卫生主任会议——

德珩村長社長：

据目前情况一切為了支援前线和生产运动中需保卫劳力身体健康治病不忘防疫提前注意卫生工作兹决定六月十四日到區召开医生和卫生主任会议会期两天自带被子给养希转知你村所有医生卫生主任务于十四日上午前来参加不准推辞為荷

區長陳士賢

社長馮步閣

○ 1947年6月12日《关于召开医生卫生主任会议的联合通知》。

区长张文杰、区医药合作联社社长冯步阁签发的《关于召开医生会议的联合通知》，通知很短，只有一句话：

为了今春社会卫生工作，保护劳动力的健康，开展大生产运动，决定本月21日在区召开医生会议，时间两天，自带给养、被褥碗筷等，于斯日上午前来医联社报到为荷。希即通知你村所有医生。

这时距1946年3月21日县府发出紧急防疫的紧急命令将满一周年，开会的那一天恰好整整一周年。这时也正是开春大生产运动开始之时，在此农忙时刻，区府和区医药联社联合召开这次全区所有医生参加的医生会议，这在往年春季德珩村所收到的文书中是没有过的。显而易见，这时的卫生工作已被摆上了位置，成为保护劳动者的健康，开展大生产运动而进行的“社会卫生工作”；作为参与者，医生也已成为开展社会卫生工作的主力。

第四份：夏季召开的医生和卫生主任会议。

这是德珩村收到的1947年6月12日由区长陈士贤、区医药合作联社社长冯步阁签发的《关于召开医生卫生主任会议的联合通知》，主要内容如下：

据目前情况，一切为了支援前线和生产运动中，需保卫劳力身体健康，治病不如防疫，提前注意卫生工作，兹决定本月十四日召开医生和卫生主任会议，会期两天，自带被子、给养，希转知你村所有医生、卫生主任务于十四日上午前来参加，不准推诿为荷。

这时距上次医生会议召开已过去近三个月。此时正是夏收季节，解放战争也已开始进入"翻山头"反攻的阶段，在这个时候召开所有医生和卫生主任参加的会议，正如通知所说是"一切为了前线和生产运动"，一切为了"保卫劳力身体健康"。"治病不如防疫"，不能等疫情发生了再行动，前车之鉴、后事之师，必须提前注意卫生工作，由此就有了这次医生和卫生主任参加的会议。

培养新医生

医生的培养问题是始终困扰解放区卫生工作的一个问题，上面说到的所有"纸片子"都涉及医生的培养问题，这个问题解决的好坏，直接关系到解放区医疗卫生事业的发展。

这是德珩村收到的1947年9月27日由县长贾孝敏和县医药合作联社社长韩金娇联合签发的"民卫字第四号"《关于为了培养基本医生人才及长期建设医务保护人民健康的联合指示》，记载了当时这一情形的出现及为培养新医生所采取的解决办法。

《联合指示》是发给各区区长、社长，村长、社长，卫生主任的。首先反映了群众治疗疾病的希望及医生队伍所面临的严重现实。指出：

自我经历过的抗日战争及目前爱国自卫战争以来，社会起了变化，特别土改翻身后，人民生活较安定，由于大规模生产运动，群众不仅要求发家致富，要在各方面求得建设，并且希望治疗疾病，杜绝疾病发生，但因咱县贫困环境，群众历来缺乏卫生常识和习惯。

根据咱县历史了解，过去医生多搬（半）是有问题的地主、特务，迄今经过查挤封建与地主分家，使这些人没法隐蔽，也很难为群众全心全意行医服务，事实上医务技术也差。就现有四个区统计看来，共医生95人，其中有问题、可疑的46人，成分上地主占32人、富农占5人、新旧中农占58人；在

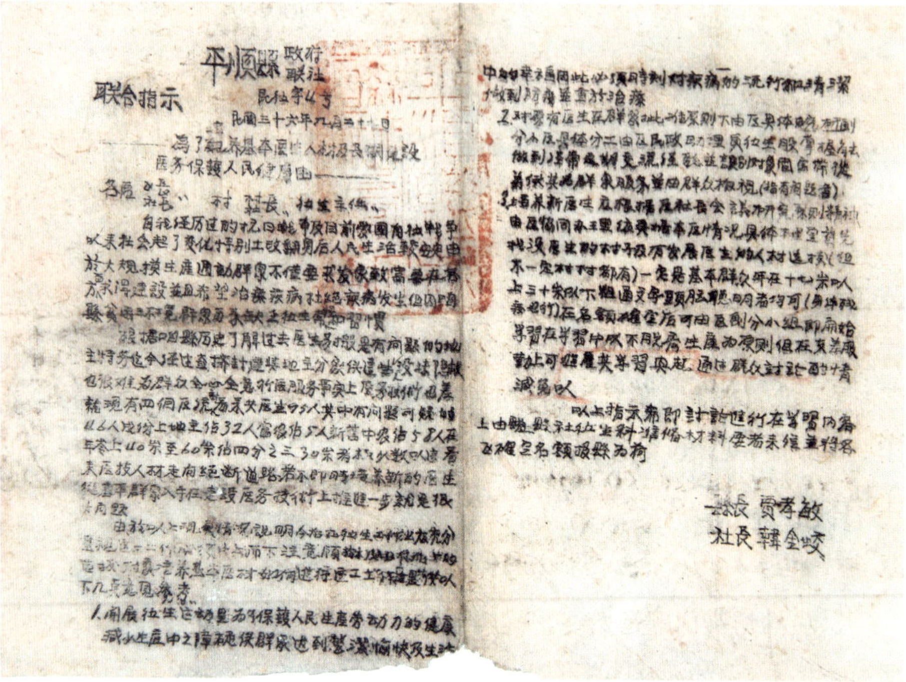

○ 1947年9月27日《关于为了培养基本医生人才及长期建设医务保护人民健康的联合指示》。

年龄上，40岁至60岁占四分之三，30岁者极少数。以这看来，医技人才走向断绝道路，若不即时培养新的医生，从基本群众入手，在建设医务技术上推进一步，就是很大问题。

在这里，可以看到当时德珩村医生队伍所面临的问题。

由此，通知提出："由于以上现实情况，说明今后在卫生工作上应充分重视这一工作，必须从上而下注意□□□□□□□的选拔对象培养基本医材。"如何进行这一工作，《联合通知》分别就思想认识、原有医生的使用以及新医生的培养提出了以下三点参考意见：

1.开展卫生运动是为了保护人民生产劳动力的健康，减少生产中之障碍，使群众达到整洁愉快及生活中的幸福。因此必须时刻对疾病的流行和清洁，做到防疫并重于治疗。

2.对原有医生在群众批准原则下，由区具体研究划分小区，具体分工由区民政助理员、卫生股掌握，能做到经常定期交流经验，并识别对象固定带徒弟，使其为群众服务，并有群众检视（指有问题者）。

3.培养新医生应根据区社长会议研究原则精神，由区协同办理，依据本区情况具体确定。首先找没医生的村子及有发展医生的人材（才）选拔（但不一定村村都有）；一定是基本群众，年龄在十七岁以上、三十岁以下，粗通文字，头脑聪明者均可（身体残疾也行）；在名额确定后，可由区划分小组即开始学习。学习中，以不脱离生产为原则，但在支差服勤上可照顾其学习兴趣，通过群众讨论酌情减免。

最后，《联合通知》指出：“以上指示希即讨论进行。在学习内容上由县社卫生科准备材料，要者来信并将各区确定名额报县为荷。”

县府的《联合通知》印发后，很快区署就按要求进行了落实。

这是德和村收到的1947年12月8日由区长陈士贤、合作联社社长冯步阁签发的《关于培养医生的联合通知》。通知就落实县里的联合指示，开展培养新医生工作作出了具体安排，德和村有幸分到了一个新医生的名额，其内容如下：

奉联合指示，为了给群众治疗便利，保护生产劳动力，开展卫生工作，决定咱区要培养二十余个医生且越多越好，根据你村情况，应培养一个医生。成分要好，粗通文字，务于一、二日动员起来，十号把姓名、年龄、成分报区联社卫生股，以便讨论开展学习。事关重要，切勿忽视，务于十号报来姓名为要。

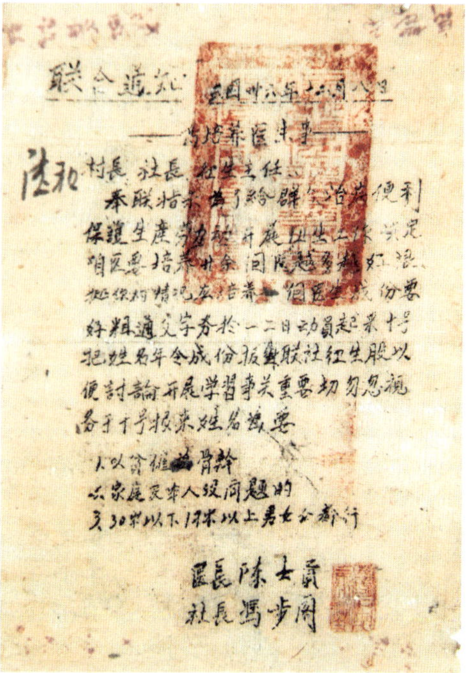
联合通知 民国卅六年十二月八日

1.以贫雇为骨干
2.家庭及本人没问题的
3.30岁以下17岁以上男女都行

区長陈士贤
社長冯步阁

○ 1947年12月8日《关于培养医生的联合通知》。

通知下并附三项条件：“1.以贫雇为骨干；2.家庭及本人没问题的；3.30岁以下、17岁以上，男女都行。”

在这里，区署根据各村不同情况进行了名额分配，分给了德珩村一个名额，一切条件均按县里的要求，而且更明确了参加者的政治条件；而其“男女都

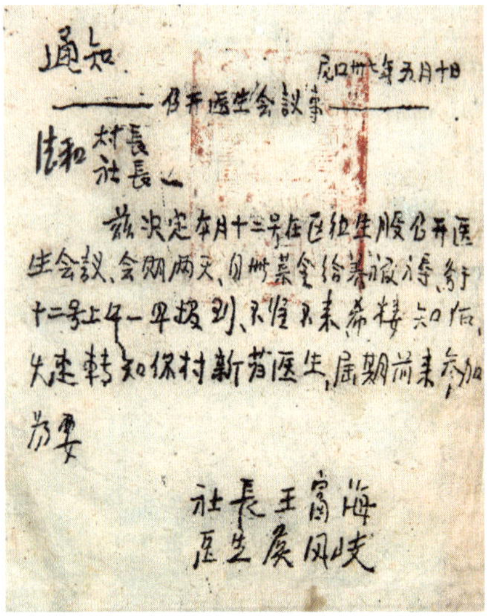

通知
民卅七年五月十日
——召开医生会议事——
德和村長
社長
兹决定本月十二号在区卫生股召开医生会议，会期两天，自带菜金给养被褥等，於十二号上午一早报到，不准不来希接知后，火速转知你村新旧医生，届期前来参加为要
社長王富海
医生侯凤岐

○ 1948年《关于召开医生会议事的通知》。

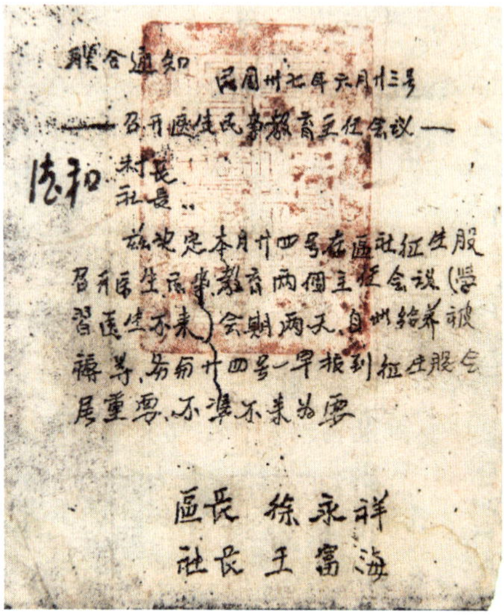

联合通知
民国卅七年六月廿三号
——召开医生民事教育主任会议——
德和村長
社長
兹决定本月廿四号在区社卫生股召开医生民事教育两個主任会议（学习医生不来）会期两天，自带给养被褥等，务于廿四号一早报到卫生股会屋重要，不准不来为要
區長 徐永祥
社長 王富海

○ 1948年《关于召开医生民事教育主任会议的联合通知》。

行”的规定倒是为妇女解放打开了一扇门。

到了1948年，从笔者所藏、所见到的仅有的两份德和村和医药社长所收到的五六月间有关在区“卫生股”分别召开的医生民事教育主任会议和全体新旧医生参加医生会议的通知上可知，这时县里已早有了“卫生科”，区里也已有了“卫生股”；特别是“新旧医生”可以坐在一起参加同一个会议，所有这些，都透露出这时的医务事业较之1947年，还是有了新的发展。

这些就是德珩村“纸片子”所讲的解放区卫生事业“旧闻新事”的点滴。

三、司法篇

1941年1月，德珩村所在的晋冀豫根据地和冀鲁豫及鲁西根据地合并为晋冀鲁豫边区。全边区下辖太岳、冀南、冀鲁豫3个行政专署和太行区1个直辖区，共21个专区、154个县。同年7月7日，边区临时参议会在辽县（今左权县）召开，选举申伯纯为议长；选出晋冀鲁豫边区政府组成人员，杨秀峰为主席，薄一波、戎伍胜为副主席，浦化人为边区高等法院院长。8月15日，晋冀鲁豫边区临时参议会第一次会议圆满结束，边区正副主席和全体委员、高等法院院长宣誓就职。9月1日，晋冀鲁豫边区政府正式成立并开始办公，下设秘书处、民政厅、财政厅、教育厅、建设厅和公安总局等；同日《晋冀鲁豫边区政府施政纲领》正式公布实施，晋冀鲁豫边区高等法院也正式成立，下设司法行政处、检察处、民事法庭、刑事法庭、书记室、看守所等，成为晋冀鲁豫边区民主政权的一个重要组成部分。

据1945年韬奋书店发行、晋冀鲁豫边区政府编辑的《晋冀鲁豫根据地法令汇编》的记载，以及创刊于1946年5月15日的晋冀鲁豫中央局机关报《人民日报》刊发的边区政府大量法令和相应的文字记载，边区政府成立之后，及时制定了一系列的法令法规，如《边区临时参议会组织条例》《边区施政纲领》《晋冀鲁豫边区高等法院组织条例》《晋冀鲁豫边区土地使用暂行条例》《晋冀鲁豫边区婚姻暂行条例》《晋冀鲁豫关于执行决定之审级制度的命令》及1947年12月颁布的《中国土地法大纲补充办法（草案）》、1948年11月的《惩治贪污暂行条例》和《破坏土地改革治罪暂行办法》等，不仅为建立根据地的秩序，而且为保障军需民食，巩固与发展根据地政权建设，取得抗日战争和解放战争的胜利作出了重要贡献。1948年5月，晋冀鲁豫边区与晋察冀边区合并，同年9月，华北人民政府成立，边区法院撤销，华北人民法院成立，晋冀鲁豫边区政府卓有成效的司法工作，书写了边区特有的“司法为民”的历史，在中国司法史上留下了浓重的一笔。

具体到晋冀鲁豫边区所属的平顺县，这些司法史上的大事都没有在县《大事编年》中出现，而且相关本县司法方面大事的记录也没有。值得庆幸的是，在德珩村收到的近30来份来自县府、县司法科的有关通令、指示、信件、命令、通知、传票，还是或多或少地记载了德珩村司法工作的片段，留下了一些鲜为人知的故事。在这里，既有协助司法部门捉拿逃跑战犯、特务等敌对分子归案法办的行动，又有对盗牛人的协助捉获；更有对村政治主任、村长违法行为的依法处理；既有对罪犯进行改造成为自新人的有关细节，更有通过民间调解化解民事纠纷以及民事纠纷中村职权的限定，等等。

三份捉拿特务、战犯等归案法办的通缉令

惩治破坏抗日的反革命、汉奸、地主恶霸和其他各种敌对分子，保护人民合法财产，是根据地、解放区司法工作的主要任务，而村级政权协助配合司法部门抓捕敌犯，则是当时的政治历史条件决定的。

德珩村收到来自区县的三份通缉令，分别记述了抗战胜利不久的抓捕逃跑敌特以及解放战争进入反攻之后抓捕战犯归案的往事。

第一份：通缉特务李森昌归案法办的通令。

1946年3月8日由区长许俊科、副区长张旺喜签发的《关于通缉特务李森昌归案法办的通令》，是发给德珩村和各村村长的，内容如下：

> 顷奉三专署通令，内开：根据黎城二月二十六日报告，特务犯李森昌一名于二月二十四日夜乘隙越墙潜逃无踪，兹将该犯身材、面貌说明，捕获为要。此令。附：李森昌，现年三十岁，黎城三区长宁人，中等人材；身穿青市布棉袄，灰色军裤，□□口黑鞋，头缠白手巾一条，腰束白带一条。

在这里，《通令》首先转达了三专署对在押特务李森昌进行通缉的通令，对其年龄、身材、相貌和着装穿戴等做了具体说明，要求一经发现，按此

捕获。至于李森昌犯有何罪，只言明其为“特务犯”，通令发出之时，距抗战胜利刚过去半年多时间，此时国家尚处在和平建设时期，国共亦在合作之中，此处所说“特务犯”，当是敌伪案犯，犯有汉奸之罪，应不会有错。

有意思的是，在通令的最后，捎带着还有一段“附注”，就棉花种籽使用作出规定，明确：“严禁棉花种籽不准出卖外边或打成油出卖，以调整本县种籽使用，如在查出出卖者村长负责。”应是按县府的有关要求而作出的。

第二份：通缉史五根归案法办的通令。

这是德珩村收到的1945年4月30日由县长任映仑、副县长赵企贤和县公安局长王全联合签发，由县政府、县公安局联署的《关于为通缉史五根归案法办的通令》，《通令》是发给各区长、各村长的，内容如下：

接专属专法字20号通令，开查：史五根系大卖犯，在本署自新所管押，于四月二十六日夜夺门越墙潜逃，希接令后，即速严查逮捕归案为要，此令。

附：史五根二十五岁，襄垣西关人，身长五尺七八寸；身穿黑市布棉衣，黑市布棉裤，脚穿白布袜、黑布鞋。

这份通令与上一份《关于通缉特务李森昌归案法办的通令》属于专属通令，

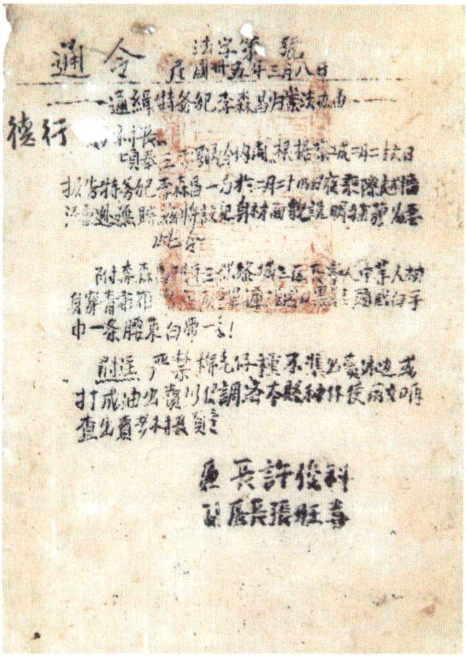

○ 1946年3月8日《关于通缉特务李森昌归案法办的通令》。

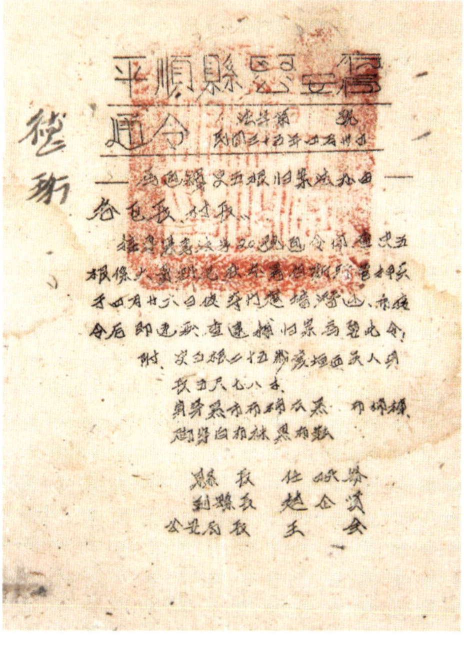

○ 1945年4月30日《关于为通缉史五根归案法办的通令》。

都是捉拿潜逃犯人的，所不同的是，这是来自县政府和县公安局重要领导签发的通令，显得更为重要。这一纸通令，真实记录下当年德珩村曾经历过的一件抓逃犯的事情。

第三份：战犯何邦新、贾连水的通缉令。

这是德珩村收到的1947年11月26日由区长陈士贤、区公安干事段宽荣签发的《关于通缉战犯何邦新、贾连水的通缉令》。通缉令是发给村长和村公安主任的，具体如下：

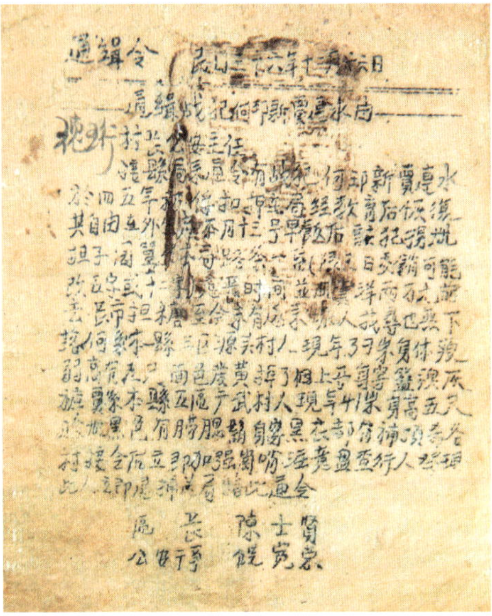

○ 1947年11月26日《关于通缉战犯何邦新、贾连水的通缉令》。

接县局来通令，有战犯何邦新、贾连水于四五年被俘扣押在局，经教育后恢复其自由，在外生产。本月十三号早饭后，该犯携带担子、圆篓及本局路条一纸（限三日交销，可能改“五”字或“十三”字，延长时间），并带冀洋两万元，前去长市担糖，至今未有返来，派人找寻也无下落。何系本县三区源头村人，现年37岁，身材瘦弱，高有五尺，面色发黄，掉了个上牙，身穿蓝袄灰裤。贾系本县五区广武村人，现年42岁，身高五尺，脸带黑色，有络腮胡，身穿黑衣，都有补丁。希各村接令后，立即加强岗哨，注意盘查行人，发现此人，立即逮捕送局，特此通令。

相比前两份通令，这份通缉令对所通缉的何、贾两名战犯所犯“携款潜逃”的罪行及前后经过和个人特征都讲得更加详细，追拿要求也提的更加具体。特别是对其所携公安局的“路条”，如何将“三天”加上长短两道竖线变为“五天”，以及旁边加一个“十”变为“十三天”，做了特别的说明，由此可见当年“路条”的使用以及造假的方式。也正因此，通缉令特别提出了各村接令后立即加强岗哨，注意盘查行人，发现此人立即逮捕送局的要求。这些都为当年根据地通缉捉拿敌特逃犯提供了具体生动的细节。

县长签发的捉获盗牛人的通令

维护根据地、解放区的社会秩序，保护人民合法财产不受损失，除了对敌特分子严厉追究外，对一般盗窃犯同样也要进行抓捕治罪，自然这也成为德珩村须承办的事项之一。这是德珩村收到的1948年8月17日由县长赵军签发的《关于为捉盗牛人的通令》，记述了一个捉拿盗牛人的故事。《通令》是发给各区长和村长们的，内容如下：

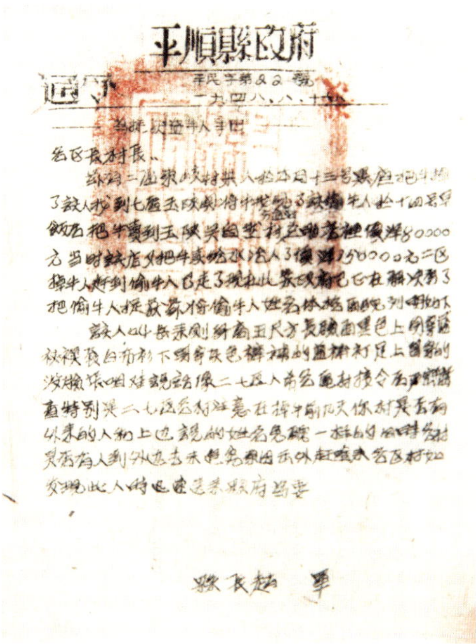
平顺县政府
通令
县长赵军

○ 1948年8月17日《关于为捉盗牛人的通令》。

> 兹有二区东峧村某人于本月十三号黑夜把牛掉了，该人找到七区玉陕关将牛找见了。该偷牛人于十四号早饭后卖到玉陕关自然村分道河互助店里，价洋80000元，当时该店又把牛卖给了水冶人了，价洋150000元，二区掉牛人赶到，偷牛人已走了。现在此案政府已正在解决，为了把偷牛人抓获，兹将偷牛人姓名、体格、面貌列明如下：该人叫岳来则，身高五尺，长脸面黑色；上身穿蓝夹袄套白布衫，下身穿灰色裤、补的蓝补丁，足上穿的没脸张嘴鞋；说话像二七区人。希各区村接令后，严密盘查，特别是二七区各村注意，在掉牛前几天你村是否有外来的人和上面说的姓名、面貌一样的。同时各村是否有人到外边去来，追究原因出外干啥来。各村如发现此人时，迅速送来县府为要。

这就是一位县长为一个村民一条牛的丢失，为捉到盗牛人而专门发出的一份通令。与其说这是对盗窃案件的重视，不如说是对牛及其主人利益的看重。牛在当时是农民的“命根子”，是家中最重要的“劳力”，是和土地一样重要的财产。因此，县长赵军才不吝笔墨地讲述了牛被盗及其被卖的过程以及盗牛人的详细特征。这也就是这一纸《通令》最大的价值。

一份县长签发的处理违法违纪村政治主任、村长的通令

根据地的司法，在打击和惩治敌对分子和各种犯罪行为的同时，对于队伍内部发生的违法行为，同样会进行应有的处理。这是德珩村收到的1948年11月18日由县长赵军签发的“法字第14号”《关于处分北庄政治主任王连云等违法行为的通令》，对此作了有关的记载。这也是德珩村所收到文书中，唯一一份来自县里对一位村政治主任违法行为进行处理的通令。

《通令》是发给各区公所、各村村公所的，共分为三个问题：分别通报了北庄村政治主任王连云和集标村村长陈长真的违法行为，分析了发生这种行为的原因以及县府对此的处理决定。

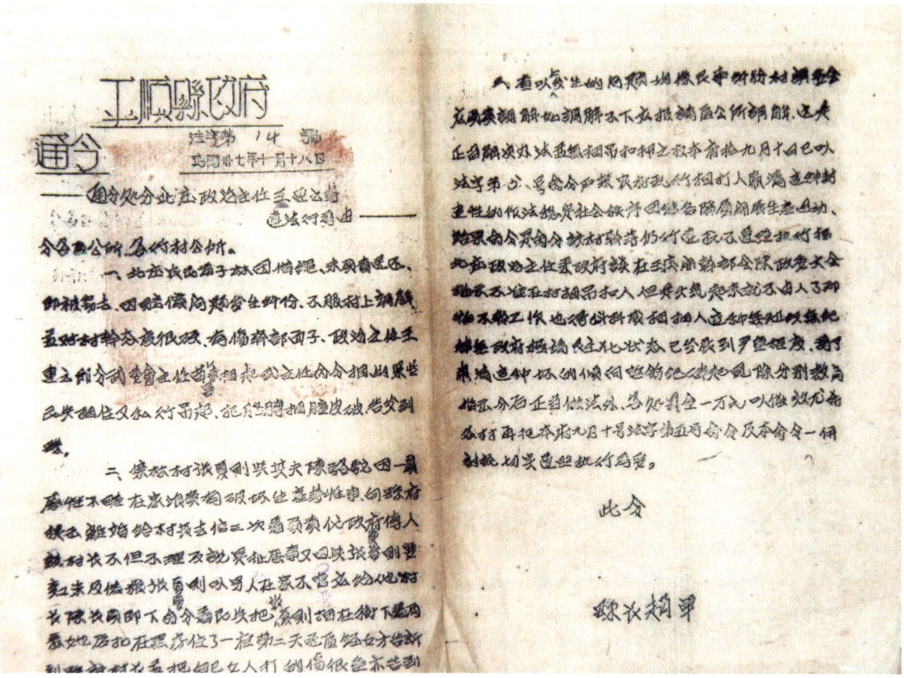

平顺县政府

通令　法字第14号

民国卅七年十一月十八日

此令

县长赵军

○ 1948年11月18日《关于处分北庄政治主任王连云等违法行为的通令》。

《通令》首先通报了北庄村政治主任王连云的违法行为，指出：

北庄农民苗子林因借绳，未负责退还即被窃去，因赔偿问题发生纠纷，不服村上调解，并对村干态度很硬，有伤干部面子，政治主任王连云即令武委会主任苗昌来捆起，武主任命令捆的紧些，民兵捆住又私行吊起，把胳膊捆肿皮破，告发到县。

在这里，《通令》具体通报了北庄农民苗子林因丢失绳索赔偿问题而遭到村政治主任王连云下令民兵将其捆绑的违法行为。这种事情，在过去封建制度长期统治下的农村并不算什么“新闻”，封建恶势力捆绑打骂甚至残害农民的现象比比皆是，但在解放区这些都是不允许的，都是违法的。

随后通报了集标村村长陈长真的违法行为，指出：

集标村张夏则与其夫陈骆驼因一贯感情不睦，在家浪费，有破坏生产等事情，向县府提出离婚。给村长去信三次，看负责代政府传人，该村长不但不理，反说是“扯蛋事”。又因与张夏则要变工米及借粮，张夏则以男人不在家不管应给他。村长陈长真即下命令民兵把张夏则捆在树下着雨淋她，后扣在黑房住了一夜，第二天送区，经女方告诉到县。该村长并把自己的女人打的伤很重，亦告到县。

在这里，可以看到对于侵害妇女基本人权，特别是干涉妇女婚姻权利的行为，当时在解放区都是不允许的，对此早在1942年1月晋冀鲁豫边区政府颁发的解放区第一部《晋冀鲁豫边区婚姻暂行条例》中就已作出了相关的处罚规定。

对于上述两件违法行为，通令作了如下的分析和处理决定，指出：

查以上发生的问题，均系民事纠纷，村调委会应负责调解，如调解不了应报请区公所调解，这是正确的解决办法，并无捆吊扣押之权。本府于九月十日已以法字第5号命令，严禁农村乱行捆打人，肃清这种封建性的做法，稳定社会秩序，团结各阶层开展生产运动。结果命令是命令，该村干等仍行违抗，不遵照执行。据北庄政治主任来政府谈，在王庄开干部会，陈政委大会指示不准在村捆吊扣人，但是火气起来就不由人了，哪怕不干工作也得抖抖威，捆捆人。这种无组织、无纪律、无政府极端民主化状态

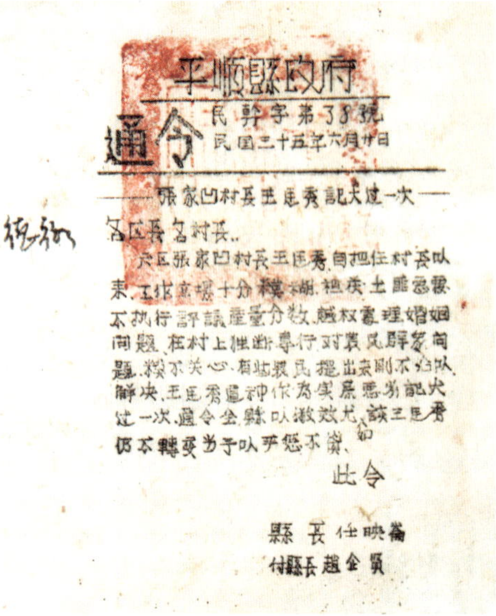

平顺县政府

通令 民幹字第38號 民国三十五年六月廿日

——張家凹村長王廷秀記大過一次——

各区長各村長：

六区張家凹村長王廷秀自担任村長以來，工作立場十分模糊，袒庇土匪惡霸，不执行評議產量分数，越权處理婚姻問題，在村上独断專行，对羣众[illegible]問題，漠不关心，有些群众提出來則不给以解决，王廷秀這种作為实屬惡劣，記大過一次，通令全縣以儆效尤。該王廷秀如仍不轉变当予以严懲不貸。

此令

縣長 任映倉

付縣長 趙企賢

○ 1946年6月20日，《关于张家凹村长王廷秀记大过一次的通令》。

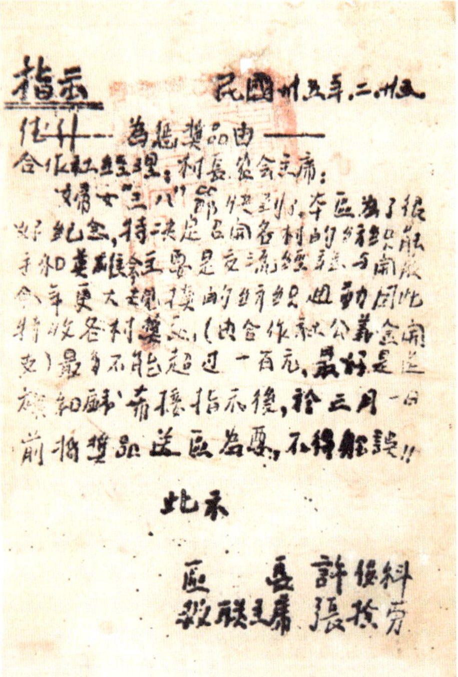

指示 民國卅五年二月廿五

[illegible]——為征奖品由——

合作社經理、村長、農會主席：

婦女"三八"節快到了，本區為了很好紀念，特决定在向各村的紡織能手和英雄[illegible]主要是交流經驗，与開展今年更大規模的紡織運動，因此特收各村奖品，（由合作社公益金開支）最多不能超过一百元，最好是送[illegible]，希接指示後，於三月一日前將奖品送區為要，不得貽誤!!

此示

區長 許俊科

農聯主席 張[illegible]

○ 1946年2月25日区长签发的《关于纪念三八妇女节征集奖品的指示》。

已经发展到严重程度。为了肃清这种坏的倾向，整饬纪律起见，除分别教育指出今后正当做法外，各处罚金一万元，以儆效尤。希各村再把本府九月十号法字第五号命令及本命令一并讨论，切实遵照执行为要。

除此以外，德珩村还收到几份关于干部受到处理的通令，如1946年6月20日由县长任映仑、副县长赵企贤签发的"民干字第38号"关于对六区张家凹村长王廷秀工作立场模糊，袒护土匪恶霸，越权处理婚姻问题，对群众问题漠不关心、独断专行等错误给予记大过处分的通令；又如1947年10月14日由县长贾孝敏签发的"政字第114号"关于对县府教育科副科长李卓民、总务科陈嘉政在土改中所犯隐瞒地主身份、包庇地主家庭的错误分别给予撤职反省和开除政职处理的通令，等等。

同时，它还使人看到解放区妇女的解放及其在解放区中的地位和作用。

在德珩村收到的"纸片子"中，涉及妇女的内容比比皆是。无论是参加农业生产，还是拥军支前；无论是接受教育，还是参政议政；也无论是建立妇女组织，还是争取妇女基本人权上，都有着相关的记载。特别是在前面已多次记述过的在开展"百日纺织运动"、缝制军鞋、

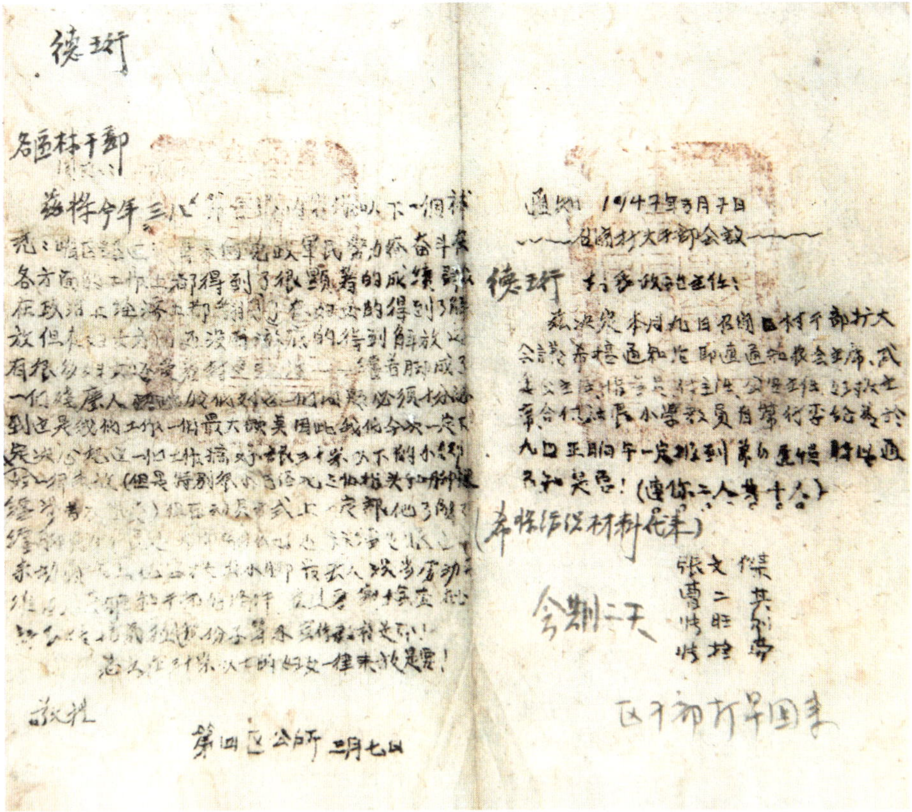

○ 1947年3月7日区公所发的《关于在纪念三八妇女节时开展妇女放足活动的指示》。

赶制军袜等支前工作中涌现出来的那些织布能手、做鞋模范、妇女英雄等，以及每年为庆祝“三八”妇女节县区都要发出指示，围绕一个主题，或是集会，或是组织妇女交流纺织经验，或是围绕婚姻自由、“妇女放足”开展活动，为妇女们“庆生”等，更是给人留下深刻印象。这些妇女，在奉献着自己的同时，也在解放着自己。这同样是1948年11月18日这份平顺县政府“法字14号通令”所留下的痕迹和启示。

调解为主，审判为辅，群众参与，民事纠纷不出村组

巡回办案，就地审理；调解为主，审判为辅；群众参与，调解纠纷，这是当年德珩村所在的晋冀鲁豫边区在司法工作中处理民事纠纷案件所创造的

一个做法。这一做法有效地解决了人们之间的民事纠纷，巩固了根据地的群众基础和民主政权，也为后来新中国司法调解工作提供了有益的借鉴。

据太行区1945年的统计，县司法科协同区村调解的民事纠纷案件占民事案件总数的65%左右。其中，平顺县15个区半年共收民事案件336件，全部调解结案。在德珩村收到的1946年至1948年间的4份有关民事纠纷处理调解的文书中，可以或多或少看到村级调解委员会的组成、调解纠纷的方法和效果，以及村调委会的职权所在。

1. 一份区公所设定“民事纠纷日”的指示。

这是德珩村收到的1946年3月18日由区长许俊科、副区长张旺喜发来的《关于规定处理民事纠纷日的指示》。

指示为毛笔书写，是写给德珩村村长、民事主任的，也应是发给各村村长、民事主任的。内容如下：

为了今后区公所在处理问题上不混乱，能了解情况，决定每十天按一、二、三日为处理民事纠纷日期，各村离、结婚均于一、二、三日向区声请，其他问题可随时报区，但区也于九、十九、二十九传讯，特殊问题例外。

一纸规定处理民事纠纷日的指示，文字不长，仅80余字，但

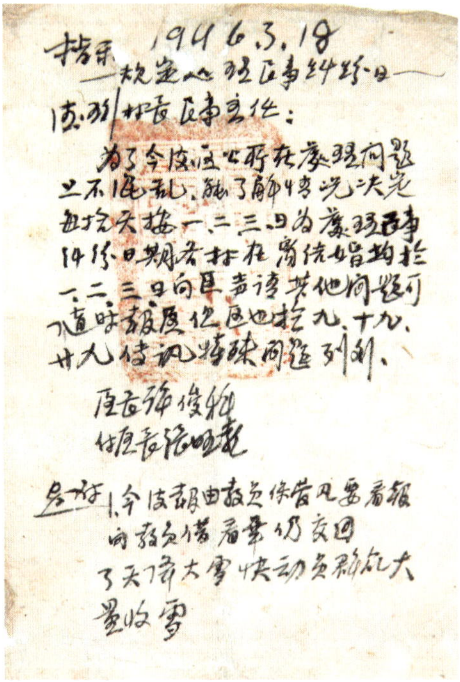
指示 1946.3.18

○ 1946年3月18日《关于规定处理民事纠纷日的指示》。

透露的信息着实不少。一是民事纠纷的数量可谓不少，按规定算来，每月将有九天时间专门用来处理民事纠纷问题，可见区公所对民事纠纷这块工作的重视以及当时各类民事纠纷的大量存在。二是在大量的民事纠纷中，离结婚占有相当的数量。时值抗战胜利不久，全国及各根据地处于相对和平稳定的时期国共双方军队落实军队整编，有大批军人转业，无论是国统区还是解放区都出现了一个不大不小的离结婚潮，司法部门自然比以往忙了许多。三是对民事纠纷的“其他问题”和“特殊问题”也规定了“报区”和“传讯”的具体时间。从中亦可一见区公所民事纠纷“断案”的繁忙。

指示的最后附有两条通知：“1.今后报纸由教员保管，凡要看报向教员借，看毕仍交回。2.天降大雪，快动员群众大量收雪。”这完全不涉及民事纠纷问题，只是“搭车”提醒村长要及时做好这两项工作，这种“另附”的情况，在德珩村收到的“纸片子”中是屡见不鲜的。

2.调解问题有创造记一大功。

这是德珩村收到的1947年7月12日由县长贾孝敏签发的《关于调解问题有创造记一大功的通令》。通令是发给区、村长的，内容如下：

南峧有五家，查田中夥分一个牲口，原规定自己使换（唤）不出工资，结果有的使多，有的使少，还有使换（唤）不上，五家人互相不团结，发生纠纷。经互助组、本队调解，五家先说，大家后说，最后讨论结果是选一保管喂牲口，各家摊草料，谁使一天谁出一天工资，赚的工资五家按股分红，为牲

平顺县政府

通令

民国三十六年七月十二日

调解问题有创造记一大功

德珩

县长 贾孝敏

○ 1947年7月12日《关于调解问题有创造记一大功的通令》。

口的人保证喂好，这样五方都没意见很满意。这个调解法有个好处：1、能节省畜力工。2、牲口也不怕喂不上。3、带有集体性的。4、公平合理。总得还是司法调解和生产结合，新的创造。县府特给该互助大队记一大功，特此通报以资表扬。

在这里，《通令》就南峧村土改后五户人家在使用一头牲口时，因使用多少不同而发生的相互之间的不团结和纠纷一事，介绍了该村互助组、队通过组织大家讨论调解，最后找到了令当事人很满意的解决办法的案例，并总结了这件民事纠纷调解的四条经验，为民事纠纷的司法调解提出了一个有益的形式。

其时德珩村正是土改进行之时，物权的转移，地位的转换，利益的重新分配，给村民之间带来一系列从未有过的新的问题和新的纠纷，从而成为解放区民事纠纷多发的又一个时期。而这些问题解决的好坏，对解放区的社会稳定、生产发展和支前保障，都是极为重要的。而正是这样一种群众参与的自我调解，使大量的民事纠纷不再走向区县的“衙门”，使大量的矛盾及时得到了化解，这种“发动群众调解纠纷”的做法，无疑团结了群众，起到了法庭起不到的作用。因而南峧村的做法被称为一种“新的创造”受到县府“记一大功”的通令表彰，就一点也不奇怪了。

3.村调解委员会的组成和工作。

这种群众参与的调解，又是如何走向组织化、制度化和开展有效工作的呢？在上述通令发布之后的半个月，德珩村收到了1947年7月26日县长贾孝敏和副县长张文杰写给各村调委会主任（村长兼任）的信，信中对这些作了具体鲜活的介绍。

信件是印发给德珩村和各村调委会主任的，信中首先介绍了调解工作

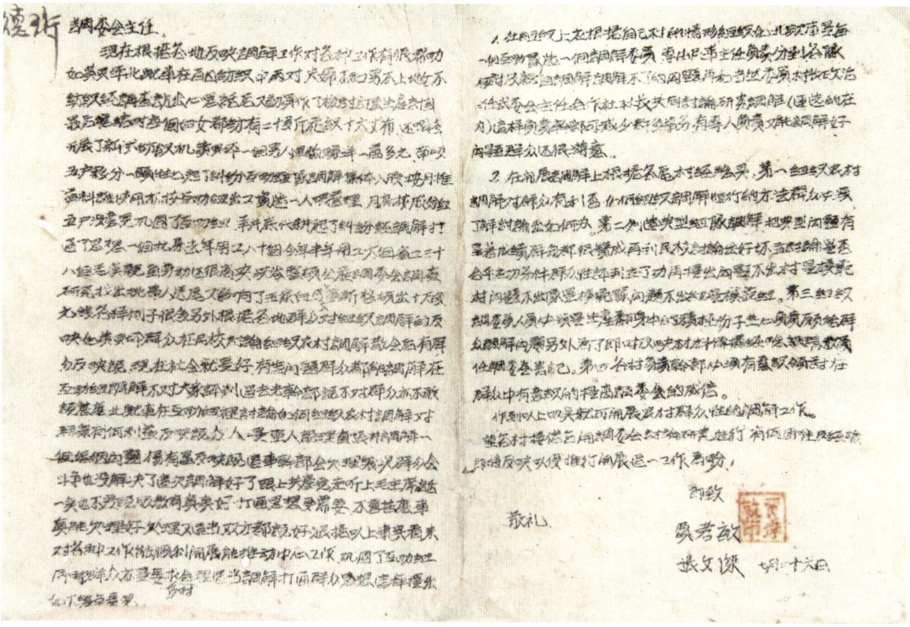

○ 1947年7月26日给各村调委会主任的信。

做得好的几个村的典型事迹和群众的反映，还再次提到上面所说给南峧村调解五户使用牲口纠纷的互助队记一大功的事情。其文字较长，为观全貌，依旧照录如下：

> 现在根据各地反映，调解工作对各种工作有很大帮助。如黄贝坪、北耽车在百日纺织中，两对夫妇不和，男不上地女不纺织，经调查访出心里话，后又动员作了检讨，订出生产计划，最后总结时每个妇女都纺有二十多斤花、织十六丈布，还喂蚕，开展了新式纺织机。黄思坪一个男人运输赚洋一万多元。南峧五户夥分一头牲口起了纠纷，互助组、队调解，集体入股，按月推草料，谁使用报互助组出工资，选一人喂管理，月底按股分红，五户没意见，巩固了互助组。羊井底代耕起了纠纷，经调解打通了思想。一个抗属去年用工八十个，今年半年用工六个，省工三十八个，老汉亲自劳动还很高兴。洪岭整顿公产，调委会调查研究找出挑事人送区，又影响了五家白马，又重新整顿出十多万元钱。这样的例子很多。另外根据各地群众对组织调解的反映，黄贝坪群众在民校讨论组织农村调解散会后，有群众反映

说，现在社会就是好，有些问题群众都能调解。在互助组调解不对大家评判，过去光干部说，不对群众亦不敢说什么。北耽车在互助组里讨论如何组织农村调解、对群众有何利益反映说，众人是圣人，说理直。张井村调解一个婚姻问题，杨有富反映说，这事干部会处理几次，群众会斗争，也没解决了，这次调解好了。跟上共产党走，听上毛主席话，一点也不差，说服教育真真好，打通思想最重要，不管什么事，真能处理好，处理又适当，双方都说好。根据以上事实看来，对各种工作能顺利开展，能推动中心工作，巩固了互助组。

在这里，信中分别列举了黄贝坪村、北耽车村、南峧村、羊井底村、洪岭村五个村的例子，说明进行群众调解的好处，虽然有的事例来龙去脉看得并不是十分明白，但涉及的方面十分广泛，既有两对夫妇不和的邻里纠纷，又有牲口使用的利益纠纷，既有与优抚对象代耕产生的矛盾纠纷，又有难以解决的婚姻纠纷等，但这许多本应上法庭解决的纠纷，经过群众参与的调解最终都化解在了村里。

特别是其中所说的群众反映，还是非常精彩的。信中这些对于改变过去那种一切“光干部说”和采取群众斗群众的“斗争会”的方式来处理民事纠纷的做法，对于利益关系的调整，提高群众的社会地位，强化群众的民主意识，解决各种民事纠纷大有益处，无疑是当时司法工作的一种进步和创造。而这种尽可能把问题解决在村里，用现在的话说就是把工作重心下移，把矛盾解决在基层的做法，同样是一种好的方法和思路，而信中下面所提出的村调解纠纷的“三不出”的立功条件，则对此做了更好的注解。

根据上述这些事例和反映，信中指出，群众参与的这种调解工作，对于各种工作的顺利开展，对于中心工作的推动，都发挥了积极作用，要适应群众“及时合理、适当调解”的要求，进一步打通群众思想，搞好农村群众性的调解工作，还需要做好以下两项工作：

1.在组织上，应根据自己村的情形组织。如北耽车村是每一个互助队选一个调解委员，专由民事主任负责分到各队，领导及亲自调解；调解不了的问题，再和当然委员村长、政治主任、武委会主任、合作社社长共同讨论研究调解（连选的在内），这样负责干部可减少许多事务，有专人负责又能调解好问题，群众还很满意。

2.在开展调解上，根据各村经验是：第一，组织农村调解对群众有力否，如何组织调解进行的方法，必须了解讨论出如何办。第二，创造典型、组队调解。把典型问题、有显著成绩、群众都很赞成、再到民校讨论出好坏，并讨论是否合乎立功条件，群众性评判立了功，再提出问题不出村是模范村，问题不出队是模范队，问题不出组是模范组。第三，组织调委会，人员必须是生产翻身中的积极分子，热心负责，给群众调解问题。另外，为了及时反映材料、传播经验，请教员任调委会书记。第四，各村干部必须有意识领导，在群众在中有意识的提高调委会的威信。

信件最后指出："做到以上四点，就可开展农村群众性的调解工作。望各村接信后开调委会讨论研究进行，有何困难及经验及时反映，以便推行开展这一工作为盼。"

上述四条意见，说的是条条是道。在组织上，提出组成调解委员会负责领导调解工作，在每一个互助队都再选一个专职调解委员。在创造典型上，也就是今天所说的培养典型上，提出要把那些有显著成绩、群众都很赞成、合乎立功条件的典型立起来，并在此基础上，再进一步提出"问题不出村是模范村，问题不出队是模范队，问题不出组是模范组"的"三不出"的模范单位评比标准和要求，以此把调解纠纷工作再深入地推进一步，真正实现把纠纷消灭在基层的目标。这份"纸片子"记录了当年解放区司法调解工作的点点滴滴，留下一份珍贵的史料，更为今天民事纠纷的调解以及维护新形势下的社会稳定提供了有益的启示。

4.村调委会没有处理刑事案件和罚工罚钱之权。

这是德珩村收到的1月13日区长徐永祥、副区长陈凤贤写给各村长和民事主任的一封信，就村调委会的有关职权作出了说明和规定。内容如下：

这几天接到各村调委会的报告，各村的调委会是起了很大的作用，这

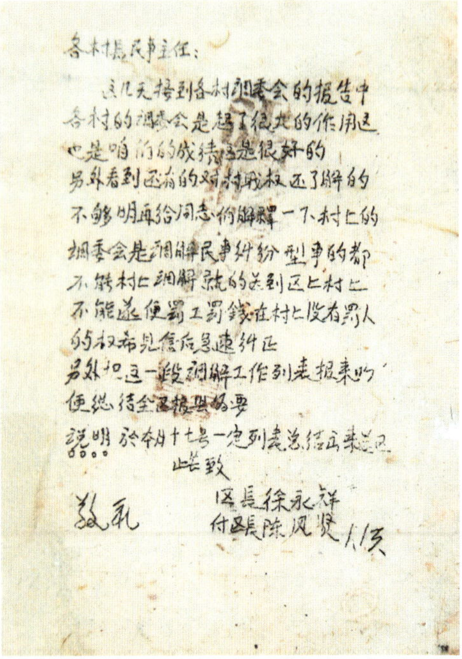
各村長民事主任：
这几天接到各村调委会的报告中各村的调委会是起了很大的作用这也是咱们的成绩这是很好的
另外看到还有的对村职权还了解的不够明再给同志们解释一下村上的调委会是调解民事纠纷型事的都不能村上调解就的送到区上村上不能遂便罚工罚钱在村上没有罚人的权希见信后急速纠正
另外把这一段调解工作列表报来以便总结全区报县为要
说明 于本月十七号一定列表总结出来送区
此致
敬礼
区長徐永祥
付区長陈凤贤

○ 区长徐永祥等写给各村长和民事主任的一封信。

也是咱们的成绩，这是很好的。

另外看到，还有的对村职权还了解的不够明，再给同志们解释一下：村上的调委会是调解民事纠纷的，型（刑）事的都不能村上调解，就（有）的就送到区上，村上不能遂（随）便罚工罚钱，在村上没有罚人的权。希见信后急速纠正。

另外把这一阶段调解工作列表报来，以便总结全区报县为要。

说明：于本月十七号一定列表总结出来送区。

由此可以看到，村调委会在民事纠纷有关事项的调解中，出现了超越职权的偏差，这种代行司法部门职权的行为，显然是一种没有执法权而在执法的违法行为，理所当然应当加以纠正。在这里，信中在原有规定的基础上，针对村调委会对其职权还了解不够以及为纠正罚工罚钱的情况，进一步明确了村调委会的职权。

劳动改造教育感化自新人的往事

在打击和惩治敌对分子和各类违法违纪人员的同时，通过监狱及自新所对他们进行劳动改造和感化教育，使其重新成为“新人”，并加强对自新人事后的使用管理，也是解放区司法工作的一项重要工作内容。在德珩村收到的县区司法的文书中，就有十余份“纸片子”记载了该村张三美等八名自新人在关押前后改造的往事。

1.自新人关押期间粮草自理，所欠须催要归还。

这是德珩村收到的1946年6月8日由县长任映仑、副县长赵企贤签发的《关于催要自新人粮食菜金的命令》，命令是发给德珩村和有关村村长的，内容如下：

> 查你村许富炎因存物不法一案，于（民国）35年4月在本府守法，欠下小米59斤、菜洋□元，现在夏收已毕，仰村长负责督促其在五日内将所欠之小米、菜金如数交来（麦子1.8斤折米1斤.菜金按市价），不能作任何藉口不交，否则由村长负责将原因报来或着该来府！为要！

在此前后的“秋收快毕”“春日来临”之际，以及犯人在押和释放之时，德珩村也都曾收到县府司法科发来的关于催要本

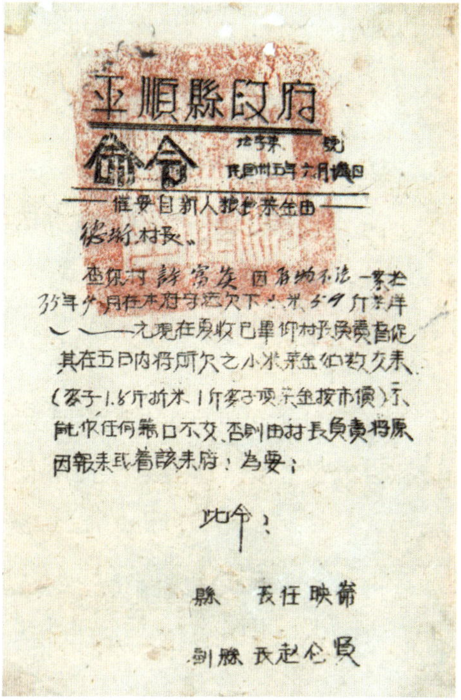

平順縣政府
命令
民國卅五年六月捌日
——催要自新人粮食菜金由——
德珩村長：
查你村許富炎因存物不法一案於35年4月在本府守法欠下小米59斤菜洋——元現在夏收已畢仰村長負責督促其在五日内將所欠之小米菜金如數交來（麥子1.8斤折米1斤麥子項菜金按市價）不能作任何藉口不交，否則由村長負責將原因報來或着該來府！為要！
此令！
縣長任映蒼
副縣長赵企賢

○ 1946年6月8日《关于催要自新人粮食菜金的命令》。

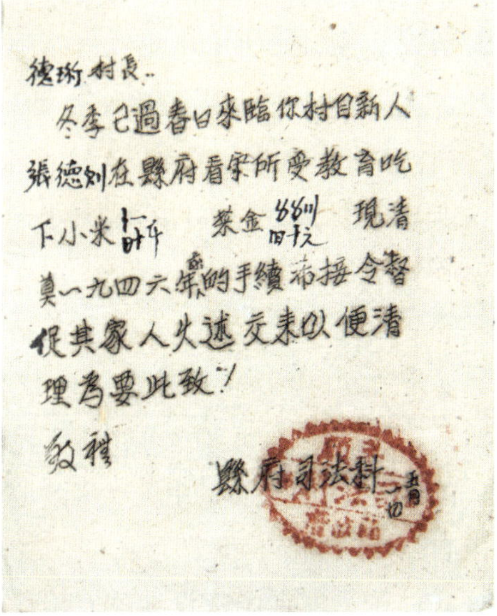

德珩村長：
冬季已過春日來臨你村自新人張德則在縣府看守所受教育吃下小米[illegible]斤 菜金[illegible] 現清算一九四六年的手續希接令督促其家人火速交來以便清理為要此致！
敬禮
縣府司法科

○ 催缴文书（一）。

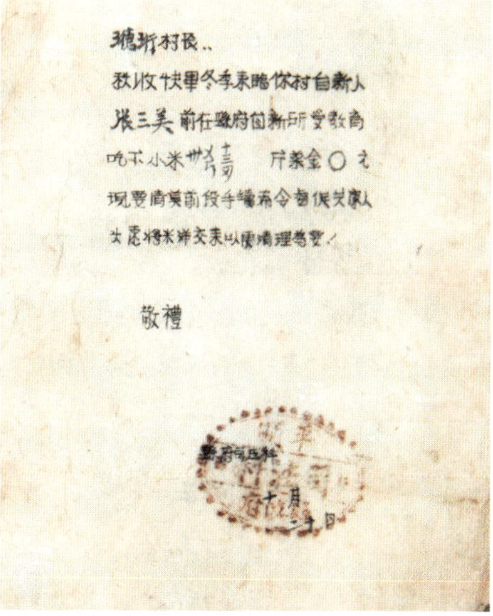

德珩村長：
秋收快畢冬季來臨你村自新人張三美前在縣府自新所受教育吃下小米[illegible]斤菜金○元
現要清算前段手續希令督促其家人火速將米洋交來以便清理為要！
敬禮
縣府司法科

○ 催缴文书（二）。

村村民张三美和张德则二人先后在县府看守所和自新所接受教育时所欠粮食、菜金若干的通知和信件，令促其家人“火速交来”。

从县长的命令和司法科的通知中不难看出，自新人犯案后，无论是在县看守所还是在县自新所，也无论是张德则，还是张三美，在其关押接受教育期间，县府一律不负责他们吃喝的开支，所需的一切粮食、菜金均由本人或其家人负担；若未按时交纳，县府中则下令催要本人或家人“如数交来”，否则由村长负责说明原因或由着本人“来府”，这就是当时的关押及教育。

由此可见自新人在关押受教育之时所享受的待遇，也可知催要自新人所欠下的“粮草”是县府司法科的一项重要工作内容。

2.调德珩村自新人张三美到县劳英村干会议当伙夫。

这是德珩村收到的1947年4月15日由县长贾孝敏签发的《关于调自新人前来做工的命令》，命令是发给德珩村村长的，内容如下：

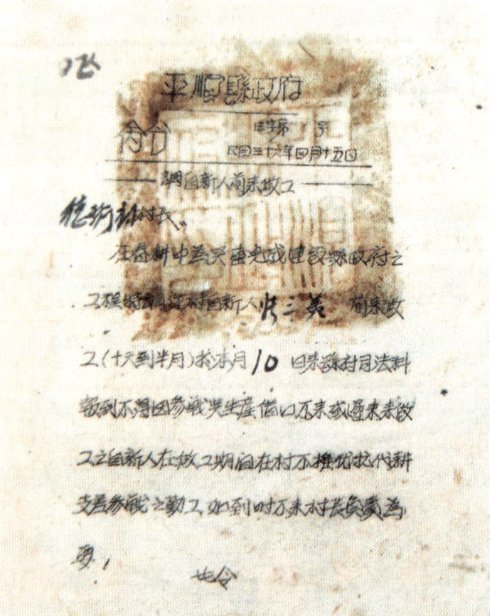
平順縣政府
命令　字第　号
民国三十六年四月十五日
調自新人前来做工
德珩村村長：
在春耕中為突擊完成建設縣政府之工程特調你村自新人张三美前来做工（十天到半月）於本月10日来縣府司法科報到不得因参戰與生產借口不来或遲来来做工之自新人在做工期间在村不攤优抚代耕支差参戰之勤工，如到时不来村長負責為要！
此令
縣長賈孝敏

○ 1947年4月15日《关于调自新人前来做工的命令》。

在春耕中，为突击完成建设县政府之工程，特调你村自新人张三美前来做工（十天到半月），于本月10日到本县司法科报到，不得因参战与生产借口不来或迟来。来做工之自新人在做工期间，在村不摊优抚代耕、支差、参战之勤工。如到时不来，村长负责为要！

由此可知，张三美先后在县看守所和自新所接受教育，回村之后，要随时听候政府关于出工支差的调遣，在出工劳动中进一步改造自己。

在突击完成建设县政府工程

之后的第二年，全县召开劳模英雄村干部会议之时，德珩村收到了1948年10月26日由县长赵军签发的《关于调自新人做饭的通知》，再次调张三美到县府应差。通知是发给四区德珩村村长的，内容如下：

县里开劳英村干会议调你村自新人张三美来大会当伙夫，希自带铺盖，务于十一月二号（阴十月初二日）来县司法科报到，不得有误，如不来由村长负责为要。

显然，这个张三美具有当伙夫的一技之长，并且表现尚好，得到了政府的信任，否则很难想象让一个"自新人"为劳模英雄村干部烧火做饭，而这些对自新人的改造应该是有益的。

3.调德和村自新人许永吉到县礼堂工程做工。

上述两份命令和通知，都没有让张三美在出工时自带粮草，可是德珩村有的自新人就没有这些待遇了。这是德和村收到的大约为1947年11月8日由平顺县政府印发的《关于调自新人前来做工的通知》（标题为作者所加），讲述了另一个自新人的故事。《通知》内容如下：

县府建设礼堂，需要人工很多，特调你村自新人许永吉等一人前来，做工一个月。希速通知该人于本月十一日来本

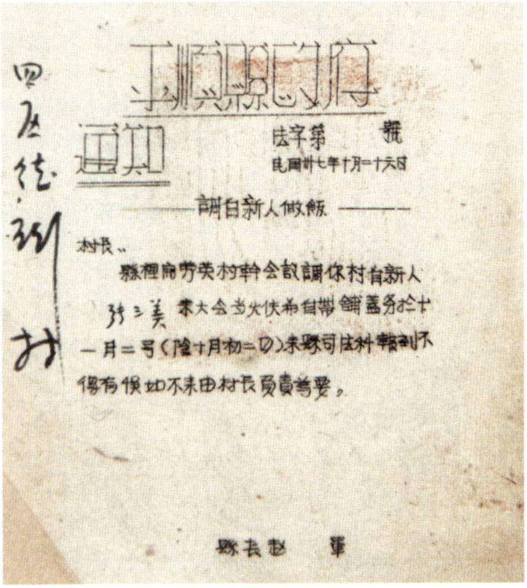
平顺縣政府
通知 法字第 號
民国卅七年十月二十六日
調自新人做飯
村長：
縣裡開勞英村幹会議調你村自新人張三美來大会当伙夫希自帶舖蓋务於十一月二号（陰十月初二日）來縣司法科報到不得有悞如不來由村長負責為要。
縣長赵 軍
四区德珩村

○ 1948年10月26日《关于调自新人做饭的通知》。

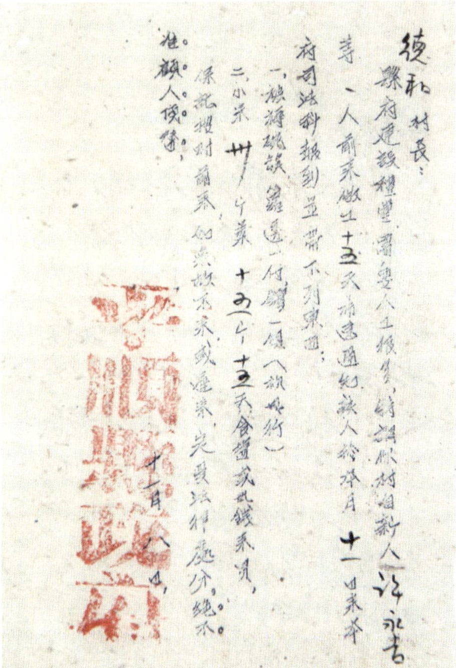
德和村長：
縣府建設礼堂需要人工很多，特調你村自新人许永吉等一人前來做工一个月，希速通知該人於本月十一日來本府司法科報到，並帶下列東西：
十一月八日

○ 1947年11月8日《关于调自新人前来做工的通知》。

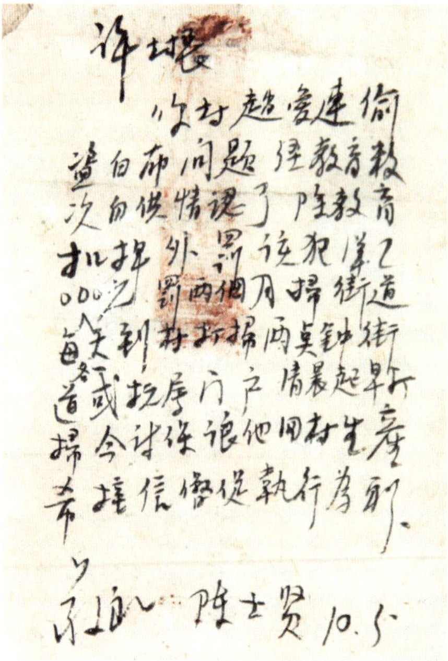
许村长
你村赵爱连偷
盗白布问题经教育数
次自供情认了除教育
扣押外罚该犯洋2
000元罚两个月扫街道
每各一天到村打扫两点钟街
道或抗属门户清晨起打
扫今讨保让他回村生产
希接信督促执行为盼
此
致 区长 陈士贤 10.5

○ 1947年10月5日，区长陈士贤写给许村长的信。

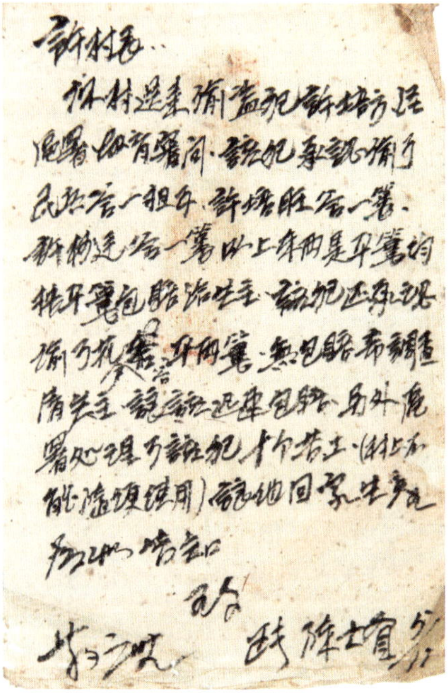

○ 1947年11月5日陈士贤写给许村长的信。

府司法科报到，并带下列东西：一、被褥碗筷、箩筐一付、镢头一具（□也行）。二、小米三十斤，菜十五斤，十五天食盐或带钱来买。保证按时前来，如无故不来或迟来，定受法律处分。绝不准雇人顶替。

这可说是一份比较严厉的通知，并提出了自带物品的要求。并且最后强调了“绝不准雇人顶替”，并在该句话下面专门加了着重号，想必以往或曾有过雇人顶替这样事情的发生，所以特别强调了这一点。

4.德珩村自新人赵爱莲罚扫街道两个月。

这是1947年10月5日区长陈士贤写给德珩村许村长的一封信，就该村村民赵爱连因偷盗被扣押教育释放回村后的劳动改造问题提出了要求。内容如下：

你村赵爱连偷盗白布问题，经教育数次，自供情（承）认了，除教育扣押外，罚该犯洋2000元，罚两个月扫街道，每各（隔）一天到村打扫两点钟街道或抗属门户，清晨起打扫。今讨保让他回村生产，希接信督促执行为盼。

在这里，短短的一封信，记录下德珩村一个盗窃犯经教育扣押回村后进行劳动改造的典型案例。

这里特别要说到的是，村里虽有对自新人改造的监督权力，但没有随便用工的权利。这是德珩村许村长收到的1947年11月5日区长陈士贤写给他的信，信中就德珩村偷盗犯许培方偷盗谷子一案，告知许村长负责让盗犯包赔失主所丢谷子之外，另罚其做“十个苦工”的处理结果，但在其中特别指出，对于该犯所罚的十个苦工，“村上不能随便使用”，由此可见县府、区署所具有的司法处置权，而这些都是村公所所不具有的。

5.召开自新人会议，检查其在村表现。

这是德珩村和德和村村长分别收到了1945年7月12日由县长孙竹庭签发的《关于召开自新人会议的通知》，通知各村的自新人参加县组织的自新人会议，以检查其回村后的表现，可从中一见县司法部门对自新人的跟踪管理。具体如下：

定于七月十四日在北耽车村召开自新人会议，检查在乡的表现情形，希通知你村自新人张贤圣、张余良等人于七月十四日到区，早饭前报到，以便开会。自带干粮一顿，按时开会，不得迟误。你村的自新人在村表现如何，希将详细情形写清，各干部签名盖章封好，交自新人带到会上，为要。

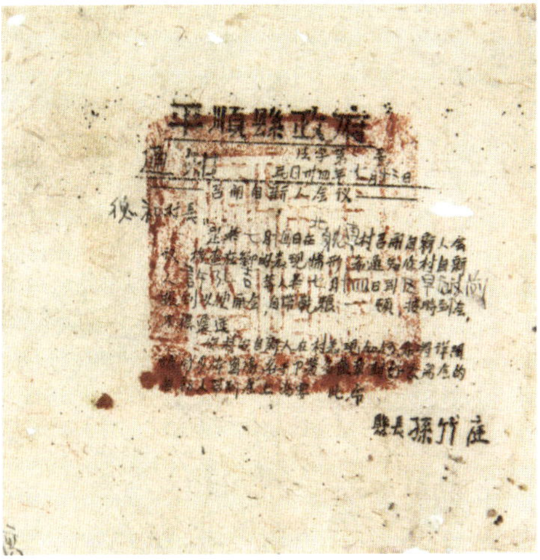
平順縣政府

縣長孫竹庭

○ 1945年7月12日《关于召开自新人会议的通知》。

德和村长所收到的通知内容与德珩村长的完全一样，只不过自新人为许孔吉等。

在这里可以看到，这是县政府为检查自新人回村之后的表现，选择在北耽车村（区署所在地）召开的一次由各村自新人参加的会议。由此可以看出县司法部门对自新人解押之后的跟踪管理，特别是由村干部签名盖章、对自新人在村里表现所提供的详细材料，更为掌握和了解自新人的改造情况和现实表现，以及

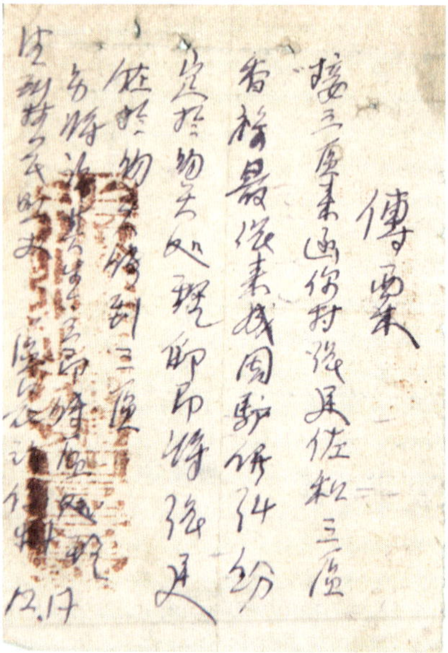

○ 1945年12月17日的传票。

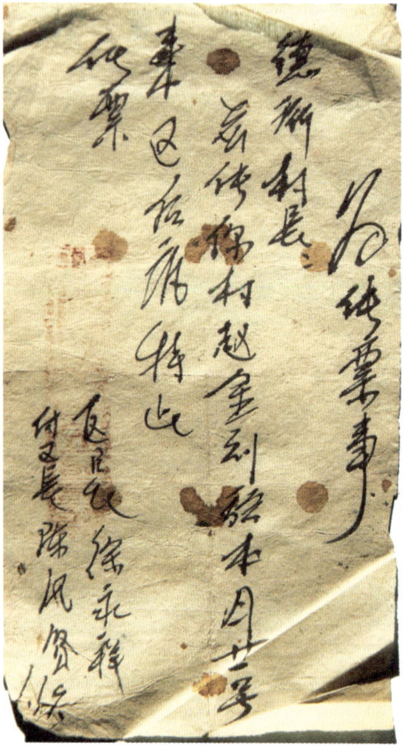

○ 1948年1月19日的传票。

进一步开展有针对性的改造工作提供了依据；而县长亲自布置并组织在基层召开这样的会议，也说明了县府对这项工作的重视。

6.德珩村留给今人的三张“红色传票”。

德珩村在1945年至1948年间收到了来自区里和县司法科的三张传票。第一张是1945年12月17日（原件没有年款，根据其中任职时间推断）由区长许俊科写给德珩村村长的，内容如下：

接三区来函，你村张廷佐和三区香禄□张来成因驴价纠纷，定于明天处理，仰即将张廷佐于明天传到三区，另将许其生立即传区处理。德珩村长照办。

传票上钤印：“平顺县县政府第四区区署”。

第二张是1948年（原件没有年款，根据其中任职时间推断）1月19日由区长徐永祥、副区长陈凤贤写给德珩村村长的，内容如下：

兹传你村赵金钊于本月二十一号来区后（候）审，特此传票。

区长徐永祥、副区长陈凤贤。

传票上钤印：“平顺县县政府第四区区署”。

第三张是7月14日（年款不详）由县府司法科写给德珩村村长的，内容如下：

请即通知你村张憨生速来县府以便解决他的问题。你们对他的问题处理有什么意见，请来信告知，以便解决。

传票上钤印：“平顺县政府司法科”。

所谓传票，通常是审判机关、检察机关传唤民事当事人、刑事被告人等出庭的一种凭证，一般有刑事传票和民事传票两种。德珩村村长所收到的这些传唤该村村民到区或县处理纠纷所下的传票均为区领导和县司法科“手书”，文字不多，其用语、格式也并不正规，只有区长许俊科所写传票，显得正规，页首标明了“传票”二字。之所以收录在这里，是想让人们了解当年德珩村村长收到的来自县区传唤当事人到案的传票是什么模样，知晓解放区曾有过这样一种票证。

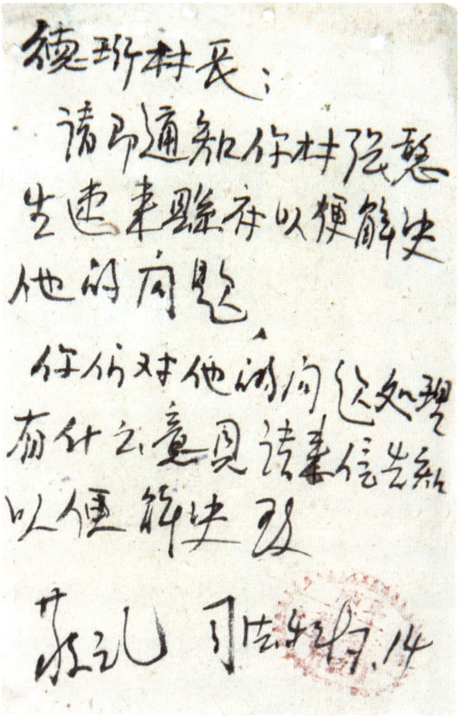
德珩村長：
请即通知你村張慧生速来縣府以便解决他的問題
你们对他的問題处理有什么意見請來信告知以便解决 致

○ 1948年7月14日的传票。

人物篇

太行山沟里的“德珩村人”

一、有名有姓187名“德珩村人”

“人民，只有人民，才是创造世界历史的动力”，这是毛泽东的名言；“群众是真正的英雄，而我们自己则往往是幼稚可笑的”，这也是毛泽东的名言。这两句名言，在20世纪那个特殊的年代里，作为向人民群众学习，坚持党的群众路线的经典，曾响彻祖国大地，声振寰宇。

在这里，不论是称之为“动力”也好，还是被称赞为“英雄”也罢，从上面1941年到1949年间德珩村收到的“纸片子”的各项记载中，你所见到的所有的大事小情，都与那些名不见经传的德珩村人息息相关。

遗憾的是，除了县长、政委（书记）、区长、政治主任等主要领导名字之外，只能见到极少数几个村长和村民的名字，且还包括那些被通缉的战犯、特务和犯错误的干部以及管押之后的自新人；即使几乎在每张“纸片子”上都能见到的“德珩村长”，也只能见到他们的称谓，看不到姓名。

并非遗憾的是，相比千千万万太行区的人民来说，他们又是幸运的，毕竟这些发黄了的“纸片子”，得以让他们集体“纸上留名”，得以讲述他们共同的往事，记下那些过去曾经发生的故事，记下他们为新中国的建立所作出的贡献。

通过逐页翻阅统计、查找核实，在德珩村收到的618份“纸片子”中，包括县区领导、村里干部和普通村民等，有名有姓的计有186人。他们分别是：

40名县府县委领导及工作人员

在德珩村收到的文书中，于1944年至1949年间，在平顺县先后任县长的有江浩、孙竹庭、张通、任映仑、贾孝敏、赵军，任政委（县委书记）的有康洛、张平、陈玉山，以及一位副县长赵企贤。据平顺县《大事编年》的记载，这里缺少了1940年1月首任平顺县抗日民主政府县长的魏建（1940年1月—1943年7月）和其后继任的何高民（1940年6月—1942年3月）。在1944年至1949年间先后任职中共平顺县委书记的杨稚葳、康洛、王宗琪、张平、陈玉山等五人中，有记载的也只有以政委名义出现的康洛、张平、陈玉山三人。

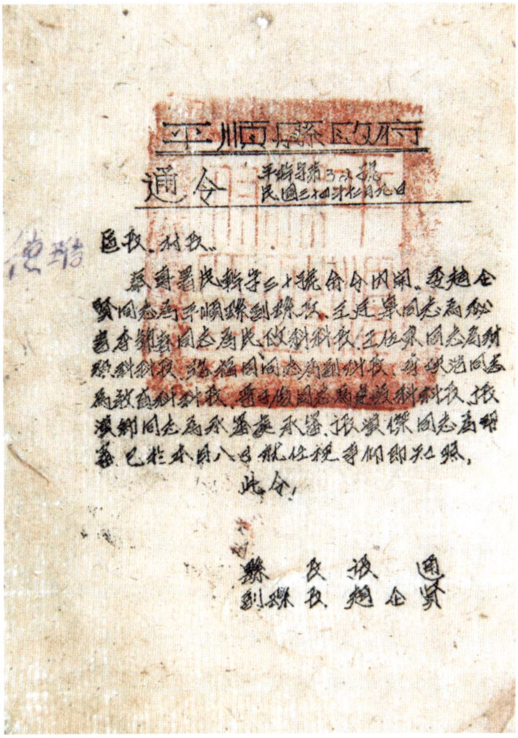
平順縣政府

通令 民國三十四年十二月九日

區長、村長：

奉專署民字第三十號命令內開，委趙企賢同志為平順縣副縣長，王廷泉同志為秘書，李錦春同志為民政科科長，王佐東同志為財糧科科長，張福田同志為副科長，晉子俊同志為建設科科長，張漢卿同志為承審兼承審，張漢傑同志為幫審，已於本月八日就任視事，仰即知照，

此令！

縣長 張通

副縣長 趙企賢

○ 1945年12月9日县长张通、副县长赵企顺签发的《关于赵企贤及县府各科科长任职的通令》。

除去这些县府、县委的主要领导之外，还有经民选产生的县参议会议长韩元蛟、副议长晋子（之）俊和县行政委员张汉杰、王位东、岳邦香（包括上面已有的县长任映仑、贾孝敏，副县长赵企贤和公安局长王全）；县武委会主任张标，副主任刘九孝、代秋芳、付德义；县公安局长杨晋北、王全；救联会宋主席；县联社社长韩金蛟；县工商局长马金斗；县府秘书王廷泉；民政科科长李锦春；财税科科长王佐东，副科长张福田；教育科科长李×浩；建设科科长晋子俊；承审处承审张汉卿，帮审张汉杰。县林业试验场场长王云龄；县财粮科干部王殿武。此外，经平顺等县民选出的“国大代表”王忠乡、霍泛和“候补国大代表”宁云程等3人以及专属通令所讲的专员杜孝蘅、范文彩等任职人员和五分区干部徐新年在内，县级领导和工作人员计有40人。

56名第四区区署领导及工作人员

德珩村所在的第四区计有区长岳培东、郝钦、张旺喜（代）、许俊科、张文杰、陈士贤、徐永祥等7人（另有一位区长牛焕章无从考证为德珩村所在区区长故未算在内）；有区政委（即区委书记）申招喜、曹俊、曹二其、白汝林、岳培瑄、刘秋红等6人；以及副区长张旺喜、王宏章、王科则、王长锁、陈凤贤、王长锁等6人。其他还有武委会主任张旺则、房加福，副主任张生琴；农会主席张拴劳、杨德云、张世俊；妇救会主席赵贵莲（廉）、付新娥、申双凤；工会秦海保；区合作联社社长郭健枝、王福海、冯步阁，副社长张福顺、陈大则，社务股长申双凤，经理岳峰嵩；合作社长刘生贤、副社长赵致中；合作社人员郝杰、宋荣富、陈林则、任守谦；区司法干部李树本；区建设助理申有珍，公安干事殷宽荣，工商干事成扶龙，财粮干部张来成等24人；以及文书中提到的区支前运输队带队的岳培中、孙福旺、何过珍、程三宝4人和民工带队干部齐选山，区干部申来虎4人，还有不知任何职的赵鸿儒、申钦、许申央、张命洲4人，（另有韩副区长1人具体单位不详）以上总计56人，基本包括了区署和区委及主要部门的主要领导和部分工作人员。

这就是德珩村收到文书中有名有姓的96名县区领导和工作人员的名录。这些人中的绝大多数，特别是县区长们，在上面他们所签发的各种命令、指示、通令、通知、通报和所布置组织开展的各项运动的记述中，已经多次见到他们的身影，聆听到他们的声音，领略到他们所作的贡献和所具有的才华。这里也仅仅以此作为一个补遗，向这些早已故去的德珩村的领导者记下一份心意。

德珩村村长及其他48名村民

在有名有姓的德珩村人中，村长赵文魁和副村长张书明，是唯一由县长张通、副县长赵企顺直接正式任命的德珩村村长和副村长；再就是姓名俱全的村长（支书或副村长）许海生，除此之外，就是各一位有名没姓的村长仁海和只见其姓不见其名的许村长。这样有名有姓的德珩村村长、副村长和村政治主任，勉强可以算为五人。还有一名难以确定是否为德珩村政治主任的陈德锁，大约德珩村主要的村干部也就这样几人。

除此之外，德珩村豫北参战的英雄张胜利和张保生；被推选为模范互助组长的尚林炎、模范家庭户主张计生；技术工人赵俊福；豫北参战担任事务长的许树生等6人；村合作社的陈棉生和调县区工作能享受上供给待遇的村民许新彦、张来福和屡被点名出工的木匠张松文、张霖则、张满□、张记鱼、许丙则、张假则、许丙财10人；村民张焕增、赵秋喜、戈月堂、戈松琴、张达支、金童、本云、发田、松文、马广钦10人；教员陈杰、小学义务教员陈银心和县长推荐小学教员赵建邦；再有的就是自新人张德则、张三美、许富炎、许永吉、赵爱连、张贤圣、张余良、许孔吉、许培芳和因案被传的张廷佐、赵金钊、张憨生12人，以及因送案不负责罚苦工十个的许路长、陈七炎2人。以上有名有姓的德珩村人总计47人。

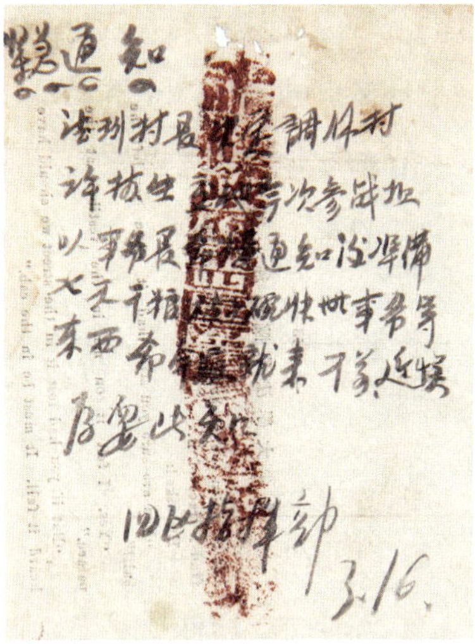
紧急通知
德珩村长 [illegible] 调你村
许树生 [illegible] 参战担
以事务长 [illegible] 通知你准备
[illegible] 事务等
[illegible]
区指挥部
3.16.

○ 区指挥部《关于调德珩村许树生参战任事务长的紧急通知》。

27名德珩村以外的其他人员

在上级通报、指示以及村际交往的信函往来中，德珩村的“纸片子”还记录下部分“外村”有名有姓的人：西坡村村长赵喜凤、政治主任王玉库，鹞子坡村长王日顺，车当村村长耿云汗，赤壁村村长申栓劳；实会村财政主任申有珍，烟驼村后勤主任段凤云；井底村合作英雄张含城；三高校长李树新、联合校长马树魁、岳云玉，教员王碧；五区北岸村劳动英雄郭根壮、阳高村劳动英雄杨勇高；抗属郭曹发；以及有关村的村民土狗狗、刘中元、申王娥、贾二毛、王宇奇、杨有墨；黎城县东黄顺村村长王火炽，林县卢家拐村村长卢安廷、政治主任卢□□、抗勤主任卢泰贤；

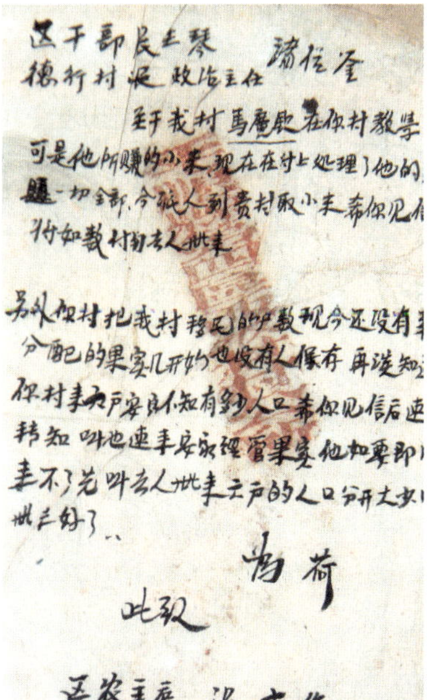
区干部良士琴
德珩村长政治主任 诸位同志
至于我村马廣职在你村教学
可是他所赚的小米现在在村上处理了他的
[illegible]一切全部，今派人到贵村取小米希你见信
[illegible]
另外你村把我村移民的户数现今还没有来
分配的果实几开始也没有人保存 再送知
你村来之户有多少人口 希你见信后速
转知 叫他速来安家理置果实 [illegible]
[illegible]
为荷
此致
区农主席 张士俊
西坡村长 赵喜凤 1.4.
政治主任 王玉库

○ 西坡村村长赵喜凤等人写给德珩村村长的信函。

以及贾洼村村长□世忠、民事主任刘兴达等26人。这些人除了在通报中受到表扬的模范外，就是或因婚姻或因财物纠纷等事项，外村村长写给德珩村村长的交涉信函中的有关人物。

17名“有问题”的人

除了上面已经讲到过的德珩村人之外，还被通缉的汉奸赵锡田、黄镇成，战犯何邦新、贾连水，特务李森昌和大卖料犯史五根，盗牛人岳来则等7人；以及被记一大过的张家凹村村长王廷秀；被撤职的县府干部李卓民、陈嘉政；被处以1万元罚款的北庄政治主任王连云和集标村村长陈长真等5人和当事人村民苗子林、张夏则和陈骆驼等3人；以及犯错误教员赵彩娥、贾炎田。除此之外就是渤海三分区司令员赵起周和破产地主李树鸣2人。以上共计17人。

上述人物从县长到区长，从区长到村长，从村长到村民，总计187人。在这里，之所以不吝笔墨地把618份“纸片子”中所有有名有姓的人都记录在这里，就是因为在这些“纸片子”中所记载的远远不止618件事项，所参与的也绝不仅仅只是这186个人，作为这些“纸片子”上的“留名者”，他们与德珩村人共同书写了德珩村1941年至1949年的历史。下面就讲几个德珩村“有名有姓”的村长以及村民的故事，以作为全书的结尾。

二、人物故事

第一个故事：县长直接正式委任的德珩村村长赵文魁

在德珩村9年间收到的来自县区的618份文书中，除极少数一些之外，其余大多数都是直接发给村长的，而在这些“纸片子”上真正留下明确职务、姓名完整的村长，只有赵文魁一人。至于赵文魁从何时担任了德珩村村长，又干到了哪一年，这些都没有明确的记载。但有一条是最值得说道的，那就是在抗战胜利不久，解放区实行干部制度正规化之初，赵文魁和副村长张书明由平顺县人民民主政府的县长、副县长正式委任为村长和副村长，由此成为德珩村的“第一号”人物。

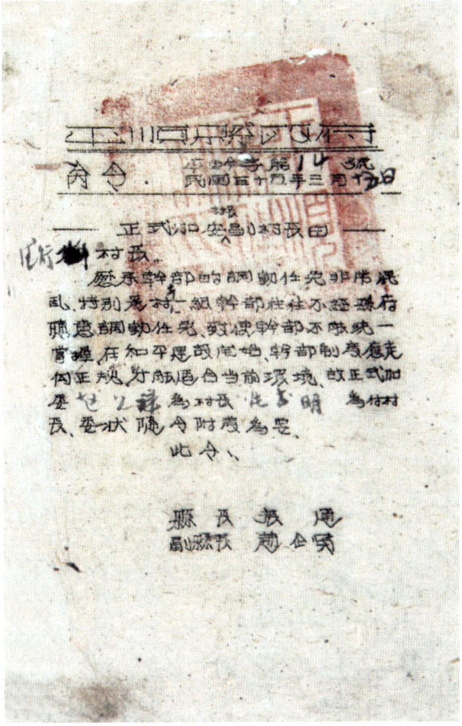
命令 平幹字第14號
民國三十五年三月十五日

——正式加委副村長由——

德珩村長、

歷來幹部的調動任免非常混亂、特別是村一級幹部往往不經縣府隨意調動任免、致使幹部不能統一掌握、在和平建設開始、幹部制度應走向正規、才能適合當前環境、故正式加委趙文魁為村長、張書明為副村長、委狀隨令附發為要、

此令、

縣長 張通

副縣長 趙企賢

○ 1946年3月15日《关于正式加委村长副村长的命令》。

这是德珩村收到的1946年3月15日由县长张通、副县长赵企贤联合签发的“平顺县政府平干字第14号”《关于正式加委村长副村长的命令》。命令为油印，从其所填村名和村长的姓名来看，它应是印发给新委任的同一批村长的。命令的文字不长，具体如下：

德珩村长：

历来干部的调动和任免非常混乱，特别是村长一级干部，往往不经县府随意调动任免，致使干部不能统一掌握。在和平建设开始，干部制度应走向正规，才能适合当前环境，故正式加委赵文魁为村长，张书明为副村长，委状随令附发为要。县长张通、副县长赵企贤。

这是一份十分有价值的县长直接对村长进行正式委任的史料，它从一个侧面记录了抗战胜利不久，平顺县在和平建设开始之际，为了适合当时环境，对干部调动和任免实行的一种正规化管理制度，即由县政府直接对村长进行正式委任的有关情形。

从命令中可以看出，这种正规化干部调动任免管理制度的提出，完全是针对根据地历来干部的调动和任免非常混乱的状况而提出的。这种制度的建立，对于加强村级政权的建设，增强村长的责任感、荣誉感和权威性，调动其积极性，保障各项工作在村里的落实，无疑都有着十分重要的作用。

至于这种由县到村的直接委任，都经历了什么样的提名、推选、上报的程序，德珩村的“纸片子”中没有记载。只是从上面已说过的1946年4月平顺县参议会议长、副议长和县长、副县长以及行政委员民选的故事来看，它同样也应有着相关的程序或是民选的过程。

由此可见，县政府对村长一级“官员”任命的“最高”规格，及其所体现出的对村级政权建设的看重。中国共产党在军队建设上有一条最重要的原则和经验，就是党对军队的绝对领导，而“支部建在连上”是其最主要、最基本的组织领导形式，因而使这支军队无往而不胜；而“政权建在村上”“支部建在村上”，抓好村干部队伍建设，同样是根据地、解放区基层政权建设以及实现高度组织化的最基本形式。正是这种村政权的组织领导形式，使千千万万人民群众拧成了一股绳，完成了所有以生产和支前为主要任务的万千大事小情，最终打败了日本侵略者，也彻底推翻了国民党的统治，造就了一个“红星照耀下的中国”，这也就是中国被称为“红色中国”，“德珩村”之所以被成为“红色小山村”的根本之所在。

不论怎样，这份“纸片子”为当年根据地、解放区村级政权和村干部队伍建设的研究，提供了一份难得实证。遗憾的是，笔者至今没能收藏和见到过命令之中所说的当时随令附发给赵文魁村长们的“村官委任状”。

第二个故事：村长赵文魁所参与的“一个大事情”

这是德珩村村长赵文魁收到1945年1月25日由区长郝钦发来的《关于做好欢迎美国军事代表团准备工作的信》（标题为作者所加）。这是一封毛笔“填空”的油印信，记载了赵文魁和他领导的德珩村要参与的中美外交史上的一件事，这就是接待美国军事代表团到该村参观访问。

这是德珩村收到的618份“纸片子”中唯一的一份涉及外交事件的文件；也是县区长直接写给德珩等村极少数有名有姓村长中，唯一一份称呼“同志”的信件，由此可知村长赵文魁应是一名中共党员；而如此重要事项的下达，既没采取命令的形式也没有加盖区署的“官印”，其署名“郝钦”之前一般应注明的职务“区长”也不见了踪影，证明了这应是一份党内通信。

在这封信中，郝钦首先告知赵文魁：“我告知你一件大事情，美国军事代表团已由延安抵达咱们太行根据地，这充分说明国际对我们关系更加密切。据说国际友人有可能来咱平顺县各地参观”的消息，对于偏僻的小山村来说，这的确是一件大事情，也是德珩村村长赵文魁从未经历过的大事情。

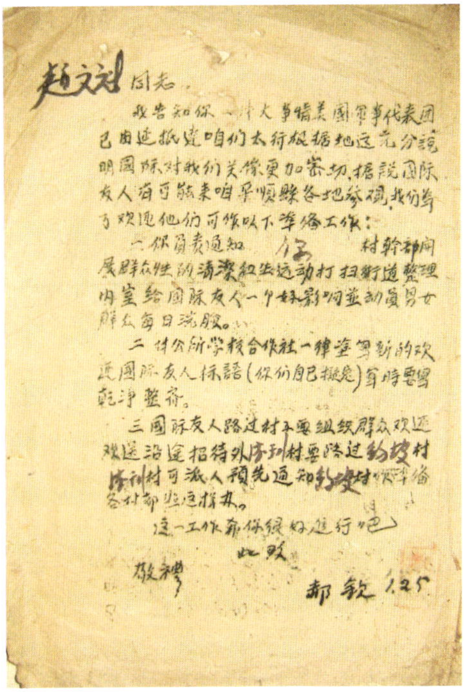
赵文魁同志：

我告知你一件大事情美國軍事代表团已由延抵达咱们太行根据地这充分說明國际对我们关係更加密切，据說国际友人有可能来咱平順縣各地参观，我们为了欢迎他们可作以下準備工作：

一你負责通知 你 村幹部開展群众性的清潔衛生运动打扫街道整理内室给国际友人一个好影响並动員男女群众每日洗脸。

二村公所学校合作社一律塗寫新的欢迎國际友人标語（你们自己擬定）寫時要寫乾淨整齊。

三國际友人路过村子要组织群众欢迎欢送沿途招待外德珩村要路过西坡村德珩村可派人預先通知西坡村作準備各村都要這样办。

這一工作希你很好進行吧

此致

敬禮

郝欽 1.25

○ 1945年1月25日《关于做好欢迎美国军事代表团准备工作的信》。

紧接着郝钦又向赵文魁提出三项要做的准备工作：“我们为了欢迎他们，可作以下准备工作：一、你负责通知你村干部开展群众性的清洁卫生运动，打扫街道，整理内室，给国际友人一个好影响，并动员男女群众每日洗脸。二、村公所、学校、合作社一律涂写新的欢迎国际友人标语（你们自己拟定），写时要写干净整齐。三、国际友人路过村子，要组织群众欢迎欢送。沿途招待外，德珩村（此处似应为代表团——作者注）要路过西坡村，德珩村可派人预先通知西坡村作准备。各村都要这样办。”最后，郝钦向赵文魁提出“这一工作希你很好进行”的希望。

美国军事代表团是否去了平顺县和德珩村，回答应该是否定的。平顺县《大事编年》中对此没有任何记载，笔者也未查到这方面的相关资料。但不论怎样，在德珩村的历史上，村长赵文魁都曾真实地收到过区长郝钦这样一封信，真实记录下美军观察组“可能来咱平顺县各地参观”和德珩村为此所做的各项准备这样一件事情，成为一件中美关系史上大事之外的小花絮。

第三个故事：能造手榴弹的工人赵俊福

这是德珩村收到的1945年9月4日由区长郝钦发来的一份《关于速调你村工人赵俊福同志的紧急命令》。

《紧急命令》文字很短，只有80余字，全文如下："德珩村长：奉县指挥部命令，为了供给前线军火，日夜加（紧）制造手留蛋（榴弹），特决定调你村赵俊福同志，马上自带被褥到县报到。此人或再（在）前方参战或在亲戚家，马上派专人把此人叫回来，速速赴县为要，此令。"另有附言："希接令后马上通知他。"

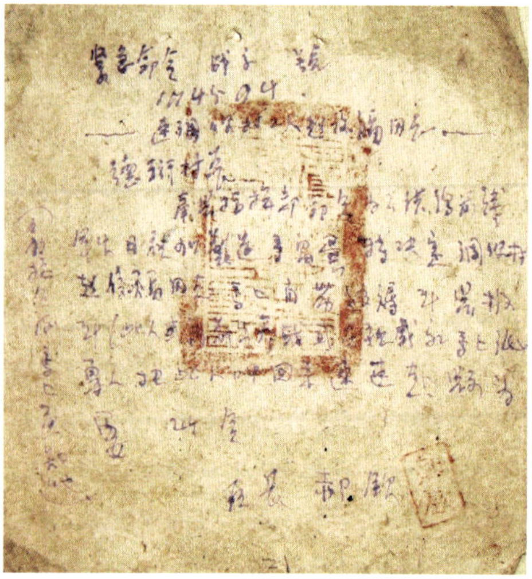

○ 1945年9月4日《关于速调你村工人赵俊福同志的紧急命令》。

同其他大多区署的发文不同，这是区长郝钦用钢笔亲笔写在一张巴掌大小、方方正正的"麻头纸"上的，虽然字迹已很模糊，但依然可以感受到它的紧急和正式。在紧急命令的后面，依次写明："战字×号"，这种"战"字编号的行文，在618份"纸片子"中是唯一一份；发文时间标明为"1945.9.4"；标题为"速调你村工人赵俊福同志"。在正文的下方，区长郝钦除亲自签名之外，并加盖了个人的名章；红色的"平顺县县政府第四区区公所"大印钤在了《紧急命令》的正中位置。其公文格式的规范，在手书的县府和区署的文书中都是很少见的。

这张仅仅只有80多个字的一纸紧急命令，却讲述了一个1945年9月上旬平顺全县民兵参加长治破城战斗之时，德珩村工人赵俊福被速调军工厂去造手榴弹的故事。

据平顺县《大事编年》记载：9月1日，奉长治临时军政委员会之命，平顺县2100余名民兵（干部、战士、伙夫）在"一切为了前线，一切为了胜利"的号召下，赴长治前线参加破城战斗。在历时8天的攻城战斗中，平顺民兵同壶关、潞城县民兵一起共破城墙31617尺（高3丈、宽1.5丈），因其“吃苦耐劳、敢冲硬拼”的作风，在《破城小报》中受到表扬。并有211人被评选为甲乙丙三个等级的模范，获奖谷子35石。

正是在这破城的时刻，德珩村村长收到了区长郝钦的这份紧急命令。

被郝钦“钦点”的赵俊福为何许人，会被如此“器重”，并为速调其到县专门发出一份紧急命令？在德珩村收到的全部文书中，除了这份“纸片子”之外，就再也没有见到这位赵俊福的面。但从《紧急命令》中也可看到它的基本“面貌”：从区长对其“同志”的称呼来看，赵俊福应是党员；将其称为之“工人”，显然应是村里在区县“挂号”的有一技之长之人；而其即使在前方参战，也要马上派专人叫回到县，更见其是制造手榴弹方面的能人。

在笔者2010年10月第一次走访德珩村时，据1947年入党、曾任过十几年德珩村村长的张凤枝和其老伴、曾任村妇救会主任的张松香老人介绍，在抗日战争和解放战争时，村里各种组织齐全，村公所、武委会、农会、妇救会等都有，赵俊福就曾是村财政委员会的主任。至于1945年9月赵曾被调县参加制造手榴弹这样的事，张松香因其1948年在攻打太谷作战时右腿负伤致残才复员回乡就不甚清楚了。另据赵俊福的侄子赵增民说，他只是知道赵俊福是个手巧的木匠，其他的就不清楚了。但历史是清楚的：内战爆发后，上党战役，豫北战役、豫西战役……，一个接一个的战役，都要日夜加紧制造手榴弹，赵俊福们就会一直日夜把手榴弹造下去，直至新中国到来的那一天。

最后要说的是，郝钦一纸对德珩村赵俊福“钦点”的紧急命令，使令人感慨当年县区领导对村里人才的熟知与重用。

第四个故事：豫北参战光荣归来的英雄张胜利、张保生

这是德珩村收到的1947年8月30日由县武委会主任张标，副主任刘九孝、代秋芳写给德珩村从豫北参战光荣归来的英雄张胜利和张保生的慰问信，使人们认识了德珩村的两位有名有姓的英雄，这也是在德珩村收到的全

部“纸片子”中见到的仅有的两名有具体名字的参战民兵英雄。

慰问信一共两封，油印，信的内容完全一样，是分别署名发给张胜利和张保生两个人的，想必也是发给所有豫北参战的英雄们的；写信的时间是张胜利和张保生参加豫北战役回村快三个月的时候。慰问信的具体内容如下：

自从豫北参战光荣回来后无歇气就担负起防旱备荒的重大任务，到现在已快三个月了没有见面，应该和同志们面谈，因工作不允许，只的（得）写信慰问。

同志们在前方日夜不息的勇英（英勇）奋斗了七十余天，少的也有五十多天，为人民立下功劳，当选为英雄。回到村得到群众无限赞扬，村村贺功，有的掛扁（匾）……等，真正无限光荣。

在前方是参战杀敌英雄，来后方要争取劳动英雄。如四区提出的“立功不立功，争取三英雄”，这说明大家争取英雄的信心很大。同时，在生产渡荒中做出了伟大的成绩，打下了渡荒基础。特别是在这次政训中起了大的作用，应该继续贯彻下去，胜利的完成政训。再者，伟大的“九二”民兵节来到了，应持坚（艰）苦奋斗的精神，迎接“九二”，从表功交流经验中提高自己。

希望同志们把在前方的勇气和经验更进一步在生产中发挥起来，达到吃穿有余，一

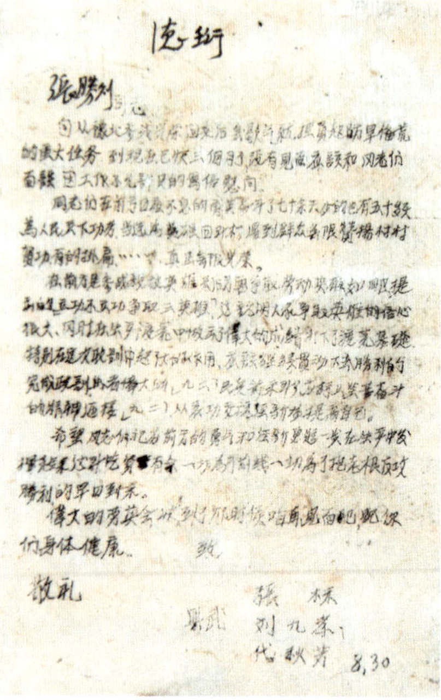
慰问

張胜利同志

致

敬礼

8,30

○ 给参战民兵英雄张胜利的慰问信。

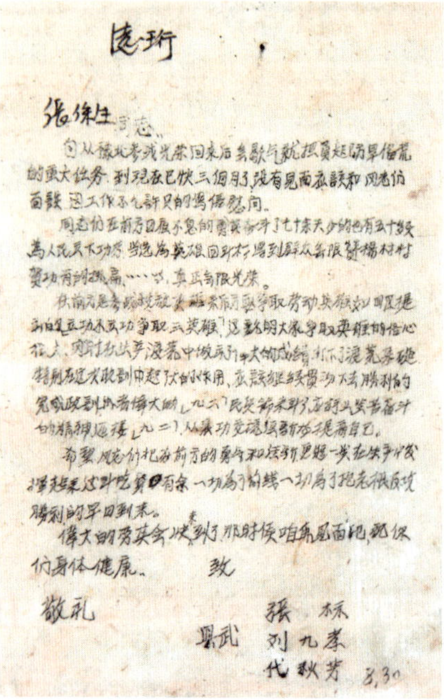
慰问

張保生同志

致

敬礼

8,30

○ 给参战民兵英雄张保生的慰问信。

切为了前线，一切为了创老根反攻胜利的早日到来。伟大的劳英会快来到了，那时候咱再见面吧，祝你们身体健康。

这就是《慰问信》的大致内容，这里有的只是对所有参战当选英雄回村民兵的慰问和希望，并没有张胜利和张保生的个人信息，却真实地记下张胜利和张保生这样两个参战民兵的存在，两个参战英雄的存在。他们当时应该获颁了“英雄证书”，因为在根据地、解放区，表彰、宣传英雄模范是一个传统，在德珩村收到的“纸片子”中所记载的各项运动、各种会议以及各类表彰通报和每年召开的英模大会上，都可以见到这些英雄们的身影。笔者曾收藏1945年12月平顺县政府召开全县劳模大会时颁发各类劳模奖状的三份《奖状存根》，上面记录了每位劳模所颁奖状的编号、单位、姓名、模范名称、颁发时间和县长孙竹庭的署名及县府“关防”，谨以此佐证张胜利和张保生两位参战英雄当年奖状的存在。

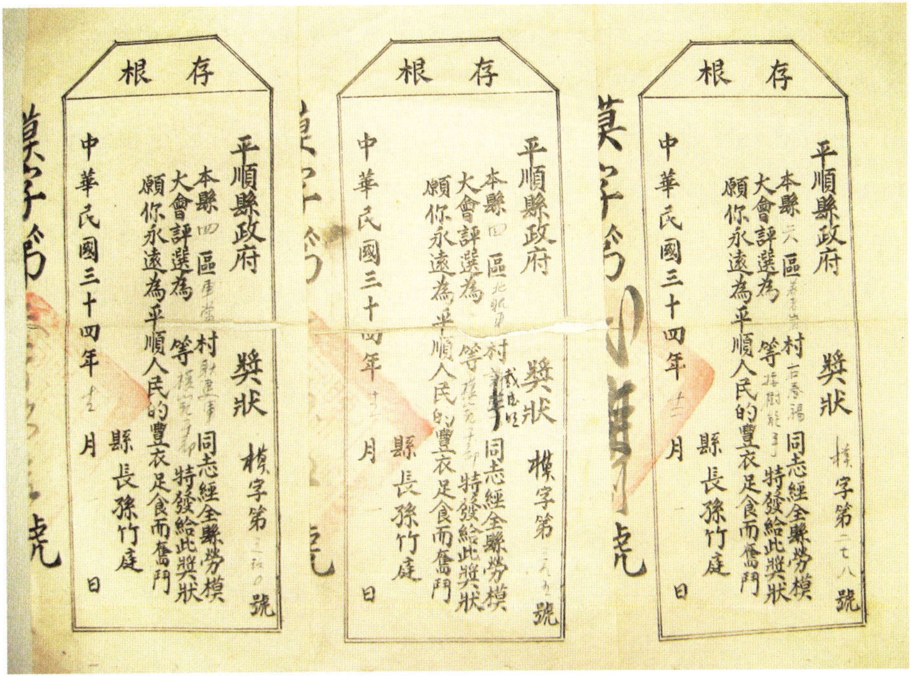

○ 1945年12月1日平顺县劳模大会颁发给四区车当村模范干部耿建军、四区北耽车村模范干部戴德明、六区养老岩村接树能手右春福奖状的《存根》。

第五个故事：模范互助组和模范家庭的尚林炎和张计生

自1943年2月平顺县西沟村的李顺达率先在全国创立了第一个农业生产组织——李顺达互助组之后，这种以若干户贫苦农民通过民主商讨，以“互助生产、劳武结合、发家致富、支援前线”为主要形式组织起来的常年互助组；这种被称之为“农民发家之路”，代表农村经济发展的方向的互助组，在平顺县乃至全国各根据地都广泛发展起来。至次年7月平顺县已有各类生产型互助组472个。11月，李顺达在太行区首届群英大会上被评为生产互助一等英雄。1945年4月5日《新华日报》报道，平顺县在生产运动中组织起来的户数和劳力已达全县户数和劳力的60%。11月29日，《新华日报》再次报道，在李顺达英雄推动下，经过几年的互助生产，西沟全村23户有2户达到了“耕一余二”，有13户达到了“耕二余一”，有7户达到了“耕三余一”，有一户“够吃”，在全村消灭了贫困户。12月5日，《新华日报》第三次报道，平顺县组织起来生产一年增收粮食3万石的好消息。1946年12月，在太行区第二届群英大会上，李顺达因创办互助组、响应党的发展生产号召成绩显著，再次被大会评选为一等劳动英雄。

正是在这样的环境下，德珩村涌现出了尚林炎模范互助组和张计生模范家庭，在德珩村的总结中留下了他们的事迹。

有一份装订起来的1946年德珩村关于模范互助组与模范家庭的总结，毛笔书写，包括封面在内共有6页。总结记录了尚林炎的模范互助组和张计生的模范家庭是如何组成的，做了什么“活计”，取得了什么“成果”，实现了什么“目标”，使人一睹当年德珩村的模范互助组和模范家庭的模样。

尚林炎模范互助组的事迹是这样记载的。

模范互助组：组长尚林炎

（一）全组的概况：

1.全组土地六十二八分九，共人口四十四。男全力十二名，半力二名；妇女全力十一名，半力一名；全组十一户。

2.他是在春耕下种时，就有七个全力生病，不能参加生产。除了病号，还有全半劳力七名。在这种情况下，他们对生活时，非常紧张的起早送肥，

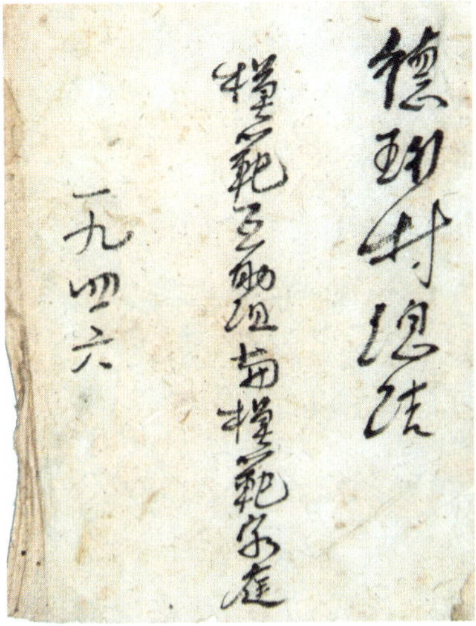
德珩村总结
模范互助组与模范家庭
一九四六

○ 1946年德珩村关于模范互助组与模范家庭的总结。

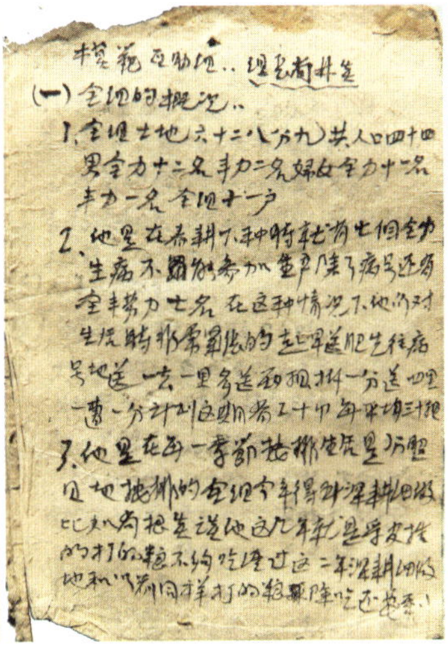

○ 总结内页（一）。

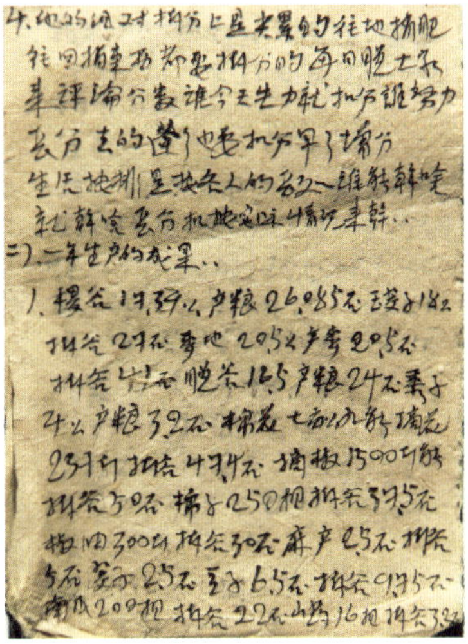

○ 总结内页（二）。

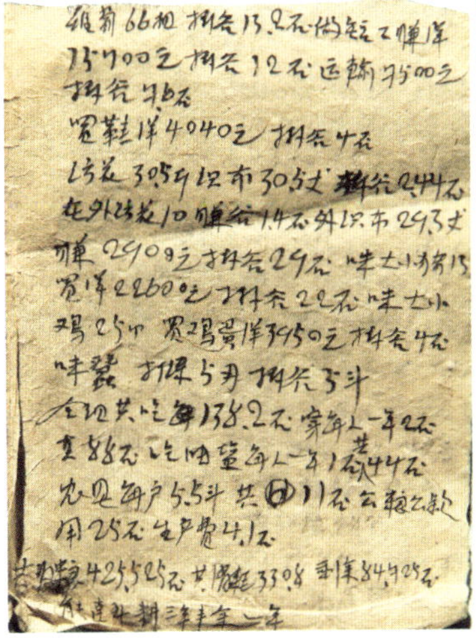

○ 总结内页（三）。

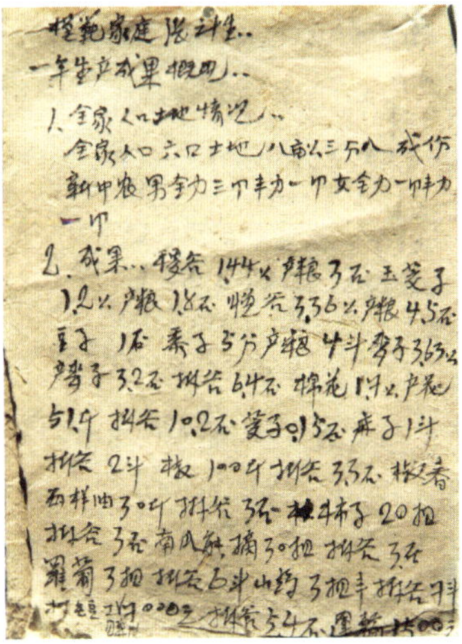

○ 总结内页（四）。

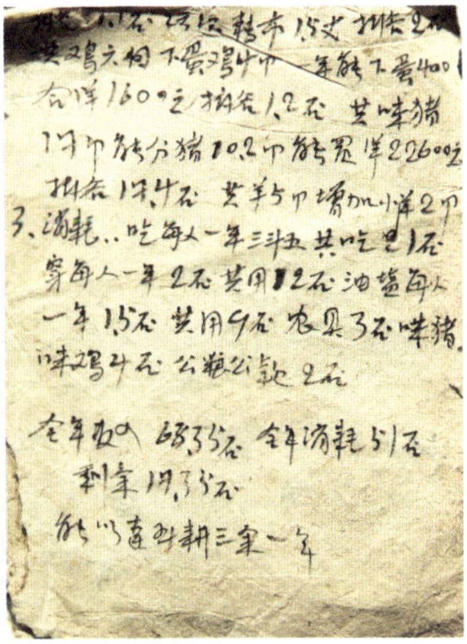

○ 总结内页（五）。

先往病号地送，一去一里多，送两担折（折）一分，送四里一遭一分。计划这期省工十个，每平均三十担。

3.他是在（按）每一季安排生活，是□照□地按（安）排的。全组今年得到深耕细做比如尚根炎谈，他这几年就是孚皮搞的，打的粮不够吃，经过这两年深耕细做，地和以前同样打的粮，除吃还要剩。

4.他的组对折分上，是尖累的。往地捎肥，往回捎东西，都要折分的，每日晚大家来评论分数。谁今天失力就扣分，谁努力长分；去的迟了也要扣分，早了增分。生活按（安）排是按各人的长处，谁能干啥就干啥。长分扣按实际情况来干。

（二）一年生产的成果：

1.稷谷17.39亩，产粮26.085石；玉茭子182亩，折谷27石；麦地20.5亩，产麦20.5石，折谷41石；晚谷12.5，产粮24石；黍子4亩，产粮3.2石；棉花七亩九，能摘花2、3千斤，折谷47.4石；摘椒1500斤，能折谷50石；柿子250担，折谷37.5石；椒油300斤，折谷30石；麻产2.5石，折谷5石；茭子2.5石，豆子6.5石，折谷9.75石；南瓜200担，折谷22石；山药16担，折谷3.2石；萝卜（蔔）66担，折谷13.2石。做短工赚洋75700元，折谷32石；运输7500元，折谷7.6石；卖鞋洋4040元，折谷4石；纺花30.5斤，织布30.5丈，折谷2.44石；在外纺花10丈，赚谷1.4石，外织布29.3丈，赚2900元，折谷29石；味（喂）大小猪13，卖洋22600元，折谷22石；味（喂）大小鸡25只，卖鸡蛋洋3950元，折谷4石；味（喂）蚕打丝5两，折谷5斗。全组共吃138.2石；穿每人一年2石，共88石；吃油盐每人一年1石，共44石；农具每户5.5斗，共11石；公粮公款用25石；生产费4.1石。共收粮425.525石，共消耗330.8，剩余84.725石，能达到耕三年半余一年。

这就是尚林炎互助组的总结，文字并不通顺，别字很多，一些方言也不太好懂，但尚林炎的事迹说的很清楚也很突出。一是坚持互助互帮。二是按季安排生产生活。三是“民主评分”，多劳多得。正是由于尚林炎的这些“作为”，互助组一年下来取得了不错的成绩。这些成绩，虽远不能和李顺达相比，但作为地处大山深处的德珩村来说，也是十分不易的，尚林炎成为模范也是当之无愧的。

张计生模范家庭的事迹是这样记载的。

模范家庭张计生

一年生产成果概况：

1.全家人口土地情况：全家人口六口；土地八亩三分八；成分新中农。男全力三个，半力一个；女全力一个，半力一个。

2.成果：稷谷1.44亩，产粮3石；玉茭子3.2亩，产粮3.8石；晚谷3.36亩，产粮4.5石，豆子1石；黍子5分，产粮4斗；麦子3.63亩，产麦子3.2石，折谷6.4石；棉花1.7亩，产花51斤，折谷10.2石，茭子0.15石，麻子1斗，折谷2斗；椒100斤，折谷3.3石；椒春两样油30斤，折谷3石；柿子20担，折谷3石；南瓜能摘30担，折谷3斤；萝蔔3担，折谷6斗；山药3担半，折谷7斗；打短工赚洋7000元，折谷5.4石；运输1500元，折谷1.1石；纺织转布1.5丈，折谷2石；共（公）鸡六个，下蛋鸡4个，一年能下蛋400，合洋1600元，折谷1.2石；共味（喂）猪17个，能分猪10.2个，能卖洋22600元，折谷17.4石；共羊5个，增加小羊2个。3.消耗：吃，每人一年三斗五，共吃21石；穿，每人一年1.5石，共用9石；农具3石；味（喂）猪味（喂）鸡4石；公粮公款2石；全年收入68.35石，全年消耗52石，剩余17.35石。能以达到耕三余一年。

这就是张计生模范家庭的总结，只有家庭的基本情况和一个模范家庭一年辛劳中所取得的成果。全年收入折谷共68.35石，刨去全家全年各种消耗52石，还剩余17.35石，其成绩超过了尚林炎互助组，达到了“耕三余一”的目标，因而张计生的家庭自然成为了模范家庭。

第六个故事：阳高村劳动英雄杨永高和他的互助组

在这里，应该说一说当年和德珩村同区邻村的阳高村劳动英雄杨永高和他的互助组。平顺县的互助组、合作社事业，在其历史上是一个亮点。在德珩村收到的“纸片子”中，有关互助组、合作社的文书占有相当的数量，将近百份之多，其中有县区政府以及合作联社的各种命令、指示、通知、通报和经济情报等，大到全年的生产，小到一个牲口市场的定点、粮食价格的微小变化，可以说涉及解放区经济生活的各个方面。

在这里，只是对应尚林炎互助组的事迹，再看一看阳高村英雄杨永高领导的互助组是怎样在生产互助中组织劳资合作的小型合作社，进行统一领导，实现生产与发展农副业、参战支前和优抚服勤的三结合，为大生产运动以及战争胜利所作的贡献。

这是德珩村所收到的1947年8月4日由区政委（区委书记）岳培瑄、农会主席张拴牢等四人签署发来的《关于组织劳资合作统一领导——阳高村英雄杨永高创造“三大结合”的通报》。在德珩村收到的有关合作社的文书中，这是比较长的一份，字迹大多模糊，为保留其“原汁原味”以观其貌，按其所说四个问题记述如下。

1.为何要创办小型合作社实行“三大结合”。

《通报》首先介绍了杨永高互助组的组成及其创造出“三大结合”的背景，指出：“阳高村劳动英雄杨永高今年在大生产运动中，他亲自领导一

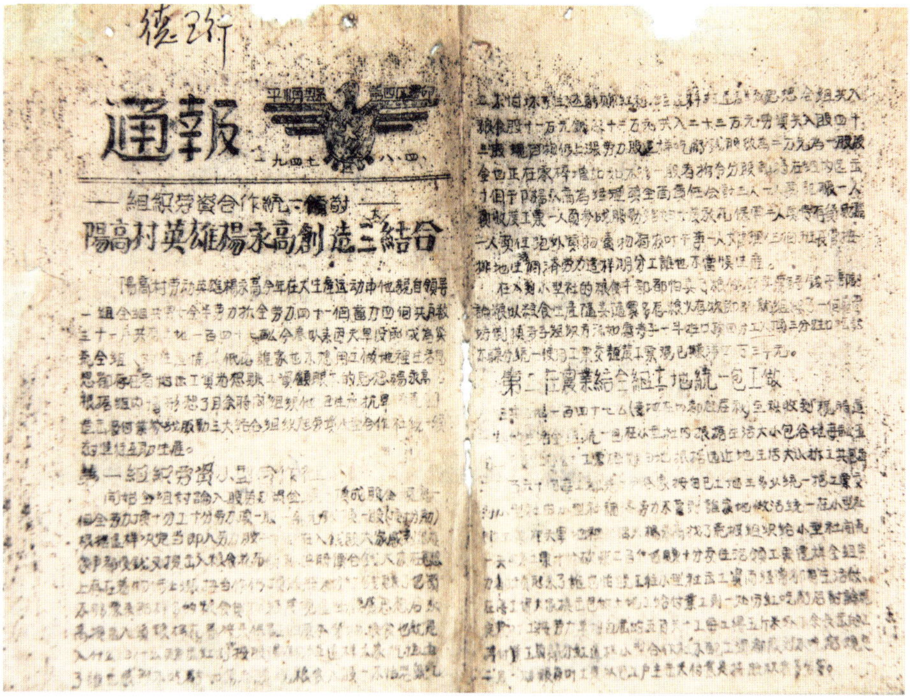
德珩

通報

一九四七 八 四

——組织劳資合作統一領导——

陽高村英雄楊永高創造三結合

第一組织劳資小型合作社

第二 農業結合組...統一包工

○ 1947年8月4日《关于组织劳资合作统一领导——阳高村英雄杨永高创造“三大结合”的通报》。

组，全组共男女全半劳力折全劳力四十一个，畜力四个，共户数三十一户，共有土地一百四十七亩。今春以来，因天旱没雨，成为灾荒，全组对生产情绪低落，谁家也不想用工做地里生活，思想都存在着怕出工资、光想赚工资顾眼下的思想。杨永高就根据组内情形，想了月余时间，组织他组生产抗旱备荒，创造出农付业、参战、服勤三大结合，组织起劳资小型合作社，统一领导进行互助生产。”

在这里，可知杨永高领导的互助组有31户人家，共147亩土地，全组折全劳力41个，恰逢春旱灾荒，大家情绪低落，不愿做地里的活计，光想“赚工资顾眼下”，由此杨永高提出了创办小型合作社和“三大结合”的做法。

2.小型合作社是这样组织起来的。

第一，组织劳资小型合作社。开始全组讨论入股，劳力、资金统一顶成股资。规定一个全劳力顶十分工，十分劳力顶一股，一万元钱顶一股，（顶十分劳力）。根据这样决定，当即入劳力股二十个，在入钱股大家感到困难，家户都没钱，又提出入粮食、花布、货物，按时价合钱。大家在思想上存在着物价上涨，按当作价顶股，将来分红，钱赚了也买不够原来那样多的粮食货物。经发现这些顾虑思想后，永高提出入货粮、棉花等，将来保证归原本货物，粮食也就是入什么归什么，赚出红利的按股得钱。经这样，大家疙瘩通了，谁也感到不吃亏。如常志胜说：粮食入股一不怕老鼠吃，二不怕坏了，三还能赚红利。经这样打通群众思想，全组共入粮食股十一万元，钱股十二万元，共入二十三万元，劳资共入股四十三股。现因物价上涨，劳力股这样吃亏，钱股改为二万元为一股，股金也在零碎增加。如不够一股者，折合分股。即时在组内选出十个干部，杨永高为经理，负全面责任；会计三人，一人负责记账，一人负责收发工票，一人负参战服勤，给妇女发放花；保管二人，负责存货财务，一人负跑外买物卖物；有（由）农叶（业）干事一人来管理三个班长管，按（安）排地生活，调济劳力，这样明分工，谁也不当悟（耽误）生产。

在入到小型社的粮食，干部都怕卖了粮做买卖要赔钱。干部讨论，粮以粮食生产随卖随买，多存粮，少存款，即时就组织了一个磨面坊，倒换麦子。组织方法，如磨麦子一斗，牲口顶四分，工人顶三分，牲口吃麸不赚分，统一使用工票，交麸发工票。现已赚洋四万三千元。

这里具体介绍了组织小型合作社的形式。这种采取以“钱物劳力”均可入股组织的合作社，无疑对克服灾荒，调动农民的积极性，推动生产发展有着积极的作用。随后《通报》又具体介绍了杨永高的合作社实现与农业生产、发展副业、搞好参战支前优抚服勤“三大结合”的具体做法。

第一个结合：在与农业结合上全组土地统一包工来做。具体做法：

全组共有土地一百四十七亩（麦地在内都赶茬秋），至秋收到现时，这一期的生活全组统一包。在小型社内，根据生活大小，包谷地每亩五个工；麦地每亩三工；零碎杂田地，根据远近地生活大小折工，共包出工五百六十个。每工都是十分，各家按自己土地多少，统一把工票交到小型社，由小型社调济（剂）劳力，不管到谁家地做活，统一在小型社领工票。在天旱地里生活少，杨永高找了荒坡，组织给小型社开荒，一天赚工票十分，砍柴二百斤，也赚十分，交生活，领工票。这样全组劳力都积极起来了，谁也怕脱工，往小型社出工资，而经常都有生活做。在得工资，大家提出包的土地工给副业工到一处分红吃亏后，讨论规定农叶（业）工按劳力平均包出的五百六十工，每工得五斤米外，下余长出的工，按付（副）叶（业）工算帐分红，这样小型合作社不配工资都感到不吃亏。规定二月一算账，农叶（业）工以包工户主出米，付（副）业是按股算，多者分多。

第二个结合：在副业结合上组织妇女纺织男人运输。具体做法：

1.妇女纺织上，全组共妇女全半劳力二十六个，都统一到小型社领花、纺织，赚工票。规定纺大秤一斤花（二十二两秤）顶四分工，清收拾上；机织一丈布顶工二十分，纺织一□顶六十分工，交成品领工票，一月一算账。除原资本，弹花级面等下余红利照工票，按劳八资二分红。如家庭生活困（难）的妇女，随交成品，随时按时价作价分红，愿得货得货，愿得钱得钱。现实小型共买花四十一斤，已开始发出十五斤纺开了。如常爱□说，这样组织起妇女就不怕缺花纺啦，从前上级追叫纺花，是急时没钱买不上不能纺，这样咱这组妇女就都有办法啦。

2.在结合运输上，主要是以劳资小型合作社统一领导，根据运输标准地点，规定出赚工票数目。在阳高村运输，是西到卫子镇北到黎城、涉县，东到任村运输，运的经常在外都是一夜就回来了。根据这个情况讨论规定，每个劳力取新秤七十斤，顶十分工，在外住一夜，加五分工，每月算账分红。如常志胜开始运了二次，提出掂（垫）不起盘费，永高提出当时开脚价，大家又说在家劳力吃亏。大家讨论规定“出十的抽一”的办法（赚十元小型社抽一元），这样外边、家的都不吃亏，劳资都得利，解决了劳力有资金也能赚钱。经这样组织后，全在农付（副）叶（业）都赶着有劲，如张刘其说：“永高就是有办法呀，这样组织起来真好，又能种好地，又能多赚钱，这恐怕才能渡荒呢。”

第三个结合：在与支前结合上参战支差优抚服勤。具体做法：

参战时统一在小型社顶工发工票，按十分顶一工，上级规定多得分多顶工，统一在小型社变，按劳力平均得土地工、每工五斤米外，长出工同样按副业工分红算，在参战家土地也同样在小型社包做；在支差优抚服勤，统一在小型社领工票，小型出服勤统一给，全村按劳力算，该出米小型社统一出，该得统得在小型社内。

最后，《通报》总结了杨永高互助组“三大结合”所取得的成果：

杨永高经他亲手组织起三大结合已有月余时间，所得到的成绩：共开荒地二亩五分，共砍柴四百余斤；全组共运输了七次，每次平均二个牲口，二个人运，共赚洋六万五千元；磨面一盘二十多天，赚洋四万三千元，共赚洋十万八千元。现用花布钱共买回米十一石，准备渡荒。经这样统计，全组都对搞三大结合生产，情续（绪）很高。如常志安今年收了九斗麦子，就入到劳资小型社五斗；如常凤贵在前对互助生产最没信心，因他五十来岁，种的地多，光脱工、出工资。经这样组织起来，他说，我可有办法啦，我地多我能多做工，我还能磨面、运输，我还能入股赚，这就能不脱工。现时我老汗（汉）赶（干）的一股劲。现全组生产热情很高，正在集体进行锄苗。

这就是德珩村的邻居——阳高村英雄杨永高创造的“三大结合”的事

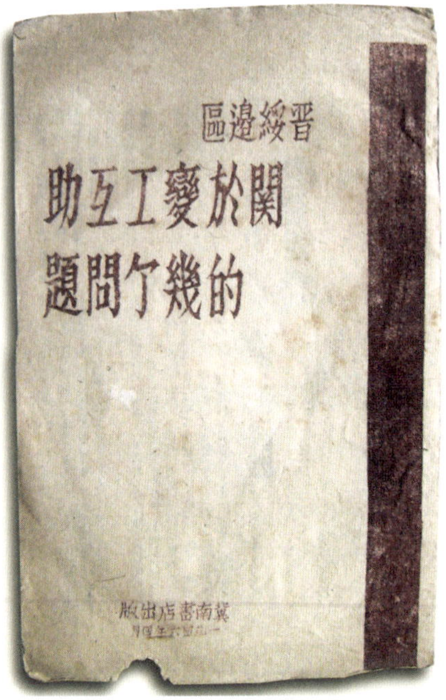

○ 1946年4月冀南书店出版的《晋绥边区关于变工互助的几个问题》一书的封面，该书系统介绍了晋绥边区响应毛泽东“组织起来”的号召，实行变工互助的做法和经验。

迹。自毛泽东1945年提出“组织起来，发展生产”之后，这种变工互助就成为根据地、解放区组织起来的基本形式之一，特别是在土改之后，这种变工互助对于发展农业生产、副业生产，特别是支前的保障都发挥了至关重要的作用。在这一点上，无论是德珩村的尚林炎、阳高村的杨永高，还是西沟村的李顺达，都为解放区互助组、合作社和变工互助的产生、发展提供了相关的情形，为此留下了历史的见证。

第七个故事：不听“招呼”的德珩村木匠

在德珩村收到的“纸片子”中，还记载了一个不听“招呼”的木匠，进而讲述了德珩村一群木匠的故事。

这是德珩村收到的自1946年9月11日至15日五天里，由区长许俊科、副区长张旺喜连续三次调动德珩村同一名木匠到区“杀（伐）树”的一份通知、一封信和一份命令，三份文书均为毛笔书写，字迹并非一人所书，但都钤有“区公所”大印和区长许俊科的“名章”。因为德珩村一位木匠的调动，而专门发出三份区公所的正式公文，这在全部德珩村的“纸片子”中是唯一的，这位木匠在德珩村人中的故事中也是罕见的一位“主人公”。三份“纸片子”内容如下：

第一份是通知。

这是德珩村村长收到的由区长许俊科和副区长

张旺喜于1946年9月11日发来的《关于调木匠做工的通知》："德珩村长：兹决定调你村木工树法（不知树法为何意）一人于本月十二日带被褥、木匠工具前来区署分配杀树，希接（通）知后转告该人务于十二号前来报到为要。"谁知到13日，只有德珩村的这名木匠没有按时报到，由此德珩村村长再次收到区长许俊科写来的信。

第二份是信件。

区长许俊科1946年9月13日写给德珩村村长的信，只有一句话："德珩村村长：前通知你木匠来区杀树，全区都亦（已）集合在区，未（唯）有你村未来，希你通知他于明天一早自带工具、被褥前来区署为要。"让许俊科意想不到的是，德珩村的这名木匠14日仍然没有前来区署报到，由此德珩村村长、副村长又收到了区长、副区长联合发来的命令。

第三份是命令。

这是区长许俊科、副区长张旺喜于1946年9月15日联合给德珩村正、副村长下达的《关于木匠工人立即来区的命令》。命令措辞严厉，也只有一段话："德珩村长、副村长：前去几次信，通知你村木匠速来区署，迄今数日不来，对工作懈怠不执行，希接令后，火速推动你村那个木匠工人带工具立即跑步前来区署，坚

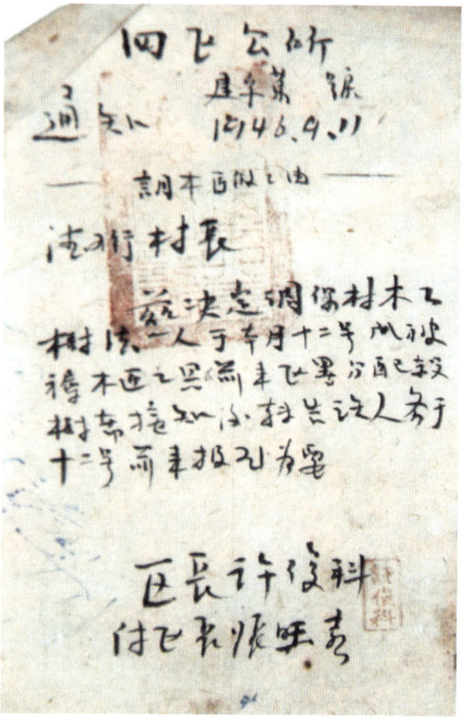
四区公所
通知 区字第 號 1946.9.11
調木匠做工由
德珩村長
兹決定调你村木工树法一人于本月十二号帶被褥木匠工具前来区署分配殺树希接知后转告該人务于十二号前来报到为要
区長许俊科
付区长張旺喜

○ 1946年9月11日《关于调木匠做工的通知》。

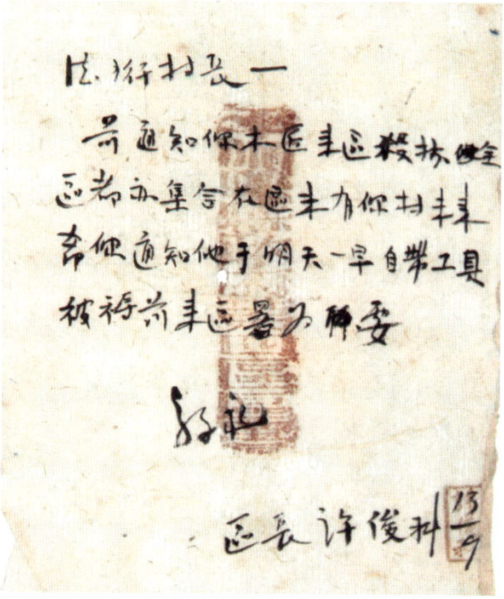
德珩村長—
前通知你木匠来区殺树全区都亦集合在区未有你村未来希你通知他于明天一早自帶工具被褥前来区署为要
敬礼
区長许俊科 13/9

○ 1946年9月13日区长许俊科写给德珩村村长的信。

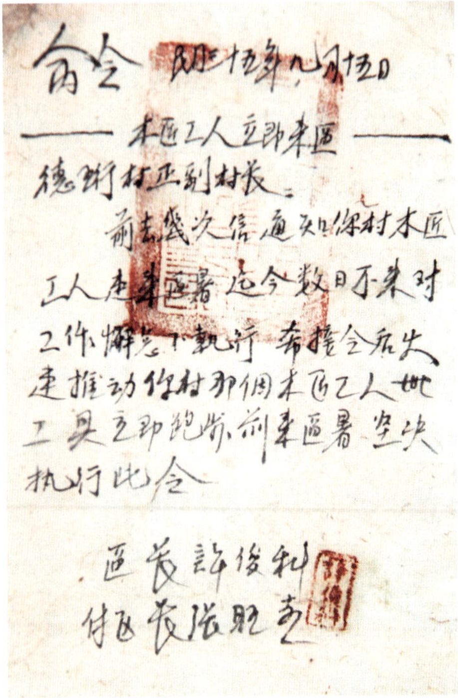
命令 卅五年九月十五日
——木匠工人立即来区——
德珩村正副村长：
前去几次信通知你村木匠工人速来区署 迄今数日不来对工作懈怠不执行 希接令后火速推动你村那個木匠工人带工具立即跑步前来区署 坚决执行此令
区长许俊科
付区长张兆吉

○ 1946年9月15日《关于木匠工人立即来区的命令》。

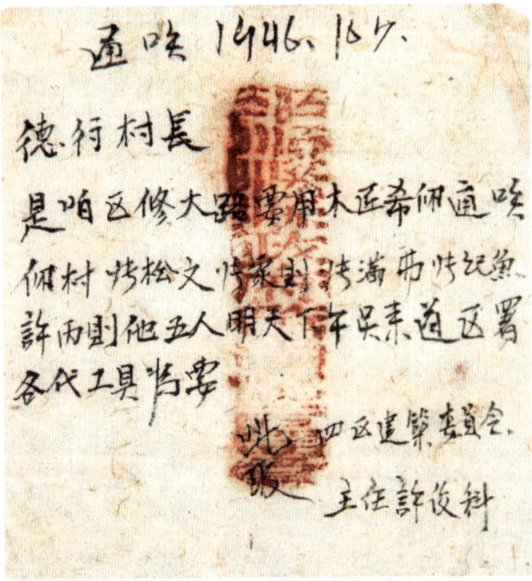
通知 1946.10.7.
德行村長
是咱区修大路要用木匠希你通知你村张松文张霖则张满□张记鱼許丙则他五人明天下午吴来道区署各代工具为要
此致 四区建築委員会
主任許俊科

○ 10月7日调木匠到区修大路的通知。

决执行，此令。”

为了调用一个村木匠，五天之内，连下三道文书，从发给村长到发给村长、副村长，从通知到写信，从写信到命令，实属少见。这真是一个完全不听“招呼”的木匠。

问题是为什么调动村里的一个木匠，会有如此难度？这是因为木匠在根据地是供不应求的“技术工人”和村里的“能人”。从德珩村的“纸片子”中可以看出，木匠们是一个非常重要的角色，除了日常的打制家具、修理门窗之外，无论大生产中的打制农具、制作纺车，还是出工中的伐树、修建土木工程、打造桥梁，以及军需支前中的打制手榴弹木把子，制作担架、棺板等，哪一项也离不开木匠师傅。正因如此，德珩村收到的区里调用木匠的通知就屡见不鲜了。

就在收到9月15日的命令不久，德珩村就又收到了区长兼区建筑委员会主任许俊科10月7日发来的关于调木匠到区修大路的通知。通知用毛笔书写，别字不少，应是区署工作人员代笔，具体如下：“是咱区修大路要用木匠，希你通知你村张松文、张霖则、张满□、张记鱼、许丙则他五人，明天下午吴（务）来道（到）区署，各带工具为要。”

这次区署向德珩村调用的不是一名

木匠，而是五名。也可看出，德珩村是一个“盛产”木匠的村庄，且有一些很有“两下子”的“把式”。就在10月7日收到通知的次日，德珩村又收到了区长许俊科写来的再调两名木工的来信。具体如下：“咱区的修路工作大部快收（完）成，但因木工缺少，未有将桥打成，特令调你村木工二人张假则、许丙财，二人于本月九号一早前来北耽车区署报到，以便急需修塔桥为要，并转知准备妥当，按时来好了。”

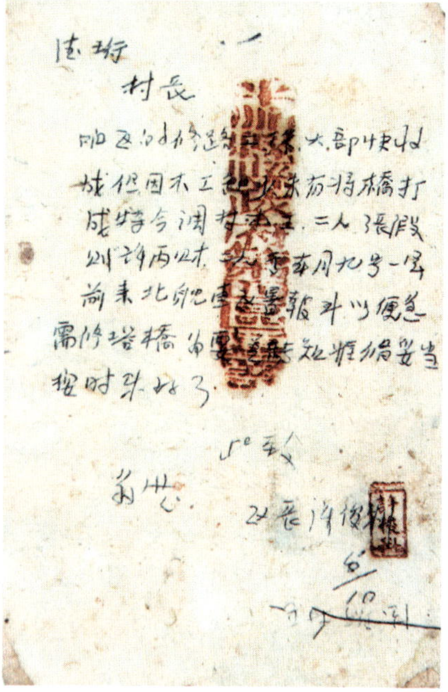

○ 10月8日再调两名木工的来信。

就在收到这封信的同一天，德珩村同时还收到了区长许俊科、副区长张旺喜联合签发的《关于调第二批建筑修路民夫开工的命令》。命令指出：“兹决定于本月十号调第二批修路民夫开工，这次按百分之三十劳力，抽调你村全劳力103名，并带修路工具与被褥给养等行李（期限八天一换），今次决定由副村长带领前来修路（决不能托其他干部来代替）。希接令后，务于本月十号下午报到（前原指定地点），十一号正式开工，希一定按时报到为要，此令。”

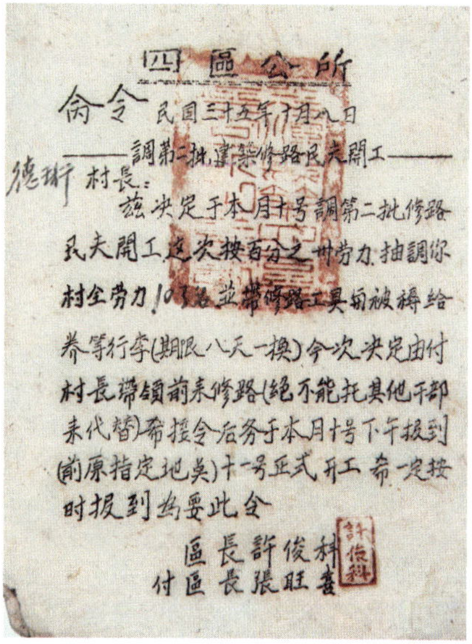

四區公所
命令 民国三十五年十月八日
——調第二批建築修路民夫開工——
德珩村長：
兹决定于本月十号調第二批修路民夫開工这次按百分之卅劳力抽調你村全劳力103名並帶修路工具与被褥給养等行李(期限八天一换)今次决定由付村長帶領前来修路(絕不能托其他干部来代替)希接令后务于本月十号下午报到(前原指定地点)十一号正式开工希一定按时报到為要此令
區長許俊科
付區長張旺喜

○ 10月8日《关于调第二批建筑修路民夫开工的命令》。

显然7日区署向德珩村所调的五名木工是为第二批“大修路”而调用的，而8号所调用的两名木匠则是为第一期修路而“点将”的。德珩村的木匠们就是这样每时每刻，不停地奔走于各个工地和所有需要他们的地方。也许正是因为如此，才有了不听“招呼”的木匠和不服从调用现象的发生；也正是因为如此，民力的使用问题成为解放区要面对和解决的问题（在德珩村的“纸片子”中这个问题也是经常被提及的），因而在10月9日，德珩村村长和副村长便又收到了区长许俊科、副区长张旺喜联合签发给的《关于对目前各村使用民力上几点意见的指示》。

《指示》首先指出：“今年爱国自卫战争最发展，粮款任务都很重，在（再）加上咱们区的修路任务，秋收秋耕工作很紧，劳模大会马上到来，根据现在的时间与咱们当前的工作紧迫，咱们应当对群众的民力问题十分更加注意。但近日来有部分村对民力使用还仍不加注意，如××村合作社派专人来区开路条，有些村随便在村派民夫使用，这样搞来对目前时局与秋收秋耕工作有很大影响。”随后，《指示》提出：“根据当前时局与工作，对使用民力提供以下几点意见：1.没有区上的手续不能随便派作工差；2.各村送信的话，可派儿童与妇女送，如果很紧的话可派男力送。希接指示后，一定坚决执行为要，特此指示。”

这里只是对各村使用民力提出了要求，但是在当时生产、支前等各项任务都很紧迫的情况下，也只能做到要求村里不再随便支差。1946年过去了，直至1949年，德珩村的木匠们依然在为大生产和支前忙碌着，德珩村的“纸片子”为他们留下了一份记录。

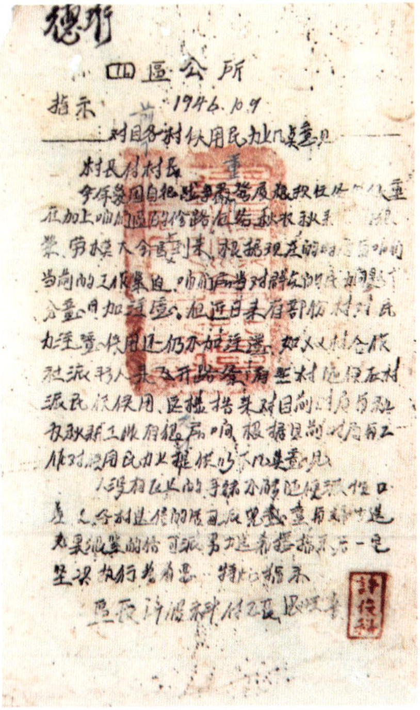
德珩
四区公所
指示 1946.10.9

○ 10月9日《关于对目前各村使用民力上几点意见的指示》。

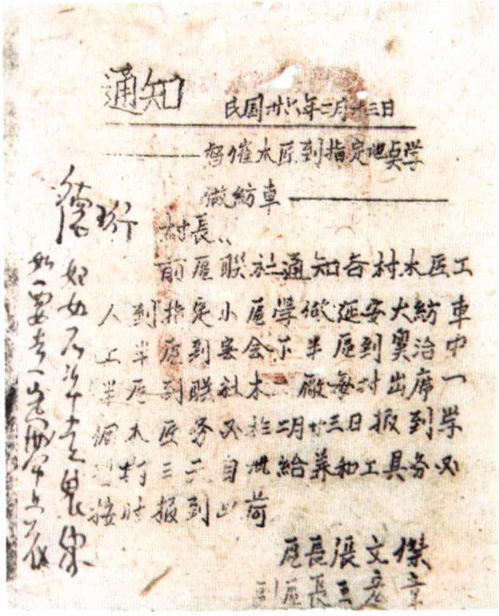
通知 民国卅六年二月十三日
——督促木匠到指定地点学做纺车
德珩
村长：
区长张文杰

○ 1947年2月13日《关于督促木匠到指定地点学做纺车的通知》。

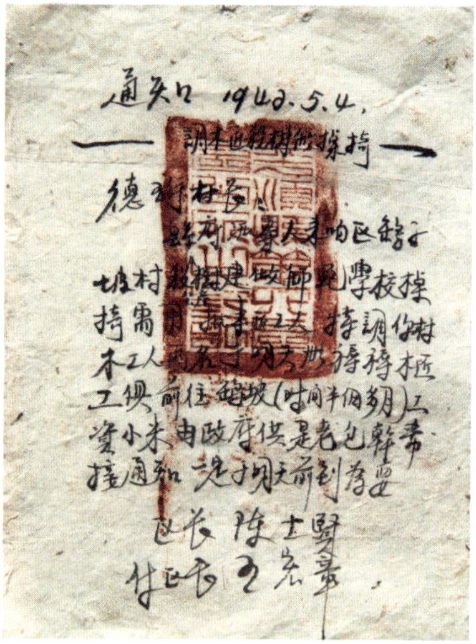

○ 1947年5月4日《关于调木匠杀树做桌椅的通知》。

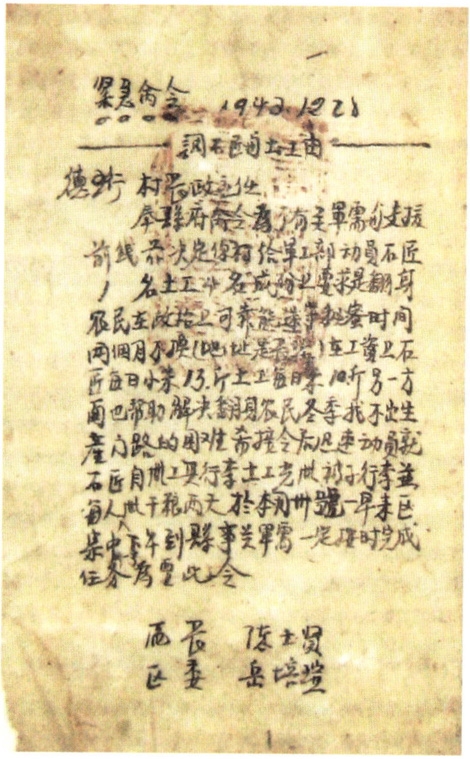

○ 1947年12月28日区长陈士贤、区委书记岳培瑄签发的《关于为支援前线调石匠木工到县的紧急命令》。

第八个故事：德珩村人补选的国大代表王忠卿和霍泛先生

德珩村于1946年三四月间收到两份来自县府的关于补选国大代表的通知。一份是1946年4月20日由县长任映仑和副县长赵企贤签发的平顺县政府“民选字第四号”《关于公布王忠卿霍泛二先生当选国大代表的通知》，这份通知在前面德珩村1946年的大事记中就已经讲到；另一份是1946年3月31日由平顺县政府印发的《关于补选国大代表的紧急通知》（标题为笔者所加）。两份通知，记载了1946年1月旧政协会议之后，解放区人民为将要召开的中国有史以来第一次国民大会补选国大代表的一段史实，也记录下德珩村人所选出的国大代表王忠卿和霍泛先生的一段往事，为后人留下两份十分珍贵的史料。

这是德珩村所收到的1946年3月31日《平顺县政府关于补选国大代表的紧急通知》，其时旧政协会议刚刚结束两个多月。根据政协会议关于国民大会代表的数量除抗战之前（1936年）1200名“已选出者外，其余名额可使之合理增加”的决定，“增加党派及社会贤达700名”，“台湾、东北等新增各该区域及其职业代表共150名”，“总计国民大会之代表为2050名”。正是在这种形势下，德珩村村长收到了这份《关于补选国大代表的紧急通知》。通知原文如下：

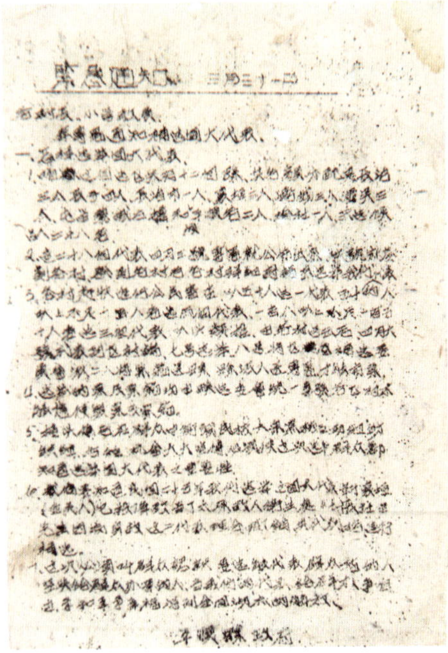

○ 1946年3月31日《关于补选国大代表的紧急通知》。

各村长、小学教员：

奉专属通知补选国大代表。

一、怎样选举国大代表。

1.咱这个选区共有十二个县，其名额分配是：长治三人，武乡四人，长治市一人，襄垣三人，潞城三人，壶关三人，屯留、黎城、左权、和顺、平顺各二人，榆社一人，共选候选人二十八名。

2.这二十八个代表，四月三号专署就公布出来，四号就发到各村，发到各村后，各村详细讨论，来选举我们的代表。

3.各村赶快进行公民审查，以五十人选一代表；五十人以上、不足一百人者，选两个代表；一百人以上、不足一百五十人者，选三个代表；以此类推，由各村选出后，四月六号代表到区讨论，七号选举，八号将区补选委员会派二人将票箱送县，县派人送专署才能开票。

4.选举的票及票箱均由县选委会统一制发，各区村不能随便制票及票箱。

5.接此通知后，在群众中、街头、民校、大众黑板、互助组、纺织组，各种机会大大宣传，必须使这次选举群众都知道选举国大代表之重要性。

6.我们要知道，民国二十五年我们选举之国大代表靳襄垣（壶关人），它（他）投降敌，当了太原敌人卫生处处长；张杜□先生因病身故，这二代表理合撤销其代表资格，进行补选。

7.这次必须叫群众认识，要选能代表群众利益的人，坚决给群众办事的人，当我们的代表，给群众争自由、争和平、争幸福，得到全国彻底的解放。

在这里，《紧急通知》就怎样选举国大代表讲了七条，展现了当年德珩村补选国大代表的情形：一是候选人名额由上级“分配”而来。二是有一套选举的程序和规定。三是注重发挥政治宣传的优势。

正是经过这样一系列的程序，20天之后，德珩村收到了1946年4月20日由县长任映仑、副县长赵企贤联合签发的平顺县政府“民选字第四号”《关于公布王忠卿霍泛二先生当选国大代表的通知》，宣布了专属分配给平顺县

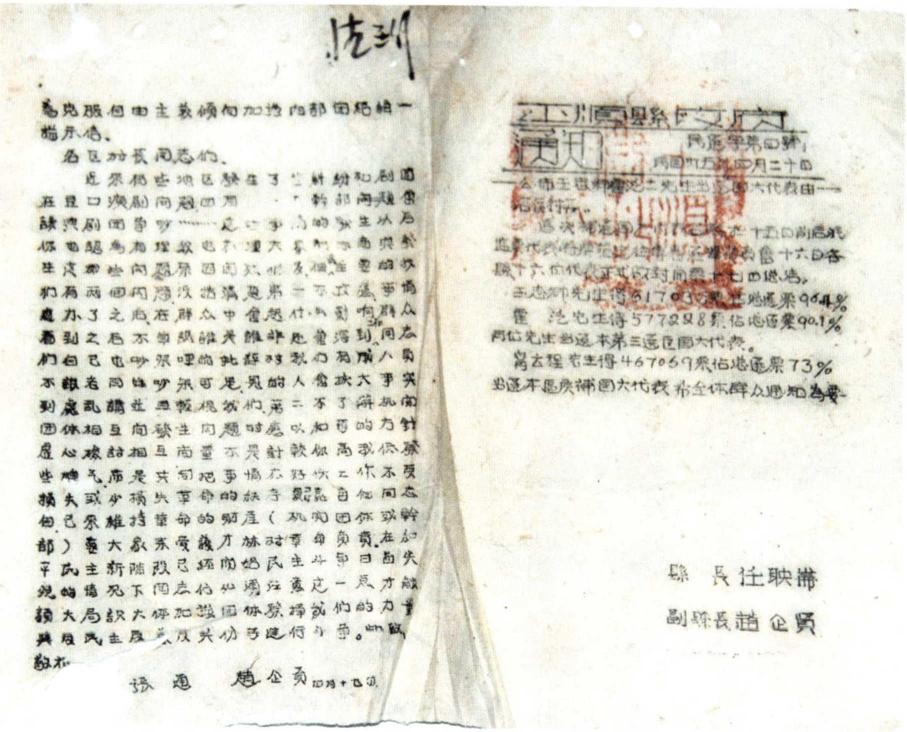
平顺县政府
通知
民选字第四号
民国卅五年四月二十日
霍泛先生得577288票佔總選票90.1%
兩位先生當選本第三選區國大代表。
縣長任映倉
副縣長趙企賢

○ 1946年4月20日《关于公布王忠卿霍泛二先生当选国大代表的通知》。

的2名国大代表当选的结果。通知原文如下：

各区村长：

这次补选国大代表，各县于十五日前后派监票代表将票箱送往专属选举委员会，十六日各县十六位代表正式启封开票，十七日总结：王忠卿先生得617035票，占总选票96.4%。霍泛先生得577228票，占总选票90.1%。两位先生当选本第三选区国大代表。宁云程先生得467069票，占总选票73%，当选本区候补国大代表。希全体群众周知为要。

县长：任映仑

副县长：赵企贤

在这里，两名补选的国大代表王忠卿和霍泛得票率都在90%以上，王忠卿先生的得票率则高达96%以上。这就是德珩村的“纸片子”所记载的1946年三四月间德珩村人所参加的第三选区补选国大代表的往事。如果不是这些“纸片子”，今天的人们恐怕难以想象到，大山深处的德珩村人当年曾经直接参与了国大代表的选举。

后　记

《一个村庄的红色档案——德珩村1941—1949》，终于和读者见面了。这些德珩村的红色档案，是笔者几十年民国文献史料收藏中最有价值的红色文献之一，它能够如此系统和完整的流传于世是个“奇迹”；它记载的各种“小故事”所折射出的“大历史”更加的不平凡。

因而它的整理和撰写，从一份份“纸片子”的阅读、辨认、分析，到归纳、分类、拍照、整理、打印，再到一次次的实地走访、调查、查找、解疑释惑和提笔撰写、正式成文，也算是笔者近年所撰写的十余本有关民国文献史料书籍中，下功夫最大的一本。

实际上，最初原只打算写一个二三万字的德珩村“纸片子”的简介，再将618份“纸片子”仿真扫描附后，编成一个史料集，供研究者和喜欢者自行去研读。谁想到，当你一份一份翻阅着这些“破旧”的“废纸”时，当你一句句辨认那些或“繁体”或“简体”或“自创体”的文字时；当你一个字、一个词仔细琢磨着那些当地的“土话”时；当你一份一份按照年代、事项分类进行统计时；而当你正式提笔要写仅仅是一段简介时，你就完全失去了最初的打算，不由自主地被那些发黄的“纸片子”字里行间所记录和“散发”出的每一个故事吸引着，越发控住不住自己，随性地、不可收拾地，一篇一篇、一件一件、一样一样地写了下去，不知不觉已是几十万字；到了最后，很多地方还不得不忍痛割爱，写成了现在的这个样子。

实际上，最初也只想在简介中客观地告诉读者，德珩村是一个什么地方；这是德珩村哪年哪月的一张“纸片子”，它记载了一件什么样的事情。但当你一遍又一遍反复翻腾着这些虽旧却坚实的“麻头纸”，仔细阅读那字里行间的每一句话语，那些名不见经史的大事小情，那些名不见经传的小人物，那些或熟悉或鲜为人知的小故事，都止不住令你惊叹，令你感慨，令你兴奋，令你深陷其中不能自拔；甚至恍惚之间，你会有一种回到了那个年代，回到了德珩村，成为一名德珩村民的亲切和挚爱的感觉，使你止不住更多地说出了您的感知，表达了你对它的全部情感。这就是这些“纸片子”所挥发出来的巨大能量和迷人的魅力。

它们是历史的细节，它们是历史的见证，它们是为历史留下的好东西，它们更是历史留下的一种精神，其实它们本身就是真正的历史。这就是它的全部价值和真正的美好之所在。

不知现今这类村级的红色文献存世的还有多少，恐怕不是很多。而当年它们所记录下的一切，也日益渐行渐远；一切的痕迹，也都在人们的记忆里逐渐消失。这些“小纸片”告诉人们的，就是一句话：永远都不应忘记当年那些普普通通的“德珩村人”，不应忘记他们为共和国所做的点点滴滴，包括他们打的每一粒米，织的每一寸布，缝的每一双鞋以及担过的每一幅担架，甚至为自己亲人准备的每一副棺板。一位无产阶级的伟人曾经说过：“忘记就意味着背叛”。这里要说的是：“忘记了就是背叛”，它不仅仅是记住了这些人，更是记住了这些人留下的精神。只有这样，才对得起那千千万万的“德珩村人”，才对得起德珩村这些幸运存世的618余份“纸片子”。这也就是德珩村这些“纸片子”，所给予历史的不断“提醒”。

今天，在《一个村庄的红色档案——德珩村1941—1949》出版之际，我要衷心感谢山西省长治市平顺县县委、县政府及其县党史办、县志办、县档案局的领导和同志们所给予的支持和帮助；感谢平顺县阳高乡的领导以及“德珩村”的书记、村长和村民们，特别是要感谢当年的老村长、老支书张凤枝和老妇救主任张松香夫妇给予的热情接待；感谢好友曹阳文先生、徐芳珍女士所给予的各方面的帮助；感谢我的夫人王艳丽女士对笔者几十年收藏民国“纸片子”的一贯支持和帮助。更要感谢好友，北大博士后徐中煜先生为本书欣然作序。

最后，感谢中共党史出版社的领导和有关部门对本书出版所给予的大力支持，感谢责任编辑王兵女士所付出的辛勤劳动。

期待和希望读者们能喜欢这本书，喜欢这些德珩村的“纸片子”，喜欢这些为共和国建立所作出贡献而永远不应被忘记的“德珩村人”。

宗绪盛

2015年12月29日

于敏求斋